航海类专业导论

（第 2 版）

主　编　李光正　宋海涛

副主编　徐海东　周兆欣　宋修福

主　审　沈光玉　王圣冰

大连海事大学出版社

图书在版编目(CIP)数据

航海类专业导论 / 李光正,宋海涛主编 . 2 版
. —大连 : 大连海事大学出版社, 2019. 11(2025. 8 重印)
ISBN 978-7-5632-3873-6

Ⅰ. ①航…　Ⅱ. ①李…②宋…　Ⅲ. ①高等学校—
航海—专业—介绍　Ⅳ. ①U675-41

中国版本图书馆 CIP 数据核字(2019)第 257664 号

大连海事大学出版社出版

地址:大连市黄浦路523号　邮编:116026　电话:0411-84729665(营销部)　84729480(总编室)

http://press. dlmu. edu. cn　E-mail:dmupress@ dlmu. edu. cn

大连金华光彩色印刷有限公司印装　　大连海事大学出版社发行

2015 年 7 月第 1 版　2019 年 11 月第 2 版　　2025 年 8 月第 2 次印刷

幅面尺寸:184 mm×260 mm　　印张:17

字数:421 千　　印数:2001~2500 册

出版人:余锡荣

责任编辑:张　华　　责任校对:刘若实

封面设计:张爱妮　　版式设计:解瑶瑶

ISBN 978-7-5632-3873-6　定价:48.00 元

再版前言

本书第一版出版以来，在航海专业教育、职业生涯规划、人才培养和就业等方面起到了一定的作用，得到广大航海教育工作者和航海专业学生的喜爱。但随着新时代航海事业的发展和航运教育的不断进步，对第一版教材进行修订再版迫在眉睫。

党的十九大报告指出，经过多年的发展，中国特色社会主义进入了新时代。新时代有新要求，十九大把交通强国、“一带一路”建设写入报告，鼓舞了我们提高航海教育质量、培育更多航海专业人才的决心。新时代要求我们必须与时俱进。根据使用情况和部分教师的要求，我们在第一版的基础上，对本书进行了调整补充，主要的调整内容包括：

一是适应十三五规划教材要求，更多地以全国、全球角度叙述有关问题，强调通用性，强化全局观念；二是根据行业发展，对部分统计数据、相关形势和政策进行了更新，体现了教材的时代性；三是调整了部分配图，使配图更加具有指向性、匹配性，体现了教材的规范性；更值得一提的是，根据新技术在航海上的应用，更新了部分概念，增加了智能航海、智能船舶的章节，介绍了相关概念、技术及对人才能力需求，体现了教材的先进性。

2019 年 9 月，中共中央、国务院印发了《交通强国建设纲要》。该纲要指出，到 2035 年，我国基本建成交通强国，到本世纪中叶，全面建成人民满意、保障有力、世界前列的交通强国。纲要同时提出：培育高水平交通科技人才、打造素质优良的交通劳动者大军、建设高素质专业化交通干部队伍。这些，给我们指出了前进方向。

但限于编者水平，书中仍难免有些不足和不当之处，敬请读者批评指正。

编　者

2019 年 10 月

前　言

广阔的海洋、滔天的巨浪、蔚蓝的天空、绚丽的朝霞、迎风搏击的海鸥、劈波斩浪的航船……航海充分展示着大自然荡人心胸的壮美,体现着人类的勇气智慧与阳刚之美。“海纳百川,有容乃大。”海洋,让人类胸怀广阔,目光远大;海洋,让神话成为传奇,帮助人类实现了地理大发现,推动了人类大迁移、文化大交流和经济大发展。郑和下西洋的壮举展示了古代航海家的坚韧意志和刚强品质,海洋文明的发展史是一部人类伴海而生的壮烈史诗。海运是人类现代文明进步的重要载体,给人类带来物资文明的同时,传播了航海文化,带来了海洋文明。

随着世界经济一体化的快速发展,国际贸易量迅速增加,海上运输业在国民经济发展中的重要地位凸显。当前,世界航运市场重心持续东移,我国正由航运大国向航运强国迈进,这对航海人才的培养提出了新的更高的要求。2010 年 6 月 25 日,IMO 通过了 STCW 公约马尼拉修正案,并于 2012 年 1 月 1 日正式生效。这次修正将对航海教育产生重大和深远的影响,对高素质航海人才的培养提出更高要求。

《教育部、交通运输部关于进一步提高航海教育质量的若干意见》(教高〔2012〕3 号)指出,航海技术教育“承担着培养航海类专门人才的重要使命,在航运业的发展过程中发挥着基础性、全局性和先导性的重要作用,对中国开发和利用海洋、巩固海防、维护国家海洋权益具有重要的战略意义”。

国务院《关于促进海运业健康发展的若干意见》(国发〔2014〕32 号,以下简称《海运意见》)确立了海运业在经济社会发展中重要的基础产业地位,明确提出到 2020 年基本建成安全、便捷、高效、绿色、具有国际竞争力的现代海运体系的发展目标。《海运意见》是新中国成立以来我国国家层面第一个关于海运业发展的顶层设计,也是第一次对海运发展工作的全面系统部署,标志着海运发展上升为国家战略。我国近代军事航海教育始于 1866 年的福建船政学堂,近代高等商船航海教育始于 1909 年的邮传部上海高等实业学堂(潘仁善、刘飞,中国近代商船航海教育起源时间的考证)。尤其在新中国成立以来,一批批优秀航海学子通过学校系统培养走进了海员队伍,在振兴国家航运事业中发挥了中流砥柱作用。

航海事业的高度挑战性决定了海员不应该仅仅是一个职业上的称谓,也不应该仅仅是一个技术层面、工具层面上的人,而应该成为科学精神与人文精神平衡发展的高素质的人。本书的编写宗旨为帮助新入校的航海类专业大学生领悟航海,认识专业,从而坚定职业信念,科学规划生涯。本书概括叙述了航海技术、轮机工程和船舶电子电气工程专业的教育概况、船员、船舶、在校学习和培训内容、综合素质要求和培养、就业及个人发展,是航海类专业的入门教材。在编写过程中，王才范、仝金强、马爱军、隋修平、刘新建、刘洋、刘刚、李家淦、王鹏、马强等老师参编了本书，王涛、吴爱民、吴硕等老师提供了部分珍贵资料；威海海事局船舶监督处沈光玉处长、船员管理处王圣冰处长审阅了本书的初稿，提出了宝贵的意见；编写本书时参考了一些国内外同行的资料，在此一并表示衷心的感谢。

限于编者的时间和水平，书中难免有不足之处，敬请读者批评指正。

编　者

2015 年 6 月

目　录

第一章　航海类专业概况

"航海是引导船舶安全地从地球水面一地到另一地的技艺。"

——英国《航海史》

"航海曾经被认为是一种技艺,现在已经成为一门科学和技术。"

——英国《不列颠百科全书》

"航海是在海上确定船位,将船由一地安全迅速地引导到另一地的技术的总称。"

——日本《世界大百科事典》

"航海通常包含了科学仪器和方法的发展,并且还包含了计算、航海仪器的熟练应用及对各种有用资料的解释,则可以被认为是一种技艺。"

——美国《美国百科全书》

"航海是一门综合性的工程应用科学和技术。古代航海只是一种技艺,至15世纪初才逐渐发展为技术……而到了19世纪中叶,它的科学形态才逐渐取得完善。这一过程与19世纪中叶自然科学的整体发展是一致的。"

——中国《航海技术辩证法》

在我国,航海类专业教育不仅具有悠久的发展历史,而且航海类专业教育作为我国教育的重要组成部分,在我国的海运经济发展中发挥着基础性、先导性的重要作用,在提高我国的政治和军事地位以及海上国防安全水平、促进我国就业水平并以此拉动经济发展方面也扮演了极其重要的角色。航海类专业是以培养海洋运输船舶驾驶员、轮机员等专门人才为主要目标的各个专业的总称,属于工程教育的范畴,具有国防军事性、国际通用性、法律规定性、岗位适任性及高投入和高成本性等特性。航海类专业涉及面比较广泛,本书主要介绍航海技术、轮机工程和船舶电子电气工程三个专业。

一、航海技术

航海技术,即海洋航行的技术和技能,主要研究船舶如何在一条理想的航线上,从某一地点安全而经济地航行到另一地点的理论、方法和艺术。航海技术是具有悠久历史、内容丰富且有很强实践性的综合性应用科学。

现代科学技术的发展成就,使航海技术取得了长足的进步,信息科学、计算机技术、电子技术、通信技术及空间卫星技术在航海上得到了成功的应用。航海科学技术的狭义解释是从航海人员驾驶船舶在海上航行的知识、方法和手段出发的,主要指地文航海技术、天文航海技术、无线电航海技术、船舶操纵与避碰技术。广义的航海科学技术还应包括造船科学技术、船舶通信导航科学技术、船舶安全和防污染技术等。无论狭义的还是广义的航海科学技术都依赖于相关门类科学技术,并且是相关门类科学技术在航海上的综合、集成与应用。

二、轮机工程

轮机工程是一门管理并维护船舶动力机械与电机系统的海事专业技术工程,是最早受国际公约规范的专门职业技术。轮机工程专业学生主要学习船舶修理与制造技术方面的基础理论与基本知识,接受现代船舶修理与制造的基本技能训练,培养船舶修理与制造,船舶相关研究、设计及开发,设备综合运行管理和生产组织的基本能力。

轮机工程主要研究船舶动力装置、电气、液压、气动和机电一体化的使用、管理、维护和修理。随着现代科学技术的发展,信息科学、计算机技术、电子技术、通信技术及自动控制技术等在轮机工程领域得到广泛应用。现代轮机工程除了传统的机械知识、电气技术、电子知识之外,还融合了信息技术、自动控制技术、工况监测技术等,是复合性、技能型和实践性的有机结合的专业。

三、船舶电子电气工程

船舶电子电气工程是适应船舶自动化要求,着眼满足国际海事组织 STCW 公约规定的"电气、电子和控制工程"、"维护和修理"和"无线电通信"三项高级职能要求,研究电气技术、电子技术(包括电力电子、通信电子)、控制技术、计算机控制及其网络技术、船舶各项自动装置的维护和修理的船舶高级电子电气工程技术知识的专业。

随着船舶配套设备技术的发展,尤其是网络及电子自动化设备在船上的广泛使用,电气设备已经日趋通用化、模块化、系列化,能够做到组态灵活。机电一体化使学科互相交叉渗透,电力与电子、强电与弱电更难分难解,人工智能和网络技术的应用使船舶电气自动化领域将更加宽广,必将会对船舶电子电气工程带来重大变革。

第一节　航运业和航海教育

"谁控制了海洋,谁就控制了贸易,谁就控制了世界的财富,最后也就控制了世界本身。"

——英国航海探险家雷利

"欲国家富强,不可置海洋于不顾。财富取之于海,危险亦来自海上。"

——郑和

一、航运业在交通运输中的地位和作用

航运即水上的运输,是利用船舶、排筏和其他浮运工具,在江、河、湖泊、人工水道以及海洋上运送旅客和货物的一种运输方式。狭义的航运业是指以船舶等浮运工具为运输手段,提供"港到港"或"钩到钩"(Tackle to Tackle,指的是货物在装货港挂上船舶吊杆或吊车的吊钩时起,至货物在卸货港脱离吊钩时止)运输服务的服务业。广义的航运业是指通过以海运方式为核心的若干种运输方式,完成"门到门"运输服务的整个产业链,包括托运人至港口、港口至

收货人的陆路等运输服务,港口至港口间的海上或内河/沿海运输服务,以及与之相关的码头及其相关业务、货物运输代理、船舶代理等一系列综合性服务。

航运业是我国经济社会发展和对外开放的重要资源,是融入经济全球化的基础条件。由于世界各地的资源分布不均衡,各国、各地区的经济发展水平和消费水平不平衡,之间差异要通过贸易加以调节。这类贸易活动形成的货流(包括货类、流量和流向)构成了对海上运输的需求。航运业提供的船舶运输服务形成了航运供给。这种供给配合需求、船货供求结合的活动组成了航运市场。按照运输的对象,航运市场可分成集装箱市场、干散货市场、油运市场、客运市场等专门化市场。

按照运输区域,航运分海洋运输和内河运输两种,海洋运输按其航行的区域大体可划分为沿海运输和远洋运输。

航运行业是指从事水路运输的各类企事业单位的综合,也就是使用水上交通工具在江、河、湖、海、水库、人工航道等运送客货的运输企业,以及与之辅助配套的企业和事业单位的综合。

航运业是国民经济重要的基础性和服务性产业,是综合运输体系的重要组成部分。其在我国能源、原材料等大宗货物远距离运输中始终发挥着主导作用,已成为我国经济和对外贸易发展的重要支撑和保障。

我国海岸线长达一万八千多千米,内河总长度达四十多万千米。水路运输作为传统且仍处于发展中的运输方式,为我国国民经济和社会发展做出了巨大贡献,在很大程度上保障了国家重点物资的运输,支援了国家重点建设,促进了对外贸易的快速发展。随着我国对外贸易的增长和内河交通的不断发展,航运已经成为一个继公路、铁路、航空等主要运输方式之后国家将大力发展的物流渠道。

海上运输是交通运输的重要组成部分,是其他运输方式所不能代替的。为提高其国际竞争能力,航运业将由单一性航运经营转向以航运为主的多元化经营,努力发展陆上产业,更新船舶和优化船队结构,向船舶的大型化和现代化方向发展,以占领国际航运市场。

目前,国际贸易总运量中的2/3以上、中国进出口货运总量的约90%都是利用海上运输。随着我国经济的快速发展,我国已经成为世界上最重要的海运大国之一。全球目前有19%的大宗海运货物运至我国,有20%的集装箱运输来自我国;而新增的大宗货物海洋运输之中,有60%至70%是运至我国的。我国的港口货物吞吐量和集装箱吞吐量均已居世界第一位。随着我国经济影响力的不断扩大,世界航运中心正在逐步从西方转移到东方,我国海运业已经进入世界海运竞争舞台的前列。

航运业与铁路、公路、航空、管道运输组成综合运输体系。大力发展航运业对促进交通运输的进步,加快经济和社会发展具有重要的现实意义。现代航运业在交通运输中的具体特点如下:

1. 单位运输工具的装载量大

在海洋运输中,大型原油运输船舶吨位已经达到55万载重吨,铁矿石运输船舶吨位已经达到36万载重吨,新一代集装箱船舶载箱量约18 000 TEU,而火车重载单列载量约10 000载重吨,双层单元集装箱列车载箱量约550 TEU,船舶的载货量相当于火车的20~90倍。

2. 运输成本较低

运输船舶吨位较大,运输成本与运价一般比铁路低,在大宗散货运输中具有明显优势。内河运输与铁路相比，同样具有成本低的优势。内河水运在长江中下游、长江三角洲和珠江三角洲水网经济发达地区保持着较好的发展势头和竞争优势。

美国内河单位运输成本为铁路的 1/4、公路的 1/15；德国内河运输单位成本为铁路的 1/3、公路的 1/5。

3. 能源等资源消耗少

在各种运输方式中，船舶发动机的功率、热效率是最高的，船舶运输的单位能耗低于铁路，更低于公路。

在我国水路运输中，柴油发动机功率占发动机总功率的 95%，其中低速柴油发动机约占 88%。低速柴油机热效率较高，一般可达 40%~50%，而铁路内燃机热效率约为 30%。

4. 环境影响小

与公路、铁路运输相比，水运对环境的影响最小。

根据美国环境保护机构对各种运输方式造成污染的研究分析，公路运输的汽车是造成污染的罪魁祸首，在 PM10 的污染方面占 71%，有机化合物占 81%，氮氧化物占 83%，一氧化碳占 94%。飞机造成的铅污染最严重，约占 96%。美国船舶运输除了在 PM10 的污染方面所占比例为 10%左右外，其他方面如铅污染、有机化合物污染、氮氧化合物污染、一氧化碳污染等都很小，可以忽略不计。

5. 土地占用少

从世界各国实际看，公路、铁路建设都需占用大量土地(甚至耕地)，1 千米高速公路(双向四车道)占地约 4 公顷，1 千米复线铁路占地约 2 公顷，而水运主要依靠天然河流和岸线，基本不占用耕地。有些航道的疏浚和码头建设，还可以利用疏浚的泥沙回填，增加沿岸的可利用土地面积，例如港口建设回填增加陆地面积，在苏南运河整治工程中，开挖岸边的土方 50%得到有效利用，填整废弃土地 640 多公顷，复耕土地 260 公顷。

综上所述，我们可以清晰地看到航运业在交通运输中的重要地位。

二、新中国航运事业的发展历程

航运事业是一个国家综合国力的反映。新中国成立以来，我国的航运业经历了从无到有、从小到大的发展历程，航运业经历了两大历史时期：1949—1978 年的计划经济体制时期，1978 年后的改革开放时期。

在计划经济体制时期，新中国航运业的开创和发展经历了以开展国际合作和租赁外轮、建设国有远洋船队为主的发展历程。为建立国有远洋运输企业和远洋运输船队，我国于 1958 年成立交通部运输局，并在此基础上，于 1961 年 4 月 27 日正式成立了中国远洋运输总公司和广州分公司，组建了第一支自营的远洋船队，共有 5 艘船 34 000 载重吨。从此，揭开了我国国际航运发展史上崭新的篇章，为我国航运业向国际化发展奠定了坚实的基础。

1975 年，我国远洋船队总吨位已突破 500 万载重吨。到 1976 年，我国远洋船队的承运量已占外贸运输中我方派船运输量的 70%，基本上结束了长期以来依赖租用外轮的历史，为改革开放后全面振兴国际航运事业打下了坚实的基础。

党的十一届三中全会以来，中国的经济体制发生了重大而深刻的变革，给中国的经济建设和社会发展带来了无限的生机和活力，使我国的国民经济和对外贸易取得了持续、快速的发展。中国的水运以建设统一开放、竞争有序的水运市场为目标，不断深化改革，积极对外开放，使我国的航运业得以迅速发展。Alphaliner 2018 年运力数据显示，全球班轮公司运力 100 强中排名前三位的分别是马士基航运、地中海航运和中远海运集运。在前 20 名上榜的班轮公司中，中国大陆的中远海运集运排名第 3 位，安通控股（泉州安盛船务）排名第 15 位，中谷新良海运排名第 17 位，海丰国际排名第 18 位（表 1-1）。

表 1-1　全球 20 大班轮公司排名（Alphaliner 2018 GXY）

排名	公司	TEU	艘数	运力占比
1	APM-Maersk	4 024 110	714	17.87%
2	Mediterranean Shg Co.	3 247 277	515	14.42%
3	COSCO Group	2 811 848	479	12.49%
4	CMA CGM Group	2 641 143	507	11.73%
5	Hapag-Lloyd	1 583 626	220	7.03%
6	ONE（Ocean Network Express）	1 536 608	224	6.82%
7	Evergreen Line	1 171 228	204	5.20%
8	Yang Ming Marine Transport Corp.	648 431	103	2.88%
9	PIL（Pacific Int. Line）	421 706	138	1.87%
10	Hyundai M. M.	421 118	75	1.87%
11	Zim	408 689	82	1.81%
12	Wan Hai Lines	260 034	97	1.15%
13	IRISL Group	154 415	50	0.69%
14	KMTC	142 416	67	0.63%
15	Antong Holdings（QASC）	140 325	115	0.62%
16	X-Press Feeders Group	136 036	83	0.60%
17	Zhonggu Logistics Corp.	133 444	98	0.59%
18	SITC	113 448	83	0.50%
19	SM Line Corp.	83 239	22	0.37%
20	Ts Lines	77 061	38	0.24%

自从 1984 年以来，我国的航运市场逐步对外开放，进程如下：

1984 年，批准第一家外国航运公司班轮挂靠中国港口；

1985 年，批准第一家中外合资国际航运企业；

1986 年，批准第一家外国航运公司设立代表处；

1994 年，批准第一家外国航运公司设立独资船务公司；

1996 年，批准第一家外国航运公司设立独资集运公司；

2006 年，经批准的外国航运企业已在华设立 18 家独资公司和 54 家分公司，并在我国设立航运代表处 320 多家，经营国内沿海和内河运输的中外合资企业 64 家，经营国际运输的中外合资企业 62 家，67 家外资班轮公司的船舶挂靠我国的港口，在从我国港口开出的 2 200 多个航班中,外资班轮公司经营的有914个,占航班总数的41%。中国海运市场的全方位开放格局在我国已基本形成。

实现国际海运自由化是一个渐进的过程,中国将积极参与这一过程并将分享海运自由化所带来的利益,同时,航运市场的开放化和自由化将为国际海运的发展带来生机。

2018 年国内沿海货运船舶运力分析报告

一、干散货船运力情况

截至2018年12月31日,沿海省际运输干散货船(万吨以上,不含重大件船、多用途船等普通货船,下同)共计1 832艘、6 247.56万载重吨,同比增加161艘、725.68万载重吨,吨位增幅13.14%。全年新增运力211艘、869.98万载重吨;除强制报废4艘、12.90万载重吨船舶外,受企业主动调整运力结构等因素影响,共有46艘、133.39万载重吨船舶运力提前退出市场(部分船舶经检验后变更了载重吨,总计核增1.99万载重吨)。

沿海省际运输干散货船平均船龄10.09年,其中,老旧船舶(船龄18年以上)和特检船舶(船龄28年以上)分别有190艘、36艘,占总艘数的10.37%和1.97%。

二、集装箱船运力情况

截至2018年12月31日,沿海省际运输集装箱船(700 TEU以上,不含多用途船,下同)共计252艘、71.58万TEU,同比增加57艘、11.06万TEU,载箱量增幅18.27%。全年新增运力62艘、12.34万TEU;没有强制报废船舶;因市场低迷,企业主动调整运力结构,共有5艘、1.22万TEU集装箱船提前退出市场(部分船舶经检验后变更了载重吨,总计核减0.06万TUE)。

沿海省际运输集装箱船平均船龄9.63年,其中,老旧船舶(船龄20年以上)有27艘,占总艘数的10.71%,没有特检船舶(船龄29年以上)。

三、液货危险品船运力情况

(一)油品船

截至2018年12月31日,沿海省际运输油品船(含原油船、成品油船,不含油品、化学品两用船)共计1 296艘、1 024.34万载重吨,同比减少20艘,吨位增加15.45万载重吨,增幅1.53%。全年新增油品船运力51艘、31.67万载重吨;除强制报废3艘船舶、0.2万载重吨船舶外,共有68艘、16.00万载重吨油品船提前退出市场(部分船舶经检验后变更了载重吨,总计核减0.02万载重吨)。

沿海省际运输油品船平均船龄9.76年,其中,老旧船舶(船龄12年以上)和特检船舶(船龄26年以上)分别有448艘、11艘,占总艘数的34.57%和0.85%。

(二)化学品船

截至2018年12月31日,沿海省际运输化学品船(含油品、化学品两用船,下同)共计288艘、112.90万载重吨,同比增加16艘、6.72万载重吨,增幅6.33%。全年新增运力19艘、8.00万载重吨;无强制报废船舶;共有3艘、1.16万载重吨化学品船提前退出市场(部分船舶经检验后变更了载重吨,总计核减0.12万载重吨)。

沿海省际运输化学品船平均船龄10.01年,其中,老旧船舶(船龄12年以上)和特检船(船龄26年以上)分别有107艘、2艘,占总艘数的37.15%和0.69%。

(三)液化气船

截至2018年12月31日,沿海省际运输液化气船共计72艘、24.79万载重吨,同比数量不变,吨位增加0.29万载重吨,增幅1.18%。全年新增运力1艘、0.31万载重吨;没有强制报废船舶；同时有1艘、0.025万载重吨液化气船提前退出市场（部分船舶经检验后核增了载重吨，总计核增0.01万载重吨）。

沿海省际运输液化气船平均船龄11.30年，其中，老旧船（船龄12年以上）和特检船（船龄26年以上）分别有19艘、3艘，占总艘数的26.39%和4.17%。

（中华人民共和国交通运输部网站）

党的十八届三中全会明确提出要全面深化改革，加快推进海洋强国建设。针对海运业长远发展的深层次问题和当前面临的严峻形势，国务院出台了《关于促进海运业健康发展的若干意见》（国发〔2014〕32号），确立了海运业在经济社会发展中重要的基础产业地位，明确提出到2020年基本建成安全、便捷、高效、绿色、具有国际竞争力的现代海运体系的发展目标。《海运意见》全面系统地明确海运发展的战略目标和主要任务，标志着海运业发展正式上升为国家战略。

《国务院关于促进海运业健康发展的若干意见》

《海运意见》明确提出了海运强国的发展目标，以及到2020年基本建成安全、便捷、高效、经济、绿色和具有国际竞争力的现代海运体系的阶段性目标。

《海运意见》安排部署了七项重点任务。一是优化海运船队结构。打造规模适度、结构合理、技术先进的专业化船队，大力发展节能环保船舶和原油、液化天然气、滚装、集装箱、特种运输船队，有序发展干散货运输船队和邮轮经济。二是完善全球海运网络。优化港口和航线布局，完善主要货类运输系统。推进深水航道和集疏运体系建设，大力发展铁水联运和江海联运。三是促进海运企业转型升级。完善企业治理结构，创新技术和产品。加快兼并重组，有序发展中小海运企业。适度开展多元化经营，实施"走出去"战略。四是大力发展现代航运服务业。加快发展和创新航运金融（保险）、航运交易、研究咨询、海事仲裁等现代服务业。五是深化海运业改革开放。积极发展混合所有制海运企业，稳步扩大开放，在上海自由贸易试验区稳妥开展外商成立独资船舶管理公司、控股合资海运公司等试点。六是提升海运业国际竞争力。构建国际海运交易和定价中心，加快国际航运中心建设。打造国际一流的船舶检验、海运科研及教育机构。七是推进安全绿色发展。完善规章制度，落实责任，强化隐患排查。加强应急体系建设，提高海上搜救、溢油等应急处置能力。进一步理顺安全监管体制，加大监管力度，加强船舶能源消耗和污染排放管理。

《海运意见》明确了四条保障措施。一是健全保障机制。加强海运企业与货主企业紧密合作，形成海运企业与货主企业风险共担、利益共赢的稳定关系，提高我国海运企业承运进出口货物的市场份额，提升重点物资运输保障能力。二是发挥财税政策支持作用，参照国际惯例，研究完善有关国际海运的财税政策，加大现行财税政策执行力度，确保落实到位。三是加强和改进行业管理，进一步完善法规、政策、标准，进一步加强航运市场监管，提升口岸便利化水平。四是强化科技创新和人才队伍建设，加大科研投入力度，构建海运业综合信息服务平台，加强航运人才培养。

交通运输部关于印发贯彻落实《海运意见》，在加强人才队伍建设方面：一是完善海运业职业资格制度，探索建立符合国际化要求的海运人才培养模式；二是加快发展海员现代职业教育，加强船员适任性技能训练，健全覆盖全国的船员考试评估基地，规范海员劳务市场和派遣机构管理，健全海员权益保障机制，建立海员诚信管理体系；三是加大海运科技人才、专业人才的选拔和培养力度，重点引进和培养航运法律、航运金融、海事仲裁、航运经纪、邮轮服务等复合型人才；四是加强港航、海事管理队伍建设，推进执法队伍专业化、规范化。

第二节　专业发展背景与历史沿革

一、世界航海的发展

1. 古代航海

早期航海者的勇敢世人皆知，他们不断地通过伟大的创新来弥补旧时代落后的航海技术。其中早期的北欧海盗在航行时，船长十分熟悉海面和海中自然物，如鸟类、鱼类、水流、浮木、海草、水色、冰原反光、云层、风势等。9世纪时，北欧著名航海家弗勒基，总是在船上装一笼乌鸦，当觉得船即将靠近陆地的时候，他就会放飞笼中的乌鸦。如果乌鸦在船的周围漫无目的地飞翔，说明离陆地还远；如果乌鸦朝某个特定的方向飞去，他就会开船追随乌鸦，而这往往是驶向陆地的方向。当然，这种方法仅仅在距陆地比较近的情况下才起作用。

那时航海者在海上总是保持与岸边比较近的距离航行，通过他们能够看到的陆地特征来判断航向是否正确。通常他们白天进行航行，晚上就停泊在港内或抛锚在海面上。中世纪盛期欧洲各城市的商船大多采用沿岸航行，他们宁愿沿着西班牙、法国和意大利的地中海海岸做迂回航行，也不肯在通过直布罗陀海峡后，向东直航。总之，没有一个船主敢冒险出海到望不见陆地的洋面上去，因为他们认为，碰到暗礁和浅滩等船难总不如沉没在大海里可怕。而他们不敢穿洋直航，有三个原因：一是怕迷失方向；二是害怕远洋中的风暴；三是害怕遭到海盗袭击。但归根到底还是第一个原因。后来导航技术有了进步，虽然仍有第二、三个原因的存在，但船只却敢做穿洋航行了。因此，在远洋航行中，确定船只的方位是第一位的。最初航海者通过白天观察太阳的高度，夜间观察北极星（图1-1）的方位来判断所处的纬度。依靠天体定位，航海家使用一种很简单的仪器来测量天体角度，称之为“雅各竿”。观测者用两根竿子在顶端连接起来，底下一根与地平线平行，上面一根对准天体（星星或太阳），就能量出偏角。然后利用偏角差来计算纬度和航程。这种技术被称作“纬度航行”，在测量纬度方面比较成功，但确定经度却非常困难。尽管如此，“纬度航行”的方法仍在西欧被很普遍地采用，把自己置于与目的地相同的纬度线上，然后保持在这条线上航行，就能直达目的地。不过这并不是完全科学的，即使在今天，利用天文定位误差仍会在1~2海里，那时几乎没有像样的航海工具，误差之大可以想象。最著名的是哥伦布西航，他自认为先南下到与印度相同的纬度后，再直线往西航行就可到达，可实际上发现的只是到达加勒比海巴哈马群岛的一个小岛，尽管他临死时都坚持自己到达的是印度。

人类最早发明的航海工具是罗盘（图1-2），也就是指南针的雏形。最初的时候，人们仅在天气情况恶劣、无法看到太阳和北极星、也不知道船首驶向何方时才使用罗盘。航海者会在一块磁石上摩擦一个铁针，使其产生磁性，并将其固定在一根稻草上，悬浮于一碗水中，这样有了磁性的铁针就会自动指向北方。指南针约在12世纪由中国传入欧洲，后来又被欧洲的航海家改造成“指北”方向。到1250年左右，航海磁罗盘已发展到能连续测量出所有的水平方向，精确度在3°以内。但磁罗盘并非很快地被欧洲人普遍接受。人们还无法科学地解释指针为什

图 1-1　北极星

图 1-2　罗盘

么能“找到”北方，而且人们很快发现，指针所指的北方经常不准确。因为他们不知道铁针所指的是磁北极，并非真正的北方（其间的角度被称为磁偏角）。在那时人们无法解释这个现象，因而在一个未知的地方航行就并不是很相信罗盘的指针。所以最初罗盘很具有神秘色彩，一般的航海水手都不敢使用，只有那些大胆而又谨慎的船长才暗暗地使用，把它装入一个小盒内，不让别人看到。指南针在欧洲得以广泛使用，则是 13 世纪后期的事情。

在 14 世纪之前的古代世界，航海还处于初始阶段，一直局限于东部地中海区域。在古代世界航海民族行列中，以埃及人、地中海海域的腓尼基人、北欧海域的维京人、印度洋海域的阿拉伯人最为著名。他们在地中海区域从事海上贸易，为了争霸地中海，海上战争从未间断。

远在公元前 4000 年前后，埃及在地中海与克里特岛间就有贸易活动。大约在公元前 2500 年，埃及人便驾驶帆桨船沿地中海的亚细亚东岸行进，从西奈半岛运回砂岩、铜矿石，从黎巴嫩、叙利亚运回橄榄油和贵重的雪松。1949 年，考古学家在一座古埃及法老的墓中，发现了一艘公元前 1850 年的木船。这艘木船靠多只木桨划行，在古埃及主要用于商业运输。

腓尼基人，自称为闪美特人，又称为闪族人。他们发源于地中海东岸的黎巴嫩、叙利亚和以色列北部。那里依山靠海，不适农耕。从公元前 1200 年，腓尼基人在东部地中海相继建立了推罗、西顿和蒂尔等城市。腓尼基人是古代世界最成功的商人和航海家，他们驾驶着细长的船只，航行于整个地中海，向西穿过直布罗陀海峡进入大西洋，进而向北到达法国西海岸甚至不列颠海岸，向南则到达西非海岸。他们在地中海沿岸建立了许许多多的殖民点。公元前 11

世纪后,腓尼基人大力发展商运帆船,其中一种是可进行远距离航行的较大商船"希波",这是一种带有单桅帆的划桨船,有风时可用帆代替桨手,使桨手得以休息。随着远洋航海事业的发展,"希波"帆船有所发展,演变成双桅帆船,帆取代桨成了船舶推进的主动力,这是航海帆船的一大进步。腓尼基人最伟大的远航,是在公元前7世纪应埃及法老尼科二世要求,出红海,下印度洋沿非洲东海岸南下,经过3年漫长远航完成了人类第一次绕行非洲大陆的航行壮举。

维京人,即北欧人,又被罗马人称为诺曼人。"维京"的意思是侵略海湾邻近国家的人,有些史学家也称其为"海盗"。维京人在4—8世纪,以劫掠作为主要的航海活动。861年维京人发现了冰岛,并开始定居此地。983年,维京探险者埃立克·劳埃德到达格陵兰岛,据说他的儿子利夫·埃立克森于1000年到达北美洲,在今天的波士顿登陆。这些海洋探险活动在当时非同小可,要求探险者有非凡的勇气、活力及大批海船。维京人建造了桨帆,并用狭长型船只航行于北欧海域,这类船通称为维京船。在北欧民族于8—11世纪这300多年创造的"维京文明"的时间里,维京人的足迹遍及北欧、西欧、北美,向东沿第聂伯河进入俄罗斯到达里海,向南进入地中海,几乎遍及世界各地,开创了人类远程海上探险的先例。

公元7世纪,阿拉伯帝国建立,随着阿拉伯帝国击败拜占庭帝国和波斯萨珊王国称霸中东,他们就完全控制了东西方贸易的通道。阿拉伯人重视商业和航海,他们在中世纪起了连接东西方贸易的桥梁作用。阿拉伯商人和船队西到西班牙、北非,东到东非、印度、马六甲、爪哇、苏门答腊,远到中国和日本。阿拉伯人巧妙地创制了一种用纤维和油脂混合物填塞船壳板缝的方法,保证其不浸水,以便远洋航行,著名阿拉伯航海家辛巴达就是乘坐这类缝合木船远航探险到了中国(图1-3)。由于缝合木船结构的柔性特点,其不易被海上礁石撞坏,易于修理,使得这类船种得以流传到印度洋的马达加斯加、斯里兰卡及东南亚各地,乃至中国的海南岛地区,成为古代世界颇具特色的优秀船种之一。

图1-3 辛巴达航海版画

2. 大航海时代

自15世纪,人类进入了史称"大航海时代"的时期。欧洲人开辟了横渡大西洋到达美洲、绕道非洲南端到达印度的新航线,以及第一次的环球航行,代表人物有哥伦布、达·伽马、麦哲伦、库克等。

15世纪,欧洲人对世界的认识还仅限于欧洲、地中海、中东、北非海岸、中东、印度、中国和日本。尽管对中国和日本认识的唯一依据只是一本《马可·波罗游记》,但对于"黄金之国"的说法,欧洲人还是深信不疑的,因为毕竟丝绸、香料等奢侈品是客观存在的。为了打破意大利对东方市场和海上航路的垄断,欧洲人竭力开辟新的海上航路,最先探寻通往印度新航路的是葡萄牙人。1416年,亨利亲王创立的航海学校,推动了航海探险活动的开展。1488年,迪亚斯沿非洲西岸航行,最先发现好望角,并绕过非洲南端进入印度洋。1497年,达·伽马(图1-4)沿迪亚斯航线继续东进,经非洲东海岸,于1498年到达印度,开辟了连接大西洋和印度洋的

图 1-4　达·伽马

航线。

当葡萄牙人沿非洲海岸向印度探险时,西班牙航海家却朝另一方向开辟新航路。意大利出生的哥伦布受雇于西班牙,从 1492 年开始至 1504 年曾 4 次西航,到达了美洲(图 1-5)。但哥伦布误认为所到之处是目的地印度。1519 年,葡萄牙人麦哲伦在西班牙政府资助下,率领船队首次环球航行。他们从西班牙出发,渡过大西洋,于次年 10 月底经南美洲南端的海峡(后称为麦哲伦海峡),驶入浩瀚无际的太平洋。1521 年 3 月,麦哲伦去世后,其副手继续航行,于 1522 年 9 月回到西班牙。麦哲伦(图 1-6)的环球航行,第一次证实了地圆说。

图 1-5　哥伦布发现美洲新大陆

詹姆斯·库克(图 1-7)是 18 世纪英国最伟大的航海和探险家之一,他在 1768 年后的 10 年中曾 4 次跨越大洋,完成了人类历史上第一次环南大洋航行。在这期间,至少有两次穿越南极圈,创下了人类南进的新纪录。1778 年 1 月,库克船长在第三次航行中发现了夏威夷;1779 年 2 月,他在夏威夷岛被当地人打死,其充满惊险的传奇一生就此止住脚步。

图 1-6　麦哲伦

3. 近现代及当代航海

随着世界经济的发展,18 世纪末,以蒸汽机为标志的资本主义历史上的第一次技术革命,大大地推动了社会生产力的发展。1807 年,美国人罗伯特·富尔敦把蒸汽机作为船舶动力,制造了第一艘蒸汽机船"克莱蒙托号",以机械动力代替了风力在哈德逊河上用 32 小时完成了从纽约城至阿尔巴尼之间 241 千米的试验航行,证明了将蒸汽机用于船舶动力的可能性。1807 年,由美国的奥列弗·斯蒂文斯设计,并于 1808 年完工的"长命鸟号"蒸汽机船航行于纽约与菲拉德鲁菲亚之间,成为世界上最早使用蒸汽机船进行的沿海运输。

图 1-7　印有库克船长的邮票

最初,蒸汽机船的船体都是用木材建造的。1820 年前后,因供应造船用的木材比较紧张,英国的船主开始考虑采用更能耐久使用的材料建造船舶。1837 年至 1838 年,"通用轮船公司"在利物浦建造了世界上第一艘只有 580 总吨、功率 132 千瓦(180 马力)的小型铁质蒸汽船"彩虹号"。与木质船相比较,铁质船具有更大的优越性。到 19 世纪 60 年代,铁质材料已普遍用于建造蒸汽机船和帆船。1856 年俾斯麦发明了转炉炼钢法后,又开始用钢质材料建造船体,于 1873 年建造了最早的钢质船舶"瑞德塔特号"。1879 年,钢质蒸汽机船"鹿特玛哈那号"开航,从此海上运输进入了钢铁船舶时代。1897 年,鲁道夫·狄赛尔发明的柴油机(内燃机的一种)在德国实现了实用化。1902—1903 年,法国建造了一艘柴油机海峡小船,意义重大。

进入20世纪后，随着船舶技术和航海技术的发展，以及国际贸易的进一步扩展，世界各国开始显示出意图通过本国的立法来保护本国航运的倾向。

第一次世界大战后，各国对石油的需求迅猛增加，油船运输得到了飞速发展。由于石油运输所具有的量大和液体散装的特定条件，油船运输有可能并有必要与干货船运输并列，成为不定期运输的一种特殊形态。

1966年4月，美国的海陆运输公司开辟了北美东岸—欧洲的集装箱运输航线。从此，国际海上运输开始进入集装箱运输的新时代。由于集装箱运输具有高效率、优质量和低成本的特点，很快就被许多国家的船公司采用。当前，集装箱运输，在世界范围内，包括与发展中国家的一些主要班轮航线上，已经逐渐取代传统的普通杂货船运输而成为定期船运输的主要形式。同时，海、陆、空多式联运也将得到更大的发展。

21世纪是海洋的世纪，海洋已经成为人类第二大生存和发展的空间。“谁控制了海洋，谁就控制了贸易，谁就控制了世界的财富，最后也就控制了世界本身”，这是英国航海探险家雷利的名言。世界各国未来的竞争将在海洋上展开，国际贸易和大宗货物运输的主通道也只能是海洋。

二、我国航海的发展

我国有漫长的海岸线，仅大陆海岸线就有18 000多千米，又有6 000多个岛屿环列于大陆周围，岛屿海岸线长14 000多千米。它们绵延在渤海、黄海、东海、南海的辽阔水域并与世界第一大洋——太平洋紧紧相连，这就为我们的祖先进行海上活动、发展海上交通提供了极为有利的条件。因此，我国的航海有着悠久的历史。

20世纪70年代我国考古学者在浙江省余姚市的河姆渡遗址中发现了柄叶连体木桨(图1-8)，经放射性碳判断，年代约为公元前5000年至公元前3300年，这说明当时我国已有船舶。早在战国时期，我们的祖先就已将指南针用于航海，为世界航海技术的发展做出了重大的贡献。

图1-8　印有河姆渡遗址柄叶连体木桨的邮票

秦始皇统一中国后，于公元前219年至公元前210年，曾两次派遣方士徐福率男女千人东渡大海“寻仙”，这是我国古代航海史上的壮举，表明了中华民族在世界航海领域中所居的光荣和领先的历史地位。徐福是中国第一位有姓名见诸史册的航海家，第一次率领庞大的中国船队驶向遥远的异域，开辟了中国古代的远洋事业。

随着社会经济的发展，水上运输已逐渐成为我国古代的主要运输方式之一。在两汉时期的航海家就开辟了东至朝鲜和日本、南经已程不国(今斯里兰卡)和安息(今伊朗)、西达大秦(古罗马帝国东部)的海上贸易航路。这条航路被后人称誉为海上“丝绸之路”，为往来学者、使臣和商贾提供了便利，海外贸易远及红海西南沿岸。图1-9所示为丝路沉船“南海一号”复原图。

唐朝“贞观之治”时期，兴国安邦，政通民富，水运发达，国家设置具有现代海关性质的“市

图 1-9 丝路沉船“南海一号”复原图

船司”管理对外贸易,并向来往的商船征税,这说明我国当时的海上贸易已很发达。航海技术和造船技术都有突破性的发展,海船分成 9 个水密隔舱,并设置帆和舵来利用侧逆风行驶,天文航海学亦得到普遍应用。

宋朝时期,冶铁技术兴起,造船业进入蓬勃发展的时代,造船技术又有了很大的进步,大型船舶可载五六百人,对于促进海上对外贸易的开展起了重要的作用。南宋时代,北方被辽、金割据,原来通往国外的陆上交通被切断,于是海上航线就成为当时偏东南地区的宋王朝与西亚等地区进行贸易联系的主要通路,海上运输有了进一步的发展。当时地处我国东南沿海的泉州港(图 1-10)已成为世界最大的对外贸易港口之一。

图 1-10 现在的泉州港

元朝时期,商品经济有了发展,水运交通和海外贸易活跃。1239 年至 1292 年,京杭运河和北洋海漕航线成为南北漕运要道。国际海上贸易也以泉州和广州为主要港口，与东南亚、印度半岛、波斯湾、阿拉伯海和非洲东岸各国往来频繁。

明朝初期，废除元朝的工役制度，生产力进一步解放，造船业得到更大的发展。自1405年至1433年，曾派三宝太监郑和（图1-11）率领“宝舡六十三号，大者长四十四丈四尺，阔一十八丈；中者长三十七丈，阔一十五丈”（明尺）的庞大船队七次出使“西洋”（明朝时把现今的加里曼丹岛以西的地区称为“西洋”，以东的地区称为“东洋”），历时28年，先后到达过30多个国家和地区，最远曾到达非洲东岸、红海和伊斯兰教圣地麦加。郑和每次出航，都有船数十艘，随行人员逾万，并携带大量金银、丝绸、瓷器、铜铁器等物，换回当地的特产如椰子、胡椒、丁香、象牙、苏木以及为帝王采办的珊瑚、宝石、珍奇禽兽等。郑和七下西洋是世界航海史上的伟大壮举，其规模之大、时间之长、范围之广，都是空前的。他不但比欧洲几个著名航海家的有名航海事件发生的历史时间早得多，而且其规模更是他们无法比拟的。这充分显示了当时中国在经济、文化和航海、造船方面都居于世界领先地位，使木帆船航运达到鼎盛时期，创造了中国封建时代航海事业的光辉顶点。自此以后航海事业则逐渐衰败，其根源在于内忧外患，封建统治者出于政治上的需要，推行“闭关锁国”政策。

图1-11　明代航海家郑和

从明朝中后期到清朝末期的三百余年间，海运事业停滞。到了清代，清政府为维护其统治，基本上沿袭明朝的“海禁”政策，其“海禁”竟残酷到“空其地而徙其民，寸板不准下海”。清康熙年间，清政府曾一度宣布废止“海禁”令，并以广州、漳州、宁波、云台山（今江苏连云港市）为对外贸易港口，允许对外贸易，允许外国商船前来交易；在闽、粤、江、浙四省设海关管理来往商船，负责征收赋税。但后来又重申“海禁”令，停止与南洋（指东南亚）的贸易，限制对外贸易，严格管制来中国贸易的外国商船。1757年甚至下令关闭了除广州以外的所有口岸。这种闭关锁国的政策，直到鸦片战争发生为止毫无变化。

1840年鸦片战争爆发，英国用大炮轰开我国的大门后，侵略者蜂拥而入，使中国沦为半殖民地，帝国主义列强控制了中国的水运事业，连我国的海关及引航权都掌握在“洋人”手里，使中国有海无防，航权丧失。中国自办的近代轮船运输业始于1893年初（同治十一年十二月十九日）“官督商办”的轮船招商局（1932年改为国营）（图1-12）。它比航运发达国家落后半个多世纪，特别是在不平等条约的羁绊下，发展迟滞。1911年辛亥革命后，孙中山先生曾在《建国方略》中勾画了水运事业建设蓝图,也因当时的历史原因而无法实现。

图 1-12　上海外滩 9 号原轮船招商局大楼

新中国成立以后,党和政府对海运事业十分重视,在恢复和发展我国的沿海运输的同时,致力于我国远洋运输的建设。1950 年 9 月,交通部、外贸部联合在天津建立中国国外运输公司(后改称中国对外贸易运输公司),租用外籍商船开展对外贸易运输。同期,国家采取“争取、团结、扶助”的方针和一系列优惠政策,鼓励海外侨商投身祖国的海运事业,1950 年就有 21 艘共 13.04 万载重吨的商船参加外贸物资的运输。1951 年 6 月 15 日,中国和波兰两国政府本着平等、互利、合作的原则,组建了“中波海运公司”,后改称为中波轮船股份有限公司。这是中国第一家中外合资企业,公司股份双方各半。组建时有 10 艘共 10 万载重吨的远洋运输船舶。在长达 1.25 万海里的航线上,中、波两国船员冲破国内外的军事骚扰和劫持,坚持外贸物资运输,为发展两国的远洋运输事业和增进友好合作关系做出了贡献,也为后来我国远洋船队的建设奠定了基础。1958 年,交通部远洋运输局成立,同时在广州设立交通部远洋运输局驻广州办事处,积极开展工作。1961 年 4 月 27 日,中国远洋运输总公司成立。这是新中国第一家国际航运企业。同日,也成立了中国远洋运输公司广州分公司(广州远洋运输公司)。翌日,第一艘悬挂五星红旗的“光华号”满载着全国人民的重托,从广州的黄埔港启航,驶往印度尼西亚的雅加达(图 1-13)。这标志着新中国远洋船队的诞生并走向世界。不久,上海在 1964 年 4 月 1 日、天津在 1970 年 10 月 1 日、青岛在 1976 年 7 月 1 日、大连在 1978 年 1 月 1 日分别成立了上海、天津、青岛和大连远洋运输公司,共同肩负着组织我国对外贸易的海上运输任务。

今后,随着我国社会主义现代化经济建设的进程,我国的航海技术将达到一个新的水平,船队规模进一步扩大,船舶的技术装备和经营管理水平将更加现代化,航运将为我国的社会主义现代化建设和对外贸易做出新的、更大的贡献。

图 1-13 第一艘悬挂五星红旗远航国外的船舶——中远"光华号"

三、轮机工程的发展历程

1. 轮机工程专业的萌芽——发展的第一阶段(1807 年至 19 世纪末)

18 世纪 60 年代,欧美大部分国家发生了工业革命。为了满足开拓海外市场、掠夺原材料的需要,这些国家加快了对航海动力技术的研究,特别是工业革命起源地英国,在相当长一段时间内,走在世界的前列。

1807 年,美国人富尔顿在美国造成明轮推进的蒸汽机船"克莱蒙特号",8 月 18 日在纽约州的哈得逊河上进行历史性的航行,开创了造船史的新纪元。"克莱蒙特号"标志了帆船时代的结束,揭开了船舶动力管理发展史的第一页,低效的木帆船变成了大轮船。从此,机器的轰鸣声取代了水手们爬桅杆操帆的指令声和整齐的劳动号子声。

该阶段造船、航海技术比较落后,主要是以烧煤产生的热量来加热主锅炉,用主锅炉产生的蒸汽来推动蒸汽轮机带动明轮工作,热效率极低,功率很小,推进力不大,所造的船舶吨位一般比较小。船上的机器设备相当简陋、笨重,其他附加设备也少,维修、保养、操纵和管理的任务较少。

此阶段,轮机工程专业处于萌芽状态,而此时的轮机管理主要特点为:

(1)轮机管理人员配备较少,仅设加油、生火、铜匠等三个工种,以维持锅炉蒸汽机的正常运转。

(2)对技术水平要求也不高,但劳动强度比较大。

(3)轮机管理水平低下,没有较完整的管理制度来保障机器的正常安全运行,仅凭管理者的主观意志和经验行事。

著名蒸汽机船——"泰坦尼克号"

1909 年 3 月 31 日,"泰坦尼克号"(RMS Titanic)开始建造于北爱尔兰的最大城市贝尔法斯特的哈兰德与沃尔夫造船厂,如图 1-14 所示。船体于 1911 年 5 月 31 日下水,全部工程于

1912 年的 3 月 31 日完成，如图 1-15 所示。“泰坦尼克号”全长约 269.06 米(882.75 英尺)，宽 28.19 米(92.5 英尺)，吃水线到甲板的高度为 18.4 米(60 英尺)，注册吨位为 46 328 吨(净重 21 831 吨)。与她的姐妹船“奥林匹克号”相比，她包含了更多的空间，因而导致了她有更大的总吨数(多出 1 600 吨)。她的 4 个硕大无比的烟囱中只有 3 个真正用于排出煤烟，剩下那个是陪衬，实际用作主厨房的烟囱和用于通风。船上有 891 名船员，可以运载 2 200 名以上乘客。

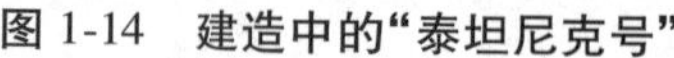
图 1-14　建造中的“泰坦尼克号”

图 1-15　建造完成的“泰坦尼克号”

“泰坦尼克号”以煤为燃料产生蒸汽推动蒸汽机工作，船上有 25 台双端锅炉(高 9 米)和 4 台单端锅炉，它们的动力来自 159 台煤炭熔炉，24 小时源源不断地为“泰坦尼克号”提供维持强大动力的蒸汽。动力系统由 3 套主机组成，其中 2 套为 4 汽缸往复式蒸汽机，另外 1 套为蒸汽轮机。其主机功率超过 51 000 马力，因此“泰坦尼克号”的最大时速可以达到 24 节。

2. 现代轮机工程专业的雏形——发展的第二阶段(19 世纪末至 20 世纪 60 年代)

19 世纪末期，欧洲第二次工业革命爆发。为了满足对动力装置的迫切需要，各国掀起了对工程热力学和机械动力装置的研究高潮。随着国际间的贸易技术交流的日益频繁，特别是 1914 年和 1939 年爆发的两次世界大战，更激励了对航海技术及其设备的研究。

动力方面，蒸汽轮机以其功率大、维护管理简单等优点在商船上得到广泛应用。接着，燃气轮机得到了发展。1947 年，英国 MV 公司(现为 GEC 公司)第一艘以燃气轮机为动力的舰艇试航成功。后来，柴油机的诞生开创了船舶动力新纪元。1892 年德国人 Rudolf Diesel 提出了柴油机原理，1895 年第一台柴油机诞生；1912 年丹麦人建造了第一艘以柴油机为主机的远洋船 MS Selandia。柴油机以其功率大、体积小、效率高、启动迅速、安全可靠、功率范围大(从几千瓦到数万千瓦)等一系列优点，在船舶上得到了迅速的发展，逐渐取代了蒸汽机船。目前，在大、中型商船上使用的柴油机有大型低速机和大功率中速机两种机型，这两种机型在激烈竞争的同时又相互促进。

其他方面，各种甲板机械(如舵机、绞缆机、起货机、锚机等)的引入，使轮机设备所处场所由机舱扩展到甲板；为主机服务的动力管系(如燃油系统、海水冷却系统、淡水冷却系统、滑油系统、压缩空气系统等)也随之产生；相应的能源发动机、电站也发展起来(开始发电机所产生的电为直流电，随后被交流电取代)；为工作的顺利进行及人员安全生活而服务的辅助管系也日臻完善，压载水系统、污水系统、空调系统、通风系统等纷纷走上舞台，扩展了轮机工程的范围。此阶段基本上形成了现代轮机工程专业的雏形。

在这阶段,由于机舱设备增多,技术复杂性大大增强,对轮机管理人员数量、管理水平的要求也相应提高;甲板和轮机两部门相辅相成,共同保障安全航行和创收经济效益;航海者的光环开始笼罩着轮机,航海家的荣誉为船长和轮机长所共享,并赋予船长和轮机长四道金杠。轮机员与驾驶员一并肩负着航行安全和营运管理的重大使命。

此时的轮机管理的主要特点为:

(1)实行行政管理和技术管理。

(2)为了保障港口国的利益和防止污染海域,引入了法律管理。

(3)实现了分工到岗。轮机管理人员有了明确的职级分工,出现了轮机长、大管轮、二管轮、三管轮和机工等职级,各种设备及相应的系统都有专人负责,具体如下:

①大管轮:负责主机、舵机、轴系、冷藏机及其辅助设备的维修保养;

②二管轮:负责发电机及为其服务的机械设备、机舱内部分辅机的维修保养;

③三管轮:负责甲板机械、空调机、辅锅炉、各种泵及救生设备的维修保养。

3. 智能自动化——发展的第三阶段(20 世纪 60 年代至今)

20 世纪 60 年代以后,特别是随着冷战的结束,各国经济得到了迅速恢复。世界主要大国都致力于本国的经济建设,进行广泛的对外经济联系,发展国际贸易,这促进了船舶朝着大型化、专门化、节能化和自动化方向发展。

在这一阶段:一方面,柴油机的各项性能不断提高,重量轻、体积小、启动迅速、操纵简单、经济性好、机动性强且易于实现自动化等优点进一步突显。特别是在 20 世纪 60 年代,废气涡轮增压技术的成功应用,提高了柴油机效率和运行经济性。因此,柴油机在远洋船舶上得到迅速推广应用。据统计,1988 年,世界上新建 2 000 吨以上的船舶共 521 艘,全部为柴油机或柴油机电子控制推进装置船舶。另一方面,在 20 世纪 60 年代初,轮机工程管理引进已在陆地上发展比较成熟的自动化遥控技术;20 世纪 70 年代中期,引进计算机控制技术;到了 20 世纪 90 年代初,又引进计算机网络技术,使船舶管理实现了"智能自动化"。

轮机工程专业在这一阶段的发展主要有以下 5 个小阶段:

(1)单个系统自动化

20 世纪 50 年代后期,陆用自动控制技术开始应用在船舶动力装置上,实现了某些单个系统的自动化,如自动舵、自动锅炉、温度和液位的自动调节等。

(2)一般自动化船舶

20 世纪 60 年代初,一般自动化船舶得到发展,实现了在集中控制室对机器进行集中控制、集中监测及遥控。1960—1964 年期间,轮机自动化已发展到只需一人在集控室值班的水平,世界上第一艘自动化船舶是日本 1961 年下水的货船"金华山号"。

轮机管理人员可以在集控室对各种机器运行参数进行采集、控制和监测,减轻了劳动强度,提高了工作效率。

(3)机舱无人操作船

机舱无人操作船是指将机舱作为一个整体来实现自动化控制,航行时主机由驾驶台进行遥控,取消轮机员夜间及假日值班,实现至少 24 小时机舱无人值班。通过这种管理方式,能进一步减少管理人员,改善轮机人员工作条件,提高了动力装置工作和船舶航行的可靠性、经济性与安全性,充分发挥了轮机自动化的作用。世界上最早的无人值班船是 1964 年丹麦船东在日本三井建造的 65 型油船"Selma Dan 号",这类自动化船为数众多,至今仍占有主导地位。

(4)超自动化船舶

自20世纪60年代末以来,世界上出现了不局限于机舱自动化,而是提倡全船自动化、用计算机控制的超自动化船舶。1970年10月,第一艘超自动化船"星光丸"在日本投入运行。1979年在日本诞生了高度合理化的超自动化船,计有"白马丸"等14艘。这些高度合理化船舶均以微处理机为中心、采用单个计算机控制系统,更加完善了各种控制程序,从而在机舱、导航、装卸、技术管理等方面实现了综合自动化。

在采用电子计算机控制的超自动化船舶上,安全性提高了38.25%,经济性提高了26.96%,而劳动强度却下降了34.36%。

(5)未来船舶

1985年10月,德国制造了两艘"未来型船舶",日本、英国等也开始研制"智能型船舶"。该船型的主要特点是:船员不分部门编制,实现驾-机合一,采用新材料和航天技术、先进的通信技术来实现全船自动化,采用综合节能措施等技术。

轮机工程专业发展到现在,在人员数量与职务配置上基本与甲板部相当;在工作条件上,由于机舱的自动化、智能化和局域网的应用与提高,轮机人员的工作环境大为改善,体力劳动有所减少。

轮机管理的主要特点具体表现为:

(1)远洋船舶绝大部分设备都应用了自动化技术和计算机来管理。

(2)对机器设备的维修保养采用了科学的现代化管理模式。例如,我国采用的"船舶维修保养体系"——CWBT(由原上海远洋运输公司、上海海运局等单位联合研制),缩短了停航维修周期,为机器安全运行提供了强有力的支持。

(3)对管理人员的知识跨度和技术水平要求越来越高。由于机舱设备的高度自动化和现代化,机舱机电设备的种类和数量有增无减,且多属高新技术换代产品,仍需轮机人员维修和保养,现代船舶要求管理人员具备机械、外语、电气、电子计算机语言等综合应用能力,掌握单一技能的船员已经远不能满足需要。

(4)轮机工程管理的内涵不断丰富。技术管理、行政管理、宣传和教育管理、经济管理、法律管理和咨询管理等方法都被运用到轮机管理中来,使轮机工程管理的方式越来越向现代化管理的范畴接近,轮机工程设备和管理都发展到一个新的高度。

四、船舶电子电气工程发展历程

1997年STCW 78/95公约的生效实施使得船舶电机员职务在船舶中不再作为强制配员,中华人民共和国海事局也因此不再对船舶电机员实施评估、考试和发证。十几年来,电机员一度在一些船舶上消失,但随着船舶配套设备的技术发展,尤其是网络及电子自动化设备在船上越来越广泛地使用,电机员又慢慢获得船上的青睐,尽管并非主管机关的强制配员,但目前在航的中外籍船舶大多数还配备有电机员或电工,尤其是船龄较小、自动化程度比较高的船舶,由于其集成线路板和局域网络等在自动化设备中的应用,电机员更是不可或缺。IMO也意识到这个问题,于是在2007年1月22日至26日在伦敦召开的国际海事组织培训和值班标准分委会(STCW)第38次会议上,国际自由工会联合会和国际船舶管理人协会以及德国等提交的提案中提到,随着科学技术的快速发展以及计算机和电子设备在船舶营运中的日益广泛运用,要求船员具备特殊的知识和技能,为在整个航海界实现一致的培训和最低适任标准,有必要制定明确的培训和发证要求，以适应现代船舶技术发展的需要。分委会经过详细的讨论，同意在STCW公约规则中引入电子员的定义。按照进程，电子电气员将作为船舶的强制配员写进经全面修订的STCW公约和规则终稿计划，并在2010年6月召开的马尼拉外交大会上通过。于马尼拉外交大会通过的经2010年全面修订的STCW公约和规则（以下简称STCW 78/10修正案）已于2012年生效。新的电子电气员不同于原来的船舶电机员，他的业务范围既包括原来的船舶电气部分，同时还包括船舶报务员及驾驶台上部分电气设备。

IMO在STCW 78/10修正案中规定了每一艘主推进装置在750 kW及以上的船舶必须有一名持有适任证书的电子电气员的强制性最低要求。

第三节 专业发展趋势

随着全球经济的快速增长和经济一体化进程的加速，海上运输量迅猛增长。日益繁忙的海上交通以及海上人命、财产、环境等因素的影响，促使海上运输船舶向大型化、专业化、快速化、自动化发展，使之成为安全高效的运输工具。

一、船舶的革命性变化

1. 船舶大型化

在20世纪60年代，1万载重吨的船就可称为“万吨巨轮”，2000年末世界上拥有10万载重吨的超大型油船（VLCC）数百艘，其中包括3艘50万载重吨的特大型（ULCC）油船。目前最大的散货船为36万载重吨。集装箱船近年来也越来越大，5 000 TEU、6 000 TEU、7 000 TEU和8 000 TEU的集装箱船相继投入使用，9 000 TEU和10 000 TEU及以上的集装箱船亦不鲜见。20世纪90年代后半期，欧美船东不断建造大型豪华邮船，1998年至2002年，年均建造13艘，其中多数是14万总吨级船舶。

最大的船

目前，世界上最大的船是总吨位825 614吨的“诺克·耐维斯号”（Knock Nevis），它是一艘新加坡籍、属于超大型原油运输船（Ultra Long Crude Carrier，ULCC）等级的超级油船，也是世界上最长的船只与最长的人工制造水面漂浮物，船长超过402米，比横躺下来的埃菲尔铁塔还长。

2. 船舶专业化

过去的海洋运输船舶主要是客船、货船和油船。近年来，集装箱船、滚装船（Roll-roll）、液化气船（LNG、LPG）、公务船等专业化特种船舶迅速增多。

3. 船舶高速化

为了与高速公路、高速铁路运输竞争，近20年来，速度30节以上的小型高速气垫船、水翼船、水动力船、喷气推进船快速研制并大量投入使用。当前的集装箱船速度为25~30节，大约比过去的普通货船快一倍。

4. 船舶自动化

20世纪70年代，计算机在船舶上被广泛应用，从船舶在机舱设置集中控制室到出现无人值班机舱和驾驶台对主机遥控遥测，船舶机舱自动化成为趋势。1970 年日本“星光丸号”竣工，开创驾机合一的新时代，在当时被称为“超自动化船”。船舶自动化使船舶定员大约减半，降低了营运成本，并降低了劳动强度。近十年来建造的新型船舶基本上都可称为自动化船舶，其中一部分自动化程度高的船舶被称为“高技术船舶”。船舶自动化从机舱自动化走向了驾驶自动化。

世界主要航海国家正着力研究和开发由综合航行管理系统、最适航路计划系统、自动靠离泊系统、气象海况状态监视系统、装卸系统，以及船体状态、姿势监视控制系统等组成的高信赖度智能化船舶。随着信息化、自动化和网络化技术的不断发展，相信在不久的将来，船舶将可实现全智能化管理。

工业 4.0——“智慧船舶”的起航之路

“工业 4.0”是德国政府推出的《高技术战略 2020》十大未来项目之一。作为一个风靡全球的概念，“工业 4.0”提供了工业制造的新思维，被称为是继蒸汽机应用，规模化生产，电气、电子信息技术等三次工业革命后的第四次工业革命。其特征是以大数据为基础、以预测技术为核心的智能制造使用，目的是大幅度提高产品生产、产业链运行的质量和效率，推动实现传统制造业的转型。“工业 4.0”为转型期的中国制造业提供了机遇，同时也带来重大挑战。

智慧船舶：指充分利用现代信息技术及创新理念，通过信息化、一体化、协作化的方式，采取平台支撑、两化融合、产业链拓展的方法，全面提升船舶企业设计研发、生产制造、管理服务等方面的能力和融合水平，实现船舶产业链优化延伸、价值链融合升级，形成一种高端、高效、绿色、低碳的船舶产业发展及管理服务新模式。

“会思考的船”：“工业 4.0”的核心技术是网络和实体融合、岸海一体的智慧信息服务体系。通过运营企业和制造企业、设计企业和制造企业之间的信息共享，构建一个网络和实体融合架构，实现从设计、生产、运营到最后服务的全流程体系的融合。以大数据为基础的产业转型被称为 5S 工程，即面向“Sea—海洋，Ship—船舶，System—系统，Smart—智能，Service—服务”的船舶运营智慧服务体系，它可以告诉船怎么走最省油，怎么可以获知运作之外的物流与安全信息服务等。

二、航海技术的革命性变化

1. 导航定位技术进步

传统的定位方法主要有陆标定位、天文定位。陆标定位是利用观测陆地目标与本船的方位、距离和方位差等相对位置关系进行定位。沿岸航行时，陆标定位是一种简单、可靠的基本定位方法。天文定位是利用观测天体进行定位。天文定位的优点为：设备简单、可靠，观测的目标是自然的天体而不受人为控制，不发射任何声、光和电波而且具有隐蔽性等。其缺点为：天文航海受自然条件限制，不能全天候导航，必须人工观测，计算烦琐。

当前，传统的陆标定位、天文定位方法已成为特殊情况下的补充手段，无线电导航定位方法经过了无线电测向仪（1921）、雷达（1935）、罗兰 A（1943）、台卡（1944）、罗兰 C（1958）、卫星导航系统（1964）、全球定位系统（1993）的发展历程，已进入高精度卫星导航定位时代。船上的导航定位系统是随着电子技术、无线电信息技术的发展而发展的，其发展经历了从单一、低精度到综合、高精度，从近距离、非连续性到全球、全天候连续定位的过程。当前，美国开发的全球定位系统（Navigation Satellite Timing and Ranging/Global Positioning System，GPS）可在全球范围内全天候为海上、陆上、空中和空间用户提供连续的、高精度的三维定位、速度和时间信息,使船舶、飞机和汽车等运载工具的导航与定位发生了划时代的变革。采取差分技术的 GPS 技术可把定位精度提高到几米。GPS 现已普遍装在船上,成为最主要、最常用、最简便、最准确的导航定位手段。除美国 GPS 外,俄罗斯开发了格洛纳斯(GLONASS)全球导航卫星系统,中国开发了北斗卫星定位系统,欧盟正在开发伽利略卫星导航定位系统(中国参与合作)。从船舶定位方法的发展过程来看,未来船舶定位的精度还将进一步提高。

北斗卫星导航系统

北斗卫星导航系统(Beidou Navigation Satellite System, BDS)是我国正在实施的自主研发、独立运行的全球卫星导航系统,与美国的 GPS、俄罗斯的 GLONASS、欧盟的伽利略系统兼容共用的全球卫星导航系统,并称为全球四大卫星导航系统。

北斗卫星导航系统由空间端、地面端和用户端三部分组成。空间端包括 5 颗静止轨道卫星和 30 颗非静止轨道卫星。地面端包括主控站、注入站和监测站等若干个地面站。用户端由北斗用户终端以及与其他卫星导航系统兼容的终端组成。

2000 年,首先建成北斗导航试验系统,使我国成为继美、俄之后的世界上第三个拥有自主卫星导航系统的国家。该系统已成功应用于测绘、电信、水利、渔业、交通运输、森林防火、减灾救灾和公共安全等诸多领域,产生显著的经济效益和社会效益。特别是在 2008 年北京奥运会、汶川抗震救灾中发挥了重要作用。

2011 年 12 月 27 日起,北斗卫星导航系统开始向中国及周边地区提供连续的导航定位和授时服务。

2012 年 12 月 27 日,中国卫星导航系统管理办公室宣布,北斗卫星导航系统正式提供区域服务。

北斗卫星导航系统致力于向全球用户提供高质量的定位、导航和授时服务,包括开放服务和授权服务两种方式。开放服务是向全球免费提供定位、测速和授时服务,定位精度 20 米,测速精度 0.2 米/秒,授时精度 10 纳秒。授权服务是为有高精度、高可靠卫星导航需求的用户提供定位、测速、授时和通信服务以及系统完好性信息。除在导航精度上不逊于欧美之外,北斗卫星导航系统还解决了何人、何时、何地的问题,这就是北斗的特色服务。

军用功能

北斗卫星导航定位系统的军事功能与 GPS 类似,例如,运动目标的定位导航;为缩短反应时间的武器载具发射位置的快速定位;人员搜救、水上排雷的定位需求等。

这项功能用在军事上,意味着可主动进行各级部队的定位,也就是说大陆各级部队一旦配备北斗卫星导航定位系统,除了可供自身定位导航外,高层指挥部也可随时通过北斗系统掌握部队位置,并传递相关命令。换言之,大陆可利用北斗卫星导航定位系统执行部队指挥与管制及战场管理。

民用功能

个人位置服务

当你进入不熟悉的地方时,你可以使用装有北斗卫星导航接收芯片的手机或车载卫星导航装置找到你要走的路线。

气象应用

北斗导航卫星气象应用的开展,可以促进我国天气分析和数值天气预报、气候变化监测和预测，也可以提高空间天气预警业务水平，提升我国气象防灾减灾的能力。

道路交通管理

卫星导航将有利于减缓交通阻塞，提升道路交通管理水平。通过在车辆上安装卫星导航接收机和数据发射机，车辆的位置信息就能在几秒钟内自动转发到中心站。这些位置信息可用于道路交通管理。

铁路智能交通

卫星导航将促进传统运输方式实现升级与转型。例如，在铁路运输领域，通过安装卫星导航终端设备，可极大缩短列车行驶间隔时间，降低运输成本，有效提高运输效率。未来，北斗卫星导航系统将提供高可靠、高精度的定位、测速、授时服务，促进铁路交通的现代化，实现传统调度向智能交通管理的转型。

海运和水运

海运和水运是全世界最广泛的运输方式之一，也是卫星导航最早应用的领域之一。在世界各大洋和江河湖泊行驶的各类船舶大多都安装了卫星导航终端设备，使海上和水路运输更为高效和安全。北斗卫星导航系统将在任何天气条件下，为水上航行船舶提供导航定位和安全保障。同时，北斗卫星导航系统特有的短报文通信功能将支持各种新型服务的开发。

航空运输

当飞机在机场跑道着陆时，最基本的要求是确保飞机相互间的安全距离。利用卫星导航精确定位与测速的优势，可实时确定飞机的瞬时位置，有效减小飞机之间的安全距离，甚至在大雾天气情况下可以实现自动盲降，极大提高了飞行安全和机场运营效率。北斗卫星导航系统与其他系统的有效结合，将为航空运输提供更多的安全保障。

应急救援

卫星导航已广泛用于沙漠、山区、海洋等人烟稀少地区的搜索救援。在发生地震、洪灾等重大灾害时，救援成功的关键在于及时了解灾情并迅速到达救援地点。北斗卫星导航系统除导航定位外，还具备短报文通信功能，通过卫星导航终端设备可及时报告所处位置和受灾情况，有效缩短救援搜寻时间，提高抢险救灾时效，大大减少人民生命财产损失。

2. 识别物标的手段更新

物标判断的正确性和准确性直接关系避让的有效性和船舶自动化程度。目前，识别物标的手段已从仅凭视觉及听觉、普通雷达、ARPA 发展到自动识别系统 AIS。

20 世纪 70、80 年代是雷达、ARPA 发展的黄金时期，几乎全球所有的 VTS 中心、所有远洋船舶都安装了雷达、ARPA。雷达、ARPA 比以前所有同类产品性能的确提高了许多，但随着科学的进步，它们的缺点日益突出。一是在恶劣天气下，如大雾、大雪及大暴雨时，在船舶密度大的水域，雷达性能大大降低；二是雷达对物标矢量显示需 1~2 分钟，稳定矢量显示需 3 分钟左右，对他船的方位变化只能在他船大幅度转向后 1~2 分钟才能测出，实时性差。于是，在计算机技术和通信技术的推动下，自动识别系统 AIS 快速发展起来。

AIS 在海上 VHF 频段，运用自组织时分多址方式发射船舶静态数据（如船名、识别码、船长和船宽等）、动态数据（如船位、船速、航向等）、航行相关信息以及与安全有关的短信息。与雷达、ARPA 相比，AIS 有如下几个优点：

（1）信息量大。提供了雷达所不能提供的大量的船舶动态信息，从而节省了自动避碰系统的计算时间和存储容量，同时覆盖水域大大增加，为显示更多的目标信息提供了方便。

(2)信息量来源可靠,没有“误跟踪”“丢失率高”的问题。凡是使用过雷达和 ARPA 的驾驶员都知道,当船舶航行到狭水道或者航道内,在船舶密度迅速增加的情况下,ARPA 往往出现误跟踪。而使用了 AIS 之后,信息来源各自独立传送,不会存在这样的问题。

(3)信息精度高,准确性好。AIS 的船位数据来源于船上的 GPS,而 GPS 的精度和雷达相比可以说是质的飞跃。

(4)实时、不间断地提供动态信息。AIS 可不间断地提供雷达和 ARPA 所不能提供的目标动向意图信息,如转向率、航迹向等,而这种信息对于自动避碰系统做出建议有极大的帮助。

(5)自主运行,无须人工监视。AIS 信息的播发与接收均处于自主状态下,而这对于避碰状态下的船舶驾驶员是十分有用的。

3. 海图电子化和资料数字化

传统的航海图书资料(如海图、航海通告、无线电信号表、灯标表等)都是用纸张印刷的,通过邮寄分发给各船,修改工作繁杂,延误时间较长且容易出错。由于海图上的资料和数据陈旧而导致海事发生的例子数不胜数,纸质印刷海图已不适应船舶自动化和航海智能化的发展要求。

相应地,电子海图显示与信息系统(Electronic Chart Display and Information System,ECDIS)在近十几年研发成功并不断完善。该系统不但能很好地提供纸质印刷海图的有用信息,而且取代了传统的手工海图作业,综合了 GPS、APPA、AIS 等各种现代化的导航设备所获得的信息,可使雷达、ARPA 的图像与电子海图叠加显示,根据需要可提供分层显示,成为一种集成式的导航信息系统。ECDIS 具有海图显示、计划航线设计、航路监视、危险事件报警、航行记录、海图自动改正等功能,大大提高了航行安全和效率。电子海图与导航等其他系统结合,可实现自动航行,被称为是航海领域的一场技术革命。

随着计算机技术和互联网技术的发展,航海通告、潮汐表、灯标表等出现了电子版和网络版。船舶可购买光盘或在网上查询与下载,这有利于航海图书资料中内容的迅速更新,避免了海员对纸质图书资料的手工更正,使用也更加方便。

4. 通信方式自动化

无线电报、无线电话、电传和传真在船上的应用,与船舶采用手旗、灯光进行通信相比已是很大的进步。1957 年第一颗人造卫星升空,拉开了卫星通信的序幕。1979 年国际海事卫星组织(INMARSAT)宣告成立,1982 年开始提供全球海事卫星通信服务,1985 年 INMARSAT 开发航空卫星移动通信业务,1987 年又将业务从海空扩展到陆地。INMARSAT 可以为海陆空提供电话、电传、传真、数据、国际互联网及多媒体通信业务。船舶通信自动化的另一个重要标志是船舶使用了全球海上遇险与安全系统(Golobal Maritime Distress and Safety System, GMDSS),该系统使用 INMARSAT 和 COAPAS-SARSAT 两种卫星通信系统,它使船与船、船与岸台全方位、全天候即时沟通信息。一旦发生海上事故时,岸上搜救当局及遇难船只或其附近船舶能够迅速地获得报警,他们则能以最小的时间延迟参与搜救行动。GMDSS 还能提供紧急与安全通信业务和海上安全信息的播发,以及进行常规通信。GDMSS 在船上的使用实现了驾驶与通信合一,传统的船舶报务员已被取消。

国际海事卫星组织(INMARSAT)

政府间海事协商组织(现改名为国际海事组织,IMO)于 1976 年 9 月召开会议,通过了《国际海事卫星组织公约》和《国际海事卫星组织业务协定》。公约于 1979 年 7 月 16 日正式生效。同年10月24—26日在伦敦召开了国际海事卫星组织第一届全体大会，宣告国际海事卫星组织成立，总部设在伦敦。国际海事卫星组织的主要活动是讨论海事卫星通信的要求，制定地面站和船站接入国际海事卫星组织空间段的标准和批准程序，确定空间段方案和卫星轨道，制定财务政策。除了商业服务以外，INMARSAT还提供船舶和飞机的免费全球海上遇险和安全服务，包括传统的语音通话、低层次的数据追踪服务、高速互联网和其他数据服务等公共服务。中国于1979年7月签署了上述公约和协定，参加了国际海事卫星组织，并指定北京船舶通信导航公司作为经济实体参加这一组织的经营管理。

5. 航行记录自动化

以前，航海日志、车钟记录簿、油类记录簿等均由手工分散填写。一旦发生海上事故，记录分散，或当事方经常涂改相关记录，会给海事仲裁带来很大的麻烦。航行数据记录仪（Voyage Data Recorder，VDR，俗称船舶黑匣子）诞生后，将不会发生类似情况。VDR系统由主机、传感器、数据存储器、专用备用电源和回放再现系统组成，可记录如下内容：时间、船位、速度、艏向、驾驶台声音、通信声音、雷达数据和显示方式、测深仪、主报警、操舵命令和响应、轮机命令和响应、船体破口状况、水密和防火门状况、横摇和船体应力、风速和风向等。一旦发生碰撞等海事，VDR能回放事故前后的实时记录，再现车、舵、航向、航行轨迹和驾驶台通话等情况，任何企图涂改记录的操作都无济于事，可为调查和责任判别提供主要的法律依据。

6. 航行值班方式

以前，由于航海技术不够完善，驾驶台的工作比较繁重。为了保证航行安全，正常航行要安排3～4人值班，且规定必须站立值班。如今，随着航海技术的不断完善，单人坐着值班成为可能。综合船桥系统IBS或自动驾驶仪包括组合导航仪INS和自动舵等设备，以计算机为核心，连接电子海图和信息显示系统的ECDIS、自动识别系统AIS等仪器，组成自动航行控制系统。整个系统朝着数字化、标准化、模块化、智能化和接口标准化方向不断完善和发展。该系统的主要作用是，当人工输入相关航路数据后，能使船舶自动沿着计划航线航行，并能在预定转向点上自动转向，从而实现船舶驾驶的高度自动化。

航行系统综合一体化的一个主要表现载体为综合驾驶台。它将航行所需的关键性仪器和控制设备集中在一起，操作方便，控制自如，其布置与飞机驾驶舱相似，为实现单人驾驶船舶奠定了基础。这一方面减轻了海员的体力劳动，另一方面对海员提出了更高的要求。因而，当今的海员只有不断地提高知识和管理水平，才能适应航运的发展。

7. 船舶管理和服务

当无线电报开始用于船岸之间的通信时，所谓“上帝老大，船长老二”的时代结束了。船公司和岸基航海服务机构和管理部门可通过无线电通信影响、协助和控制船舶的航海活动。

（1）无线电航行警告系统（Radio Navigational Warning）

航行警告系统和航行通告，是将有关海区和水域内发生的或将要发生的、可能影响航行和作业安全的任何情况变化，及时准确地通知所有船舶，使之采取适当措施或保持戒备，以确保船舶航行和作业安全。各国海上安全主管部门专设的海岸电台用无线电发布这类公告，称为无线电航行警告。为了统一各国不同做法，1977年政府间海事协商组织（现改名为国际海事组织，IMO）正式建立了世界无线电航行警告系统。该系统将全球分成21个播发航行警告的区域。每个区域由一个国家作为协调人，负责将搜集到的资料进行核对、整理和编辑，再播发到整个区域。

(2)船舶定线制(Ship's Routing)

在过去上千年的航海实践中,船舶的航行路线都是由船长自行确定的。为防止船舶在雾中碰撞,1859 年世界上实行了第一个分道通航制,1875 年又采用了躲避浮冰的船舶定线制。目前全世界已有 100 多个船舶定线制。定线制是旨在减少海难事故的单航路或多航路定线措施,它包括分道通航制、双向航路、推荐航线、避航区、沿岸通航带、环行道、警戒区和深水航路,这些定线措施可根据实际情况结合起来使用。IMO 制定了有关船舶定线制的各项规定,审核采纳各国提出的船舶定线制,并不定期出版或修订船舶定线制。

(3)船舶报告系统(Ship Report System)

全球性的船舶动态报告制度是在 18 世纪初由英国劳埃德首先在全球重要地点建立的通信网,用以搜集船舶动态资料。自 1930 年起,有些船公司规定出海船舶必须定时向公司报告其船位、航向和航速。1958 年美国海岸警卫队发起建立商船自动报告制,以改进船舶搜寻和救助行动。现行的船舶报告系统是由 IMO 采用的,要求船舶通过无线电报告提供、搜集或交换信息,用于搜救、交通服务、天气预报和防止海上污染等目的。IMO 为此制定了船舶报告系统的一般原则、标准报告格式和程序。

(4)船舶交通服务(Vessel Traffic Services,VTS)

VTS 亦被称为船舶交通管理系统(VTMS),其硬件系统包括岸基监测雷达系统和数据搜集、处理、传输与显示系统等。VTS 是负责增进海上交通安全,提高交通效率及保护海洋环境的主管机关所实施的服务系统,其范围从向船舶提供简单的信息到广泛管理一个港口或水道的船舶交通,其功能包括数据搜集、数据评估、信息服务、协助航行、组织交通和支持联合行动等。IMO 对 VTS 做出了专门的规定。

三、轮机工程发展趋势

当今社会已进入知识经济时代,信息化、智能化、网络化、船岸一体化将是 21 世纪船舶自动化发展的方向。随着多媒体、数字通信技术和计算机集成技术的发展,数字航海时代即将到来,各种机器运行参数可随时采集并进行分析研究、优化处理和自行调节到最佳工况,轮机人员与驾驶人员在驾驶台共同值班,并驾齐驱。未来轮机工程专业发展趋势大致有以下几个特点。

1. 整个轮机管理将实现微机网络管理

未来轮机管理将由多个智能单元模块组成现场总线网络控制系统(FCS),采用数字信号和智能化的现场设备,将控制功能直接置于现场设备之中,实现彻底的分散管理,用可靠的数字信号代替模拟信号,将控制、报警、计算及其他功能均分散到现场,以此节约大量硬件和信号电缆、减少传送误差和模块/数字转化部分。

2. 驾-机合一的真正实现

由于高度自动化技术和计算机网络通信技术的广泛应用,将来的远洋船舶会实现真正的驾-机合一,船员人数将进一步减少。

3. 智能化专家系统的广泛应用

由于船舶配员的减少,管理人员对机械的熟练程度有所降低,对计算机专家系统的依赖性增强。机舱管理将由计算机进行数据采集、故障分析和经验积累。预测机舱内各种轮机设备故障的系统将得到大力发展,主要表现为预报警、对故障诊断进行说明、显示操作注意事项及维护要求等，方便了船员及时采取措施消除故障，便于操作管理。

4. 船岸联系的加强

随着船舶自动化程度的提高和配员的减少，岸上支援体系的作用将更为重要。大量繁重的维修工作将转到岸上进行，船员仅负责日常管理和少量的维修工作。因此，在航行过程中将进行广泛的船岸联系，船员依赖岸上的支援体系作业。

5. 对防污染要求进一步提高

随着人们对海洋环境保护意识的逐步增强，对船舶防污染提出更高的要求，将采取更为严格的控制措施。其具体主要表现在对船舶废气排放标准进行严格控制，“绿色船舶”将得到进一步推广及应用上。未来船舶对废气的处理技术将进一步提高，船上所装设的油水分离器、生活污水处理装置、垃圾处理装置和废气处理装置在运行可靠性、实用性及自动化水平等方面都将取得明显的进步，产品的综合效能将有显著的提高。

6. 节能技术及新能源的应用

能源对于人类生存和繁衍的重要性已为越来越多的人所认同。未来船舶除了进一步加强对废热、余热的利用，开发成熟的发动机联合循环装置、热电联供装置等节能设备外，还将在新能源的开发和利用方面积极拓展。现已有少量的船舶开始运用甲烷、燃料电池、核能作为船舶电能及动力能源。科学家还在太阳能、核能、海洋能、生物能、氢能以及节能技术上进行了广泛深入的研究。相信在不久的将来，航行在海洋上的各类船舶使用的都是高效、清洁、廉价的新动力能源。

四、船舶电子电气工程发展趋势

进入21世纪后，我国船舶工业的电气自动化程度、性能和技术水平已有了很大程度的提高，船舶电气自动化技术发展由于计算机与通信技术日益成熟，在驾驶、轮机管理和装货等方面实现了全盘计算机控制，船舶自动化技术将不断向全船综合自动化层次发展。船舶综合自动化是集机舱自动化、航行自动化、机械自动化、装载自动化等于一体的多功能综合系统。

1. 控制系统监控的综合化

电气设备已经日趋通用化、模块化、系列化，可以做到组态灵活；计算机所有功能选择均能通过屏幕软件按钮直接完成，为系统监控的综合化提供了必要的基础。当然，根据需求不同仍旧存在着先进程度不同和性能要求不同的船舶，但是单机单控的系统必将逐步向综合监控的系统过渡。因为，采用综合监控的形式，可以构成双重或多重冗余，对提高系统或者全船整体可靠性是有积极意义的。

2. 控制系统的网络化

当前，数字化技术和总线技术应用已经相当成熟。现场总线是一种互联现场设备(或模块)与控制系统之间的双向数字通信网络。其通常采用双层网，第一层为数据采集与传送网，第二层为控制网。为保证系统的可靠性，控制网络可采用冗余结构。考虑危险分散原则，其按系统又分成若干子网，如推进系统、管道系统、电力监控系统等独立子网。对于控制系统的网络化，其功能集各子系统之众，从可靠性出发又是一个分布式系统；在数据采集和控制平台上，各分系统密切结合，但在系统结构上又是一个主动性极强的系统，在平台某系统局部受损时不影响独立工作；采用网络冗余和设备冗余设计及不间断后备电源，生存能力很强；具有图像控制功能，人机界面和对话效果良好。

网络系统的优势在于采用数字化和高层次的自动化技术代替大量烦琐的人工操作，提高工作效率是显而易见的。它有助于减少频繁操作和减轻人员疲劳，把船员从环境恶劣的工作场合中解放出来。

3. 船用中压电力系统将成为未来大型船舶电力系统发展的主流

随着船舶电气化水平的不断提高，许多新建的大型船舶，如汽车运输专用滚装船、半潜船、客滚船、豪华游艇等各类船舶的总装机容量已达十几、几十甚至上百兆瓦。考虑到断路器短路电流分断能力、发电机组单机容量、发电机组数量、电缆载流量等因素，这些新建的大型船舶大多都采用中压配电系统，电站电压已经从过去的低压 450 伏提高到中压 3 000～15 000 伏，电流频率也从低频 60 赫兹提升至中频 200～400 赫兹，并且几乎所有的海洋平台、海洋工程船舶都采用了船用中压电气系统。国外许多新型船舶的设计、施工及营运也都证明了中压电力系统的良好效果。因此，随着未来船舶向大型化发展，中压电气系统必将成为大型船舶电力系统的主流发展方向。

4. 船舶综合电力推进系统

船舶综合电力推进系统是伴随现代电力电子技术的发展产生的一种新型船舶推进系统，它将船舶动力电站和辅机电站合二为一，从而达到有效利用能源、提高船舶机动性、降低船舶噪声的目的。

现代的船舶综合电力推进已不是早期意义上的电力推进，而是将日用电和推进用电结合在一个电力系统内，以变频器、推进电机、推进变压器、功率管理系统、操纵控制系统为核心的推进系统。通过电力网络为船舶推进、通信导航、特种作业和日用设备等提供电能，实现了全船能源的综合利用。船舶综合电力推进系统代表着当今船舶动力的发展方向，其意义不亚于船舶由风帆动力转为蒸汽机动力，它是造船技术发展史上的又一个革命性的跨越。

5. 船舶动力定位系统（Dynamic Positioning System，DPS）

船舶动力定位系统是一种闭环控制系统，将船的位置信息、运动信息及环境信息输入控制系统，通过微机完成控制计算，指挥侧推装置发出所需的推力和力矩，利用船舶自身的动力抵抗外界干扰（风、浪、海流等），动态控制船舶悬停在某一确定位置（定点控制）或沿着一定的预定航迹以便进行特殊作业等。

船舶动力定位系统是一种集现代控制理论、计算机技术、通信技术、船舶流体力学、船舶结构设计、人工智能以及近代电力推进技术于一体的跨学科高新技术。国际海事组织（International Maritime Organization，IMO）和国际海洋工程承包商协会（International Marine Contractors Association，IMCA）将 DPS 定义为动力定位船舶需要装备的全部设备，包括动力系统、推进器系统和动力定位控制系统，广泛用于海上作业船舶和海上平台的定点系泊，具有定位精度高、灵活性好、机动性强、适用于多种海况作业等诸多优点。

《航海技术辩证法》指出：“物质资料生产的需要是航海和航海科技产生的根本原因和直接动力；经济、生产发展的需要是航海科技发展的根本动力；军事、战争的需要是航海科技发展的重要动力；基础科学、技术科学和其他相关科技的发展是航海科技发展的一个重要推动力量。”航海科学技术的进步，使航海从技艺逐步发展成为科学技术，从帆船时代进入机动船时代，从地文航海和天文航海时代进入电子航海时代。

值得指出的是，在近代和现代史中，中国航海科学技术远远落后于西方发达国家。新中国成立后，特别是改革开放以来，我国航海事业有了很大的发展，具有重大的国际影响力。然而，在航海科学技术方面,我国则主要是学习、借鉴、引进、消化、吸收西方发达国家的航海科学技术成果,为我所用。我国原创性的航海科技成果较少,先进的船舶动力装置和系统大都凭借外国专利制造,先进的航海仪器设备基本上依赖进口,新型特种专用船舶还需在国外船厂订造,在制定和修改国际航海法规和技术标准时中国还未掌握主动权和引导能力。这一状况与我国海洋运输业和船舶制造业在规模上名列世界前列的状况还不相适应。

船舶工业是航海科学技术的重点应用区域。统计数据显示,截至2013年底,从交船吨位、承接新船量等指标来看,我国造船业已稳居世界第一,各骨干船企积极开拓市场,在液化天然气(LNG)船、大型集装箱船、节能环保型船以及海洋工程装备等高技术、高附加值产品接单方面取得突破。但从实际情况看,我国还不是造船强国。在一些高端产品领域,我国船企与世界先进船企之间还存在一定的差距,如豪华邮轮、豪华游艇以及高端海工装备等。针对造船业面临的诸多问题,2013年我国陆续出台了多项政策,以推动其持续健康发展。2013年7月31日,国务院印发了《船舶工业加快结构调整促进转型升级实施方案(2013~2015年)》,明确了今后若干年我国船舶工业结构调整和转型升级的主要任务。2013年9月2日,交通运输部发布《关于促进航运业转型升级健康发展的若干意见》,鼓励老旧远洋、沿海运输船舶提前报废,鼓励建造满足国际新规范、新公约、新标准要求的节能安全环保船舶。2013年10月15日,国务院发布的《关于化解产能严重过剩矛盾的指导意见》明确指出,力争通过5年努力,我国船舶行业实现产能规模基本合理的目标,产能总量与环境承载力、市场需求、资源保障相适应,空间布局与区域经济发展相协调,产能利用率达到合理水平。2013年11月4日,工业和信息化部正式发布《船舶行业规范条件》,明确了钢质一般船舶生产企业在建造技术能力、技术创新、节能环保、职业健康、规范管理等诸多方面的规范条件。如此密集地出台产业指导政策,说明我国政府对于船舶工业发展的高度重视。

第四节　专业教育状况

一、高等航海教育的双重属性

航海类专业属工程教育的范畴,教育内容决定了高等航海教育是与行业结合相当紧密的教育,它兼具普通高等教育和高等职业教育的双重属性。普通高等教育的属性主要体现在通过三或四年的教育,学生可获得相应工科大学生的能力培养,毕业时能拿到本专科毕业证书及相应学士学位证书;该过程遵循国家高等教育规律,受到国家教育行政管理机关的控制。高等职业教育的属性主要体现是贯穿整个在校期间,学生可获得航海行业从业所需职业素质及相关证书培养,经过国家行业管理机关(各级海事局)考试可获得相关证书,且该证书国际通用;学生入校取得学籍后,需报国家海事管理机关备案,整个教育过程需遵守航海行业相关规定,受国家海事管理机关全程监控。

航海教育是提供航海人才的重要途径。随着全球经济一体化进程的不断加快,海上运输业近年来得到空前发展,其行业特点也发生了很大的变化。其主要特点是:以提高海运货载能力和效率为目的的海运国际化;以提高运输效率为目的的多式联运化;以提高航运效率、保证航运安全和海洋清洁、降低劳动强度为目的的船舶高科技化。国际海运业的这些变化，必然要引起航运人才所必须具备的知识结构、能力结构的变化。这就对航海教育提出了更高的要求，需要培养掌握扎实的航海专业技能，熟悉国际法规、国际惯例，善于经营管理，具有较强的实际动手能力、外语应用能力、主动适应社会能力、新知识新技术的学习能力，并具有吃苦耐劳精神和创新精神，具备海洋安全意识、环保意识和可持续发展意识的新一代海员。

二、航海教育在航运业发展中的重要作用

随着全球经济一体化进程的不断加快，我国航运业得到了长足的发展，成为国民经济的支柱产业之一。发展以人为本，航运业所拥有的人力资源越来越成为企业生存、行业发展的决定性因素。但我国航运业人力资源从总体上还不能满足我国航运业快速发展的需要。究其原因，一方面，随着知识经济的到来，知识更新的速度大为加快，原有人力资源总体水平不高，难以满足航运业快速发展的需要；另一方面，从航运业人力资源总量上看，也不能满足建设航运强国的要求。因此，航海教育在航运业发展中起着尤为重要的作用，建立一支适应航运业发展的人力资源队伍刻不容缓。

作为为国内外航运业提供专门人才的我国航海教育机构，改革开放以来得到了长足的进步，为我国的海上交通运输事业培养了大量人才，做出了积极贡献。在航海专门人才培养方面，我国航海专门人才的培养数量居世界第一，质量也基本达到世界先进水平。如今，国内航海院校不仅与美国、俄罗斯、土耳其、埃及和德国等国家的世界知名航海学府开展师资互换、学生交流等合作，还与斯里兰卡、坦桑尼亚等国合作办学，按照中国航海教育模式和体系制定标准，帮助他们培养高等航海人才，实现了真正意义上的高等航海教育输出，显示了中国航海在国际高等航海教育界的地位和实力，说明了中国航海教育事业取得的举世瞩目的成绩得到了世界同行的高度认同。

但是，目前世界经济结构和国际贸易结构正在发生着深刻的变化，我国航海教育的现状与国际经济竞争的需求和国内外航运发展的迫切需要相比，已经相对滞后。同时，由于航海教育本身的特殊性，航海教育的改革和发展要遵循 STCW 公约的要求。国际航运中心及国际航运人才市场的东移对我国航海教育的发展带来很大的挑战，STCW 公约马尼拉修正案于 2012 年 1 月 1 日正式生效，这些变化不仅对我国航海教育提出了更高的要求，也给我国航海教育的快速发展提供了良好的机遇。

1. 航运业发展对航运人才培养提出新要求

近年来，随着世界经济的高速发展和 STCW 公约马尼拉修正案的正式生效，国际航海培训和船员劳务市场也产生了不少新变化，国际航运业在人才需求方面呈现以下五个缺点。

(1)航运人才短缺

随着人们工作和生活观念的改变，航海人员在海上工作的实际时间大大缩短，海运技术人才流失比较严重，尤其是高级航运人才出现世界性短缺，后继乏人。

(2)具有高素质的航运人才需求看涨

现代航运业的基本特征主要表现为技术密集和资金密集两大方面，同时由于船舶的大型化和高度自动化，对航运人才提出了更高的要求，需要船员的整体素质有一个较大幅度的提高。

(3)世界航运人才的重心出现东移

世界经济高速发展的重心从西方逐步移向东方,以及西方发达国家的船员喜欢岸上优越的工作、生活环境,而不愿再从事艰苦而有风险的航海业,导致航海教育萎缩,航海教育重心出现东移,世界航运人才的重心由发达国家转向发展中国家。

(4)STCW 公约马尼拉修正案对船员培训及海上安全等提出新的要求

随着全球一体化的进程,船舶也朝着大型化、快速化、专业化和现代化的方向发展,全球对海洋环境保护更加重视,IT 技术在内的新技术的应用越来越广泛,船员所需掌握的知识和技能也随之逐渐变化。STCW 公约马尼拉修正案对船员的任职岗位、航区、等级、有效期、适用限制、取得证书的条件等方面做出了较大调整,也提出了具体的要求。

(5)有些劳务输出国的航海教育条件不能满足国际公约的要求

目前,亚太地区是船员劳务输出的主要地区,大多集中在菲律宾、印度、中国、巴基斯坦、斯里兰卡、缅甸、越南等发展中国家。虽然亚太地区的一些劳务输出国劳动力廉价,但国际航运业的发展变化对相应人才的培养提出了更高的要求,今后船员的整体素质将有一个较大幅度的提高。而有些劳务输出国的船员培训和航海高等教育的条件不能满足国际公约的新要求,因此一部分输出国将被淘汰,船员输出的形式将发生新的变化,国际航运市场和人才市场也随之发生较大的变化。

由以上五大特点可以看出,航运人才的培养在整个航运业的发展过程中的作用和地位不言而喻。

2. 加强航运人才培养的重要性

为适应国际航运新形势的发展变化,我国更需要尽快加强航运人才的培养,其重要性有如下几方面。

(1)我国庞大的船队需要大量高素质的航运人才

我国是一个发展中国家,也是一个航运大国。航运作为我国交通运输业的重要组成部分,在国民经济的发展中占有重要地位。目前我国航运业已担负着93%的对外贸易运输任务,因此需要在国际上具有一定的竞争能力。为提高其国际竞争能力,航运业将由单一性航运经营转向以航运为主的多元化经营,我国应努力发展陆上产业,更新船舶和优化船队结构,向船舶的大型化和现代化方向发展,以占领国际航运市场;随着世界航运劳务市场的东移,我国应采取相应对策,努力占领世界航运人才市场。要提高国际竞争能力,就必须实现以上这些转变,全面提高航运人才的整体素质。

(2)船员劳务输出需要在国际上具有竞争力的航运人才

我国不仅是航运大国,也是世界船员劳务主要输出国;不仅庞大的船队需要在国际上具有竞争能力,而且航海技术人才资源也需要在国际上具有竞争力。随着国际航运人才的国际需求变化,我们国内的航运市场和人才市场也将发生巨大的变化。因此,改进航海教育体制、提高航海教育质量和加强航运人才的培养已迫在眉睫。

(3)国际化对航运人才的培养提出了新的要求

我国有比较完善的航海教育体系,拥有多所航海高等教育院校和很多船员培训基地,国际船东们都对我国航海教育给予了高度评价和关注,因此我国有较大责任提高航海教育质量和扩大航运人才培养容量。我国航运人才的培养不仅要满足国内航运企业的需要,而且应该向世界输送国际海员,使我国在若干年后真正成为主要的国际船员输出国。

(4)我国加入 WTO 意味着市场更大的开放,转型发展意味着更多的机会,外国公司来华投资将掀起新一轮高潮

我国迫切需要一大批航运人才,高层次、复合型的专业人才的业务量将会发生超越常规的重大突破。一大批相关机构的业务量也将有超常规增长(如船舶代理、货运代理、仓储、集疏运、修造船、海事案件、检验检疫等)。由此将造成对各类专业人才需求数量的激增,这样也必然会要求引进更多先进的科学技术和管理经验,来培养更高水平、更高质量的专业人才以满足社会需求。因此,我们需要不断加强对航运人才的培养,以促进我国航运业的高速发展。

综上所述,随着世界经济格局的变化,高级航运人才出现世界性短缺,国际航运人才及市场向东方转移,STCW 公约马尼拉修正案的通过促使现代航运业对航运高级人才的素质提出了新的要求。抓住发展我国航运教育机遇的关键是提高人才质量。未来我国高级船员将由低航海技术型人才向高新航海技术型人才转变,由航海技能型人才向"航海技能+管理+经营"型人才转变,由数量需求增长向质量提高方向转变,由单一专业型人才向多功能复合型人才转变,由封闭型人才向参与国际航运竞争的开放型人才转变。为此,我国今后的航海教育必须面向国际需要、面向未来发展。根据航海技术发展需要,应积极改革航海教育模式、教育内涵及考试发证管理体系,努力发展现代化的航海教育。这不仅为我国发展航海高等教育和国际海员输出提供了良好的机遇,同时也提出了新的挑战。面对当前世界经济发展和我国已加入 WTO 的新形势,应抓住契机,全面与国际公约接轨,使各类航海技术人才的培养标准至少符合国际公约的最低要求。适时把握住这个契机,将大大促进我国航运业的发展。

三、我国的航海教育发展

中国自 1840 年鸦片战争后曾一度沦为半殖民地国家,当时的一些爱国实业人士面对列强掠夺而导致的航政、航行主权丧失的局面,纷纷提出维护航海主权、造就航政人才的主张。

1896 年 3 月,清政府邮传部大臣盛宣怀经奏准在上海设立"南洋公学"(上海交通大学前身)。

1897 年,南洋公学颁布《南洋公学章程》,后更名为"上海高等实业学堂"。

1903 年,实业家张謇考察了日本航海及渔业情况后认为"一国渔业和航政的范围到哪里,国家的航海主权就在哪里",而"维护航海主权要先造就航政人才,大则可以建设海军,小则可以驾驶商船"。可见,20 世纪初,我国的有识之士就已经悟到培养航海人才与国家主权及国家安全的关系。

1909 年上海"邮传部高等实业学堂(南洋公学)"开设航海科(船政科),至此中国现代航海教育扬帆起航,这一年也成了中国现代航海教育的元年。

1911 年,邮传部决定于上海吴淞炮台湾创建商船学校,并电令唐文治操办。8 月,上海吴淞炮台湾校舍建成,该校定名为"邮传部高等商船学堂",仍由"邮传部高等实业学堂(南洋公学)"管理,学堂监督由唐文治兼任,聘夏孙鹏为教务长,"上海高等实业学堂"船政科划归商船学堂,诞生了中国历史上第一所高等航海学府。

1912 年 1 月,"邮传部上海高等商船学堂"改由国民政府交通部直辖,易名为"吴淞商船学堂",唐文治任校长(同年"邮传部高等实业学堂"也改由国民政府交通部直辖,唐文治任校长)。3 月,国民政府交通部任命原清末筹备海军大臣、海军提督萨镇冰为"吴淞商船学校"校长。

1915年"吴淞商船学校"奉国民政府之命停办,全部校舍、实习船及书籍、仪器等由海军部接收,开办海军学校。

1920年,爱国侨领陈嘉庚先生在厦门创办了"集美航海学校"。

1928年3月,国民政府交通部决定收回"吴淞商船学校"校舍,筹备恢复"吴淞商船学校",交通部令派员组成吴淞商船学校复校筹委会,由杨志雄筹备复校事宜。

1929年9月1日,"吴淞商船学校"正式复校,定校名为"交通部吴淞商船专科学校",校长由交通部部长王伯群兼任,杨志雄任副校长,主持日常校务,校舍仍为原吴淞商船学校校舍。

1937年,日寇入侵我国,抗日战争爆发,在"八·一三"淞沪战役中,"吴淞商船专科学校"校舍被炮火摧毁,学校被迫停办。

1939年6月,国民政府国防最高会议教育专门委员会决定在重庆恢复"吴淞商船专科学校",改成"国立重庆商船专科学校",隶属教育部。

1943年,部分师生因对校长宋建勋不满,掀起学潮,国民政府教育部于同年5月8日下令"国立重庆商船专科学校"解散。此事不仅引起了学校师生的强烈不满,也引起社会各界的关注。在社会舆论的压力下,教育部在同年6月又不得不下令将学校归并"国立重庆交通大学"。

1946年2月,国民政府教育部决定在上海恢复"吴淞商船专科学校";10月14日,"国立吴淞商船专科学校"在上海东长治路505号正式开学。

1949年6月,华东军政委员会教育部接管"吴淞商船专科学校"。军代表杨西光来校组建了校委员会,并指定曹冲渊教授代理校务。

1950年3月,"吴淞商船专科学校"改由华东军政委员会财经接管委员会航运处和中央人民政府交通部领导,并于3月28日组成校务委员会领导全校工作,华东交通部副部长、招商局军事总代表于眉为主任委员,金月石、冈森、曹冲渊为副主任委员。9月12日,吴淞商船专科学校与上海交通大学航业管理系正式合并(全国院系大调整),成立"上海航务学院"。

1950年,"东北商船专科学校"升格改名为"东北航海学院",由交通部领导。

1950年,由陈嘉庚先生创办的"福建集美水产商船专科学校"易名"福建航海专科学校",由交通部领导。

1953年,"上海航务学院""东北航海学院""福建航海专科学校"正式合并,成立"大连海运学院",选址大连市凌水河畔,由交通部领导。

1959年,交通部在上海组建"上海海运学院"。

1989年5月,经国家教委批准集美航海学校升格为集美航海学院,1994年10月并入集美大学。

1992年,"武汉河运专科学校"并入"武汉水运工程学院";1993年,成立"武汉交通科技大学",下设航海分院。

1993年,"大连海运学院"改名为"大连海事大学"。

2000年5月,"武汉交通科技大学""武汉工业大学""武汉汽车工业大学"合并组建"武汉理工大学"。

2000年,"上海海运学院"实行由上海市和交通部共建、以上海市管理为主的体制。

2004年5月,教育部批准"上海海运学院"更名为"上海海事大学"。

纵观我国航海教育管理体制的历史沿革,不难看出从21世纪初开始,航海教育与国家主权及国家安全、国家航运业发展的内在联系就已被人们所认知。在近一个世纪漫长的岁月中，尽管时代变迁，物换星移，但我国的航海高等教育却始终是“国立”（由中央政府直接控制）的，即使是在当年私立学校如云的上海，也不例外。

为促进我国航海教育的发展，交通运输部提出了我国2015年航海教育总目标：到2015年航海教育在发展规模上能适应我国航运事业发展的需要以及航海科技进步的需要，并能向国际航运人才市场提供一定数量的高素质的航海高级专门人才；航海教育体系进一步完善，形成层次结构及地区布局合理、协调发展的教育体系；教育质量满足我国航运业发展的需要，并能在国际航海人才市场的竞争中处于优势；进一步提高办学效益。

2019年9月，中共中央、国务院印发了《交通强国建设纲要》。该纲要指出，到2035年，我国基本建成交通强国；到本世纪中叶，全面建成人民满意、保障有力、世界前列的交通强国。交通强国建设需要人才队伍精良专业、创新奉献，为此，纲要提出：培育高水平交通科技人才、打造素质优良的交通劳动者大军、建设高素质专业化交通干部队伍。这些，为高等航海教育提出了新的方向、新的要求。

教育部 交通运输部关于进一步提高航海教育质量的若干意见

为深入贯彻落实《国家中长期教育改革和发展规划纲要（2010—2020年）》、《国家中长期人才发展规划纲要（2010—2020年）》以及教育部关于全面提高高等教育质量的有关文件，切实履行国际海事组织《海员培训、发证和值班标准国际公约》，全面提高航海教育质量，培养适应国民经济和社会发展需要的、具有国际竞争力的高素质航海类专门人才，现提出如下意见。

一、充分认识发展航海教育的重要意义

1. 发展航海教育对促进经济发展和社会进步具有重要的现实意义。海上运输承担着我国90%以上的国际贸易和50%以上的国内贸易运输任务，有力地支撑了国民经济快速发展。随着经济全球化的深入发展，航运业在经济发展和社会进步中的地位和作用将会更加突出。航海教育承担着培养航海类专门人才的重要使命，在航运业的发展过程中发挥着基础性、全局性和先导性的重要作用。

2. 航海教育对我国开发和利用海洋、巩固海防、维护国家海洋权益具有重要的战略意义。航海教育具有岗位针对性、国际通用性、法律规定性和国防军事性等特性。航海教育各有关方面应从开发和利用海洋、维护国家海洋权益、促进海上运输业发展以及适应海上国防事业需要的战略高度，充分认识航海类专门人才培养的重要性和必要性。

二、健全完善航海教育管理体制

3. 建立教育行政部门和交通运输主管部门协同管理航海教育的体制和机制。两部门共同研究制定航海类专门人才培养工作的有关政策，共建高校航海类专业（包括航海技术、轮机工程和船舶电子电气工程等，以下同），共同指导航海人才培养工作。

4. 教育行政部门和交通运输主管部门共同组织制定航海类专业标准和专业规范。将航海类本科专业和高职高专专业作为国家控制布点专业，审批此类专业的设置时要听取交通运输主管部门意见。

5. 建立航海教育与航海职业资格制度有机衔接的体制机制。交通运输主管部门对高等学校设置的航海类专业进行质量审核管理，高等学校必须通过质量审核管理，其航海类专业毕业生才能参加船员适任证书考试；对质量体系运行良好、人才培养质量高、社会声誉好的高等学校，按有关规定授权其进行船员适任证书考试和实操评估工作。

三、推进航海类专门人才培养模式创新

6. 完善航海类专门人才培养质量标准体系。教育行政部门会同交通运输主管部门组织有关单位，按照有关国际公约和国家法律法规政策要求，结合航海科学技术发展和航运业实际情况，制定航海类专业教学质量国家标准。

7. 大力强化实践教学环节。在设置航海类专业的高等学校（以下简称航海院校）组织实施“卓越工程师教育培养计划”和“航海技能型紧缺人才培养培训工程”。建立健全实践教学管理制度，加强航海类专业实践教学，实践教学学分（学时）不少于总学分（学时）的30%，加强学生的实践动手能力培养。

8. 加强航海类专业英语教学。交通运输类教学指导专家组要组织航海院校制定航海类专业英语教学大纲，建立航海类专业英语水平测试体系，推动航海类专业课程实行英语教学，提高学生的英语运用能力。

9. 注重航海类专门人才的海员素质养成教育。航海院校应积极营造校园航海文化氛围，加强学生航海体能和心理素质的训练，强化学生纪律意识和团队协作精神的培养，有条件的学校应采取对航海类专业学生实行半军事管理等有效措施，促进航海类专业学生海员素质的全面养成。

四、切实改善航海类专业实践教学条件

10. 进一步加大航海教育办学经费投入。各航海院校的举办者应切实履行办学责任，确保航海教育办学经费的投入随着国家教育投入的增长而稳步提高。

11. 改善航海类专业教学条件。各航海院校应将新增教育经费重点投入到航海类专业，根据有关标准，配备数量充足、种类齐全和适应航海新技术发展需要的实践教学设备和设施，确保实践教学有效进行。

12. 加强实践教学条件建设。教育行政部门和交通运输主管部门共同建设一批航海类专业，重点加强校内外航海教育实验实训基地建设；完善相关政策和措施，鼓励和推动航运企业增设船舶实习舱位、接收学生上船实习；积极推进组建国家实习船队。

五、加强航海类专业教师队伍建设

13. 完善航海类专业教师管理制度。组织制定航海类专业教师资格标准，明确航海类专业教师的任职条件。航海院校及其主管部门要完善教师分类管理和分类评价办法，根据航海类专业的特点制定航海类专业教师的专业技术职称或职务的评审、聘用、考核、晋升、奖惩等办法。

14. 加强“双师型”专业教师队伍建设。航海院校应定期安排从事专业课程教学的教师上船任职，保证教师船员适任证书持续有效。鼓励学校聘请航海实践经验丰富、综合素质好的船长、轮机长担任专、兼职教师。组织制订航海类专业教师培养计划，重点解决航海类专业教师船员适任证书持证和师资紧缺问题。

六、做好航海类专业招生与就业工作

15. 完善适应航海类专业特点的招生政策。采取措施积极吸引优质生源地学生报考航海类专业，继续实行航海类专业按艰苦专业提前录取的招生政策；落实高校家庭经济困难学生资助政策，确保全部航海类专业学生顺利完成学业；招生计划要向西部地区倾斜，促进教育公平。航海院校应加大宣传力度，吸引更多热爱航海、身心素质好的考生报考航海类专业。

16. 促进航海类专业毕业生上船就业。鼓励航海院校加强与航运企业和海员外派服务机构的合作,实行“订单式”人才培养模式,鼓励企业采用代偿国家助学贷款,设立多种形式的奖学金和助学金,改善船员工作条件等措施,吸引航海类专业毕业生上船工作。组织研究制定相关政策,保障航海毕业生权益,进一步拓宽航海类专业毕业生到境外航运企业就业的渠道。

七、积极开展航海教育对外交流与合作

17. 鼓励航海院校积极开展多种形式的对外交流活动。引进国外先进航海教育资源,学习和借鉴发达国家举办航海教育的先进理念和经验,依法开展中外合作办学;支持航海院校招收境外学生、开展境外办学,提高我国航海教育的国际影响力。

八、弘扬航海文化,传承航海文明

18. 加强航海文化建设,充分发挥文化育人作用。支持航海院校建设一批航海文化教育基地;定期组织航海院校夏令营、实习船出访、航海和海洋文化主题报告会以及航海知识与技能大赛等活动。航海院校应利用世界海事日、国际海员日和中国航海日活动等契机,立足校园、面向社会,广泛开展航海文化宣传活动,弘扬中华优秀航海文化。

四、世界知名航海院校介绍

(一)美国高等航海院校概况

根据 1980 年美国海运教育和培训法案(Maritime Education and Training Act)的认定,美国有七所高等海运院校,即美国联邦政府办的美国商船学院(United States Merchant Marine Academy)、各州政府办的纽约州立大学海运学院(State University of New York Maritime College)、马萨诸塞海运学院(Massachusetts Maritime Academy)、缅因海运学院(Maine Maritime Academy)、加利福尼亚海运学院(California Maritime Academy)、得克萨斯海运学院(Texas Maritime Academy)、大湖海运学院(The Great Lakes Maritime Academy)。这七所院校都以培训美国商船驾驶员和轮机员为主要目标,受美国海运教育和培训法案及有关航运的联邦法规(Code of Federal Regulations,Title 46:Shipping)的约束,受美国政府运输部海务管理局(Maritime Administration,Department of Transportation)的监督与领导。

由于美国的州立高等海运院校受各州高等教育立法的制约和影响,得克萨斯海运学院已成为得克萨斯 A&M 大学加尔维斯顿分校(Texas A&M University at Galveston)的主体部分,故得克萨斯海运学院这一名称只对美国海运教育和培训法案及美国运输部海务管理局有意义,在美国高等院校目录中已不存在。因此,得克萨斯 A&M 大学加尔维斯顿分校成为美国的一所独立的高等海运院校。它除了培养商船驾驶员和轮机员外,还培养海洋生物、海洋渔业、海洋学、海洋工程和海运管理等方面的专门人才。该校认为其性质是一所专门从事海运和海洋教育的大学(University Specializing in Marine and Maritime Education)。它设立的七个专业的名称都以 Marine 或 Maritime 开头。大湖海运学院,也变为西北密歇根学院(North-western Michigan College)的一个系——海运系(Maritime Division),但大湖海运学院这一名称仍保留,与西北密歇根学院海运系并用。对美国海运教育和培训法案及美国运输部海务管理局而言,大湖海运学院仍是一所独立的海运院校,但在美国高等院校目录中,大湖海运学院已不是一所独立的高等院校。

在上述七所海运院校中,美国商船学院、纽约州立大学海运学院、得克萨斯 A&M 大学加尔维斯顿分校以及马萨诸塞、缅因和加利福尼亚的三所海运学院都以四年学制、授予学士学位、培养海洋商船三副和三管轮为主体,而大湖海运学院则是三年学制,授予副学士学位,培养大湖区水域三副、大湖区内陆水域一级领航员和不限功率的蒸汽机及内燃机船舶的三管轮(可在大湖区船上和海船上工作)。

除上述七所由美国联邦或州政府办的公立高等海运院校外,美国有一些由工会或私人机构创办的海运培训院校,招收初中或高中毕业生以培养水手和机匠,或招收在职船员以取得高级船员证书或取得高一级的高级船员证书;还有一些海运培训院校属于船员继续教育性质,对驾驶员、船长、轮机长进行单科培训或提高业务知识和技能的培训(不改变适任证书等级),以适应船舶和管理新技术不断发展对高级船员提出的更高要求。

1. 美国商船学院

美国商船学院的使命是通过向美国商船船队和军事力量提供合格的高级船员和向海事活动提供受过良好教育的专门人才和领导者,为美国的经济和安全利益服务。

美国商船学院的座右铭是“要行动,不要空话”(Deeds, Not Words)。这一格言在近半个世纪中(即建校以来)像一座灯塔指引着该学院 18 000 多名毕业生的职业生涯和个人生活。该学院通过将学术教育、军事训练和海上实践三者有机结合的教学计划,使学院继承“要行动,不要空话”这一传统。该学院鼓励学员最大限度地发展自己的天赋和能力,获取成功的海员职业生涯所需的技术的、管理的和领导的技能。该院的目标是为每一个毕业生成为精通专业、具有领导能力以及有责任感的公民而做好充分准备。

该学院认为,强大的商船队和海运业的重要因素是人——聪明的、具有献身精神的、受过良好教育的和有能力的男女。该学院的目的就是保证国家能有这样的人作为船舶高级船员和海运界的领导者,以迎接目前和未来的挑战。

该院学员规则在职业道德的一条指出,该院要将其学员培养成为美国商船队的高级船员和领导者以及美国军官。这一就业目标要求每一学员行为举止有礼貌、严肃、正派且有正确的判断,要求每一学员在处理任何事情上要有节制,决不参与任何违犯法律的活动。学员在任何时候的行为都必须反映出个人、美国商船学院和美国海运部门的荣誉。

如前所述,该学院的招生要求比其他学院更为严格、重要的一点就是,申请入学者必须忠于国家并具有良好的道德品质。同时该学院还要求其毕业生在毕业后应履行“为国家服务”的法定义务。

该学院认为,坚实的大学教育是当今社会每一职业的基础,航海职业也不例外。

该学院还指出,该院要让学员成长为一个“完全的人”(Whole Person),因此要重视体育活动。

2. 纽约州立大学海运学院

纽约州立大学海运学院的学院介绍中指出:该院的使命是将合格的人员教育和训练成为美国商船的持证高级船员;由于仅仅获得适任证书是无须大学教育的,所以该学院将航海教育和大学教育结合起来,使学员具有大学毕业生的坚实基础,为成功的海员职业生涯做好准备;该学院将经过全面鉴定的学士学位课程和获取高级船员适任证书的教育有机结合,教育和培养学员的领导能力、荣誉观、组织纪律性、责任感,并使他们成为成熟的公民;该学院培养学员对其职业的自豪感,并发扬该学院和航海事业的优良传统;该学院鼓励其毕业生寻求在航海事业中的机会和个人回报,把学员培养成船上和岸上海运部门的领导者;该学院的大学课程给学院提供了一个坚实的教育基础,能使其毕业生在商务和专业领域获得自己的位置。

纽约州立大学海运学院在其学员团规章的引言中指出:学员团是一种依赖于团体责任的

社会组织，其目的是体现出个人的精神和道德力量，而同时培养强烈的友谊意识、责任感、自尊意识和职业特性。实行学员团制度也是要培养个人的领导艺术，这是具有成为真正的领导者的潜力而走向海运界的个人所必需的。商船高级船员是持有证书的专业人才，他们必须有能力做出影响生命和财产的决策。对商船高级船员的要求与对从事传统商业活动的人员要求大为不同，进行传统商业活动的经理们主要对其主管业务的有利可图感兴趣，商船高级船员不能从短期的有利可图的眼光看问题，而要做出影响其船上同事安全和船舶生存的决策。传统的社团组织需要良好的管理，而航海职业需要良好的领导能力。良好的领导涉及良好的管理，而良好的管理并不一定是良好的领导。

3. 马萨诸塞海运学院

马萨诸塞海运学院的使命如下：

向怀有远大抱负的男女青年提供高质量的教育，使他们有资格成为美国商船队的高级船员，或在相关行业或职业的相应岗位上任职；

向学员提供全面的学术背景，使其有能力作为美国在世界各处的代表；

培养学员的荣誉感、领导能力、责任感以及对自己及所选职业的自豪感；

执行海军科学教育计划，将学员培养成为在一旦需要时有能力到美国海军或其他军事部门服务的人；

使学员永远对其母校怀有尊敬和情感。

该学院的学院介绍中指出，该学院为其学生的成功而感到自豪，并且坚信采用学员团制度是导致成功的一个主要影响因素。

4. 加利福尼亚海运学院

加利福尼亚海运学院的学院介绍在设计其目标时指出：除了给学员打下坚实的大学教育基础外，该学院培养学员的高度自豪感和自信心，使他们在富有挑战的商务界具有竞争的优势。该学院的教育过程使学员赢得了学士学位、高级船员适任证书、美国海军预备役的委任、领导能力和丰富的实践经验。由于有了这一广阔的根基，该学院毕业生能够在商务和工业界的各行各业中获得领导和管理岗位。

该学院认为，由于加强理论联系实际、强化“现场”(Hand-on)教育，该学院毕业生具有无限的求职潜力，他们具有在本行业和本行业以外成功求职的优势。

5. 缅因海运学院

缅因海运学院的使命是给学员提供一个能刺激求知好奇心、培养专业能力、加强组织纪律性和培养领导潜力的教育环境。

该学院的介绍指出，该学院相信学习应在教室外进行，因此该学院组织各种课外活动以尽可能增加学生的学习潜力。自1941年该学院建校以来，已有5 000名毕业生，他们以“能干精神”(Can-do Spirit)而著称。该学院教育的另一特点是通过实践检查课堂教学的知识。该学院是美国州立海运学院中首先安排学员到航运企业营运船舶上实习的学院，许多学员认为这是“在校四年学习期间最受益的经历”。

上述各院校对于本校使命和目标的各种阐述尽管在语言和风格上各不相同，但可归纳出美国各海运学院在培养目标和办学思路上的主要共同之处。例如，将大学教育、职业教育和军事教育有机结合；强调培养能力(特别是领导能力和实际动手能力)，而不是强调传授知识；重视航海职业所需的素质培养和组织纪律性；培养目标以上船为主，兼顾在岸上海运部门的工作的要求;培养目标以商船为主,兼顾海军的临时需要,等等。

(二)俄罗斯高等航海院校

马卡洛夫国立海事大学位于俄罗斯的第二大城市——圣彼得堡,是俄罗斯历史最悠久、学术水平最高、在国内外影响最大的高等航海院校。它起源于俄国沙皇亚历山大二世 1876 年下令举办的航海培训班。1902 年,沙皇尼古拉二世又在航海培训班基础上成立了远洋学校,随后该校几经并校,几度易名。1944 年由苏联国防委员会下令升格为列宁格勒高等航海学校,1954 年以苏联著名海军上将——马卡洛夫的名字命名为马卡洛夫高等海洋工程学校,1990 年改为现名“马卡洛夫国立海事大学”。

俄罗斯共有 3 所国立海事大学,分别是俄罗斯西北、西南、远东地区最大的高等航海学府,除了上述的马卡洛夫国立海事大学,另外还有新罗西斯克国立海事大学以及远东涅维尔斯基国立海事大学。

新罗西斯克国立海事大学位于俄罗斯西南部拉斯诺达尔边疆区黑海沿岸的一座小城市新罗西斯克,与著名的疗养胜地克里米亚半岛隔海相望。该校初名是“新罗西斯克高等海洋工程学院”,始建于 1974 年,1975 年 9 月 1 日开始招生上课。作为一所新型的高等航海院校,从基础设施的开工到师资力量的选配,其建设速度令世人瞩目,而且其教学和实习水平也毫不逊色于其他高校。

远东涅维尔斯基国立海事大学位于俄罗斯远东地区最大的港口城市——符拉迪沃斯托克,是俄罗斯规模最大的海事大学。它起源于 1890 年在符拉迪沃斯托克开办的亚历山大航海培训班,1902 年改办为航海学校。苏维埃政权成立以后于 1923 年在此建立了航海中专,1944 年开始转为高等航海学校,后改为现名“远东涅维尔斯基国立海事大学”。世界上第一位女船长、苏联社会主义劳动英雄谢基宁娜就是该校培养的。该校在纳霍德卡、霍尔姆斯克、苏维埃港等城市都设有教学咨询部。

在俄罗斯航海教育体制中,除了国立海事大学外,还有海运学院,如亚速海岸罗斯托夫市的谢多夫海运学院、里海海岸阿斯特拉罕海运学院等;还有航海学校,如白海海岸阿尔汉格尔斯克市的瓦罗宁航海学校、太平洋鄂霍次克海海岸的萨哈林航海学校等。这些海事大学、海运学院、航海学校构成了俄罗斯航海教育的整体框架。俄罗斯各海事大学的教学计划与规章主要是根据《高等职业教育国家标准》制定的。在《高等职业教育国家标准》中,有一个冠以“航海与交通载运工具运用工程学科”的专门条文,“航海学”即包含于该学科之中。其中规定“航海学”本科专业修业年限为 5.5 年,这比我国普遍采用的 4 年制多出 1.5 年的时间。学生毕业时即成为工程师,但不授予“硕士”学位,如果想取得学位,则可以到研究生部继续就读,获得副博士和博士学位。

(三)日本高等航海院校

日本的航海教育机构分为国立、公立和私立三种。据统计,截止到 2000 年,日本各种航海类学校共有 62 所,其中国立的有 16 所,这包括文部省管理的两所商船大学即东京商船大学和神户商船大学,以及五所商船高专;运输省管理的海技大学校及八所海员学校。东京商船大学和神户商船大学是日本仅有的两所高等航海院校。这两所航海院校都以培养交通运输工程等专业学生为主,海上专业学生人数约占总生数的 40%;必须经过航海训练所(隶属运输省)12 个月的强制训练,通过国家考试后才能取得相应的证书(二、三副或者二、三管轮)。如果想取得船长或轮机长证书，还必须经过国家的培训考试。日本高等航海教育实行学分制。

目前，日本为适应航海教育所面临的挑战，正在进行积极改革，如：为适应时代变化，教育目标从仅仅培养具有高技能的船舶营运人才转变成为培养具有安全及环境保护、系统控制等知识的国际性高级航运人才；同时，在课程设置中，进一步强化管理、环境、信息、经营等科目的内容，进一步注重学生英语交流能力的培养。

（四）欧盟国家高等航海院校

欧盟国家通常把航海教育划分为知识型航海教育和技能型航海教育。知识型航海教育主要是集中理论课的学习，技能性、应用性知识的学习则很有限。技能型航海教育侧重于实践教学课，期望学生能展示专业技能。欧盟的大多数国家一般实行的是技能型航海教育，学制三年，学生毕业后不能获得学士学位，但可获船员适任证书。其中，少数具有大学水平的高等航海院校则要求四年或者五年在校时间，毕业后学生可获得船员适任证书和学士学位。

（五）韩国高等航海院校

第二次世界大战结束后，基于以“农业为根本、海洋为基础”的国策，韩国先后于 1945 年和 1950 年，设立了两所国立高等航海院校，即韩国海洋大学和木浦海洋大学。其中韩国海洋大学是韩国最大的一所特色鲜明的航海类院校，代表了韩国航海教育的最高水平。目前，韩国海洋大学已从单一的航海类学科（航海、轮机）发展成为学科门类比较齐全的综合性海事大学，下设四个学院，即海运学院、海洋科技技术学院、工科学院和国际学院，附设 14 个研究所。

第二章　航海教育的国际性和规范性

航运业是全球化的产业，这决定了为其提供人才保障的航海教育必须国际化。国际海事组织（IMO）、国际劳工组织（ILO）、国际航运公会（ICS）、国际航运联合会（ISF）等政府间或非政府间的海事类国际组织在规范航运业和航海教育活动方面发挥着重要作用，并越来越重视海上安全事故和海洋污染事故中人为因素的作用，对海员的综合素质和适任标准的要求越来越高。这些国际组织不断修改有关海员培训标准的国际公约和法规，促使航运院校在学生培养目标、培养模式国际化要求下不断修订人才培养计划，提高人才培养质量。

第一节　航海相关的国际组织

一、国际海事组织（IMO）

1. 国际海事组织简介

国际海事组织（International Maritime Organization，简称 IMO）是联合国负责海上航行安全和防止船舶造成海洋污染的一个专门机构，总部设在伦敦，其标志如图 2-1 所示。该组织最早成立于 1959 年 1 月 6 日，原名“政府间海事协商组织”，1982 年 5 月改为现名。

图 2-1　IMO 标志

国际海事组织的宗旨是：

(1)促进各国的航运技术合作；

(2)鼓励各国促进海上安全；

(3)提高船舶航行效率；

(4)处理相关的法律问题；

(5)对防止和控制船舶对海洋污染方面采用统一的标准。

2. 国际海事组织(IMO)的组织机构(图 2-2)

(1)大会

大会是最高权力机构,由全体成员方代表组成,每两年召开一次。任务是批准工作计划和财务预算,选举理事会成员,审议并通过各委员会提出的有关海上安全、防止海洋污染及其他有关规则的建议案。

(2)理事会

大会休会期间,由理事会行使上述职权。理事会由大会选出的 40 个理事国组成,成员分为 A、B、C 三类：

A 类是在提供国际航运服务方面具有最大利害关系的 10 个国家；

B 类是在国际海上贸易方面具有最大利害关系的 10 个国家；

C 类是作为地区代表当选的 20 个国家。

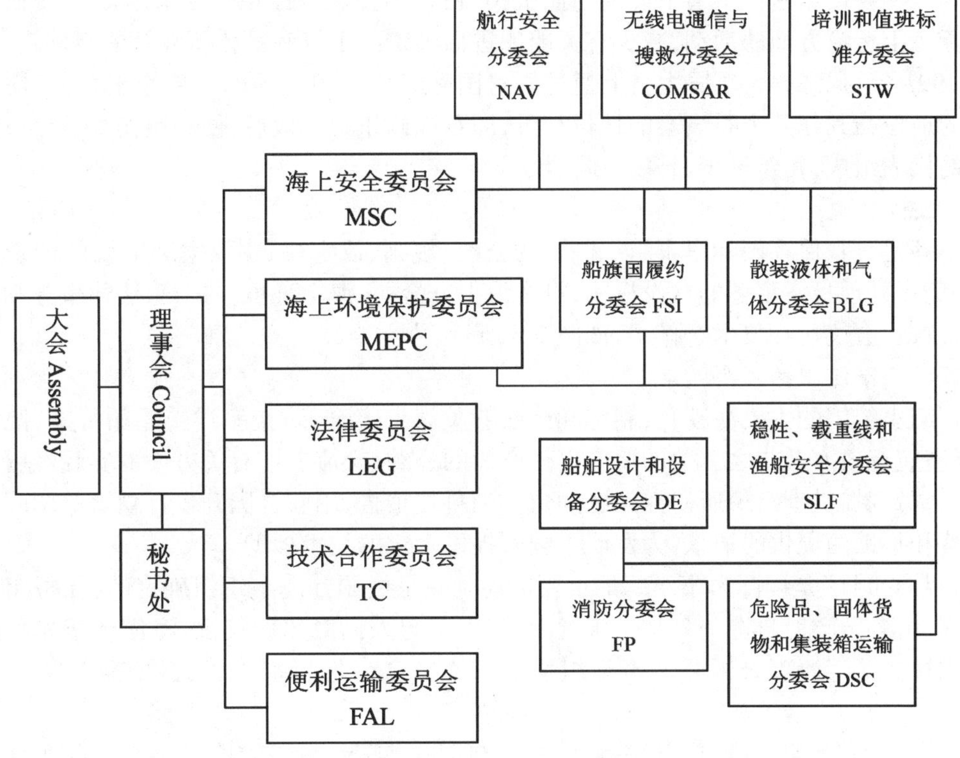

图 2-2 IMO 组织机构图

该组织每两年举行一次大会,改选理事会和主席。当选主席和理事国任期 2 年,可以连选连任,于每届大会结束后开始工作。

中国自1973年正式加入国际海事组织以来,曾在该组织第九届至第十五届大会上当选为B类理事,并自1989年第十六届大会起至今连续十余届当选为A类理事。

(3)海上安全委员会

海上安全委员会由全体成员方的代表组成,每年至少召开一届会议,负责协调有关海上安全的技术性问题。该委员会下设9个分委员会:稳性、载重线和渔船安全;防火;航行安全;船旗国履约;培训与值班标准;散装液体和气体;危险品、固体和集装箱;无线电通信和搜救;船舶设计与设备。

(4)海上环境保护委员会

海上环境保护委员会 由全体成员方的代表组成,每年至少召开一次会议,负责协调并控制船舶造成污染方面的活动。

(5)法律委员会

法律委员会 由全体成员方的代表组成,每年至少召开一届会议,负责审议本组织范围内的法律事务。

(6)技术合作委员会

它由全体成员方的代表组成,每年至少召开一届会议,负责协调技术合作方面的工作,其目的是促进各成员方实施本组织制定的国际公约及其他国际规则。

(7)便利运输委员会

便利运输委员会是理事会下设的附属机构,在理事会认为必要时召开会议,负责研究有关便利国际海上运输方面的活动,减少有关船舶进出港口的手续和简化所涉及的文件。

在1991年召开的第17届大会上通过了对国际海事组织公约的一项修正案,使便利运输委员会的地位与其他几个委员会的地位相等,即在该修正案生效后,便利运输委员会应由全体成员方的代表组成,每年至少召开一届会议。

(8)秘书处

秘书处是负责保存国际海事组织制定的公约、规则、议定书、建议案和会议的记录及会议文件,并负责处理日常事务的常设机构,设有海上安全司、海上环境保护司、法律事务和对外关系司、行政司、会议司和技术合作司,如图2-3所示。

3. 国际海事组织的主要活动

国际海事组织的主要活动是:制定和修改有关海上安全、防止海洋受船舶污染、便利海上运输、提高航行效率及与之有关的海事责任方面的公约;交流上述有关方面的实际经验和海事报告;为会员国提供本组织所研究问题的情报和科技报告;用联合国开发计划署等国际组织提供的经费和捐助国提供的捐款,为发展中国家提供一定的技术援助。

“世界海事日”是国际海事组织的重要活动。它是由国际海事组织确定的,在每年9月的最后一周,由各国政府自选一日举行庆祝活动,以引起人们对船舶安全、海洋环境和国际海事组织的重视。每年海事日国际海事组织秘书长均准备一份特别文告,提出需要特别注意的主题。

2005年4月25日,我国国务院批准“决定自2005年起,每年7月11日为‘航海日’,同时也作为‘世界海事日’在我国的实施日期”。“航海日”自此成为政府主导、全民参加、全国性的法定活动日。

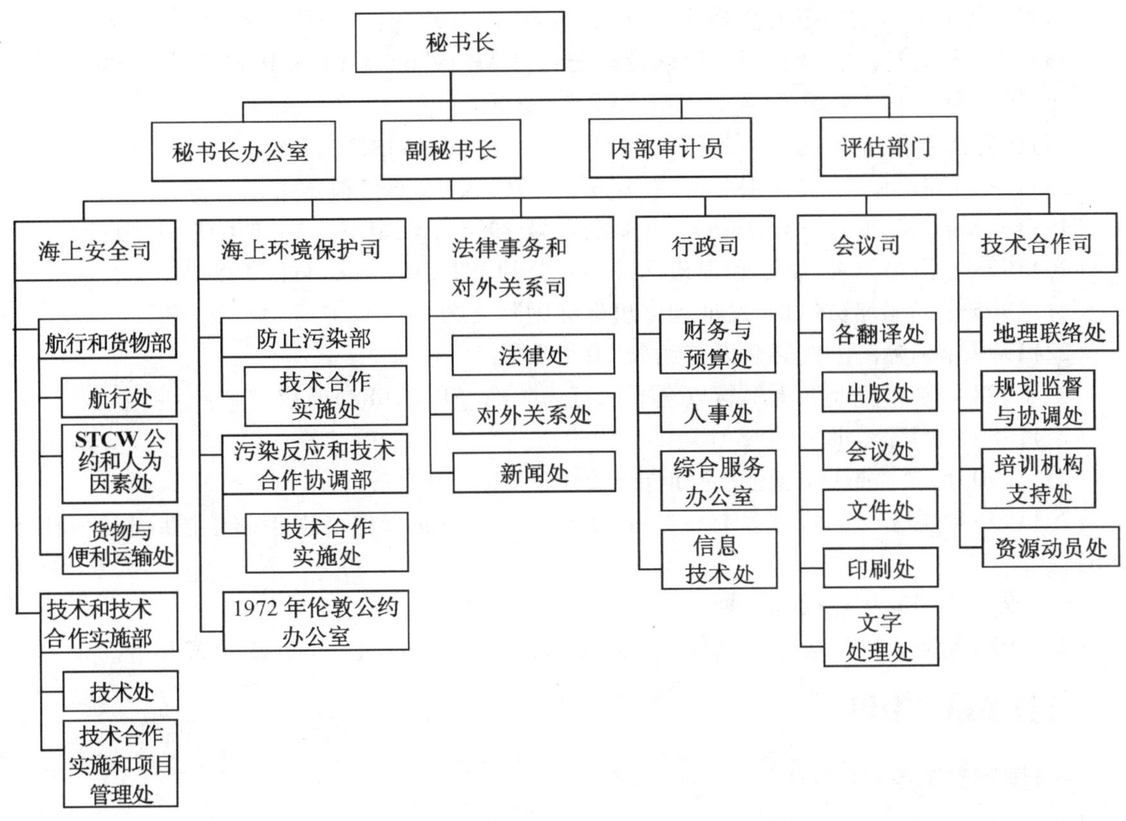

图 2-3　IMO 秘书处机构图

4. 国际海事组织的公约及其修正案

国际海事组织制定并负责保存的国际公约和议定书共有 44 项，我国已经先后加入了其中的三十多项国际公约。其中包括有：

(1) 1974 年国际海上人命安全公约(SOLAS 1974)及 1978、1988 年议定书；

(2) 1972 年国际海上避碰规则公约[COLREGS (amended) 1972]；

(3) 1973 年国际防止船舶造成污染公约及 1978 年议定书[MARPOL (amended) 73/78]；

(4) 1965 年国际便利海上运输公约[FAL (amended) 1965]；

(5) 1966 年国际载重线公约(LL 1966)及 1988 年议定书；

(6) 1969 年国际船舶吨位丈量公约(TONNAGE 1969)；

(7) 1969 年国际干预公海油污事故公约(INTERVENTION 1969)；

(8) 1973 年国际干预公海非油类物质污染议定书[INTERVENTION PROT (amended) 1973]；

(9) 1969 年国际油污损害民事责任公约(CLC 1969)及 1976、1992 年议定书；

(10) 1971 年特种业务客船协定(STP 1971)；

(11) 1973 年特种业务客船舱室要求议定书(SPACE STP 1973)；

(12) 1971 年海上核材料运输民事责任公约(NUCLEAR 1971)；

(13) 1971 年关于设立国际油污损害赔偿基金国际公约(FUND 1971)及 1976、1992 年议定书；

(14)1972 年国际集装箱安全公约[CSC（amended）1972]；

(15)1974 年海运旅客及其行李运输雅典公约(PAL 1976)及 1976、1990 年议定书；

(16)国际海事卫星组织公约[INMARSAT-C（amended）]；

(17)国际海事卫星组织业务协定[INMARSAT OA（amended）]；

(18)1976 年海事索赔责任限制公约(LLMC 1976)及 1996 年议定书；

(19)1977 年国际渔船安全 Torremolinos 公约及 1993 年议定书(SFV PROT 1993)；

(20)1978 年海员培训、发证和值班标准国际公约[STCW（amended）1978]；

(21)1995 年渔船船员培训、发证和值班标准国际公约(STCW-F)；

(22)1979 年国际海上搜寻救助公约(SAR 1979)；

(23)1988 年制止危及海上航行安全非法行为公约(SUA 1988)及议定书；

(24)1989 年国际救助公约(SALVAGE 1989)；

(25)1990 年国际油污防备、反应和合作公约(OPRC 1990)；

(26)1996 年关于与危险品及有毒物品海上运输相关的责任及损害赔偿国际公约(HNS 1996)；

(27)1993 年船舶优先权和抵押权国际公约；

(28)1972 年防止倾倒废物及其他物质污染海洋的公约[LC（amended）1972]等。

二、其他相关组织

(一)国际劳工组织(ILO)

1. 国际劳工组织简介

1919 年，根据《凡尔赛和约》，国际劳工组织(International Labor Organization，简称 ILO，其标志如图 2-4 所示)作为国际联盟的附属机构成立，是一个以国际劳工标准处理有关劳工问题的联合国专门机构。1946 年 12 月 14 日，它成为联合国的一个专门机构，总部设在瑞士日内瓦。该组织曾在 1969 年获得诺贝尔和平奖。成员方包括 1945 年 11 月第二次世界大战后该组织的新章程生效时同时承认新章程的国家。此外，任何原始的联合国成员和其后向联合国承认新章程的任何国家，也可加入。全体与会代表(包括政府的代表)，在任何国际劳工组织大会的三分之二票的三分之二表决通过时，可接纳其他国家。

图 2-4　ILO 标志

该组织宗旨是促进充分就业和提高生活水平；促进劳资双方合作；扩大社会保障措施；保护工人生活与健康；主张通过劳工立法来改善劳工状况，进而“获得世界持久和平，建立社会正义”。

2. 国际劳工组织的组织结构

国际劳工组织的主要机构是国际劳工大会、理事会和国际劳工局。此外，其地区会议和产业委员会也是重要的辅助机构。组织具体包括：

(1)国际劳工大会：最高权力机构，在正常情况下，每年6月在瑞士日内瓦召开一次大会。由各成员方派三方代表团参加。每个代表团由2名政府代表、1名雇主代表、1名工人代表和若干名顾问组成。

(2)理事会：国际劳工组织的执行委员会，每三年经大会选举产生，在大会休会期间指导该组织工作，每年3月和11月各召开一次会议。

(3)国际劳工局：常设秘书处，设在瑞士日内瓦国际劳工局总部。主要活动有：从事国际劳工立法，制定公约和建议书以及技术援助和技术合作。

国际劳工组织是以国家为单位参加的国际组织，但在组织结构上实行独特的“三方机制”原则，即各成员方代表团由政府2人，工人、雇主代表各1人组成。三方都参加各类会议和机构，独立表决，三方代表有平等独立的发言权和表决权。

3. 国际劳工组织的职责和主要活动

国际劳工组织是联合国的一个专门机构，旨在促进社会公正和国际公认的人权和劳工权益。它以公约和建议书的形式制定国际劳工标准，确定基本劳工权益的最低标准，其涵盖：结社自由、组织权利、集体谈判、废除强迫劳动、机会和待遇平等以及其他规范整个工作领域工作条件的标准。国际劳工组织主要在下列领域提供技术援助：职业培训和职业康复；就业政策；劳动行政管理；劳动法和产业关系；工作条件；管理发展；合作社；社会保障；劳动统计和职业安全卫生。它倡导独立的工人和雇主组织的发展并向这些组织提供培训和咨询服务。在整个联合国系统内，国际劳工组织拥有独特的三方结构，即工人和雇主代表作为与政府平等的伙伴参与本组织的活动。

国际劳工组织的主要活动包括：

(1)国际劳工立法：制定国际劳工公约和建议书供成员方批准实施。1919年至2001年历届劳工大会已制定184项公约和192项建议书。

(2)援助与合作：向成员方提供劳动领域的资金、技术和咨询援助与合作。

(3)研究和出版：开展劳动科学领域理论与实践的研究工作，出版散发各类有关期刊、专著和宣传材料。

国际劳工组织每年6月在日内瓦举办国际劳工大会会议，工作为编写起草公约和建议，经大多数表决后通过并推行。会议还决定国际劳工组织的一般政策、工作计划和预算。

组织自成立起至2009年共举行了98届国际劳工大会。到2009年6月，该组织共召开了305次理事会会议。近年来理事会的经常性议题主要有：审议通过结社自由、计划财务与行政、法律与国际劳工标准、就业与社会政策等专门委员会的工作报告，讨论预算、人事和会议计划等。2002年6月召开的第284次理事会除上述议题外，还包括审议通过《全球化最新发展的社会影响委员会》报告、任命理事会各委员会成员、批准2003年度会议计划等。

除以上例会外，该组织还经常召开各种产业和部门专业会议，研究有关产业在就业、培训、职业安全卫生和社会保障等方面的问题。

国际劳工组织的主要出版物有:《国际劳工评论》(*International Labour Review*);《正式公报》(双月刊)(*Official Bulletin*),每年三期;《劳工统计公报》(季刊)(*Bulletin of Labor Statistics*);《劳工统计年鉴》(*Year Book of Labor Statistics*);《劳动世界》(双月刊)(*World of Work*)。以上刊物用英、法、西文出版,《劳动世界》出中文版。

中国是该组织创始国之一。1971 年该组织理事会根据联大决议,通过了恢复中国合法权利的决议。1983 年 6 月,中国正式恢复了在该组织的活动。1985 年 1 月该组织在北京设立分支机构——国际劳工组织北京局,负责与中国有关政府机关、工会组织、企业团体、学术单位等进行联系,并实施技术合作计划,协助中国发展职业技术培训。

(二)经济合作与发展组织海上运输委员会(MTC OF OECD)

经济合作与发展组织海上运输委员会(Maritime Transport Committee of OECD, MTC OF OECD)于 1961 年 9 月 30 日在伦敦成立,有美国、英国、澳大利亚、法国、日本、荷兰等 25 个成员。该委员会归经济合作与发展组织领导,处理国家间的航运政策问题,解决成员方与发展中国家在航运事务联系中所遇到的困难和问题,讨论包括世界航运的总体发展变化和航运商业化的可行性问题。

MTC OF OECD 设有一个分管国际组织事务的特别小组,通过在联合国贸易和发展会议上及联合国的其他有关会议上对航运问题的洽谈和协商,来协调成员方在世界航运中的位置和问题。此外,还有一个特别行动小组,负责监察发展中和发达国家的船舶航运政策,考察国际航线的运行状况,并对世界航运经济有直接或间接的推动作用。

MTC OF OECD 促进了发达国家的经济发展,也带动了发展中国家的经济发展。

(三)联合国贸易和发展会议(UNCTAD)

联合国贸易和发展会议(United Nations Committee on Trade and Development, UNCTAD)是联合国的一个永久性组织,于 1964 年在日内瓦成立,下设 6 个委员会,其中有一个为航运委员会。航运委员会的主要目标是:

(1)促进世界海运贸易有秩序地发展;

(2)促进班轮事业的发展,以满足有关贸易的要求;

(3)协调班轮服务业的供应者与用户之间的利益均衡。

UNCTAD 制定了许多决议,如:

(1)1979 年马尼拉会议上通过一项决议,要求采取多种途径从财政上帮助发展中国家的商船队,并呼吁给予技术支援。

(2)1980 年 5 月通过了《联合国关于国际多种方式运输货物的公约》。根据这一公约,建立了一个责任机构,负责多种运输方式运输方面的事务。

(3)1984 年 2 月召开会议,讨论了关于在正常商业活动中的欺骗行为的报告,不仅包括欺骗和盗窃行为,还涉及海盗问题,每年由以上行为造成的损失达 10 亿美元之多。这份报告的内容建议改革银行信用证制度,并向政府机构移交处理有海盗行为的罪犯的权力。

(四)国际运输工人联合会(ITF)

国际运输工人联合会(International Transport Workers Federation, ITF)1896 年成立于伦敦,后来移到汉堡。该组织曾因战争停止活动一段时间。1919 年在荷兰鹿特丹重新组建,并于 1939 年迁回伦敦。ITF 是国际运输工人工会的联盟。其成立的目的是：

(1)提高工会和工人在世界上的地位，改善运输工人的工作和生活条件；

(2)在社会公正和经济发展的基础上为和平而工作；

(3)保护其成员利益，帮助其成员工会开展活动；

(4)为其成员提供研究和信息服务；

(5)向有困难、遇到麻烦的运输工人提供帮助。

该组织的主要机构设置为：

(1)代表大会：该组织工作与发展的最高决策体；

(2)理事会：该组织的统治、操纵体；

(3)执行委员会：每年召开两次会议；

(4)管理委员会：归执行委员会领导，管理该组织的日常工作。

此外，还按职业不同设有 8 个组：铁路工人组、海员组、码头装卸工人组、旅游组、公路运输组、航空组、内河航运组和渔业组。

ITF 通常制定两个基本工资标准，一个专供远东用，一个供世界其他地区用。ITF 每年签订一次集体合同，有效期从当年的 9 月 1 日起至翌年的 9 月 1 日止。

(五)国际航运公会(ICS)

国际航运公会(International Chamber of Shipping, ICS)成立于 1921 年，主要是由英、美、日等 23 个国家有影响力的私人船东所组成的协会，协会成员大约拥有 50%的世界商船总吨位。国际航运公会成立的宗旨是保护本协会内所有成员的利益，就互相关心的技术、工业或者商业等问题交流思想，通过协商达成一致意见，共同合作。

国际航运公会的主要业务包括：

(1)油船、化学品船的运输问题和国际航运事务；

(2)贸易程序的简化；

(3)集装箱和多式联运；

(4)海上保险；

(5)制定一些技术和法律方面的政策，便于船舶进行运输。

国际航运公会制定的各种决议可通过它的会员，即来自世界各国的船东带回各自的国家，影响他们国家的法规，从而达到国际航运公会的决议与各国的法规相和谐，使国际航运公会的意愿在各国都有所体现，使各国使用同一标准的航运法规，便于海上交通运输的发展。

(六)国际海事委员会(IMC)

国际海事委员会(International Maritime Committee, IMC)，是促进海洋法实施的非政府间国际组织，1897 年创立于比利时安特卫普。

国际海事委员会的宗旨是通过各种适当的方式和活动促进国际海商法、海事惯例和实践做法的统一；促进各国海商法协会的成立，并与其他具有相同宗旨的国际性协会或组织进行合作。具体包括：第一，促进海商法的实施，使国际海事安全发展；第二，建立海事仲裁委员会，研究处理成员之间的争端问题；第三，制定海商法案。国际海事委员会自创立以来，草拟了不少国际海事公约，并被国际社会接纳、生效，著名的有《约克・安特卫普规则》《海上避碰规则》《船舶碰撞中民事管辖权方面某些规定的国际公约》《维斯比规则》等。

国际海事委员会的组织机构包括：

（1）大会。它是国际海事委员会的权力机构，由所有国际海委员会的成员组成。大会设主席一人、副主席以及执行秘书长、行政秘书长和财务主任。

（2）执行委员会。它是国际海事委员会的业务执行机构。

国际海事委员会目前由澳大利亚、比利时、加拿大、美国、德国等30多个国家的海商法协会团体会员及个人会员组成。其会员资格向从事海事商业活动的人（个人和团体）或者海商法专家开放，申请加入的组织其宗旨或宗旨之一应符合国际海事委员会的宗旨。

（七）国际航运联合会（ISF）

国际航运联合会（International Shipping Federation，ISF），是一个船东组织，成立于1909年，当时是欧洲的船东组织，到1919年才成为世界性的船东组织。国际航运联合会在有关海员雇佣和安全的所有问题上代表船东的利益，总部设在伦敦。

国际航运联合会有三个主要目标：

（1）为会员提供和交流最新的海员雇佣情报。

（2）根据海员的雇佣发展情况，提出和协调各国船东的意见。

（3）在讨论处理海员问题的国际论坛上，代表会员的利益与各国政府和工会商洽。该联合会的工作重点放在劳动标准方面，经常与工会打交道，其主要任务是协调和提出雇主的观点。

国际航运联合会还为国际海事组织、联合国贸易与发展会议、联合国经济和社会理事会担任咨询工作。在国际海事组织里，国际航运联合会主要关心船员的配备和培训工作，参与制定了1978年STCW公约。

国际航运联合会的活动还包括船员工资、健康并协调与工会的关系、船员配备与组织等。国际航运联合会主要为船东谋福利，但它与国际劳工组织、国际海事组织合作，积极参加拟订与海员雇佣条件、健康培训和福利有关的重要的国际劳工组织公约和决议，对航运业的发展起着重要的作用。

国际航运联合会有28个会员国，拥有船舶的吨位超过世界总吨位的一半，拥有船员超过50万人。

（八）波罗的海和国际海事公会（BIMCO）

波罗的海和国际海事公会（Baltic and International Maritime Conference，BIMCO）成立于1905年，总部设在丹麦哥本哈根，原名波罗的海和白海公会，后来因其成员而变成世界性的，于1927年改名为BIMCO。BIMCO向本组织成员提供全世界港口和海运条件方面的免费情报服务、免费咨询服务、专题讲座及短期培训。其成立的宗旨是联合船东和航运机构，在适当的时候采取一致行为促进航运业的发展，把不同的意见和违反工作惯例的情况通知本组织成员。

BIMCO在1927年时只有20个成员，占当时商船队总吨位的14%。目前，BIMCO有110个成员、950个船东，约有11 800条船接受它的服务。BIMCO吸收的人员和组织包括：船东、船舶买卖代理人、船东和船舶买卖协会、船舶代理商和承租商、延期停泊和防卫协会及航运联合会。

BIMCO的服务范围非常广泛：

（1）预防和解决争端：在现实中，许多本不必要的争端源于错误地使用一些单证，或单证本身不健全、不准确。如果使用BIMCO的标准单证就可以防止争端的发生。BIMCO经常发

表一些文章,免费给它的成员一些信息。当它的成员由于某些原因出差错时,可以通过它在海运业的地位来保护它的成员。

(2)信息服务:作为 BIMCO 的成员,能免费从 BIMCO 的信息库得到港口和航运市场的信息。BIMCO 已建立了 24 小时服务制,有港口情况、冰冻情况、运费率、航运市场报告、燃料价格、BIMCO 修改过的某些条款。BIMCO 平均每天收到来自世界各地的 150 多个咨询。

(3)出版物:BIMCO 周刊刊登最新加入该组织的成员名单和航运市场信息;BIMCO 公告每年出 6 期,主要是介绍海运业的发展趋势和一些海事案例的判决。

BIMCO 与其他的海运组织联系非常密切。BIMCO 的许多成员方也是 IMO 的成员。BIMCO 是联合国经济及社会理事会和国际气象组织的咨询机构,与联合国和发展会议观察员及国际商社等有合作关系。

(九)国际航运协会(PIANC)

PIANC 是国际航运协会(原国际航运大会常设协会)的简称,成立于 1885 年,是历史最悠久的国际性航运组织。其总部设在布鲁塞尔。其目前已经有 60 多个国家会员、500 多个公司会员和 2 000 多个个人会员。

PIANC 一直致力于推进工业化国家和正在实施工业化国家的内河航道、海上进港航道、河港及海港的规划、设计、建设、改造、维护和运营,此外 PIANC 还组织与渔业设施、水上运动和水上休闲航行相关的活动,为世界航运工程技术的发展做出重要贡献。

经国务院批准,中华人民共和国交通部代表中国于 1981 年成为 PIANC 的正式国家会员,2005 年成立 PIANC 中国分会,2008 年 5 月在北京成功承办了国际航运协会 2008 年会暨国际航运技术研讨会。

中国分会的职责是:组织国内港工、航道及相关专业的专家、学者和工程技术人员开展学术交流、技术培训和推广;向国际航运协会的各专业委员会推荐专家;为国际航运协会的学术刊物推荐优秀论文;组织中国专家、学者参加国际航运协会的国际学术交流活动;承办国际航运协会在中国的相关活动。

(十)国际船级社协会(IACS)

国际船级社协会(International Association of Classification Societies,IACS)是在 1968 年奥斯陆举行的主要船级社讨论会上正式成立的。IACS 成立的目标是促进海上安全标准的提高,与有关的国际组织和海事组织进行合作,与世界海运业保持紧密合作。

目前,IACS 共有美国船舶检验局(ABS)、法国船级社(BV)、挪威船级社(DNV)、韩国船级社(KR)、英国劳氏船级社(LR)、德国劳氏船级社(GL)、日本海事协会(NK)、波兰船舶登记局(PRS)、意大利船级社(RINA)等 13 个正式成员。中国船级社(CCS)于 1988 年加入 IACS。IACS 由理事会领导和制定总政策,理事会设立一些工作组去执行协会的具体任务。IACS 设有下列工作组:集装箱、发动机、防火、液化气船和化学品船、内河船舶、海上防污染、材料和焊接、系泊和锚泊、船舶强度、稳性和载重线。

船级社协会致力于联合各船级社利用技术支持、检测证明和开发研究,通过海事安全与海事规范,维护与追求全球船舶安全与海洋环境清洁。全球超过 90%的货物运载的船舶吨位总量是由 10 个成员船级社及 1 个意向船级社所设计、建造和通过符合国际船级社协会所制定的标准与海事规范审核认证要求的船舶运载的。

各工作组完成的项目有:拟定各会员之间统一规则和要求的草案;起草对 IMO(世界海事组织)要求的答复;对 IMO 的标准做统一的解释;监控与本专业有关的工作。IACS 共有 5 000 多名技术精湛的检验人员。世界上 92%的商船由 IACS 去定级。IACS 除了本职工作外,还受政府委托去处理多种多样的事务。IACS 在发展船舶技术规则方面起着重要作用。IACS 理事会认识到该协会与 IMO 之间相互关系的重要性,在伦敦设有 1 个办事处与 IMO 保持联系。还与对海运有兴趣的其他组织保持接触,联系最紧密的是国际标准化组织和国际海上保险集团,同他们交换情报和意见,以便提供更好的服务。IACS 的目标之一是要求把会员之间的各种规则统一起来。到目前为止,理事会已通过了 150 条要求,90%的统一要求都得到成员单位的贯彻。IACS 除了提出统一要求外,还公布有关船舶安全营运和维修准则,其中包括舱口盖的保养和检验、消防、船舶单点系泊设备标准等。IACS 利用成员们在海上安全、防污染、船舶营运等方面的丰富经验,在向船东和经营者提供准则上起着重要作用。

(十一)国际货物装卸协调协会(ICHCA)

国际货物装卸协调协会(International Cargo Handling Co-ordination Association,ICHCA)于 1952 年成立,总部设在伦敦。这一协会成立的头 4 年里,在运输领域受到各地成员的有力支持,在西欧国家成立了 8 个国家委员会。这些国家委员会主要处理专属它们自己国家的问题,如组织讨论会等。到 20 世纪 80 年代末,ICHCA 与各国的联系进一步加强,已有大约 21 个国家委员会,拥有 4 000 名通信会员,会员遍及 90 多个国家。每两年在不同国家、地点召开的大会,为世界范围内的成员们提供了唯一的机会进行聚会和交流经验、观点和思想,会议论文概述了协会的工作。ICHCA 成立的目的是提高货物在各运输环节中的效率,促进世界运输系统中作业技术的改善。

ICHCA 的主要工作是对联运的协调。20 世纪 50 年代中期讨论了木材包装与大宗散糖处理问题。1957 年在每两年一次的汉堡会议上首次讨论了滚装作业问题;集装箱也是 20 世纪 50 年代一次会议的主题。ICHCA 在 20 世纪 60 年代继续发展了这种单元装载技术。1969 年和 1970 年研究了在货物处理中的载驳运输船和计算机管理。

1973 年,由成员方代表组建了技术咨询分委员会(Technical Advisory Sub-Committee,TASC),以便监视与 ICHCA 有关的技术事务和考虑协会成员的特殊利益。TASC 的主要工作是形成一系列的与货物运输作业技术有关的研究报告和出版物,一般每年集会 4 次,但它的主要工作是利用通信完成的。它做了大量的工作去协调不同运输方式之间的联运,包括海空联运,公路、铁路、船舶联运及散货自动化装卸系统。ICHCA 认为,转运技能是个核心问题,因此它研究、制定、组织、公布对发展中国家的经营、监督人员的培训规划,也为其他一些国家创造培训机会。ICHCA 对于从制造厂到消费者的以任何运输方式进行的货物搬运的各个方面都感兴趣,并给予可能的协助。

ICHCA 对许多政府间组织具有咨询资格,如国际海事组织、国际劳工组织、联合国工业发展组织、联合国贸易和发展会议、经社理事会等。在这些国际论坛上,ICHCA 注意那些与货物有关的会议和研究团体,并且凡是有聚会讨论货物装卸的地方都能听到 ICHCA 会员的意见。ICHCA 在主持国际研究项目、出版其研究报告和技术文件、办理技术查询等方面也起了重要作用。

ICHCA 发表的大量重要文献包括:

(1)《集装箱概要》(1974 年)。这一书的出版很快被认为是这方面的权威著作,国际海运保险协会推荐这本书为必读书，并于 1986 年再版。

（2）《运输系统中的货物安全》（1976 年）。该书由两部分组成，第一部分概述货物在运输过程中的偷窃损失问题；第二部分分析重大案件的发生及防御措施。这构成了伦敦及阿姆斯特丹货物安全会议的基本条件。

（3）《滚装运输码头及跳板性能》（1978 年）。它第一次提供了全世界港口与船舶的 1 000 多个滚装跳板的详细资料，这些数据最初是为了协调国际标准化组织、协调滚装运输中的船舶与港口关系而收集的。这一书的出版对船舶经营人、船舶设计师、设备制造商、货物装卸人及货物托运人都有重要的参考价值。

（4）《国际标准集装箱的安全性：理论及实践》（1981 年）。它是研究集装箱安全的专著，是在船舶经营者、货物装卸人及其他有关人士大量采访及广泛调查的基础上写成的。

（5）《国际标准集装箱挂钩吊装时的安全处理与集装箱安全公约总则》（1987 年）。它指出利用吊钩吊集装箱应注意的一些基本原则。调查表明集装箱经常用链吊、挂钩，有时甚至用多种铲车或起重杠杆来吊装，便于集装箱装卸运输。

ICHCA 正处于货物装卸技术革命的前端，它强调运输作业中货物装卸的重要经济意义，并且寻求更先进的装卸方法。今后，ICHCA 在货物处理领域仍将起重要的作用。

（十二）国际航标协会（IALA）

国际航标协会（International Association of Lighthouse Authorities，IALA）成立于 1957 年，是一个民间的航标组织。它把世界上 80 个国家中负责提供和维修灯塔、浮标和其他助航设备的单位组织起来，除了国家的航标部门外，共有 160 个会员，包括港口当局、助航设备制造商和咨询单位等。IALA 的主要目标是通过相应的技术措施，促进助航设备的不断改进，保证船舶安全航行。

IALA 的技术工作由若干国家航标主管部门抽出的专家所组成的技术委员会担任，负责研究航标领域当前的主要问题，并将研究成果送交执行委员会，经批准后，以 IALA 正式建议的形式公布。

IALA 有 4 个技术委员会：

（1）助航标志系统：负责管理有关目视和声响助航设备的问题。

（2）无线电导航系统：负责处理无线电航标事务，与助航标志委员会合作制定助航设备准则；此外还研究新的卫星系统和地面无线电导航系统。

（3）船舶交通管理系统：在国际港口协会和国际引航员协会的协作下进行工作。

（4）导航设备的可靠性和适用性：该技术委员会在制定导航设备自动化问题中，拟定明确的标准，以便于正确决策。

IALA 的另一项工作是与其他国际组织保持密切联系，特别是对 IMO 有咨询任务，要在导航设备方面向其提供建议，并且以组织研讨会、专题研讨会等方式向发展中国家提供援助和建议。

IALA 最著名的技术成就在于国际浮标设置体系的统一方面。1980 年 IALA 设计的浮标系统公布。但其实施是最艰巨的工作，因为当时世界上共有 30 多种不同的浮标在使用。IALA 为了使浮标统一，做了很多工作。目前 IALA 的浮标体系已基本上代替了其他种类的浮标。

除了上述列举的国际组织，还有保赔协会（Protection and Indemnity Associations，P&I）、国

际海事卫星组织(International Maritime Satellite Organization,INMARSAT)、救助协会(Salvage Association,SA)、欧洲和日本国家船东协会委员会(Council of European and Japanese National Shipowners' Associations, CENSA)、国际独立油船船东协会(International Association of Independent Tanker Owners, INTERTANKO, ITOA)、世界贸易组织(The World Trade Organization, WTO)、国际标准化组织(International Organization for Standardization,ISO)等组织在国际航运界发挥着重要作用,在此不再赘述。

第二节　航海相关的国际公约

航运已经成为现代社会中不可缺少的重要商贸交流活动,对航运业实施国际标准化和规范化管理的重要依据是国际统一的法律法规,国际社会为此做了诸多艰辛的努力。涉及国际航运及船舶管理的国际公约和法规分别由联合国、国际海事组织、国际劳工组织以及其他一些国际组织所制定和管理。本节将概括介绍对本行业影响较大的部分国际公约和法规。

一、1982 年联合国海洋法公约(UNCLOS 1982)

1. 公约的产生

海洋是指海和洋的总称,指地球表面被海水覆盖的部分,其面积约占地球表面总面积的71%。海洋与世界各国特别是沿海国家的生存与发展息息相关,从古至今,海洋一直为人类提供丰富的物资资源和便利的交通运输条件。联合国成立后,各国经济发展对海洋的依赖程度大幅度提高。为了协调各国在开发和利用海洋的活动中的关系,确立综合性海洋法律制度至关重要。

在联合国的历史上,至今为止,一共举行过 3 次海洋法会议。第 1 次是 1958 年 2 月 24 日至 4 月 27 日在日内瓦召开的;第 2 次是 1960 年 3 月 17 日至 4 月 26 日在日内瓦召开的;第 3 次海洋法会议是一次所有主权国家参加的全权外交代表会议,此外还有联合国专门机构的成员参加,一共有 168 个国家或组织参加了会议,也是迄今为止联合国召开时间最长、规模最大的国际立法会议。从 1973 年 12 月 3 日开始,在纽约先后开了 11 届共 15 次会议,直至 1982 年在蒙特哥湾通过《联合国海洋法公约》(United Nations Convention on the Law of the Sea, UNCLOS)。但该公约一开始未能被多数发达国家接受,特别是公约第十一部分关于国际海底区域部分的某些规定。为此,联合国经过努力,1994 年 7 月 28 日通过了《关于执行 1982 年 12 月 10 日〈联合国海洋法公约〉第十一部分的协定》(以下简称“协定”)。

《联合国海洋法公约》于 1994 年 11 月 16 日生效,《协定》于 1996 年 7 月 28 日生效。1996 年 5 月 15 日,我国全国人民代表大会常务委员会第十九次会议通过批准加入《联合国海洋法公约》的决定,并向联合国交存批准书,同年 7 月 7 日公约对我国生效。

2. UNCLOS 1982 公约的主要内容

《海洋法公约》及《协定》可以说是最具有权威的规定海洋法原则、规则和一般性法律文件,其内容是研究海洋法的基本依据。

该公约共分 17 部分,连同 9 个附件共有 446 条。其主要内容包括:领海、毗邻区、专属经济区、大陆架、用于国际航行的海峡、群岛国、岛屿制度、闭海或半闭海、内陆国出入海洋的权益和过境自由、国际海底以及海洋科学研究、海洋环境保护与安全、海洋技术的发展和转让等。

3. UNCLOS 1982 公约对海上不同区域权利的规定（图 2-5）

领海基线：通常是沿海国的大潮低潮线。但是，在一些海岸线曲折的地方，或者海岸附近有一系列岛屿时，允许使用直线基线的划分方式，即在各海岸或岛屿确定各适当点，以直线连接这些点，划定基线。

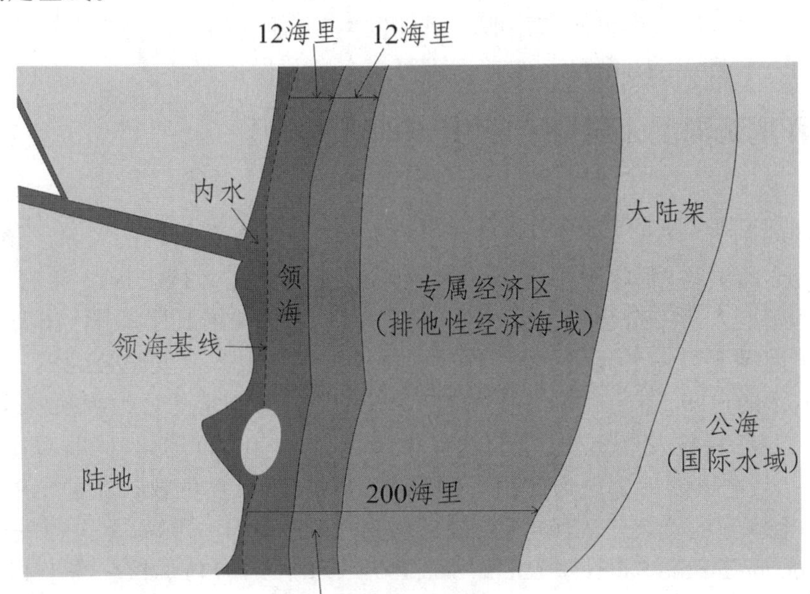

图 2-5　UNCLOS1982 公约对海上不同区域权利的规定

内水：涵盖基线向陆地一侧的所有水域及水道。沿岸国有权制定法律规章加以管理，而他国船舶无通行之权利。

领海：基线以外 12 海里之水域，沿岸国可制定法律规章加以管理并运用其资源。外国船舶在领海有“无害通过”之权。而军事船舶在领海国许可下，也可以进行“过境通过”。

毗连区：在领海之外的 12 海里，也就是在领海基线以外 24 海里到领海之间，称为毗连区。在本区中，沿岸国可以执行管辖领海的反走私、反偷渡法律。

专属经济区：专属经济区是指从领海基线起算，不应超过 200 海里的海域，除去离另一个国家更近的点。专属经济区所属国家具有勘探、开发、使用、养护、管理海床和底土及其上覆水域自然资源的权利，对人工设施的建造、使用、科研、环保等的权利。其他国家仍然享有航行和飞越的自由，以及与这些自由有关的其他符合国际法的用途（铺设海底电缆、管道等）。

大陆架：依照本公约沿用大陆架公约规定，称“大陆架”的有：（a）邻接海岸但在领海以外之类似海底区域之海床及底土，其上海水深度不逾 200 米，或虽逾此限度，而其上海水深度仍使该区域天然资源有开发之可能性者；（b）邻接岛屿海岸之类似海底区域之海床及底土。而沿海国为探测大陆架及开发其天然资源，对大陆架行使主权上的权利，沿海国如不探测大陆架或开发其天然资源，非经其明示同意，任何人不得从事此项工作或对大陆架有所主张。沿海国对大陆架之权利不以实际或观念上之占领或明文公告为条件。但沿海国对于大陆架之权利，不影响其上海水为公海之法律地位,亦不影响海水上空之法律地位。

群岛国水域:群岛国的领海基线应从其领土各处最远程岛屿之远点相连。但此等端点不宜距离过远。在此等端点联机区域内之水域,称为群岛水域,可视为该群岛国之领海。从此基线起算200海里为该国之专属经济区。

公海:适用于领海(水)以外、以下水体,即洋、大型海域生态系统、封闭或半封闭海域与河口、河流、湖泊、地下水系统与蓄水层、湿地。公海有时特指领海之外的洋、海。在公海航行之船仅受船旗国管辖。但海盗事件与奴隶贩卖案件发生时,任何国家皆可介入管辖。

内陆国若加入本公约,依照规定,在转运国可享有免关税待遇。

二、1974年国际海上人命安全公约(SOLAS 1974)

1. 公约的产生

SOLAS公约的制定与1912年发生的“泰坦尼克号”海难有着密切的关系。该事件引起了全世界对海上安全的关注,制定一部世界认可的安全准则势在必行。1913年底,在英国伦敦召开了首次国际海上人命安全会议,讨论制定安全规则。1914年1月20日,出席会议的13个国家代表签订了世界上第一个认可的海上安全准则《国际海上人命安全公约》。

随着科学技术的进步,造船和航海技术也在不断提高,原制定的公约亟须修改完善。尤其20世纪60年代以后,科技发展更快,船舶加速大型化、专业化、自动化,同时海上交通事故发生的频率居高不下,造成的后果更为严重。1974年10月21日在伦敦召开了SOLAS公约缔约国外交大会,71个国家的代表出席了会议,最后通过了《1974年国际海上人命安全公约》(International Convention for the Safety of Life at Sea,1974,SOLAS 1974)。该公约于1980年5月25日生效,我国于1980年1月7日加入该公约,公约生效之日起同时在我国生效。截止到2011年,SOLAS公约的缔约国数量已达169个。

SOLAS公约由国际海事组织负责照管。SOLAS 1974后来经过1978和1988年两次议定书的修订,并按规定以IMO海上安全委员会扩大会议的形式,或以缔约国政府间会议的形式做了多次修改。

2. SOLAS公约的主要内容

SOLAS公约旨在保障船舶、海上人命安全。现行的公约由SOLAS 1974公约部分的13个条款及其附则和1978年议定书、1988年议定书三个部分组成。其核心部分是公约的附则,它规定了与安全密切相关的船舶构造、设备及其操作的最低安全标准,由各缔约国强制执行。

公约附则的内容通过一系列的修正案不断加以修改、补充和更新,至今为止公约附则共有12章:

第Ⅰ章 总则:包括适用范围、定义、检验与证书。

第Ⅱ章 构造:包括分舱与稳性、机电设备、防火、探火和灭火。

第Ⅲ章 救生设备与装置:包括对客、货船的各种救生设备的要求[IMO于1996年通过了MSC48(66),将本章中的部分内容定为《国际救生设备规则》(LSA规则)]。

第Ⅳ章 无线电通信设备:包括GMDSS的配备和要求。

第Ⅴ章 航行安全:包括危险通报、引航员软梯、操舵装置的试验和操作等。

第Ⅵ章 货物装运(一般规定、谷物以外的散装货物的特别规定、谷物装运)。

第Ⅶ章 危险货物的装运:包括包装或散装固体危险货物的载运,散装液体化学品船及液化气体船的构造和设备。

第Ⅷ章 核能船舶。

第Ⅸ章 船舶营运安全管理。

第Ⅹ章 高速船的安全措施。

第Ⅺ-1 章 加强海上安全的特别措施。

第Ⅺ-2 章 加强海上保安的特别措施。

除另有规定外,附则仅适用于从事于国际航行的船舶,不适用于 500 总吨以下的货船、军用舰艇和运兵船、非机动船、制造简陋的木船、非营业性的游艇和渔船。附则各章中的适用范围,均在各章中详加规定。

三、国际防止船舶造成污染公约(MARPOL 73/78)

1. 公约的产生

20 世纪初期,人们已经开始重视海上人命安全问题,但对于环境问题并未给予足够重视,防污染工作在 IMO 中所占的比例也较小。直至 1967 年发生在英吉利海峡油船"Torrey Canyon"的严重油污染事故,人们才认识到保护海洋环境的重要性,并进一步认识到船舶排放油类或其他有害物质是造成海洋污染的重要来源。为此,1973 年 11 月 2 日召开了国际防止海洋污染大会,通过了《1973 年国际防止船舶造成污染公约》(MARPOL 1973)。

1976 至 1977 年间又连续发生了几起大的油船污染事故,航运界对船舶安全和防污染问题更加关注,尽快使公约生效达成共识。1978 年 2 月 17 日,IMO 通过了《关于 1973 年国际防止船舶造成污染公约 1978 年议定书》,并于 1983 年 10 月 2 日生效。我国于 1983 年 7 月 1 日加入该公约,公约生效之日同时对我国生效。

2. MARPOL 73/78 公约的主要内容

MARPOL 73/78 公约是世界上最重要的国际海事环境公约之一。该公约旨在将向海洋倾倒污染物、排放油类以及向大气中排放有害气体等污染降至最低的水平。它的设定目标是:通过彻底消除向海洋中排放油类和其他有害物质而造成的污染来保持海洋的环境,并将意外排放此类物质所造成的污染降至最低。

所有悬挂缔约国国旗的船舶,无论其在何海域航行都需执行 MARPOL 公约的相关要求,各缔约国对在本国登记入级的船舶负有责任。

MARPOL 73/78 诞生之初,由 1973 年公约、1978 年议定书和 5 个附则组成。随着 1997 年议定书的通过,公约附则增加到 6 个。这 6 个附则又是 6 个单项规则,分别对船舶排放的有可能造成海洋污染的 6 种物质制定了详细的规范。6 个附则的名称和生效时间如表 2-1 所示。

表 2-1 附则名称和生效时间

附则名称	生效时间	缔约国数量	对我国生效时间
附则一 防止油类污染规则	1983. 10. 02	150	1983. 10. 02
附则二 控制散装有毒液体物质污染规则			
附则三 防止海运包装有害物质污染规则	1992. 07. 01	135	1994. 12. 13
附则四 防止船舶生活污水污染规则	2003. 09. 27	127	2007. 02. 02
附则五 防止船舶垃圾污染规则	1988. 12. 31	141	1989. 02. 21
附则六 防止船舶造成空气污染规则	2005. 05. 19	62	2006. 08. 23

四、1978 年海员培训、发证和值班标准国际公约(STCW 1978)

1. 公约的产生

早在 1960 年,国际海上人命安全外交大会上通过一项协议,呼吁各国政府加强对海员的教育培训,建议国际海事组织(IMO)、国际劳工组织(ILO)及有关政府共同为此努力。从历年来所发生的海事来看,由于船舶自身原因而失事的并非多数,绝大多数是由于人的过失所造成的。而国际海事组织制定的《国际海上人命安全公约》《国际载重线公约》《国际船舶吨位丈量公约》等却主要是从船舶设计、设备等方面做出规定。国际海员管理工作历来没有统一的准则,各国政府对海员培训、发证和值班标准各行其是。然而,海上航行安全与海员的素质高低密切相关,为增进国际海上人命与财产的安全和保护海洋环境的目的,国际海事组织多年来一直在研究制定一个以提高海员的素质来保障航海安全的国际公约,规范海员培训、发证和值班标准,以提高航海人员的整体素质。于是,国际海事组织海上安全委员会设立一个培训与值班分委会,为培训海员使用助航设施、救生设备、消防设备等草拟了《1964 年指南文件》,并于 1975 年和 1977 年对此文件进行修正和增补,直至起草公约草案。

国际海事组织于 1978 年 6 月 14 日至 7 月 7 日在伦敦召开了外交大会,制定并通过了《1978 年海员培训、发证和值班标准国际公约》(International Convention on Standards of Training, Certification and Watchkeeping for Seafarers,1978, STCW 1978)。该公约于 1983 年 4 月 27 日达到了生效条件,按公约规定,该公约于 1984 年 4 月 28 日生效。我国于 1981 年 6 月 8 日加入该公约,根据公约规定,该公约于 1984 年 4 月 28 日起开始对我国生效。

2. STCW 公约的主要内容

STCW 公约第一次突出地强调了人的因素,为各国提供了一个能普遍接受的船员培训、发证和值班标准方面最低标准。

公约包括正文及 1 个附则。正文共有 17 条,阐述和规定了制定公约的宗旨、缔约国义务、公约所用名词解释、适用范围、资料交流、与其他条约关系、证书、特免证明、过渡办法、等效办法、监督、技术合作、修正程序、加入公约形式、生效条件,退出方式、保管以及文本文字。附则分 6 章,阐述了公约的技术条款。

STCW 1978 公约,除正文条款外,经 1995 年修正案的修改,原附则和大会决议均重新起草,并新增了与公约和附则相对应的、更为具体的 STCW 规则(含 A、B 两部分),组成了 STCW 78/95 公约。

3. 马尼拉修正案

STCW 公约 1995 年修正案通过 10 年以后,IMO 认为有必要对 STCW 公约和规则进行全面审议。2010 年 6 月 21 日至 25 日,STCW 公约缔约国外交大会在菲律宾马尼拉召开,通过了对 STCW 公约和规则的修正案,简称马尼拉修正案。该修正案于 2012 年 1 月 1 日生效。

马尼拉修正案在保留了 STCW 公约 1995 年修正案的结构与目标、不降低现有标准、不修改公约条款的前提下,主要做了如下修改:

(1)理顺证书管理体系。证书分为适任证书、培训合格证书和书面证明三种;提高了证书的签发、签证、认可的审查要求;新增了证书登记的电子查询要求。

(2)在近岸航行原则中新增了缔约国应与相关缔约国就有关航区和其他相关条款的细节达成一致的条款。

(3)明确与细化了独立评价报告的内容要求、具有资格人员的要求及质量体系审核机制。

(4)将船员体能健康标准放在B部分供各国主管机关参照。

(5)增加了公司对船员在船培训和管理的责任。

(6)强调了电子海图显示与信息系统(ECDIS)等电子设备与系统的应用，提倡使用电子航海天文历和天文航海计算软件。

(7)在第三章新增“电子员”与“电子技工”的适任标准。

(8)强调团队工作的培训要求,强调沟通能力和管理知识与技能的培训,驾驶台资源管理与机舱资源管理成为强制性要求。

(9)加强了海洋环境保护意识方面的知识、理解和熟练的要求。

(10)新增了“高级值班水手”与“高级值班机工”的适任要求。

(11)将液货船船长、高级船员和普通船员培训和资格强制性最低要求,分为油船、化学品船船长、高级船员和普通船员培训和资格强制性最低要求,以及液化气船船长、高级船员和普通船员培训和资格强制性最低要求。

(12)强调与明确了保安三级培训的要求。

(13)加强与明确了保证足够休息时间以防止疲劳、防止药物和酒精滥用的要求。

五、2006年海事劳工公约(MLC 2006)

1.公约的产生

《2006年海事劳工公约》的产生主要是基于保护船员利益的需要。目前全球有120多万名海员,遍布在世界各地的船舶上。由于历史和现实原因,船员往往处于相对弱势的位置,经常受到不公平的对待。为保护船员群体的根本利益,ILO于1920年起制定有关海员方面的国际标准,在《2006年海事劳工公约》通过前,已有数十个专门针对船员而制定的公约、相关建议案及其他法律文件。但随着航运业的不断发展,一些公约标准未能得到及时更新,已无法满足当代海员船上工作和生活的需要。

ILO组织将现有68个有关海事的国际标准进行了合并和更新,制定了新的综合性海事劳工公约,建立了统一的海事劳工标准。经过各方努力,《2006年海事劳工公约》得以在第94次国际劳工(海事)大会上通过。

截至2011年,已有11个国家批准加入了海事劳工公约,包括巴拿马、利比里亚等船队大国。船员大国菲律宾也正在积极筹备加入公约的研究和准备工作。作为MLC 2006的发起国之一,MLC 2006已于2013年8月20日对我国生效。

《2006年海事劳工公约》的生效实施,将继SOLAS、MARPOL和STCW之后,成为国际航运法律法规的“第四大支柱公约”。

2.《2006年海事劳工公约》的主要内容

《2006年海事劳工公约》由三部分构成:条款、规则和守则。

条款和规则规定了核心权利、原则以及批准该公约的成员方的基本义务。

守则包含了规则的实施细节。它由A部分(强制性标准)和B部分(非强制性导则)组成。

规则和守则按以下标题被划归为5个领域,每个领域包括若干方面的规定:

标题一:海员上船工作的最低要求(最低年龄、体检证书、培训和资格、招募和安置);

标题二：就业条件（海员就业协议、工资、工作时间或休息时间、休假的权利、遣返、船舶灭失或沉没时对海员的赔偿、配员水平、海员职业发展和技能开发及就业机会）；

标题三：起居舱室、娱乐设施、食品和膳食服务（起居舱室和娱乐设施、食品和膳食服务）；

标题四：健康保护、医疗、福利和社会保障（船上和岸上医疗、船东的责任、健康保护和安全及事故预防、获得使用岸上福利设施、社会保障）；

标题五：遵守与执行（船旗国责任：一般原则、对认可组织的授权、海事劳工证书和海事劳工符合声明、检查和执行、船上投诉程序、海上事故；港口国的责任：在港口的检查、海员投诉的岸上处理程序）。

六、1972 年国际海上避碰规则公约（COLREG 1972）

1. 公约的产生

海上事故统计表明，船舶碰撞是发生率最高的一种事故。特别是随着国际贸易量的增加，海上运输船舶无论是船舶数量、航行速度还是船舶吨位都在上升，海上通航密度随之升高，船舶航行中碰撞的风险也在增加。为了避免碰撞，人们意识到必须建立统一的规则和制度。

1972 年 10 月，IMO 在伦敦召开了修改避碰规则的外交大会，通过了《1972 年国际海上避碰规则》。出于对海上碰撞及其严重后果的重视，会议决定将规则从 SOLAS 公约中独立出来，另行签署了《1972 年国际海上避碰规则公约》（Convention on the International Regulations for Preventing Collisions at Sea，1972，COLREG 1972）。该公约于 1977 年 7 月 15 日生效，我国于 1980 年 1 月 7 日加入该公约，同日公约对我国生效。

COLREG 1972 生效以来，又进行了多次修正。最近的修正是 2007 年 11 月 29 日做出的，该修正案已于 2009 年 12 月 1 日生效。

2. COLREG 1972 公约的主要内容

COLREG 1972 公约由正文和附则两部分组成。

公约正文部分共 9 条，包括公约制定的目的、缔约国的一般义务以及公约的生效、修订、加入与退出等内容。正文部分自生效至今未进行过修改。

公约附则即避碰规则，是公约的核心内容。该规则共分 5 章 38 条，外加 4 个附录。第一章为总则，包括适用范围、责任和一般定义等 3 条；第二章是驾驶和航行规则，分为船舶在任何能见度情况下的行动规则、船舶在互见中的行动规则、船舶在能见度不良时的行动规则，共 3 节 16 条；第三章为号灯号型，规定了各类船舶在各种情况下应使用的号灯号型，共 12 条；第四章为声响和灯光信号，给出了各种情况下应使用的声响和灯光信号的规定，共 6 条；第五章为豁免条款。4 个附录分别为：号灯和号型的位置和技术细节；在相互邻近处捕鱼的渔船额外信号；声号器具的技术细节；遇险信号。

七、国际船舶安全营运和防止污染管理规则（ISM 规则）

1. ISM 规则的产生

ISM 规则的产生，是国际航运界在航运安全管理方面多年反思的结果。随着船舶技术标准不断完善和提高，船舶交通事故和污染事故仍频繁发生，人们认识到，过于侧重船舶结构和设备等工程技术的提高，并不能完全解决安全问题。基于事故数据的研究表明，80%以上的海上事故与人为因素有关，而且其中大多数又与公司和船员对船舶的管理和操作不当有关。

IMO 在借鉴国际标准化组织 ISO9000 的基础上,组织起草并推出了 ISM 规则。

1993 年 11 月 4 日,在 IMO 第 18 届大会通过了 ISM 规则(International Management Code for Safe Operation of Ships and for Pollution Prevention,ISM)。为保证 ISM 规则被广泛实施,1994 年 5 月 SOLAS 缔约国外交大会上,决定在 SOLAS 1974 公约附则中新增第Ⅸ章“船舶安全营运管理”,使 ISM 规则得以在 1998 年 7 月 1 日起对第一批船及其公司强制实施,并于 2002 年 7 月 1 日起对 500 总吨及以上的其他船舶和公司强制实施。

2. ISM 规则的主要内容

ISM 规则由前言和正文 13 条组成。包括:总则;安全和环境保护方针;公司的职责和权利;指定人员;船长的责任和权力;资源和人员;船上操作方案的制定;应急准备;不符合规定情况、事故和险情的报告和分析;船舶和设备维护;文件;公司审核、复查和评价;发证、审核和监督。

ISM 规则的目标是保证海上安全,防止人员伤亡,避免对环境尤其是海洋环境造成危害以及对财产造成损失。为此,规则要求公司和船舶建立符合规则要求的安全管理体系,公司和船舶必须分别持有相关的符合证书,确保公司和船舶的营运按照体系要求进行运作,保证船舶安全和防止污染。

八、国际船舶和港口设施保安规则(ISPS 规则)

1. ISPS 规则的产生

ISPS 规则的出台具有特定的时代背景。在“9·11”恐怖袭击以前,人们对港口安全问题的关注局限于防止盗窃、毒品走私与非法移民。随着海上安全局势的恶化,尤其是在重点海区海盗猖獗,世界各海区经常发生船只遭海盗袭击事件,给旅客、船员及货物的安全带来了严重的威胁。自“9·11”以来 ,人们一直生活在恐怖的阴影中,谈“恐”色变,全球各个角落、各个领域都在进行反恐斗争。作为高风险行业的航运界自然更注重反恐斗争,海上保安开始引起 UN、IMO、ILO 等国际组织的高度重视。人们已把关注的视线转移到怎样从港口的基础设施、设备和人员方面来防止恐怖分子及高危物品的国际偷运借以保障海上设施与运输设备的安全,使其免受破坏。

考虑到保障运输安全的目的,国际海事组织于 2002 年 12 月 9 日至 13 日在伦敦召开 SOLAS 公约缔约国外交大会,会议以第一号决议的形式通过了有关海事保安的一系列修正案,并以第二号决议的形式通过了《国际船舶和港口设施保安规则》(International Ship and Port Facility Security Code,ISPS 规则)。该修正案于 2004 年 7 月 1 日开始生效,ISPS 规则也同时生效。

2. ISPS 规则的主要内容

ISPS 规则由 A、B 两个部分组成,并通过纳入 SOLAS 公约第Ⅺ章的规定来实施。其中 A 部分为强制性要求,B 部分是对实施 A 部分的指导。其主要内容包括三个方面:对缔约国的要求,对公司和船舶的要求,以及对港口设施的要求。

对缔约国政府的要求:批准《船舶保安计划》及其后的修改;审核船舶是否符合第Ⅺ-2 章和 ISPS 规则部分的规定,并向船舶签发《国际船舶保安证书》;为船舶规定保安等级并向船舶通报有关保安信息;规定船舶何时应要求签署《保安声明》;向国际海事组织通报公约和 ISPS 规则要求的保安信息。缔约国政府要为船舶和港口设施规定保安等级,ISPS Code 规定了三个国际通用的保安等级。

对公司和船舶的要求:船公司要为公司指定一名或数名公司保安员,为每艘船舶指定一名保安员。公司保安员的职责是确保船舶开展保安评估、制订《船舶保安计划》;船舶保安员主要负责船舶日常营运的保安工作;公司和船舶保安员应监督船舶保安计划持续有效,开展独立的内部审核。《船舶保安计划》的任何修改,必须报经主管机关批准;船舶须持有《国际船舶保安证书》;还规定了公司保安员和船舶保安员以及其他负有保安职责的船上和岸上人员的知识培训、演练和演习的要求。

对港口设施的要求:无论是船舶还是港口设施,需要采取的保安措施包括人员进入船舶或港口的设施、船上或港口设施内的限制区域、货物装卸、船舶物料交付、非随身携带行李的装卸,以及监控船舶和港口设施的保安;各缔约国政府须确保对港口设施开展港口设施保安评估并加以审查和批准;上述港口设施保安评估将用于确定哪些港口设施需要指定港口设施保安员和制订港口设施保安计划;《港口设施保安计划》应指出港口应采取的操作性和物理保安措施以确保其在保安等级 1 的水平营运;该计划还应指出为了升级到保安等级 2,港口设施所能采取的额外或加强保安措施;另外,计划还应指明港口设施可以进行的可能准备工作,以使其能够对在保安等级 3 时为应对保安事件或威胁可能发出的指令做出迅速反应;港口设施保安员应执行经批准的计划的规定,并监控计划的持续有效性和相关性,包括对计划的执行情况开展独立的内部审核。

九、1979 年国际海上搜寻救助公约(SAR 1979)

它是为开展国际合作搜寻营救海上遇险人员而制定的公约。政府间海事协商组织(现改称国际海事组织)于 1979 年 4 月 9 日至 27 日在汉堡召开国际海上搜寻救助会议,讨论并制定了《1979 年国际海上搜寻救助公约》。公约强调发扬人道主义,规定缔约国在本国的法律、规章制度许可的情况下,应批准其他缔约国的救助单位为了搜寻发生海难的地点和营救遇险人员而立即进入或越过其领海或领土。公约的附则对搜寻救助的组织、国家间的合作、搜寻救助的准备措施、工作程序和船舶报告制度等做了规定。截至 1984 年 8 月 31 日,已有 15 个国家参加了公约。公约自 1985 年 6 月 22 日起生效。中国于 1985 年 6 月 24 日核准了该公约。

十、1965 年国际便利海上运输公约(FAL 1965)

《1965 年国际便利海上运输公约》(Convention on Facilitation of International Maritime Traffic,1965, FAL 1965),是 1965 年 4 月 9 日在政府间海事协商组织(现 IMO)召集的会议上制定的公约,1967 年 3 月 5 日生效。该公约在 1969 年、1973 年、1977 年、1986 年先后做过 4 次修订。中国于 1994 年 12 月 29 日决定加入、1995 年 1 月 16 日交存加入书,该公约自 1995 年 3 月 16 日起对中国生效。

该公约正文共 16 条,附件 2 个。公约所涉及的“标准”系指各缔约国政府为便利国际海上运输,根据本公约所采取的必须统一实行的切实措施;“推荐做法”系指各缔约国政府为便利国际海上运输而实行的合乎需要的措施。公约的附件 1 分为 5 节,包括:定义和一般规定;船舶到达、停留和离开;人员的抵离港口;公共卫生检疫;其他规定。附件 2 为决议,有 6 个,包括:鼓励接受和加入公约;标准的接受;建立国家和地区委员会;建立特别工作组;关于便利方面今后的工作;便利国际旅游业。

该公约目的是简化和减少从事国际航行船舶抵达、逗留和离开的手续、文书要求和程序，为国际海上运输提供便利。此后，国际海事组织便利运输委员会于 2002 年 1 月 10 日以第 FAL. 7(29)号决议通过了《1965 年便利国际海上运输公约》的修正案。截至 2003 年 2 月 1 日，只有芬兰、意大利和西班牙 3 国政府正式表示不接受该修正案。该修正案已于 2003 年 5 月 1 日正式生效。

中国是《1965 年便利国际海上运输公约》的当事国，且在上述修正案通过后，没有对其内容提出过任何反对意见，因此，该修正案对中国具有约束力。

除上述公约和法规，国际上还有对海洋防污染、货物运输、海事索赔等方面进行约束的有关规定，如《1969 年国际油污损害民事责任公约的 1992 年议定书》、《统一提单的若干法律规则的公约》(海牙规则:1924 年 8 月 25 日签订)、《修改统一提单的若干法律规则的国际公约》(维斯比规则:1968 年 2 月 23 日签订)、《1978 年联合国海上货物运输公约》(汉堡规则:1978 年 3 月 31 日通过)、《联合国国际货物多式联运公约》(1980 年 9 月 1 日通过)、《国际海运固体散装货规则》等，同学们在相关课程中会涉及。

第三章　航海教育的质量保证

第一节　质量管理体系

一、高等教育改革和高等教育大众化发展要求对教育质量进行控制

改革开放以来，经过多年的发展，我国高等教育体制改革不断深化，办学产业化不断发展，有识之士皆视高等教育为朝阳产业，民办高等教育异军突起。随着办学自主权的扩大，国内高等院校间的竞争日益突出，高等院校必将优胜劣汰。我国加入 WTO 之后，在对教育服务做出承诺的同时，面临着更多的是挑战。国外高等教育经过大众化教育的普及之后，近年由于人口出生率的降低，造成教育资源的过剩。随着全球资源共享、办学环境的变化，澳大利亚、新西兰、美国的教育贸易都占其出口贸易项目的很大比重。发达国家的先进教育品牌会涌入国内，国外独资或合作办学的教育培训机构也会抢占、分割中国教育市场。在日趋激烈的市场竞争中，我国的高等院校应如何应对？首先对外必须转变观念，面向市场，抓住机遇，加快发展；其次对内必须深化改革，调整结构、全面提高办学质量，以提高自身的竞争力。

近几年，高校大规模扩大招生，使我国高校的在校生数量翻了一番。处于我国高等教育资源尤其优秀资源还相当短缺的发展时期，高校的规模效益提高了，但教育质量下降的势头已突现出来，以牺牲教学质量来换取规模发展的现象在某些高等院校不同程度地存在着。招生规模的扩大，使生源质量参差不齐，高等院校整齐划一的教学计划和课堂教学已不能同时满足各层次、各类型学生的个体需求。更重要的是造成高等院校办学条件的不足，主要表现在师资不足，教学设备、教学场地、教学设施和图书资料等满足不了学生的需求，教育经费相对短缺，后勤服务跟不上。按照全面的可持续的教育发展观，高等教育发展必须实行规模、结构、质量、效益协调统一的发展方针，做到规模适度、结构合理、提高质量、增加效益。在这四个方面中，教学质量是高等教育发展的核心，是高等教育的生命线。在目前形势下，保证和提高教育质量直接关系到高等教育体制改革的成败，而高等院校如果缺乏科学、规范和有效的教育质量管理，必然会导致教育质量的下降。

多年来，经过经济界、法学界和管理学界系统提炼、概括和总结的，代表国际上行之有效的质量管理理论和方法的 ISO9000 族质量管理标准，对高等院校实施科学、规范和有效的教育质量管理，具有很好的指导意义。ISO9000 族质量管理标准强调任何组织必须依存于顾客，依存于市场需求。在高等院校运用中，强调以学生、用人单位和社会的市场需求为关注焦点，院校开展的一切教育教学活动围绕市场需求进行。这与目前高等教育必须面对市场竞争的形势不

谋而合。依据质量管理的理论分析，中国高等教育质量链从市场研究开始，通过建立教育质量管理体系，按照计划定期分析国家、社会和市场的需求，寻求人才培养与发展方向，了解科技发展的最新动态，从而确定高等教育的办学方向和目标市场，即一所院校最终将教育教学服务定位在何种层次和水平上。高等院校应按照既定的办学目标开展教育教学工作，科学并充分利用教育资源，依法落实高等院校的办学自主权，在院校内培养学生具有自我发展、自我约束、灵活应对新情况、迎接新挑战的能力，提高在教育市场中的竞争力。简言之，有效实施 ISO9000 族质量管理标准是促进高等院校科学规范管理、全面提高教育质量行之有效的最佳选择。

长期以来，中国高等教育理论研究与实际运用有时会存在一些偏差，并且理论研究往往是自上而下的，有的在基层难于运用与落实，高等教育管理体制已明显不适应形势的要求。主要表现在以下四个方面：第一，缺乏市场意识，高等教育与社会需求脱节，学科与专业结构、课程设置不能有针对性地考虑学生、市场和社会对教育教学服务的类型、层次和内容的需求；无视市场的调节作用，没有利用经济杠杆使教育资源得到合理配置，也就无从追求最佳的教育经济效益和社会效益。第二，缺乏对学生的服务意识，追求的仍然是师道尊严和老师至高无上的绝对权威，把学生当成高等院校的管理对象；采取的是填鸭式的教育，忽略学生创新能力的培养，使学生缺乏提出问题、分析问题和解决问题的能力，忽略不同水平学生的个性化要求，不能充分发挥学生的潜能。第三，院校的教育管理部门缺乏耕耘教学一线的服务意识。教学管理部门在高等院校中扮演的是教师教学活动监督评判者的角色，而不能够发挥为教学一线提供教育教学质量信息，帮助教师改进和提高教育教学质量的作用。第四，高等院校教育质量管理方法、技术还比较落后。当今企业的产品质量管理从初级到高级，已经走过了末端检验阶段、统计检验阶段和全面质量管理三个阶段，而目前我国高等院校绝大多数仍停留在末端检验阶段，主要以对学生考试、对教职员工考核的事后检验控制为主，事前控制意识差，造成质量管理成本过高。院校必须转变教育质量管理观念，树立新教育观，引入新的教育质量管理方法。

二、ISO9000 族质量管理标准是高等学校建立质量管理体系的重要依据

依据 ISO9000 族质量管理标准建立教育质量管理体系，有利于高等院校通过深刻理解和准确把握标准的相关质量要求，树立全新的教育服务观、产品观和质量观，强化社会责任意识和产品责任意识；有利于高等院校根据“系统论”和“过程控制”的思想和方法，在优化资源配置和组织机构设置的前提下，院校整个工作以教育教学工作为主线，其他工作（包括教学管理工作）为保障教育教学工作质量提供支持。对工作的全过程进行控制，明确每位教职工在教育教学服务过程中的任务、工作目标、岗位职责和工作程序，把一切工作的出发点和落脚点落实到切实为学生提供符合各方面要求的教育教学服务上来；有利于强化教职工的“全员参与质量管理”的理念和团结协作的意识，根据“质量改进”和“过程控制”要求，把教育教学服务质量控制和质量改进作为一项常规工作来抓，主动根据质量标准要求开展自查和互查、自评和互评，及时预防和纠正错误。通过依据标准的科学与规范管理，不断提高工作效率和管理水平，从而全面提高院校教育教学服务质量，保障教育教学工作质量达到预定的目标。

此外，现行的教育质量评价的观念相对陈旧，在一定程度上制约着教育向人才市场需求的方向发展。政府教育主管部门对高等教育管理和质量评价虽然有一套自己的体系、标准和要求，但在具体内容、手段及形式等方面存在着一些不完善和不规范的现象。中国高等教育由精英教育向大众化教育过渡的过程中，必然伴随着高等教育结构的多样化、多层次化。一方面，

科学技术的发展伴随着生产的现代化、社会生活的现代化,对人才的质量规格要求越来越多样化,要求不同院校提供的教育教学服务就越多样化;另一方面,学生求学的要求和他们自身的能力是多样的。要满足他们多样的要求,高等院校提供的教育教学服务也需要多样化。因而,高等教育的质量已经不再单纯依靠它的学科引领能力强、对社会发展的技术支持强劲、学科布局合理、组织结构完整等来显示它的"高与低或好与差"。大众化高等教育的质量观应该是一个动态的、分层次的,对于不同类型高校的质量标准应有所区别。

1998 年在巴黎召开的首届世界高等教育大会通过的"21 世纪高等教育展望与行动宣言"指出:"考虑多样性和避免用统一的尺度来衡量高等教育质量。"不应用精英阶段高等教育的学术取向和质量标准来规范大众化高等教育,这就是近几十年国际高等教育发展的重要经验。因而,必须打破"大一统"的质量观,没有高等教育质量多样化,就不可能健康地实现高等教育的大众化。大众化高等教育质量应该树立学术、市场和人文相统一的评判标准,对高等教育期望和评价的视角也应"由外向内"转变,评判主体则由"政府评判为主"向"社会、市场、政府多元评判"转变。

学生求学绝大多数是为了谋求一个好的社会职业,因而学生、用人单位和社会三者的需求可以统一到社会的需求上。不管培养出的学生能否适应高层次社会岗位的需要,只要高等院校培养出的学生是受社会欢迎的,则说明高等院校的教育教学服务能够准确地适应和满足目标市场的需要,就应该说该校的教育教学服务是高质量的。从 ISO9000 族质量管理标准的管理和评价理论来讲,高等教育质量是指:"高等教育所具有的固有特性满足学生、用人单位和社会明示的、通常隐含的或必须履行的需求和期望的程度。"该评价标准概括了目前的形势发展,有利于科学评估高等院校教育教学质量。

三、运用 ISO9000 族标准建立的教育质量管理体系的积极作用

1. 有利于满足行业人才培养的要求

目前,中国现有的行业已强制要求其所属的教育培训机构建立教育质量管理体系来规范教育培训服务,保证教学质量的不断提高和持续改进。如世界海事组织(IMO)发布的《1978 海员培训、发证和值班标准国际公约(1995 年修订)》(即 STCW 78/95 公约)第 B-Ⅰ/8 节"关于质量标准的指导"要求,"各缔约国均应保证:①按照 STCW 规则第 A-Ⅰ/8 节的规定,所有由其授权的非政府机构或组织所执行的培训、适任评估、发证、签证和再有效工作,要通过一个质量标准体系受到连续的监控,以确保达到既定目标,其中包括有关教员和评估员的资格和经历的目标。②如果政府机构或组织进行这种工作,应有一个质量标准体系。"中华人民共和国海事局于 1997 年颁布了《中华人民共和国船员教育和培训质量管理规则》和《中华人民共和国船员教育和培训质量体系实施指南》,要求中国所有从事船员教育和培训的机构必须建立船员教育和培训质量体系,并初步定于 1998 年底前,完成对所有船员教育和培训机构的合格审核。目前国内通过海事局备案审批的船员教育和培训机构都已根据上级主管机关的要求,建立和运行了船员教育和培训质量管理体系。

2. 有利于保护学生享受合格教育的权益

随着中国高等教育向大众化教育的转变和办学产业化的逐渐形成,各种类型、各种层次的高等教育迅速发展起来。由于教育资源的多寡悬殊和对办学效益的盲目追求,高等院校的办学质量参差不齐,"鱼目混珠"甚至欺骗学生、欺骗社会的现象时有发生,急于接受高等教育的

消费者和社会各界发出“诚信教育”的呼声。

建立教育教学质量管理体系有利于保护学生享受合格教育的权利。教育教学质量管理体系以学生为关注焦点，视学生为院校的顾客，以学生为本，在满足社会、国家需要和符合教育规律的前提下，对高等院校的资源配置和机构设置都以更好地为学生服务为宗旨。通过编制一系列的质量管理体系文件，对可能影响教育教学服务质量的所有过程和所有因素进行有效控制与监督，可以确保提供符合要求的教育教学服务。教育质量管理体系强调满足不同学生个体的不同需求，强调因材施教，强化学生学习主体地位，是提高学生学习积极性、提高教育质量的有效途径。

3. 有利于与现代国际教育理念接轨

在经济全球化的大背景下，伴随着世界贸易组织的发展，各个国家的教育和文化逐步趋向融合。中国高等院校与国际教育同行间的交流合作日益增多。外国的文化、教学方法等通过各种渠道影响到我国的教育产业。ISO9000 族质量管理标准作为一套结构严谨、内容丰富、规定具体、操作性和通用性强、被各国普遍承认的国际标准，也被国外许多大学和教育培训机构采用，来处理相互交流中的教育服务质量问题，并用该标准对高等院校教育教学服务质量的保证能力进行评价。事实上，在国际交流与合作中，一些国家的教育机构对外国学生的学历或学位是否是经过国际质量认证机构认证的院校所授予的学历或学位做出了硬性的规定。如美国加州大学规定：“凡到加州大学攻读博士学位的外国学生，其在本国所获得硕士学位授予院校需通过教育质量国际认证。”美国在 1992 年就有 220 所高等院校采用该标准，其中包括哈佛等名校，北美洲、欧洲和亚洲分别有 139 所、263 所和 123 所教育机构通过了国际认证。

中国的高等院校依照 ISO9000 族质量管理标准建立教育质量管理体系，能够改变中国高等教育管理落后、僵化、单一、封闭的模式和单纯行政性的教育质量评价手段，适应国际竞争和国际交流的需要。如果中国的高等院校不顺应这一国际化管理的发展趋势，势必会在与国外高等院校的交往中处于不利地位，阻碍我国高等院校参与国际教育市场的竞争。

教育部的有关领导已就院校建立教育质量管理体系的问题到国外进行交流调研。在由教育部立项、多所高等院校参与研究的“高职高专教育教学质量监控与教学水平评价体系的研究与实践”课题的研究过程中，大家共同认识到高等院校建立教育质量管理体系是形势所需、非常迫切的，建立并有效实施教育质量管理体系是保障、稳定和提高教学质量的有效途径。随着教育市场竞争机制的不断完善、各行各业人才培养资格的准入制度的实行，教育质量管理体系越来越会受到高等院校特别是从事职业教育院校的重视。“政府推荐，市场强制”将会成为高等院校建立教育质量管理体系的必然发展趋势。

国际知名的认证机构也充分认识到了教育领域建立质量管理体系的必要性和广阔前景。1996 年 1 月份，挪威船级社（DNV）根据 ISO9000 族质量管理标准的要求制定并颁布了《DNV 航海院校认证规则》《DNV 航海培训中心认证规则》《DNV 航海模拟器训练中心认证规则》，作为其对航海类教育和培训机构进行认证审核的依据。该认证规则采用了 ISO9000 族质量管理标准的所有要求，对条款的排序结合航海教育和培训的实际以过程的方法进行了理顺，冲淡了 ISO9000 族质量管理标准 1994 年版以工业领域为主要使用对象的痕迹，便于航海教育和培训机构的运用和实施。英国标准协会（BSI）也于 1996 年，根据 ISO9000 族质量管理标准的要求，转化制定了院校教育质量管理体系实施指南。

挪威船级社（DET NORSKE VERITAS）成立于 1864 年，总部位于挪威首都奥斯陆，是一家全球领先的专业风险管理服务机构,以“捍卫生命与财产安全,保护环境”为宗旨的独立基金组织。DNV 为客户提供全面的风险管理和各类评估认证服务,主要涉及船级服务、认证服务、技术服务等方面。DNV 分为四个业务部门和三个独立的业务单位:

DNV 能源部:是油气和流程工业领域服务的领导者,致力于运用丰富的行业知识和尖端技术实施安全、清洁和经济的解决方案。DNV 能源部提供技术资质认定、基于风险的验证、海上设施入级、资产运营等一系列服务。此外,DNV 能源部还提供企业风险管理服务,以帮助能源行业安全、负责地改善经营业绩。

DNV 业务促进部:其目标是帮助客户建立公信度,安全、负责地改善他们的经营业绩。服务内容涉及管理体系认证、气候变化、企业责任、产品认证以及针对企业主要商业风险分析和评估的培训服务。DNV 业务促进部的客户大多数来自工业部门,主要针对的行业有食品与饮料、IT 与电信、汽车、医疗保健、物流运输、金融、流程工业、公用部门等。

DNV IT 全球服务部:帮助客户理解并控制运行在复杂 IT 和通信系统下的风险。从软件开发的过程改进,到信息质量管理、信息安全等,DNV IT 全球服务部帮助客户获得安全而可预见的业务运作。

DNV 海事部:作为世界领先的船级社之一,DNV 帮助海事业管理风险,涵盖船舶的整个生命周期。DNV 提供包括船级检验、法定认证、燃油检测等一系列与技术和营运相关的服务,以帮助达成高质量的航运。入级 DNV 的营运船舶超过 5 200 艘,总计超过 115 000 000 载重吨位,约占世界船队的 17%。

DNV 研发创新部:是致力于战略研究与创新的企业部门。其主要关注点是对于业务发展具有长远影响的全新知识和科技领域。包括研究未来的科技发展趋势,在 DNV 建立新的业务能力和服务以及尽早确立保证 DNV 作为科技领导者的市场定位和品牌策略。

DNV 软件部:研发的软件系统涉及设计、强度评估、风险分析、资产生命周期管理和基于知识的工程实践等领域。其 Brix 是保护客户工程知识的框架,Nauticus 应用于海事业,Sesam 应用于海洋工程领域,Safeti 应用于石化行业。

DNV 气候变化服务部:一个新近成立的独立业务单位,旨在加强 DNV 在气候变化服务领域的战略部署,主要提供例如排放交易的审定和核查等方面的服务。凭借 DNV 在清洁发展机制(CDM)市场已经取得的领先地位,DNV 气候变化服务将继续在气候变化领域发挥“发电站”与催化剂的作用,并将协同其他业务部门和 DNV 研发创新部,引领 DNV 在服务革新领域向前迈进。

2012 年 12 月 24 日,挪威船级社(DNV)与德国劳氏船级社(GL)宣布正式合并。据消息,合并后 DNV 持股 63.5%,GL 持有 36.5%。新的 DNV-GL 集团总部将位于挪威奥斯陆,但船舶入级服务总部将位于德国汉堡。DNV 与 GL 将继续独立运行,这将引领海事界进入新一轮发展阶段。

四、ISO9000 族质量管理标准简介

ISO9000 是由西方的品质保证活动发展起来的。第二次世界大战期间,战争扩大所需武器需求量急剧膨胀,美国军火商因当时的武器制造工厂规模、技术、人员的限制而未能满足

“一切为了战争”。美国国防部为此面临千方百计扩大武器生产量，同时又要保证质量的现实问题。分析当时企业：大多数管理是 No. 1，即工头凭借经验管理、指挥生产，技术全在脑袋里面，而一个 No. 1 管理的人数很有限，产量当然有限，与战争需求量相距很远。于是，国防部组织大型企业的技术人员编写技术标准文件，开设培训班，对来自其他相关原机械工厂的员工（如五金、工具、铸造工厂）进行大量训练，使其能在很短的时间内学会识别工艺图及工艺规则，掌握武器制造所需关键技术，从而将“专用技术”迅速“复制”到其他机械工厂，从而奇迹般地有效解决了战争难题。战后，国防部将该宝贵的“工艺文件化”经验进行总结、丰富，编制更周详的标准在全国工厂推广应用，并同样取得了满意效果。当时美国盛行文件风，后来，美国军工企业的这个经验很快被其他工业发达国家军工部门所采用，并逐步推广到民用工业，在西方各国蓬勃发展起来。

随着上述品质保证活动的迅速发展，各国的认证机构在进行产品品质认证的时候，逐渐增加了对企业的品质保证体系进行审核的内容，进一步推动了品质保证活动的发展。到了 20 世纪 70 年代后期，英国一家认证机构 BSI（英国标准协会）首先开展了单独的品质保证体系的认证业务，使品质保证活动由第二方审核发展到第三方认证，受到了各方面的欢迎，更加推动了品质保证活动的迅速发展。

通过 3 年的实践，BSI 认为，这种品质保证体系的认证适应面广，灵活性大，有向国际社会推广的价值。于是，在 1979 年其向 ISO 提交了一项建议。ISO 根据 BSI 的建议，当年即决定在 ISO 的认证委员会的“品质保证工作组”的基础上成立“质量管理和质量保证技术委员会”（即 TC176），并着手这一工作，从而导致了“ISO9000 族”标准的诞生，健全了单独的品质体系认证的制度，一方面扩大了原有品质认证机构的业务范围，另一方面又导致了一大批新的专门的品质体系认证机构的诞生。

图 3-1　ISO9001 标志

自从 1987 年 ISO9000 系列标准（图 3-1）问世以来，为了加强品质管理，适应品质竞争的需要，企业家们纷纷采用 ISO9000 系列标准在企业内部建立品质管理体系，申请品质体系认证，很快形成了一个世界性的潮流。全世界已有 100 多个国家和地区正在积极推行 ISO9000 国际标准。

自发布以来，ISO9000 系列标准历经多次修订改版。2008 年，ISO 推行新版 ISO9000：2008 标准，成为现行最新版本标准。ISO9000：2008 族标准核心标准为下列四个：

（1）ISO9000：2005《质量管理体系——基础和术语》

标准阐述了 ISO9000 族标准中质量管理体系的基础知识、质量管理八项原则，并确定了相关的术语。

（2）ISO9001：2008《质量管理体系——要求》

标准规定了一个组织若要推行 ISO9000，取得 ISO9000 认证，所要满足的质量管理体系要求。组织通过有效实施和推行一个符合ISO9001:2000标准的文件化的质量管理体系,包括对过程的持续改进和预防不合格,使顾客满意。

(3)ISO9004:《质量管理体系——业绩改进指南》

标准以八项质量管理原则为基础,帮助组织有效识别能满足客户及其相关方的需求和期望,从而改进组织业绩,协助组织获得成功。

(4)ISO19011:《质量和环境管理体系审核指南》

标准提供质量和(或)环境审核的基本原则、审核方案的管理、质量和(或)环境管理体系审核的实施、对质量和(或)环境管理体系审核员的资格等要求。

1. ISO9000:2008八项质量管理原则

ISO9000:2008八项质量管理原则是ISO/TC176/SC2下的工作组在总结质量管理实践经验,并吸纳了国际上最受尊敬的一批质量管理专家的意见的基础上,用高度概括、易于理解的语言所表达的质量管理的最基本、最通用的一般性规律,成为质量管理的理论基础。它是组织的领导者有效实施质量管理工作必须遵循的原则。

(1)以顾客为关注焦点

组织依赖于顾客,因此组织应该理解顾客当前和未来的需求,从而满足顾客要求并超越其期望(①客户永远是对的;②如果客户不对,则执行①)。

(2)领导作用

领导者将本组织的宗旨、方向和内部环境统一起来,并创造使员工能够充分参与实现组织目标的环境(80%质量问题与管理有关,20%与员工有关)。

(3)全员参与

各级员工是组织的生存和发展之本,只有他们充分参与,才能使其给组织带来最佳效益。岗位职责包括了全员(从总经理到基层员工)。

(4)过程方法

将相关的资源和活动作为过程进行管理,可以更高效地取得预期结果(流程图方法)。

(5)管理的系统方法

针对设定的目标,识别、理解并管理一个由相互关联的过程所组成的体系,有助于提高组织的有效性和效率(木水桶的围板原理)。

(6)持续改进

持续改进总体业绩是组织的一个永恒发展的目标(PDCA循环:Plan—Do—Check—Action)。

(7)基于事实的决策方法

针对数据和信息的逻辑分析或判断是有效决策的基础(用数据和事实说话)。

(8)互利的供方关系

通过互利的关系,增强组织及其供方创造价值的能力。

2. ISO9000族质量管理标准的基本原理

贯穿ISO9000族质量管理标准的基本原理主要包括如下几点:

(1)“质量形成于生产全过程。”这是ISO9000族质量管理标准的核心。就高等教育而言,教学教育服务质量始于市场调研、专业设计,终于毕业教育及就业指导的全过程。

(2)“必须使影响产品质量的全部因素,在生产过程中始终处于受控状态。”这是前一条基本原理的延伸。对高等教育来说,应该对所有影响高等教育教学服务质量的因素和活动的全过程进行在线的、动态的管理和控制,把质量问题解决在形成的过程中。

(3)“具有持续提供符合要求产品的能力。”本条是上一条基本原理的结果。为证实和保障组织具有持续提供符合要求产品的能力,需按时进行由管理层主持的管理评审、由质量管理职能部门进行的内部质量审核和外部第三方质量认证审核。

(4)“质量管理必须坚持质量改进。”ISO9000族质量管理标准处处体现了该基本原理。没有改进就没有提高。随着经济科技的不断发展,外部的形势、竞争的变化、社会对质量的需求也在不断地发展和提高,所以质量改进势在必行,没有改进就没有质量提高。

3. ISO9001:2000质量管理标准术语在高等院校的转化运用

质量——高等院校教育教学服务满足学生、用人单位和社会明示的、通常隐含的或必须履行的需求或期望的程度。

质量管理——高等院校为使其教育教学服务满足学生、用人单位、社会和国家相关要求而开展的包括制定质量方针和质量目标以及质量策划、质量控制、质量保证和质量改进等一系列指挥和控制院校的协调活动。

质量方针——由高等院校的院校长正式发布的该院校总的质量宗旨和发展方向。通常质量方针与高等院校的办学总方针相一致并为制定院校的质量目标提供框架。

质量目标——在质量方面所要达到的目的。高等院校的质量目标通常依据院校的质量方针制定。在相关职能部门和各个层次分别制定质量目标。质量目标应尽可能量化,并是可测量的。

顾客——学生是高等院校的直接顾客,用人单位是高等院校的间接顾客,社会是高等院校的最终顾客,教职员工是高等院校的内部顾客。

产品——高等院校的教育教学服务即为产品。教育是指依照国家教育方针,对学生的思想品德、素质培养、创新精神和适应社会能力进行全面教育,以培养德、智、体全面发展的社会主义事业的建设者和接班人。教学是专指对学生的理论教学和实践教学。为保障教育教学服务质量,院校还应提供合格的支持性服务,主要包括对学生在校学习期间和毕业后所提供的教育教学之外的服务,如医疗服务、后勤服务、咨询指导服务等。

质量策划——高等院校围绕某一项目或过程所进行的制定质量目标、规定必要的运行过程和利用相关资源以实现质量目标的一系列活动。院校质量策划的内容具体包括:教育质量管理体系策划、教育教学服务实现策划、教育教学服务的设计和开发策划,同时还应对教育教学服务及其他支持性服务的提供进行策划、对教育教学服务过程及效果的监视、测量、分析和改进过程进行策划、对教育质量管理体系的审核方案进行策划。高等院校针对新的教育教学服务项目、过程、合同所进行的质量策划,必须形成专门的质量计划,以保证质量策划目标的实现。

预防措施——高等院校为消除潜在不合格或其他潜在不期望情况出现的诱因所采取的措施,即院校对各相关工作的防范措施。

纠正措施——高等院校为消除已存在的不合格或其他不期望情况出现的诱因所采取的措施,即院校对某项工作从根本上实施整改措施。

持续改进——高等院校为增强满足顾客对教育和教学服务质量要求的能力而进行不断改进、提高和完善的循环活动。

五、航海高校建立船员教育和培训质量管理体系

1. 国际船员劳务市场竞争日益激烈

随着国际劳务市场的一体化,国际船员劳务市场竞争日益激烈。对船员提出了更高的要求,只有高素质的船员才能赢得市场优势,占领市场。大学专科以上的学历、较高的英语听说水平、丰富的资历、较强的操作能力、服从意识、海上安全和防污染意识以及 STCW 公约的所有要求成为西方发达国家,甚至日本、新加坡等亚洲国家航运业聘用船员的考核和选择标准。从国际船员劳务市场看,每年共需 100 万名船员。全国人口不足 1 亿的菲律宾,有 15 万船员外派到国外船舶工作,每年创汇几十亿美元,成为该国第三创汇来源。而我国派往外籍船舶工作的船员经过近几年的发展才达到 12 万(2013 年)。因此,航海高校能否保证和提高教育教学质量、培养适应航运市场需求的船员,必将影响我国航运业的发展。ISO9000 标准作为国际船员劳务市场的“绿色通行证”,对航海教育质量进行管理,与国际船员劳务市场需求和要求接轨,提高航海高校核心竞争力可借鉴的模式。

2. 履行国际公约要求

IMO 在 1995 年 STCW 公约附则的修正案的规则Ⅰ/8 质量标准一节中,要求“所有由其授权的非政府或组织所执行的培训、适任评估、发证、签证和再有效工作,需通过一个质量标准体系受到连续的监控,以确保达到既定目标,其中包括有关教员和评估员的资格和经历的目标”。1997 年,中华人民共和国海事局规定中国船员教育和培训机构必须根据《中华人民共和国船员教育和培训质量管理规则》建立质量管理体系,以确保船员培训质量。所以作为船员教育和培训机构的航海高校,必须建立质量管理体系,以履行公约和政府主管机关要求。

3. 树立形象,规范管理,提高质量

树立良好的外在形象、科学规范管理和不断提高教学质量是航海高校永恒的主题,是学校增强竞争力、赢得市场、追求发展的必经之路。破除陈旧的管理方法和理念,适应目前社会主义市场经济的发展和国际航运业的发展,依据质量管理标准建立教育质量管理体系,可以充分满足航海高校树立良好的外在形象、科学规范管理和不断提高教学质量的需求。

××学院质量体系简介

××学院于 1999 年建立质量体系(原山东省××学校船员教育和培训质量管理体系),并通过国家海事局专家组审核。历经改版,现行质量体系文件为Ⅰ版,于 2014 年 5 月 1 日正式施行。

1. 目的与适用范围

1.1 目的

学校建立和保持文件化的质量体系,并保证体系内所有部门都具备体系文件,旨在确保:

(1)体系文件符合国内外相关公约和适用的规则、标准和指南。

(2)满足学校与客户订立的协议规定的具体要求。

1.2 适用范围

(1)学校航海类专业教育(包括成人教育)中的航海技术、轮机工程、船舶电子电气工程、航海技术(专科)、轮机工程技术(专科)、船舶电子电气工程(专科)以及所有船员培训的管理活动进入质量体系。

(2)学校所属部门中的院长办公室、人事处、教务处、资产管理处、学生工作处、图书馆、海

运学院(包括办公室、教学工作部、学团工作部、后勤保障部、航海系、轮机系、基础课教研室、外语教研室、科教与质量管理科、海运学院新生部)、继续教育学院及质量管理与绩效考核办公室进入质量体系。

2. 质量体系要素

2.1 该质量管理体系结合××学院实际情况，基本参照并涵盖了《中华人民共和国船员教育和培训质量管理规则》第二章规定的十二个要素。

学校质量体系基本要素包括：

· 质量方针

· 管理职责

· 教学计划与教学大纲编制

· 学员录取与管理

· 教学与管理人员

· 教学和培训设备

· 教学和训练的实施

· 质量记录控制

· 教学和训练的检查与评估

· 纠正和预防措施

· 文件与资料控制

· 内部质量审核

2.2 质量方针

(1) 学校船员教育和培训的质量方针是：培养符合国际公约和国家法规相关要求，满足社会需要的高质量海运人才。

(2) 质量方针是学校从事教育和培训的质量宗旨。

(3) 学校通过行政管理渠道和业务信息渠道获取国家有关法规和有关国际公约，并根据国际公约和国家法规的要求，进行质量策划，确保培养出符合公约、法规要求的高质量船员。

(4) 质量目标

· 航海类专业学历教育毕业生在专业理论上满足经修正的 STCW 公约规定的管理级要求，实践技能上满足操作级要求，英语运用能力满足适岗要求，安全环保意识满足公约和法规要求，服务意识达到客户满意。

· 航海类专业学历教育毕业生满足《中华人民共和国海船船员适任考试大纲》的要求。

· 经各项培训合格的学员，满足国家法规、规则的要求和客户提出的质量要求。

· 毕业生就业率达到 95%以上，学生对教学和培训满意率达到 90%以上，用人单位满意度达到 90%以上。

(5) 质量承诺

学校通过下列主要途径实现质量方针和质量目标：

· 师生员工明确、理解质量方针的含义，并在实际工作中贯彻实施；

· 建立质量管理体系，不断改进完善，确保质量体系有效运行；

· 加强对教师的培养，提高师资水平，提高专业教师的“两证”持有率；

· 加大硬件投入，完善实验、实操设施，满足经修正的 STCW 公约(1978)、《中华人民共和国船员培训管理规则》和《中华人民共和国船员教育和培训质量管理规则》规定的教学需求；

· 加强实验设施的现代化建设，培养学生技能实践能力；

· 加大学生教育和管理力度，改善专业设置，切实满足人才市场的需求。

第二节　工程教育质量认证

新中国成立以来，特别是改革开放以来，我国的工程教育培养了数以千万计的专门人才，有力地支撑了我国工业体系的形成与发展，支撑了我国改革开放以来30多年的经济高速增长，为我国的社会主义现代化建设做出了重要贡献。在老一代科技工作者的带领下，新一代年轻工程科技工作者已经成长起来，在载人航天、高性能计算机、三峡工程、青藏铁路、嫦娥工程、蛟龙潜水器等一大批举世瞩目的国家重大工程建设中发挥了巨大作用。例如，参与神舟七号、八号、九号飞船以及天宫一号目标飞行器研制团队，平均年龄只有30多岁，都是我国培养的优秀创新人才。

面对走中国特色新型工业化道路、建设创新型国家、提高国家竞争力对高等工程教育提出的新要求，我国高等工程教育迫切需要在思想理念、培养模式、评价体系、体制机制等方面深入改革。人才培养需要进一步加强与工业界的紧密结合；学生的工程实践能力和创新能力需要进一步提升；工程教育师资队伍建设特别是青年教师的工程能力需要进一步加强；工程教育的评价体系与政策保障需要进一步完善；工程教育环境建设需要进一步强化。

一、《华盛顿协议》——我国工程人才走向国际的"门槛"

目前，世界上有6项关于工程教育学历或从业资格互认的国际性协议，其中3项是关于高等工程教育学位（学历）互认的协议，即《华盛顿协议》、《悉尼协议》和《都柏林协议》；另外3项是工程师专业资格互认的协议，即《工程师流动论坛协议》、《亚太工程师计划》和《工程技术员流动论坛协议》。签署时间最早、缔约方最多的是《华盛顿协议》，也是世界范围知名度最高的工程教育国际认证协议。

《华盛顿协议》（Washington Accord）的宗旨是通过双边或多边认可工程教育资格及工程师执业资格，促进工程师跨国执业。该协议由美国、英国、加拿大、澳大利亚、韩国、俄罗斯、日本等15个正式成员和德国、印度等5个预备成员组成。该协议提出的工程专业教育标准和工程师职业能力标准，是国际工程界对工科毕业生和工程师职业能力公认的权威要求。该协议承认签约国所认证的工程专业（主要针对四年制本科高等工程教育）培养方案具有实质等效性，认为经任何缔约方认证的专业的毕业生均达到了从事工程师职业的学术要求和基本质量标准。1997年各缔约方召开大会，重新讨论了1989年的协议内容，修改并通过了《已认证的工程专业学位培养计划的等同性认定》（Recognition of Equivalency of Accredited Engineering Education Programs Leading to the Engineering Degree），这是《华盛顿协议》（1997年）的主体部分。

《华盛顿协议》的核心内容是经过各成员组织认证的工程专业培养方案，具有实质等效性（Substantial Equivalence）。等效性是指任何成员在认证工程专业培养方案时所采用的标准、政策、过程以及结果都得到其他所有成员的认可。《华盛顿协议》不仅在高等工程教育认证上意义重大，也为执业资格的认证奠定了良好基础，促进了全球工程师的流动。

从2005年起，我国开始开展工程教育专业认证试点，目前已对373个专业点开展了认证工作。在推进我国工程教育专业认证与国际接轨的进程中，中国工程教育认证协会制定的我国专业认证通用标准，在学生、培养目标、毕业要求、持续改进、课程体系、师资队伍和支持条件等7个方面与国际标准紧密对接。补充标准则涵盖了各行各业对各类工程人才的要求，反映了各种层次和类型的工程人才在知识、能力和素质方面具备的竞争优势和发展潜力，有利于不同类型和不同服务面向的学校发挥办学优势和人才培养特色。

二、我国加入《华盛顿协议》的重要意义

我国工程教育专业认证的直接目标是加入《华盛顿协议》。作为非英语发展中国家，我国工程教育发展迅速，但缺乏完善的认证制度；工业发展对人才质量和数量需求日增，但其发展远不能满足需要。制定具有国际实质等效性的高等工程教育专业认证制度，争取早日加入《华盛顿协议》，对我国具有特殊意义。

加入《华盛顿协议》能促进我国高等工程教育质量的提高。成为《华盛顿协议》成员，意味着本国或本地区工程教育质量得到国际权威标准的肯定，从而提高本国或本地区高等工程教育的声誉。通过加入《华盛顿协议》，达到协议的要求并接受相关审查，可以明确工程教育专业质量的国际标准和基本要求，促进高等院校和专业进一步办出特色和优势，可以改善教学条件、促进对教学经费的投入，可以促进教师队伍的建设和专业化发展，还可以发现大学相关专业院系教学管理的薄弱环节，促进建立科学规范的教学质量管理和监控体系，从而提高大学教学管理水平。

加入《华盛顿协议》能加强高等工程教育与工业界的联系。随着经济改革深入，大学与工业企业的联系不断增强，但仍缺乏有效的连接纽带。加入《华盛顿协议》就意味着建立了高等工程教育与工业企业间的纽带，通过认证的制度和组织的运作，把工业界对工程师的要求及时地反馈到工程师培养过程中来，以高等工程教育专业改革与发展为导向，进而强化和深化高等工程教育与工业界的关系。

加入《华盛顿协议》有利于提升我国高等工程教育的国际竞争力。《华盛顿协议》的缔约组织大多是综合性的认证机构，既负责认证工程教育的学位（学历），也认证工程师的职业资格，从而在各国各地区构成一个完善的工程质量保证和评价体系。因此，加入《华盛顿协议》能促进我国高校工程专业的国际化，促进获得学位的工程本科毕业生的国际流动，为工程师执业资格认证奠定良好的基础，也为我国与各成员方之间的平等交流、加入其他国际性互认协议提供平台，从而扩大我国工程教育的国际影响。

我国的工程教育规模居世界第一。目前，我国开设工科专业的本科高校有1 047所，占本科高校总数的91.5%；高校共开设工科本科专业14 085个，占全国本科专业点总数的32%；高等工程教育的本科在校生452.3万人，研究生60万人，占高校本科以上在校生规模的32%。同时，为适应经济社会发展需要，我国对学科专业结构进行了优化调整，加大了软件、集成电路、水利、地质、煤矿、核工业、信息安全、动漫产业等重点领域的人才培养力度。但是，工程教育创新、人才培养质量等指标与世界水平相比还有一定距离。在快速发展的同时，也存在着不少问题和挑战。如工程教育体系不够健全、工程教育和工业界脱节、课程体系相对陈旧、工科

教师队伍普遍缺乏工程经历、工程师职业资格制度缺失、工程师培养体系不够健全等。要解决这些问题,必须放眼国际,建立具有国际实质等效性的我国工程教育质量监控和保障体系。

统计数据表明,我国相当一部分工科毕业生存在动手能力弱、解决实际问题能力弱、专业面窄等问题,难以满足社会需求。要解决上述问题,必须切实构建工程教育质量保障体系,提高大学生的创新能力,推进产学研结合,加快紧缺人才培养,加强实践教学环节。而参与国际交流与合作,开展工程教育专业认证,是一种有效途径。

三、我国工程教育专业认证的开展

工程教育认证制度源自西方,是国家对高校培养出的人才是否合格的一种认可。我国的工程教育专业认证试点工作始于2006年。2006年3月17日,教育部办公厅发布《关于成立教育部工程教育专业认证专家委员会的通知(教高厅函[2006]5号)》。同时,机械工程、电子工程、化工、计算机等4个专业试点工作组先后成立,并完成了对8所高校的认证试点,清华大学等8所参加专业认证试点工作的高校获得了"通过认证,有效期三年"的结论。

2007年6月9日至10日,教育部在北京举行大会,首次成立了由75名各领域专家组成的全国工程教育专业认证专家委员会,教育部副部长吴启迪担任主任委员。委员会实行任期制,首届任期自2007年至2011年。教育部副部长吴启迪在会上指出,在我国开展工程教育专业认证,要积极努力为加入《华盛顿协议》做准备。

2007年8月28日,教育部发布《关于成立全国工程教育专业认证专家委员会专业认证分委员会(试点工作组)的通知(教高司函[2007]142号)》,设立了机械类、化工类2个专业认证分委员会,电气类、计算机类、地矿类、轻工与食品类、交通运输类、环境类、水利类7个专业认证试点工作组。2006年机械工程、电气工程、化工、计算机等4个专业率先开展全国工程教育专业认证试点,清华大学、哈尔滨工业大学、同济大学、上海交通大学等10所大学被列为工程教育改革试点学校。

1."卓越工程师教育培养计划"引领工程教育改革

我国经济转型升级和"四化同步"发展等一系列战略部署,对工程教育提出了新要求。进入21世纪以来,欧美等发达国家都将工程技术人才培养提升到国家战略的高度,把培养未来工程师作为重要战略目标。在这一背景下,《国家中长期教育改革和发展规划纲要(2010—2020年)》将"卓越工程师教育培养计划"(以下简称"卓越计划")作为改革试点项目。

2010年6月,"卓越计划"正式启动,该计划主要任务是探索建立高校与行业企业联合培养人才的新机制,创新工程教育人才培养模式,建设高水平工程教育教师队伍,扩大工程教育的对外开放。计划启动实施以来,各相关部门建立了协同育人机制。国务院20个部门和7个行业协会共同参与实施"卓越计划"。教育部与住建部联合制订了加强建设类专业学生企业实习工作的指导意见,与交通运输部联合制订了《进一步提高航海教育质量的若干意见》。国土资源部、国家地震局、中国民航局等部门均将"卓越计划"纳入了行业人才发展规划,确定了相关领域的工作组。天津、辽宁、江苏等地相继启动了省级"卓越计划",出台了省级的支持政策。目前,已在194所高校中的1 212个专业或学科领域(824个本科专业点,388个研究生培养项目)进行试点。参与"卓越计划"的在校学生人数达13万余名。参与计划的企业达到6 155家,其中大型企业3 779家,高新技术企业2 983家。2012年,教育部等23个部委(协会)联合批准了中国建筑工程总公司等626家企事业单位作为首批国家级工程实践教育中心建设单位。同时,北京、辽宁等多地也建设了一批省级工程实践教育中心。

2. 工程教育质量得到国际同行认可

“卓越计划”启动以来,在多个行业部门(协会)、地方政府、大中型企业和高校的共同努力下,取得了积极进展,工程教育质量稳步提升。

(1)形成校企合作培养人才的新模式。计划参与高校和企业开展了广泛的人才联合培养工作,学生通过三年校内学习和一年企业学习,实践能力得到很大提升。通过在企业建立工程实践教育中心,企业参与人才培养全过程,实现了校企共同制订培养方案、共同建设课程体系和教学内容、共同实施培养过程、共同评价培养质量。学生在企业深入开展工程实践活动,参与企业技术创新和工程开发,真刀真枪做毕业设计。参与企业已经把人才培养看作关系自身发展的大事,把参与人才培养作为企业责无旁贷的义务,由用人单位转变为联合培养单位。通过校企的深入合作,有效提升了学生的工程实践能力、工程设计能力、工程创新能力,毕业生也受到企业的普遍欢迎。

例如,广铁集团与中南大学签署联合培养“创新型高级工程人才试验班”的合作协议,致力于培养“工程一线下得去,能力全面适应强,功底扎实后劲足”的创新型高级工程技术和管理领军人才,满足了企业对复合型工程人才的需求。西安电子科技大学与空军联合开展国防生“卓越计划”试点,采取“3+1”衔接融合培养方式,学生的军事素质和业务素质明显提高,30名国防生全部申请到艰苦边远部队工作,受到部队用人单位的欢迎。

(2)提高了高等工程教育国际化水平。计划参与高校以国际化的标准为引导,积极为培养具有国际视野、通晓国际规则、能够参与国际竞争的优秀人才搭建平台。通过拓展教师、学生参与国际交流的形式、数量和规模,拓宽师生的国际视野和多元文化理解及交流能力,提升高等教育国际竞争力。国际商业机器公司、英特尔、惠普、思科、甲骨文、德州仪器、微软等跨国企业认为,“卓越计划”有利于培养跨国企业所需的国际化工程人才,积极与高校合作,主动参与高校的人才培养工作。

例如,西南交通大学针对国际高速铁路急需人才需求,积极与国际铁路联盟开展深度合作,吸引了美国、巴基斯坦等国的学生到中国学习高铁技术,开设埃塞俄比亚铁道高层次来华留学生班,以技术与语言复合、技术与管理复合为宗旨,培养具有国际工程及管理能力的高速铁路紧缺人才,助推中国高铁进军国际市场。

(3)教师队伍的工程实践能力得到进一步增强。计划参与高校从教师评聘与考核、兼职教师聘任、教师工程经历培养等多个方面制定政策措施。高校优先聘任具有工程经历的教师,安排具有丰富工程经历的教师授课,从企业聘请高级工程技术人员和管理人员担任兼职教师,选派教师到企业参与工程实践,改革教师评价体系等。目前,企业兼职教师数已达上万人,派往企业挂职学习的高校教师已达5 000余人。

例如,同济大学建立“教师-工程师”有机结合的新机制,鼓励和支持青年教师参加工程项目或产学研合作项目、赴企业挂职锻炼和学习进修,增加在企业的工程经历。工程类专业教师教学上岗前,要经过至少一年半的岗前锻炼和培训。截至2012年底,学校外派教师深入企业进行工程实践94人次,聘请校外企业兼职教师163人参与教学。

(4)国际同行肯定。2012年,英国和澳大利亚分别委派专家随机选取了太原理工大学和东北大学,参与计算机科学与技术、自动化、材料成型及控制工程三个专业的现场考察。外方专家对我国工程教育工作给予了充分肯定,认为我国工程人才培养质量远超预期水平。专家认为我国部分工科专业在教学条件方面已达到国际水平;在改革方向上,推动产学结合、校企合作与国家改革趋势相符;在人才培养模式改革方面与国际基本同步,特别是注重结果导向,以工程系统或产品的构思、设计、实现和运行(CDIO)为载体,培养学生的工程能力,取得了显著成效。

3. 加入《华盛顿协议》

2013 年 6 月 19 日,在韩国首尔召开的国际工程联盟大会上,《华盛顿协议》全会一致通过接纳我国为该协议签约成员,我国成为该协议组织第 21 个成员。这表明我国工程教育的质量得到了国际社会的认可。加入《华盛顿协议》,意味着通过工程教育专业认证的学生可以在相关的国家或地区按照职业工程师的要求,取得工程师执业资格,这将为工程类学生走向世界提供具有国际互认质量标准的通行证。加入该协议,将促进我国工程教育人才培养质量标准与《华盛顿协议》的标准实质等效,推动教育界与企业界的紧密联系,对尽快提升我国工程教育水平和职业工程师能力水平、实现国家新型工业化的战略目标、提升我国工程制造业总体实力和国际竞争力具有重要意义。

今后,我国高等教育将以加入《华盛顿协议》为契机,在工科主要专业领域逐步扩大认证范围,积极采用国际化的标准,吸收先进的理念和质量保障文化,引领和推动工程教育改革发展,引导工程教育专业建设,进一步提高我国高等工程教育国际化水平,持续提升高等工程教育人才培养质量。

四、驻马店共识

由应用技术大学(学院)联盟和中国教育国际交流协会主办的产教融合发展战略国际论坛 2014 年春季论坛于 4 月 25 日至 26 日在驻马店举行。在会议闭幕式上,参加论坛的 178 所高等学校共同发布了《驻马店共识》(以下简称《共识》),共同落实国务院常务会议做出"引导部分普通本科高校向应用技术型高校转型"的战略部署,以产教融合发展为主题,探讨"部分地方本科高校转型发展"和"中国特色应用技术大学建设之路"。

产教融合发展战略国际论坛(International Forum for Industry & Education, IFIE)是由教育部领导同志倡议,设立于 2014 年,由应用技术大学(学院)联盟、中国教育国际交流协会会同有关地方政府和社会组织主办,教育部和河南省政府为支持单位的非官方论坛。论坛为教育改革而生,以产教融合为主题,以高等教育结构调整和现代职业教育体系建设为主线,建立教育界、产业界、学术界与各级政府共同推动中国教育改革创新和全球教育合作交流的平台,构建中国经济转型升级的人力资源结构。2014 年首届论坛的主题是"建设中国特色应用技术大学"。

《共识》强调,中国正处在全面建成小康社会、加快转变经济发展方式、全面深化改革的关键时刻,要求高等教育向现代生产服务一线提供既掌握现代科学技术知识又接受系统技能训练的应用型、复合型、创新型人才,特别是产业链高端的技术技能人才。应用技术型高校因时代而生,部分地方本科院校转型发展势在必行。《共识》指出,构建现代职业教育体系、推进地方高校转型发展、建设中国特色应用技术大学(学院),注定是一个长期而艰巨的过程,必然会遇到许多问题、困难和挑战,需要政府、高校、行业企业和社会各界达成共识,凝聚合力,以更大的勇气、信心与决心,发新时期地方高校改革之先声,唱响产教融合主旋律,打好转型发展攻坚战。《共识》呼吁,期待国家加快部分地方本科高校转型发展的顶层设计;期待各级政府加大政策创新力度;呼吁扩大高等学校办学自主权;呼吁行业企业积极主动参与地方高校转型发展;希望得到更多兄弟院校的支持和帮助,共同面向产业转型升级,建立基础研究、科技创新、技术应用和产业化服务协同创新体系。

《驻马店共识》全文

2014 年 4 月,178 所高等学校聚集驻马店,落实国务院常务会议做出“引导部分普通本科高校向应用技术型高校转型”的战略部署,以产教融合发展为主题,共同探讨“部分地方本科高校转型发展”和“中国特色应用技术大学建设之路”。我们愿意成为这一改革的积极探索者和实践者。

我们深知所承担的使命与责任。

教育是民族振兴、社会进步的基石。随着全球化进程的加速,各国经济、教育文化间相互关联也日益加强;中国正处在全面建成小康社会、加快转变经济发展方式、全面深化改革的关键时刻。信息化和工业化深度融合,农业现代化全面推进,文化创意和设计服务产业迅猛发展,科技型小微企业成为经济活力的重要源泉,新型城镇化战略全面启动,这一切的深刻变化,都要求高等教育向现代生产服务一线提供既掌握现代科学技术知识又接受系统技能训练的应用型、复合型、创新型人才,特别是产业链高端的技术技能人才。

教育寄托着亿万家庭对美好生活的期盼。习近平总书记在阐述中国梦时指出:人民“期盼有更好的教育”,“期盼着孩子们能成长得更好、工作得更好、生活得更好”。让青年人有更好的未来,使高校毕业生更好地走向社会,是高等教育最朴素和最基本的职责。高等教育体制和结构改革,必须聚焦到更好地服务青年就业上,推动高等学校人才培养与经济社会需求的紧密结合。

加快高等教育结构调整是国家的需要、人民的期盼,也是高等教育发展的规律。中国已进入大众化高等教育阶段,2020 年高等教育毛入学率将达到 40%,《国家中长期教育改革和发展规划纲要(2010—2020 年)》提出:要建立高等教育分类管理体系,要加快建设现代职业教育体系,重点扩大应用型、复合型、技能型人才培养规模。中国的现代化建设不仅需要一大批拔尖创新人才,还需要数以亿计的技术技能人才,将科技进步的重大成果应用到生产、生活领域,推动产业转型升级和经济社会向前发展。大众化的高等教育,更需要加快先进技术的转移、应用和积累,把培养面向现代生产服务一线的高素质技术技能人才作为自己的主要任务之一。

应用技术型高校因时代而生,部分地方本科院校转型发展势在必行。发达国家高等教育的发展证明,不断深化的工业化进程和国家注重实体经济的发展战略,催生了应用技术大学。应用技术大学的快速发展,使大众化、普及化高等教育的发展路径更加清晰,为实体经济发展奠定了牢固的基础,青年就业得到了更好保障,社会更加稳定和公平,国家竞争力不断提升。

我们深知所面临的机遇与挑战。

李克强总理指出:发展现代职业教育是“促进转方式、调结构和民生改善的战略举措”。国家已经把建设应用技术型高校摆上了议事日程。基于实体经济发展需求,借鉴国外应用技术大学办学经验,服务国家技术技能创新积累,融入区域产业发展,建设中国特色的应用技术大学(学院),是构建从中职、专科、本科到专业学位研究生教育的技术技能人才培养体系的破冰之旅,是构建人才成长立交桥、打开一线劳动者成长空间的必由之路。

这更是一种挑战,是对我们办学思想和办学理念的挑战,是对学校治理结构和管理体制的挑战,是对人才培养模式和方法的挑战。我们必须清醒地认识到,构建现代职业教育体系,推进地方高校转型发展、建设中国特色应用技术大学(学院),注定是一个长期而艰巨的过程,必然会遇到许多问题、困难和挑战,需要政府、高校、行业企业和社会各界达成共识,凝聚合力,以更大的勇气、信心与决心,发新时期地方高校改革之先声,唱响产教融合主旋律,打好转型发展攻坚战。

我们期盼全社会的关注和支持。

我们期待国家加快部分地方本科高校转型发展的顶层设计,加快高校设置、评估、拨款和管理制度的改革,为转型发展创造良好的政策环境;期待各级政府加大政策创新力度,统筹规划区域产业转型升级和高校转型发展,推进校企合作,建立地方经济社会与高等教育发展共同体;呼吁扩大高等学校办学自主权,使高校自主地探索现代大学制度,面对经济社会发展需求和变化迅速做出决策;呼吁行业企业积极主动参与地方高校转型发展,共同建设技术技能人才培养体系和技术技能积累创新体系,在激烈的市场竞争中合作互赢、共同发展;希望得到更多兄弟院校的支持和帮助,共同面向产业转型升级,建立基础研究、科技创新、技术应用和产业化服务协同创新体系。

转型刚刚开始。我们要直面历史和现实,在困境中突围,在改革创新中发展。定位已经清楚,方向已经明确,但每一所学校都要走自己的路,拓展发展空间,加强国际合作与交流,实现多路径的突破和多样化的发展。我们坚信正在进行的探索和实践,是一场具有深远意义的改革。我们终将实现这样的愿景:因为我们的存在,社会更加美好;因为我们的进步,国家更加繁荣。我们的学生将站在先进技术转移、应用的前沿,怀揣创新创业的激情,在社会每一个领域的进步和繁荣中创造价值、做出贡献。

超越自我,赢得挑战,必将迎来中国教育事业更加灿烂的明天!

第四章　船员与船舶

第一节　船员

船员，是在船上任职和专门从事船上工作的乘员的总称，海船船员又称为海员。《中华人民共和国船员条例》规定：船员，是指依照本条例的规定经船员注册取得“船员服务簿”的人员，包括船长、高级船员、普通船员。

“船员服务簿”是记录船员本人的资历、有关训练和参加体格检查情况的证件，是船员申请考试、办理职务升级签证和换领船员适任证书的证明文件之一。

船员是船舶营运系统中最能动的因素，在船公司管理规章体系和航次任务确定后，船员的素质和行为直接关系到能否安全、优质、经济、高效地完成航次任务。船员可以领略异国风土人情、获得较高收入和享受本国海关的免税优惠，更重要的是肩负着保证船舶航行安全和防止本船污染海洋环境的神圣使命，由此受到IMO、船旗国(Flag State)和港口国(Port State)的共同关注，并通过STCW公约及有关规则，对船员的技术素质和行为实施管辖。船员的工资待遇受到ILO(国际劳工组织)和ITF(国际运输工人联合会)的关注。船员职业受到如此重视，是由船员的重要性决定的。

海员日——海员的节日

2010年6月21日至25日，国际海事组织(IMO)在菲律宾马尼拉召开了STCW公约缔约国外交大会。大会期间，包括中国在内的41个国家代表团，以及国际航运公会(ICS)、国际航运联合会(ISF)、国际联合船东协会(IFSMA)和国际运输工人联合会(ITF)等4个国际组织，联合提出设立“海员日”的提议。最终大会通过了并以“海员日”(Day of the Seafarer)的形式决定命名每年6月25日为“海员日”。据悉，2010年修正案是对公约的第二次全面修订，其主要内容包括理顺证书管理体系，提高证书签发、签证与认可的审查要求，明确并细化独立评价报告的内容要求、人员资格要求及质量体系审核机制，明确海员健康标准及健康证书签发要求，增加电子员与电子技工及高级值班水手与高级值班机工的适任要求，强化保证海员充足休息的时间要求等。2011年6月25日是第一个“海员日”。

SOLAS公约要求船舶持有船旗国签发的船舶最低安全配员证书(Minimum Safety Manning Certificate)，以保证航行安全和防止污染。配员包括船员适任证书要求和人数要求，使船员能按一定的组织和分工行使职责。

国际上货船的船员组织结构通常如图4-1所示。其中，船长、高级船员和负有值班职责的普通船员必须按STCW公约要求持有船员适任证书和有关专业训练证书，所有船员都必须通过基本安全培训。船长是船舶最高领导,我国国企通常还设有政委作为船舶领导之一。大副是甲板部部门长,轮机长是轮机部部门长,如果是客轮还设有客运部,客运主任是客运部部门长。下文为某船舶管理体系规定的岗位职责,各船大同小异,一般与此雷同。

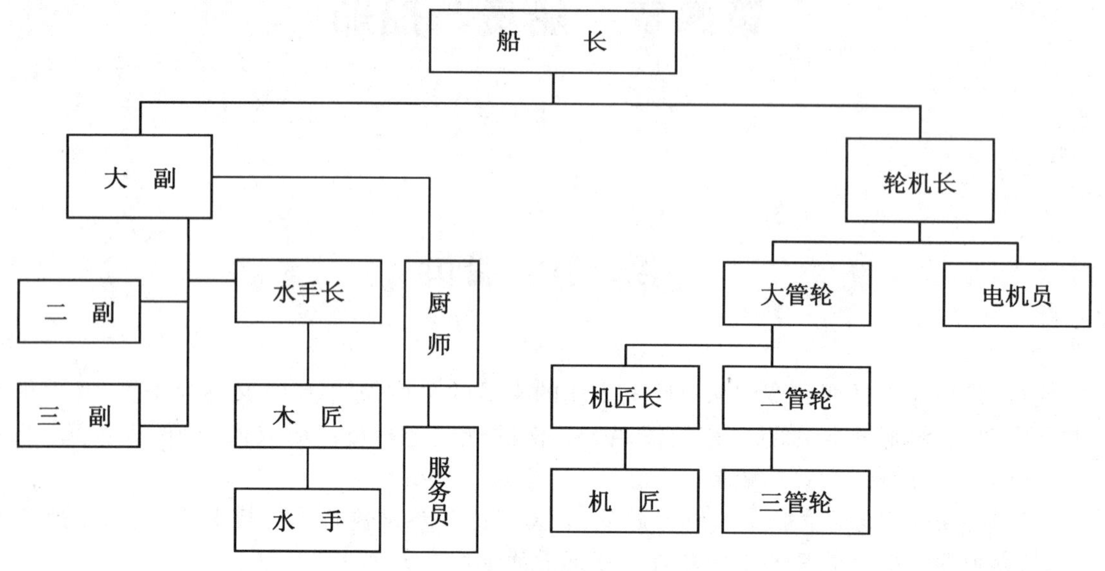

图 4-1　货船船员组织示意图

1 概述

船舶实行船长负责制。

船舶设甲板部、轮机部两部门。部门长分别为大副、轮机长。部门长负责本部门工作。各部门设兼职安全员,分别由水手长、机匠长兼任。业务工作向部门长负责;兼职安全员的工作向船长负责,他有权监督本部门安全管理。

2 共同责任和权力:

每个船员(包括船长)都必须遵守和执行公司的安全和环境保护方针,熟悉公司的安全管理体系,按 SMS 文件规定:

(1)熟悉和遵守公司的安全和环境保护方针,熟悉自己的职责,熟悉与自己有关的操作须知,熟悉船舶设备和船舶安全环境,保证在船舶开航前已熟悉 SMS 规定的与自己相关的开航前必须熟悉的各项须知。

(2)学习和理解与安全和环境保护有关的国际国内强制性规定、规则以及建议性的标准、指南等,学习技术业务,参加培训,不断提高安全管理技能。

(3)遵守船舶各项纪律和守则,认真值班、规范操作,增强自我保护意识,工作中加强防范,不伤害自己,不伤害他人,不被他人伤害。

(4)按船舶及设备维护分工,做好分管的船舶及设备的维护,使之处于良好技术状态。

(5)熟记应急部署中自己的岗位和责任,积极参加应急训练和演习,按应急部署认真参加船舶应急训练和演习。

(6)积极主动参加装卸货工作。

(7)参与本船风险识别和评价工作,按要求上报本船新增风险。

(8)发现和报告不符合规定的情况。

(9)服从上级命令并认真执行。

3 各职船员之间相互关系、职能范围、责任和权力：

3.1 船长

3.1.1 船长是船舶负责人，在公司最高领导层(包括通过公司各部门)领导下，对公司最高管理层负责，领导全船，指挥全船。

3.1.2 安全管理职责(见《安全管理手册》第五章)重申：

· 安全管理的组织、监督，与公司的联系及与外界的联系；

· 执行公司的安全和环境保护方针，激励船员遵守该方针；

· 参与本船风险识别和评价工作，按要求上报本船新增风险；

· 严格控制本船的船舶操作风险、人员健康安全风险和环境管理风险；

· 船舶操纵指挥，船舶应急指挥；

· 以简明的方式发布相应的命令和指令；

· 复查安全管理体系，并向岸上管理部门报告其不足之处；保管 SMS 文件；

· 负责对船员进行考核、培训。

3.1.3 安全管理权力：船舶安全管理的全面、绝对的权力

· 为保证安全和保护环境可以做出任何常规和非常规的决定。特别是在恶劣天气和严重情况下，船长根据自己的专业判断，为了安全航行而做出的任何决定，不受船东、租船人或其他人约束；

· 要求公司给予支持；

· 指挥全船。

3.1.4 海上事件、意外事故的报告

船长发现下列情况须立即向所属沿岸当局和公司安监部报告：

· 任何影响船舶安全的事件或事故，例如碰撞、搁浅、损坏、功能失灵或故障、进水或者货物移动、任何船体或结构缺陷。

· 任何危及航运安全的事件或者事故，例如很可能影响船舶机动和适航性的故障，或者影响推进系统或者操舵装置的缺陷，以及电力系统、航行设备或者通导设备的缺陷。

· 任何导致成员方水域或海岸污染的情况，例如排放或者有可能将污染物质排放入海的情况。

· 发现在海上有任何漂浮的造成污染的原料、集装箱或者包装物质。

报告信息至少包括船舶的识别信息、船位、驶离港、目的港、船载危险货和污染货的地址、船上人员、事件的细节，以及海上事件、意外事故相关的措施。

3.2 甲板部

3.2.1 大副

(1) 在船长领导下，对船长负责；是船长的替代；甲板部部门长，领导甲板部工作。

(2) 安全管理职能(按公司规定和船长指示)：

· 按船长指示和公司规定制订部门各项安全管理工作的计划和措施、保养检修计划、甲板操作规程，发布相应指示；审核具体要求遵守情况，督促纠正不符合情况；

· 船舶航行值班，靠离泊艏部指挥；保证值班和靠离泊操作安全；

· 货物管理；保证装卸和运输中货物安全；

· 船舶设备(甲板部分管部分)的使用和维护管理;定期检查和测试分管的船舶设备,报告不符合规定的情况,使之保持良好技术状况;协助轮机部安全管理工作;

· 船舶设备档案(甲板部分管部分)、SMS 文件及相关资料管理;

· 厂、坞修安全和质量管理;

· 甲板部人员管理;

· 全船船员生活安排,伤病救治。保证船舶环境卫生和饮食卫生,伤病得到及时救治;保证船舶垃圾管理符合 MARPOL 附则Ⅴ的要求。

3.2.2 二副

(1) 在大副领导下,对大副负责;是大副的替代;值班和维护时指挥协助人员。

(2) 安全管理职责:

· 船舶航行值班,靠离泊艉部指挥;

· 通导设备的使用和维护管理,无线电通信及设备的技术资料管理;

· 航海资料管理;

· 定期检查和测试分管的设备,报告不符合规定的情况,保持通信设备技术状况良好,采集、保管航海资料,使之处于最新有效状况;

· 编制航次计划并报船长,保证符合有关规定。

3.2.3 三副

(1) 在大副领导下,对大副负责;是二副的替代;值班和维护时指挥协助人员。

(2) 安全管理职责:

· 船舶航行值班,船舶运行值班时指挥值班人员工作;靠离泊协助船长;

· 协助船长做好船舶 SMS 文件管理;

· 消防、救生设备管理,定期检查和测试,报告不符合规定的情况,使之保持良好技术状况;船舶消防救生设备维护时指挥协助人员工作。

3.2.4 持有 GMDSS 证书的驾驶员在船长领导下,对船长负责,执行公司规定,保持船舶与公司及外界联络。

3.2.5 水手长

(1) 在大副领导下,对大副负责;兼职安全员,对船长负责。

(2) 安全管理职责:

· 组织木匠、一水、二水完成大副布置的工作,并督促、检查;

· 负责靠离泊艏部工作,任兼职安全员,在工作之前负责对船员进行相关的安全知识教育并有记录,协助船长监督部门生产安全;

· 保管船舶自用危险品,有权制止违章指挥、违章操作;

· 监督甲板部安全管理,及时发现和报告甲板部不符合规定的情况。

3.2.6 木匠

在水手长领导下,对水手长负责(水密检查向大副负责);操作岗位,其直接安全责任为:

· 维护水密设备,使之处于良好技术状况;

· 监测船体和隔舱水密,及时发现和及时报告不正常情况;

· 按当值驾驶员指示,负责注入和驳移压舱水;

· 管理堵漏器材,使之处于良好技术状况;

· 规范地操纵锚机。

3.2.7 水手

在水手长领导下,是操作人员。其直接安全责任为规范操作。

与其他岗位关系:

· 船舶航行值班和靠离泊时,服从船长、驾驶员、水手长指挥;

· 装卸作业时,服从当值驾驶员、水手长(木匠)指挥;

· 维护、保养听从水手长指挥。

3.2.8 随船船员

在大副领导下,是操作岗位。其直接安全责任为货物检查、加固;装卸货;参加船舶的维修保养工作等。

3.2.9 厨工

在大副领导下,是操作岗位,直接安全责任为保证食品卫生,厨房、储藏室卫生。

3.2.10 服务员

在大副领导下,是操作岗位,直接安全责任为保证食器和餐具卫生,餐厅、娱乐室、走廊等公共场所卫生。

3.3 轮机部

3.3.1 轮机长

(1) 轮机部部门长,在船长领导下,对船长负责,领导轮机部工作。

(2) 是全船机械、动力、电气设备的技术总负责人(无线电通信导航和甲板部使用的电子仪器除外)。

(3) 安全管理职责:

· 制定本船各项机电设备的操作规程、保养检修计划、值班制度,贯彻执行各项规章制度和 SMS 文件,保证安全生产;

· 负责组织轮机员、电机员制定厂、坞修和航(抢)修的修理单及安全质量管理,组织和领导对修船工作的验收;

· 负责燃润料、物料、备件的申领,造册保管,节约能源,降低成本;

· 负责保管轮机设备的有关检验证书、图纸资料、技术文件,公司下发的文件及 SMS 文件;

· 管理、培训和考核轮机部人员,监督和签署轮机员、电机员的交接班工作;

· 监督各轮机员、电机员对分管设备进行定期检查和测试,报告不符合规定的情况,使之保持良好技术状况;

· 在发生紧急事故时指挥机舱人员进行抢修和抢救工作;

· 实时监控和检查 PSC 检查项目并纠正不符合规定的情况,重要情况向船长和公司及时汇报。

3.3.2 大管轮

(1) 在轮机长领导下,是对轮机长负责,轮机长的替代,协助轮机长管理机舱。

(2) 负责领导轮机部人员进行机电设备的管理、操作、保养和检修工作,负责维持机舱工作秩序,教育所属人员严格遵守工作制度、操作规程和劳动纪律,保证船舶按时、安全地完成轮机部的航次任务。

(3) 安全管理职责:

· 管理分管设备,定期检查和测试分管设备,及时报告不符合规定的情况,使其技术状况保持良好;

· 对机舱安全设备、防污染设备及其他应急设备进行监控;检查并督促主管轮机员的维护保养工作,并汇报轮机长;

· 督促各轮机员、电机员做好预防检修计划,编制修理单、自修单;

· 做好防火、防盗、防爆、防漏水、防电击及防污染工作;

· 督促轮机部人员做好机舱、舵机舱、备件物料间的整洁卫生及油漆工作;

· 负责安排航行及停泊时的检修工作,航行时轮值航行班,停泊时与二、三管轮轮流留船值班,根据轮机长的指示安排人员值航行及停泊班;

· 对机舱人员的日常工作管理及培训。

3.3.3 二管轮

(1) 在轮机长和大管轮领导下,对轮机长负责,值班和维护时指挥协助人员。

(2) 安全管理职责:

· 管理分管设备,定期检查和测试分管设备,及时报告不符合规定的情况,使其技术状况保持良好;

· 参加由大管轮统一安排的日常检修及抢修工作;

· 负责完成预防检修计划中的主管项目,编制修理单及自修单;

· 负责加装燃油、管理燃油,及时向轮机长汇报燃油的消耗、存量及申请量;

· 负责检查、保养所管应急设备并向大管轮和轮机长汇报;

· 负责主管设备备件的造册、清点、申请、整理及保管;

· 实施部门安全管理工作计划和措施。

3.3.4 三管轮

(1) 在轮机长和大管轮领导下,对轮机长负责,值班和维护时指挥协助人员。

(2) 安全管理职责:

· 管理分管设备;定期检查和测试分管设备,及时报告不符合规定的情况,使其技术状况保持良好;

· 参加由大管轮统一安排的日常检修及抢修工作;

· 负责完成预防检修计划中的主管项目,编制修理单及自修单;

· 负责检查、保养所管应急设备并向大管轮和轮机长汇报;

· 负责主管设备备件的造册、清点、申请、整理及保管;

· 值班机舱航行;值班时负责机舱航行指挥;

· 实施部门安全管理工作计划和措施。

3.3.5 机匠长

(1) 在大管轮领导下,对大管轮负责;任兼职安全员,对船长负责。

(2) 安全管理职责:

· 组织机匠完成大管轮布置任务;指派机匠工作并监督考核,提出处理意见;

· 负责机舱、舵机舱的卫生、油漆工作,根据大管轮的指示带领机匠进行日常保养工作,负责垃圾的管理及分类,督促每班搞好卫生;

· 兼职安全员，在工作之前负责对船员进行安全知识教育并记录，协助船长监督轮机部安全生产，及时发现和报告轮机部不符合规定的情况。

3.3.6 机匠

在大管轮和机匠长领导下，是操作岗位。其直接安全责任为规范操作。机舱值班时对当值轮机员负责；维修保养时服从轮机员及机匠长的安排。

3.3.7 电机员

(1) 在轮机长和大管轮领导下，对轮机长负责，主管全船强电部分。

(2) 安全管理职责：

· 全船强电设备、应急照明设备、报警和遥控设备的电气部分、电气自动设备的管理和检查测试；

· 在做好本职工作的前提下，参加由大管轮统一安排的日常检修及抢修工作；

· 负责完成预防检修计划主管部分的工作，编制修理单及自修单；

· 负责检查、保养所管应急设备并向大管轮和轮机长汇报；

· 负责主管设备备件的造册、清点、申请、整理及保管；

· 实施部门各项安全管理计划和措施；

· 使分管设备的技术状况保持良好；

· 协助甲板部、装运货物电气设备管理工作。

目前大部分船舶已不配备电机员，而是把相关职责并到轮机员的职责中。但随着船舶自动化程度的提高，船舶弱电设备增加，STCW 公约马尼拉修正案规定，电机员将被电子员或电子技工所取代，其职责不仅限于强电设备，还包括船舶网络、航海仪器等弱电设备。

一、2018 年沿海航行海船船员队伍规模与结构

2018 年，我国新增注册沿海航行海船船员 7 256 人，如图 4-2 所示。截至 2018 年底，我国共有注册沿海航行海船船员 191 780 人，同比增长 3.9%，其中女性为 5 896 人，如表 4-1 和表 4-2 所示。

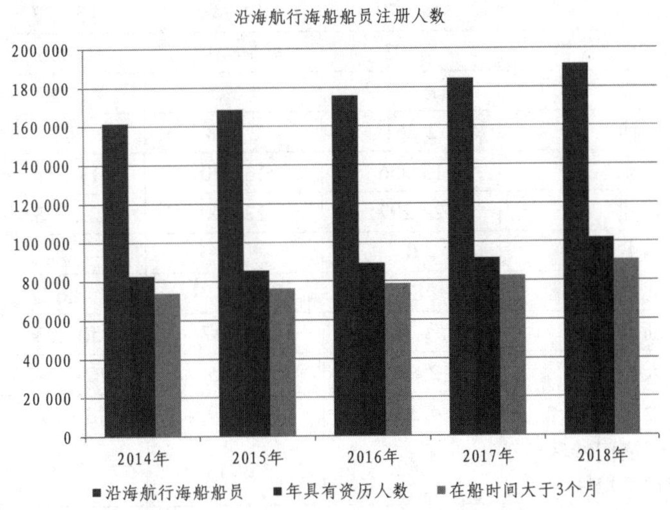

图 4-2　2014—2018 沿海航行海船船员注册人数示意图

表 4-1　2014—2018 年沿海航行海船船员注册人数(单位:人)

类型	2014 年	2015 年	2016 年	2017 年	2018 年
沿海航行海船船员	161 413	168 478	175 764	184 524	191 780

表 4-2　沿海航行海船船员出生地分布(单位:人)

序号	出生地	2016 年	2017 年	2018 年	2018 年同比增长
1	山西	330	397	585	47.4%
2	贵州	208	241	316	31.1%
3	吉林	679	830	1 087	31.0%
4	甘肃	166	189	246	30.2%
5	陕西	747	822	1 055	28.3%
6	四川	1 218	1 512	1 937	28.1%
7	河南	3 077	3 518	4 477	27.3%
8	内蒙古	239	264	321	21.6%
9	河北	6 518	7 196	8 602	19.5%
10	宁夏	34	37	44	18.9%
11	黑龙江	1 408	1 610	1 904	18.3%
12	新疆	87	102	119	16.7%
13	湖南	1 855	2 034	2 340	15.0%
14	重庆	1 393	1 557	1 785	14.6%
15	云南	87	106	119	12.3%
16	山东	19 986	21 646	24 204	11.8%
17	江西	927	999	1 110	11.1%
18	安徽	2 759	2 951	3 156	6.9%
19	湖北	6 372	6 707	7 106	5.9%
20	辽宁	8 383	9 082	9 595	5.6%
21	江苏	14 079	14 844	15 572	4.9%
22	海南	5 593	5 821	6 086	4.6%
23	青海	27	29	30	3.4%
24	广西	2 261	2 363	2 433	3.0%
25	广东	15 956	16 570	17 028	2.8%
26	福建	22 297	22 890	23 038	0.6%
27	西藏	0	0	0	0.0%
28	北京	84	87	86	-1.1%
29	浙江	51 391	52 447	50 293	-4.1%
30	天津	2 890	2 935	2 778	-5.3%
31	上海	4 331	4 329	3 930	-9.2%
32	香港特区、澳门特区、中国台湾地区	382	394	398	1.0%
总计		175 764	184 509	191 780	3.9%

备注:按同比增长率排序。

(一)持有沿海航行海船适任证书船员

截至 2018 年底,我国具有沿海航行海船船员适任证书的船长共 17 518 人;轮机长、大副、大管轮、二副、二管轮、三副、三管轮等高级船员 67 529 人,其中女性为 110 人;值班水手、高级值班水手和值班机工、高级值班机工 62 277 人,其中女性船员 246 人。持有有效沿海航行海船适任证书的船员共计 147 324 人,同比增长 5.0%。持有适任证书的沿海航行海船船员平均年龄为 43 岁。2018 年具有海上服务资历的持有沿海航行海船适任证书船员共有 123 336 人,如表 4-3、表 4-4、图 4-3 和图 4-4 所示。

表 4-3　持有沿海航行海船适任证书船员等级、职务分布(单位:人)

等级	职务	人数	2018 年有资历人数	等级	职务	人数	2018 年有资历人数
3 000 总吨及以上	船长	7 625	6 690	3 000 千瓦及以上	轮机长	4 840	4 070
	大副	5 949	5 456		大管轮	3 298	3 077
	二副	6 904	5 942		二管轮	4 821	3 971
	三副	3 410	2 697		三管轮	4 932	3 729
500~3 000 总吨	船长	3 914	3 545	750~3 000 千瓦	轮机长	5 789	5 181
	大副	2 842	2 591		大管轮	3 109	2 890
	二副	2 592	2 224		二管轮	2 916	2 487
	三副	146	118		三管轮	272	231
未满 500 总吨	船长	5 979	5 210	未满 750 千瓦	轮机长	4 980	4 171
	大副	3 579	2 857		大管轮	2 755	2 186
	二副	2 470	2 086		二管轮	1 494	1 199
	三副	276	199		三管轮	155	121
500 总吨及以上	高级值班水手	13 105	11 353	750 千瓦及以上	高级值班机工	7 988	6 945
500 总吨及以上	值班水手	22 523	17 552	750 千瓦及以上	值班机工	13 718	10 528
未满 500 总吨		3 860	3 218	未满 750 千瓦		1 083	812
总计		85 174	71 738	总计		62 150	51 598

表 4-4　沿海航行海船持证船员年龄分布(单位:人)

职务	18~20岁	20~30岁	30~40岁	40~50岁	50~60岁	60~65岁	合计	平均年龄
船长	0	28	2 206	6 250	6 377	2 657	17 518	50
大副	0	520	4 464	3 622	2 912	852	12 370	44
二副	0	2 115	4 708	2 525	2 183	435	11 966	40
三副	0	2 202	1 240	286	87	17	3 832	31
轮机长	0	9	1 330	6 091	6 300	1 879	15 609	50
大管轮	0	222	2 963	3 324	2 242	411	9 162	44
二管轮	0	1 452	4 231	2 079	1 270	199	9 231	39
三管轮	0	3 392	1 541	323	95	8	5 359	30
值班水手	348	7 562	5 955	4 876	5 710	1 932	26 383	40
高级值班水手	0	1 570	3 539	3 520	3 842	634	13 105	44
值班机工	141	4 912	3 704	2 947	2 511	586	14 801	38
高级值班机工	0	1 010	2 474	2 360	1 926	218	7 988	42
总计	489	24 994	38 355	38 203	35 455	9 828	147 324	43

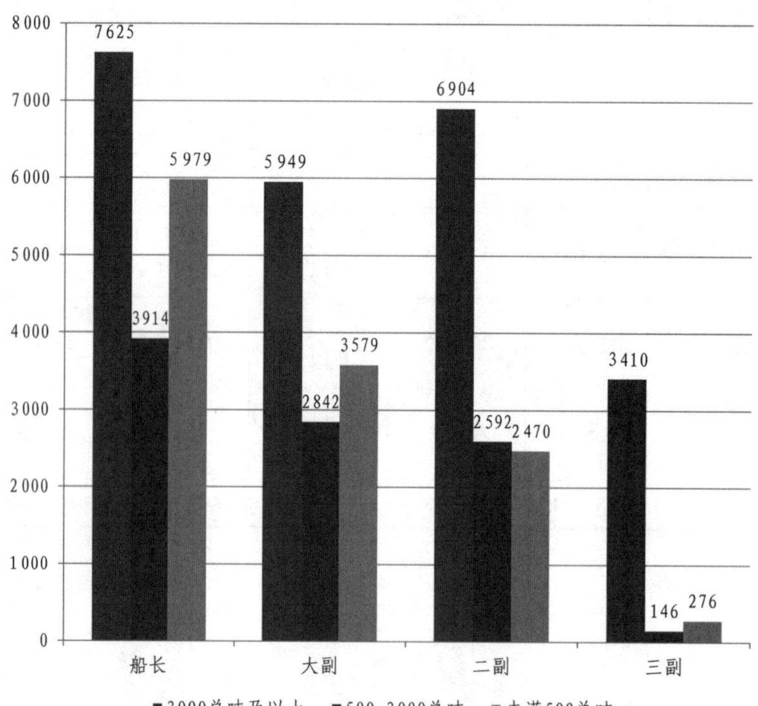

图 4-3　沿海航行海船船长和甲板部船员等级职务分布图

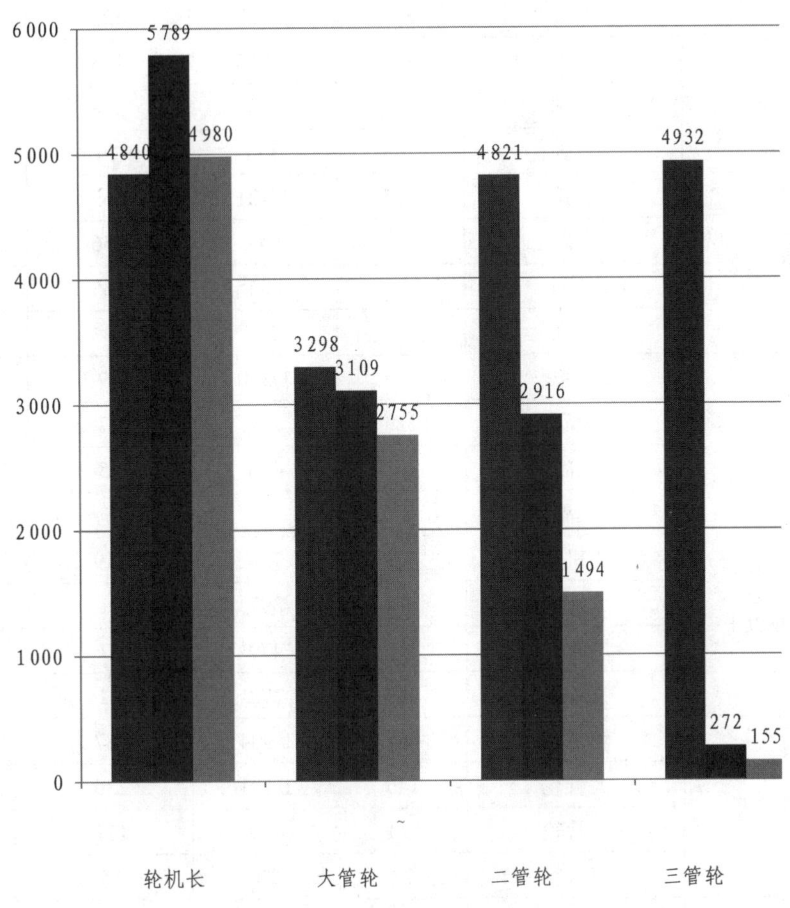

图 4-4　沿海航行海船轮机部船员等级职务分布图

持有客船、液货船等沿海航行海船适任证书的船员

如表 4-5 所示，截至 2018 年底，我国具有沿海航行船舶上任职资格的客船船长 1 626 人，轮机长、大副、大管轮、二副、二管轮、三副、三管轮等高级船员 4 754 人；油船船长 3 774 人，轮机长、大副、大管轮、二副、二管轮、三副、三管轮等高级船员 14 083 人；化学品船船长 691 人，轮机长、大副、大管轮、二副、二管轮、三副、三管轮等高级船员 2 610 人；液化气船船长 131 人，轮机长、大副、大管轮、二副、二管轮、三副、三管轮等高级船员 665 人。

表 4-5　沿海航行客船、液货船持证船员人数(单位:人)

等级	职务	持证人数			
		客船	油船	化学品船	液化气船
3 000 总吨及以上	船长	523	1 363	329	92
	大副	314	1 055	198	66
	二副	394	1 133	238	64
	三副	205	355	79	31
500~3 000 总吨	船长	327	1 121	263	37
	大副	147	947	256	38
	二副	178	681	165	31
	三副	13	32	3	0
未满 500 总吨	船长	776	1 290	99	2
	大副	229	754	67	4
	二副	202	420	75	0
	三副	27	36	5	1
3 000 千瓦及以上	轮机长	409	726	119	62
	大管轮	174	397	71	43
	二管轮	346	479	67	47
	三管轮	207	372	82	38
750~3 000 千瓦	轮机长	491	1 904	387	94
	大管轮	146	1 131	236	68
	二管轮	211	879	171	69
	三管轮	27	73	15	2
未满 750 千瓦	轮机长	723	1 559	206	4
	大管轮	166	779	110	3
	二管轮	130	350	56	0
	三管轮	15	21	4	0
500 总吨及以上	值班水手	1 612	4 605	4 605	157
	高级值班水手	1 075	3 576	3 576	199
未满 500 总吨	值班水手	366	468	468	2
750 千瓦及以上	值班机工	686	3 128	3 128	169
	高级值班机工	606	2 362	2 362	148
未满 750 千瓦	值班机工	150	282	282	1
总计		10 875	32 278	17 722	1 472

(二)沿海航行海船船员供需状况

表 4-6　沿海航行海船船员供需状况(单位:人次)

类别	等级	职务	持有效适任证书人数	2014—2018 年具有海上资历人数	2016—2018 年具有海上资历人数	2017—2018 年具有海上资历人数	2018 年具有海上资历人数	沿海航行船舶最低安全配员人数
沿海航行船舶(沿海航区)	3 000 总吨及以上	船长	7 625	7 346	7 154	6 939	6 690	2 779
		大副	5 949	5 897	5 757	5 624	5 456	2 779
		二副	6 904	6 724	6 483	6 235	5 942	2 774
		三副	3 410	3 370	3 182	2 976	2 697	2 427
	3 000 千瓦及以上	轮机长	4 840	4 613	4 430	4 261	4 070	1 863
		大管轮	3 298	3 278	3 221	3 157	3 077	1 846
		二管轮	4 821	4 656	4 439	4 231	3 971	1 688
		三管轮	4 932	4 868	4 530	4 175	3 729	1 395
	500~3 000 总吨	船长	3 914	3 845	3 761	3 648	3 545	3 821
		大副	2 842	2 812	2 745	2 683	2 591	3 756
		二副	2 592	2 527	2 439	2 336	2 224	139
		三副	146	142	133	122	118	2 849
	750~3000 千瓦	轮机长	5 789	5 669	5 523	5 381	5 181	4 060
		大管轮	3 109	3 069	3 006	2 959	2 890	3 942
		二管轮	2 916	2 820	2 708	2 613	2 487	346
		三管轮	272	271	262	245	231	1 582
	未满 500 总吨	船长	5 979	5 766	5 628	5 439	5 210	5 796
		大副	3 579	3 380	3 248	3 064	2 857	248
		二副	2 470	2 369	2 290	2 191	2 086	1 883
		三副	276	260	247	222	199	3 757
	未满 750 千瓦	值班水手	3 860	3 685	3 570	3 438	3 218	10 987
		轮机长	4 980	4 711	4 562	4 386	4 171	3 492
		大管轮	2 755	2 575	2 443	2 321	2 186	1 190
		二管轮	1 494	1 397	1 340	1 280	1 199	830
	500 总吨及以上	三管轮	155	145	143	128	121	2 137
		值班机工	1 083	973	920	878	812	6 496
		值班水手	22 523	21 057	19 825	18 811	17 552	17 794
		高级值班水手	13 105	12 744	12 383	11 987	11 353	36
	750 千瓦及以上	值班机工	13 718	12 781	11 912	11 290	10 528	13 774
		高级值班机工	7 988	7 751	7 544	7 306	6 945	19

备注:1. 持有适任证书人数指截至 2018 年 12 月 31 日证书在有效期内的沿海航区船员的数量。
2. 海上服务资历包括国际航行海船服务资历和沿海航行海船服务资历。
3. 具有海上资历人数是指持有效适任证书的船员中在相应时间段内具有海船服务资历的船员数量,统计以船员持有适任证书为标准,实际职务可能低于所持适任证书职务。

二、2018 年国际航行海船船员队伍规模与结构

2018 年,我国新增注册国际航行海船船员 21 379 人。截至 2018 年底,我国共有注册国际航行海船船员 545 877 人,同比增长 4.1%;其中持有有效海员证 299 691 人。2018 年签发国际航行海船船员海员证 67 600 本。国际航行海船船员中,女性为 34 315 人,如表 4-7、图 4-5、表 4-8 所示。

表 4-7 2014—2018 年我国国际航行海船船员注册人数(单位:人)

类型	2014 年	2015 年	2016 年	2017 年	2018 年
国际航行海船船员	447 054	470 512	497 197	524 498	545 877

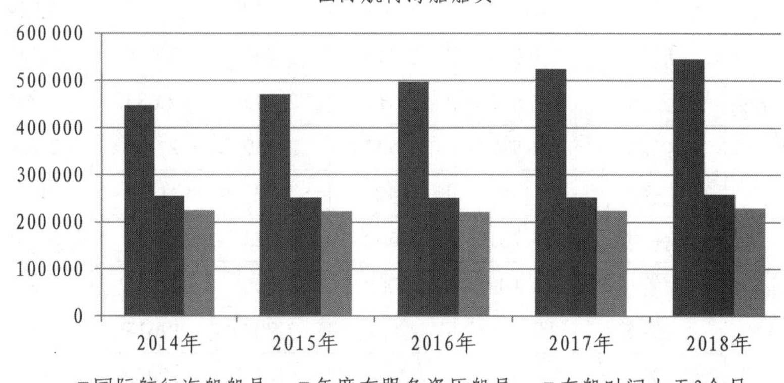

图 4-5 2014—2018 年我国国际航行海船船员注册人数示意图

表 4-8 国际航行海船船员出生地分布(单位:人)

序号	出生地	2016 年	2017 年	2018 年	2018 年同比增长
1	山西	4 038	4 766	5 658	18.7%
2	甘肃	1 742	2 138	2 538	18.7%
3	四川	7 048	8 369	9 572	14.4%
4	青海	252	285	325	14.0%
5	新疆	850	1 008	1 125	11.6%
6	云南	1 394	1 629	1 816	11.5%
7	重庆	4 326	4 891	5 447	11.4%
8	陕西	4 827	5 326	5 922	11.2%
9	黑龙江	8 905	9 782	10 872	11.1%
10	贵州	1 694	1 955	2 165	10.7%
11	内蒙古	2 574	2 786	3 054	9.6%

续表

序号	出生地	2016 年	2017 年	2018 年	2018 年同比增长
12	吉林	7 447	8 286	9 046	9.2%
13	宁夏	443	493	530	7.5%
14	河南	36 548	38 949	41 559	6.7%
15	河北	31 193	33 297	35 518	6.7%
16	江西	6 516	7 048	7 515	6.6%
17	湖南	12 408	13 422	14 263	6.3%
18	山东	89 181	94 146	99 334	5.5%
19	安徽	12 989	13 888	14 545	4.7%
20	广西	6 307	6 895	7 181	4.1%
21	辽宁	36 126	38 327	39 821	3.9%
22	湖北	36 696	38 342	39 670	3.5%
23	江苏	63 351	65 527	66 547	1.6%
24	北京	651	675	679	0.6%
25	天津	13 825	14 073	14 150	0.5%
26	福建	36 109	36 696	36 852	0.4%
27	浙江	21 523	22 333	22 355	0.1%
28	西藏	13	13	13	0.0%
29	广东	28 449	2 9203	28 529	−2.3%
30	海南	3 829	3 933	3 841	−2.3%
31	上海	15 519	15 586	14 986	−3.8%
32	香港特区、澳门特区、中国台湾地区	424	431	449	4.2%
总计		497 197	524 498	545 877	4.1%

备注:按同比增长率排序。

(一)持有国际航行海船适任证书的船员

如表 4-9、4-10 所示,截至 2018 年底,我国持有国际航行海船适任证书的船长 17 048 人;持有国际航行海船适任证书的轮机长、大副、大管轮、二副、二管轮、三副、三管轮等高级船员 100 665 人,其中女性船员 30 人;值班水手、值班机工、高级值班水手、高级值班机工 132 353 人,其中女性船员 3 人。持有国际航行海船适任证书的船员共计 250 066 人,同比增长 3.9%。持有适任证书的国际航行海船船员平均年龄为 36 岁。同时持有高级船员适任证书和值班水手、值班机工适任证书的,仅统计在高级船员数量中。

表 4-9　持有国际航行海船适任证书船员等级、职务分布(单位:人)

等级	职务	人数	2018 年有资历人数	等级	职务	人数	2018 年有资历人数
3 000 总吨及以上	船长	16 754	12 757	3 000 千瓦及以上	轮机长	15 957	12 154
	大副	11 134	9 695		大管轮	9 457	8 503
	二副	14 775	11 848		二管轮	13 550	10 896
	三副	19 064	13 546		三管轮	14 947	10 349
500~3 000 总吨	船长	294	241	750~3 000 千瓦	轮机长	516	412
	大副	294	247		大管轮	372	326
	二副	202	174		二管轮	349	308
	三副	18	15		三管轮	30	25
500 总吨及以上	值班水手	52 887	34 367	750 千瓦及以上	值班机工	35 933	23 627
	高级值班水手	26 166	21 179		高级值班机工	17 367	14 302
总计		141 588	104 069	总计		108 478	80 902

表 4-10　持有国际航行海船适任证书船员年龄分布(单位:人)

职务	18~20 岁	20~30 岁	30~40 岁	40~50 岁	50~60 岁	60~65 岁	合计	平均年龄
船长	0	5	3 914	9 229	3 323	577	17 048	45
大副	0	404	8 888	1 561	489	86	11 428	36
二副	0	4 566	8 942	1 027	410	32	14 977	33
三副	0	14 758	4 014	284	26	0	19 082	29
轮机长	0	1	3 456	9 065	3 387	564	16 473	46
大管轮	0	339	7 511	1 401	454	124	9 829	36
二管轮	0	3 913	8 310	1 195	444	37	13 899	33
三管轮	0	11 604	3 115	237	21	0	14 977	29
值班水手	315	27 774	16 230	5 407	2 655	506	52 887	32
高级值班水手	0	2 516	9 609	8 300	5 347	394	26 166	42
值班机工	171	17 351	11 177	4 966	1 946	322	35 933	33
高级值班机工	0	1 493	6 253	5 970	3 404	247	17 367	42
总计	486	84 724	91 419	48 642	21 906	2 889	250 066	36

1. 持有客船、液货船等国际航行海船适任证书的船员

如表 4-11 所示,截至 2018 年底,我国具有在国际航行海船上任职资格的客船船长 434 人,轮机长、大副、大管轮、二副、二管轮、三副、三管轮等高级船员 2 043 人;油船船长 2 262 人,轮机长、大副、大管轮、二副、二管轮、三副、三管轮等高级船员 14 202 人;化学品船船长 1 074 人,轮机长、大副、大管轮、二副、二管轮、三副、三管轮等高级船员 6 388 人;液化气船船长 297 人,轮机长、大副、大管轮、二副、二管轮、三副、三管轮等高级船员 1 892 人。

表 4-11　2018 年客船、液货船国际航行海船持证船员人数(单位:人)

等级	职务	持证船员人数			
		客船	油船	化学品船	液化气船
3 000 总吨及以上	船长	426	2 254	1 072	296
	大副	250	1 658	740	170
	二副	376	2 163	851	255
	三副	372	2 482	1 170	390
500~3 000 总吨	船长	8	8	2	1
	大副	10	11	7	2
	二副	3	13	7	4
	三副	2	3	3	0
3 000 千瓦及以上	轮机长	402	2 226	1 085	319
	大管轮	167	1 466	665	177
	二管轮	251	1 926	755	209
	三管轮	194	2 041	962	303
750~3 000 千瓦	轮机长	5	65	37	19
	大管轮	4	82	53	24
	二管轮	7	59	46	20
	三管轮	0	7	7	0
500 总吨及以上	值班水手	1 735	9 593	9 593	1 217
	高级值班水手	703	4 408	4 408	702
750 千瓦及以上	值班机工	920	7 148	7 148	935
	高级值班机工	421	3 322	3 322	488
总计		6 256	40 935	31 933	5 531

2. 外派海员

如表 4-12~表 4-17 及图 4-6 所示,2018 年,我国共有海员外派机构 226 家,外派海员共 145 922 人次,同比增长 5. 1%。高级船员外派数量稳中增长。

表 4-12　外派机构分布表

主管海事机构	辖区外派机构数量	主管海事机构	辖区外派机构数量
上海海事局	28	广东海事局	14
天津海事局	35	广西海事局	0
辽宁海事局	18	海南海事局	1
河北海事局	4	长江海事局	19
山东海事局	39	黑龙江海事局	0
江苏海事局	20	深圳海事局	11
浙江海事局	6	连云港海事局	7

续表

主管海事机构	辖区外派机构数量	主管海事机构	辖区外派机构数量
福建海事局	24		
总计	226		

表 4-13　2018 年各辖区海员外派人次统计表(单位:人次)

序号	海事管理机构	外派海员	占比
1	天津海事局	35 120	24.1%
2	山东海事局	26 945	18.5%
3	上海海事局	24 945	17.1%
4	福建海事局	19 224	13.2%
5	辽宁海事局	11 743	8.0%
6	江苏海事局	11 057	7.6%
7	深圳海事局	4 594	3.1%
8	广东海事局	4 267	2.9%
9	浙江海事局	3 453	2.4%
10	长江海事局	3 444	2.4%
11	河北海事局	1 044	0.7%
12	连云港海事局	78	0.1%
13	海南海事局	8	0.0%
合计		145 922	100.0%

备注:按占比排序。

表 4-14　2014—2018 年外派海员数量(单位:人次/人数)

职务	2014 年人次	2015 年人次	2016 年人次	2017 年人次	2018 年	
					人次	人数
船长	5 767	6 016	6 497	6 678	7 239	6 094
大副	4 952	5 458	6 075	6 623	7 150	6 179
二副	5 527	6 067	6 767	7 124	7 589	6 640
三副	7 515	7 615	7 805	8 061	8 276	7 117
轮机长	7 206	5 959	6 474	6 695	7 142	6 131
大管轮	5 664	4 929	5 482	6 079	6 588	5 738
二管轮	4 362	5 982	6 640	7 103	7 604	6 649
三管轮	5 381	7 346	7 525	7 455	7 658	6 622
值班水手	19 324	21 410	23 057	11 362	11 503	10 311
高级值班水手	—	—	—	12 926	11 998	10 370
值班机工	12 647	14 031	14 855	7 064	7 162	6 444
高级值班机工	—	—	—	8 122	7 151	6 249
电子电气员	—	—	—	—	1 611	1 380

续表

职务	2014 年人次	2015 年人次	2016 年人次	2017 年人次	2018 年	
					人次	人数
电子技工	—	—	—	—	18	18
其他	45 933	48 513	51 561	43 562	47 233	42 440
合计	124 278	133 326	142 738	138 854	145 922	128 382

备注:1. “—”表示不相应职务船员数量当年未统计。外派海员是指派往外国籍海船或中国港澳台地区籍海船的海员。

2. 统计数据以船员实际外派担任的职务为准。船员持有的适任证书职务可能比实际外派担任的职务高,如持有船长适任证书,实际担任大副职务,其统计在大副外派人次中。

3. 2018 年合计人数存在一个人担任不同职务外派的情况,即一个人担任不同职务按多人计算,合计数为 128 382(一人在一年中既担任过二副职务又担任过大副职务),如一个人外派不同职务按一人计算,则合计数为 115 803。

4. 职务栏中的“其他”主要包括船上厨师、膳食辅助人员、海上乘务员等船员。

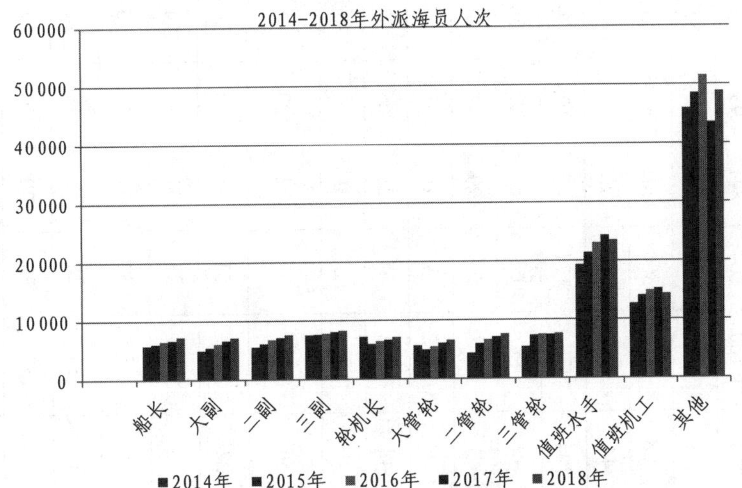

图 4-6　2014—2018 外派海员数量示意图(单位:人数)

表 4-15　2018 年 12 月 31 日实时在船外派人数

职务	持证职务	实际职务	职务	持证职务	实际职务	职务	持证职务	实际职务
船长	4 878	3 796	轮机长	4 705	3 825	电子电气员	974	893
大副	3 750	3 764	大管轮	3 536	3 581	电子技工	17	7
二副	4 188	3 990	二管轮	4 222	3 961	其他	19 539	24 023
三副	4 313	4 218	三管轮	3 784	3 891			
值班水手	6 590	6 642	值班机工	4 309	4 121			
高级值班水手	8 138	7 226	高级值班机工	5 302	4 307			
小计	31 857	29 636	小计	25 858	23 686	小计	20 530	24 923
总计	78 245							

表 4-16　2018 年外派海员按船旗（国家和地区）实际在船职务分类统计表（单位：人次）

序号	船籍	船长	大副	二副	三副	值班水手	高级值班水手	轮机长	大管轮	二管轮	三管轮	值班机工	高级值班机工	电子电气员	电子技工	其他	合计
1	中国香港	2 824	2 806	2 942	3 379	5 087	6 255	2 820	2 758	2 918	3 135	2 939	3 598	884	9	17 039	59 393
2	巴拿马	1 989	1 803	1 873	2 051	3 304	2 273	1 876	1 657	1 875	1 970	2 405	1 458	190	1	12 377	37 102
3	新加坡	678	780	905	988	851	1 160	804	841	937	897	458	684	262	3	4 198	14 446
4	利比里亚	399	426	464	620	686	841	441	417	529	577	390	511	100	3	2 361	8 765
5	马绍尔群岛	356	320	340	395	708	605	360	301	334	331	381	324	50	0	1 940	6 745
6	巴哈马	62	93	86	94	44	45	56	70	92	83	42	29	15	1	4 771	5 583
7	伯利兹	245	225	218	94	141	177	174	45	198	86	120	137	0	0	525	2 385
8	英国	34	50	64	83	40	43	63	67	92	76	29	21	29	0	300	991
9	马耳他	21	32	43	53	43	24	25	29	46	44	25	17	7	0	503	912
10	意大利	2	3	9	3	4	1	3	0	0	2	2	3	0	0	859	891
11	塞拉利昂	93	77	77	46	48	68	55	25	66	37	33	47	0	0	160	832
12	卢森堡	0	0	1	0	0	0	0	0	0	0	0	0	0	0	0	1
13	圣文森特和格林纳丁斯	34	31	36	29	56	49	37	32	29	41	46	33	3	0	190	646
14	图瓦卢	43	41	38	29	22	44	53	43	40	39	10	25	8	0	181	616
15	挪威	26	31	28	42	36	41	28	31	25	24	15	14	22	0	252	615
16	马恩岛	32	35	28	32	44	28	32	37	28	29	31	18	14	0	183	571
17	多哥	64	58	54	23	39	34	28	3	48	22	23	35	0	0	96	527
18	基里巴斯	41	35	29	26	47	39	35	20	39	24	18	27	0	0	147	527
19	韩国	9	21	35	27	35	38	12	22	36	22	19	18	0	0	176	470
20	柬埔寨	59	47	46	9	28	34	36	2	33	13	28	28	0	0	76	439
21	马来西亚	28	33	29	24	2	8	29	31	26	24	1	4	0	1	75	315
22	帕劳群岛	30	25	31	29	21	21	8	12	21	19	17	17	0	0	62	313

续表

序号	船籍	船长	大副	二副	三副	值班水手	高级值班水手	轮机长	大管轮	二管轮	三管轮	值班机工	高级值班机工	电子电气员	电子技工	其他	合计
23	荷兰	18	18	18	19	30	14	20	4	9	5	4	0	3	0	44	206
24	直布罗陀	12	15	9	11	22	14	14	12	10	10	11	9	0	0	47	196
25	牙买加	11	6	8	6	18	3	11	3	10	5	11	2	0	0	83	177
26	泰国	9	10	16	9	10	8	12	10	12	11	13	5	1	0	46	172
27	塞浦路斯	7	10	21	13	1	1	8	17	18	11	0	1	8	0	43	159
28	利比亚	6	6	7	7	12	8	5	6	7	5	6	11	2	0	35	123
29	丹麦	0	3	10	13	3	0	1	8	32	14	1	1	0	0	14	100
30	密克罗尼西亚	11	15	8	2	9	6	6	3	6	4	4	5	0	0	17	96
31	日本	2	3	4	4	5	5	2	2	3	5	10	3	0	0	46	94
32	库克群岛	4	5	4	7	8	15	2	4	3	5	5	6	3	0	13	84
33	纽埃	6	7	5	3	10	4	4	0	7	4	6	5	0	0	14	75
34	多米尼加	3	4	14	20	2	0	2	3	5	5	3	0	1	0	8	70
35	蒙古	6	7	5	8	1	0	3	6	7	3	4	3	0	0	11	64
36	多米尼克	6	5	5	4	1	0	5	4	7	5	1	1	0	0	11	55
37	葡萄牙	4	5	3	2	2	3	2	3	2	4	3	1	0	0	21	55
38	希腊	5	2	2	3	4	5	3	4	2	3	1	5	0	0	11	50
39	中国台湾地区	3	6	6	1	1	6	1	2	1	3	4	1	0	0	12	47
40	开曼群岛	3	3	6	5	0	1	5	4	4	1	0	0	2	0	11	45
41	中国澳门	4	1	2	0	7	2	5	1	1	0	4	0	0	0	6	33
42	美国	2	1	3	2	7	1	2	2	1	1	2	1	0	0	7	32
43	百慕大	1	1	4	5	1	3	1	0	2	3	0	0	0	0	11	32
44	德国	0	5	13	2	0	1	0	2	3	1	0	0	0	0	4	31
45	越南	2	1	1	2	4	0	2	1	1	2	2	0	0	0	6	24

续表

序号	船籍	船长	大副	二副	三副	值班水手	高级值班水手	轮机长	大管轮	二管轮	三管轮	值班机工	高级值班机工	电子电气员	电子技工	其他	合计
46	瑙鲁	1	2	1	3	1	0	2	3	0	3	0	1	0	0	5	22
47	瓦努阿图	0	1	2	1	0	0	1	4	1	1	2	1	0	0	6	20
48	印度	1	0	2	0	1	1	1	1	1	1	3	0	0	0	2	14
49	赤道几内亚	0	1	1	1	1	1	1	1	1	1	1	0	0	0	2	12
50	洪都拉斯	0	0	0	0	0	5	0	0	0	0	0	1	0	0	4	10
51	俄罗斯	0	0	1	1	1	1	0	0	1	1	0	0	0	0	3	9
52	法国	0	2	0	0	0	0	2	0	1	2	0	1	0	0	1	9
53	萨摩亚	1	0	0	1	0	1	2	1	1	1	0	0	0	0	1	9
54	土耳其	0	1	1	4	0	0	1	0	1	1	0	0	0	0	0	9
55	菲律宾	2	0	0	2	0	0	0	0	1	1	0	0	0	0	2	8
56	斐济	1	1	1	0	0	0	0	0	0	0	2	0	0	0	1	6
57	秘鲁	0	1	1	2	1	0	0	0	0	0	0	1	0	0	0	6
58	安提瓜和巴布达	0	0	1	1	0	0	2	0	0	1	0	0	0	0	0	5
59	印度尼西亚	1	1	0	1	0	1	1	0	0	0	0	0	0	0	0	5
60	比利时	0	0	0	0	0	0	1	0	1	2	0	0	0	0	1	5
61	缅甸	2	0	0	0	0	0	0	0	0	0	0	0	0	0	0	2
62	尼日利亚	1	0	0	0	0	0	0	0	0	1	0	0	0	0	0	2
63	其他	35	29	28	35	54	60	37	34	30	37	27	38	7	0	213	664
合计		7 239	7 150	7 589	8 276	11 503	11 998	7 142	6 588	7 604	7 658	7 162	7 151	1 611	18	47 233	145 922

备注:统计数据以船员实际外派担任的职务为标准。船员持有的适任证书职务可能比实际外派担任的职务高,如持有船长适任证书,实际担任大副职务,其统计在大副外派人次中。同一人派遣多次按派遣次数计入统计数。

表 4-17　2018 年 12 月 31 日外派海员按船旗（国家和地区）实时在船职务分类统计表（单位：人）

序号	船籍	船长	大副	二副	三副	值班水手	高级值班水手	轮机长	大管轮	二管轮	三管轮	值班机工	高级值班机工	电子电气员	电子技工	其他	合计
1	中国香港	1 505	1 486	1 579	1 738	2 915	3 706	1 542	1 484	1 549	1 620	1 673	2 168	521	3	8 214	31 703
2	巴拿马	1 074	1 009	1 028	1 058	1 877	1 341	1 052	966	1 010	1 036	1 350	838	97	1	6 362	20 099
3	新加坡	358	387	455	503	540	795	408	442	463	429	293	449	124	0	2 091	7 737
4	利比里亚	196	225	237	305	376	496	232	217	261	269	223	307	57	2	1 157	4 560
5	马绍尔群岛	194	187	206	228	441	394	196	175	203	197	246	219	30	0	1 098	4 014
6	巴哈马	23	32	32	43	33	24	24	28	40	38	28	15	6	0	2 903	3 269
7	伯利兹	124	110	110	45	76	104	89	24	99	33	73	81	0	0	266	1 234
8	英国	15	23	33	38	25	27	27	36	40	35	17	12	15	0	124	467
9	意大利	0	0	2	0	0	0	0	0	0	0	0	0	0	0	464	466
10	安提瓜和巴布达	0	0	0	0	0	0	1	0	0	0	0	0	0	0	0	1
11	塞拉利昂	43	36	36	19	28	30	27	10	36	19	15	29	0	0	73	401
12	马耳他	8	10	17	22	19	9	10	11	19	23	10	7	5	0	215	385
13	挪威	15	16	14	20	22	33	15	18	11	10	10	10	12	0	137	343
14	图瓦卢	22	20	21	20	12	25	27	21	19	22	6	16	5	0	107	343
15	马恩岛	19	17	15	20	25	18	19	18	13	17	18	9	9	0	83	300
16	圣文森特和格林纳丁斯	15	15	14	14	30	23	15	15	14	16	19	16	2	0	67	275
17	基里巴斯	20	17	12	12	31	20	14	12	17	15	9	14	0	0	59	252
18	多哥	29	23	22	7	18	16	10	0	23	12	12	16	0	0	44	232
19	韩国	5	13	14	14	18	22	5	10	11	10	10	9	0	0	64	205
20	柬埔寨	24	22	21	3	16	16	16	2	17	3	20	10	0	0	28	198
21	马来西亚	12	18	15	13	0	6	16	13	12	13	0	2	0	1	41	162

续表

序号	船籍	船长	大副	二副	三副	值班水手	高级值班水手	轮机长	大管轮	二管轮	三管轮	值班机工	高级值班机工	电子电气员	电子技工	其他	合计
22	帕劳群岛	11	11	12	11	10	10	3	9	13	8	12	13	0	0	32	155
23	牙买加	4	3	4	3	9	1	5	1	7	5	7	1	0	0	61	111
24	直布罗陀	6	6	6	6	12	10	6	6	6	6	6	6	0	0	21	103
25	荷兰	8	8	8	9	17	8	7	2	7	0	3	0	1	0	23	101
26	泰国	6	4	7	5	7	6	5	4	4	3	6	3	1	0	17	78
27	塞浦路斯	4	6	9	6	0	0	4	8	6	3	0	0	1	0	19	66
28	日本	2	2	2	2	5	4	2	1	1	2	6	2	0	0	29	60
29	库克群岛	2	2	3	5	6	12	1	2	2	4	4	6	2	0	8	59
30	利比亚	3	3	3	3	7	3	1	3	3	2	3	6	1	0	13	54
31	丹麦	0	1	4	8	2	0	1	3	18	6	1	1	0	0	8	53
32	葡萄牙	2	3	2	2	2	1	2	2	2	2	3	1	0	0	18	42
33	纽埃	5	4	2	2	3	4	3	0	2	1	5	4	0	0	5	40
34	密克罗尼西亚	4	6	5	1	3	3	4	1	1	1	0	4	0	0	3	36
35	希腊	1	1	1	2	3	3	2	2	1	2	1	3	0	0	8	30
36	中国澳门	4	1	2	0	5	0	4	1	1	0	4	0	0	0	4	26
37	多米尼克	3	2	3	1	1	0	3	2	3	1	0	0	0	0	4	23
38	中国台湾地区	1	4	1	0	1	4	1	1	0	1	2	1	0	0	3	20
39	美国	1	1	1	1	3	1	1	1	1	1	2	1	0	0	3	18
40	多米尼加	1	0	3	2	1	0	1	1	2	1	2	0	0	0	4	18
41	蒙古	1	2	1	2	1	0	1	1	3	2	2	0	0	0	1	17
42	越南	1	1	1	1	4	0	1	1	1	1	2	0	0	0	2	16
43	百慕大	0	0	1	0	1	0	1	0	0	2	0	0	0	0	8	13

续表

序号	船籍	船长	大副	二副	三副	值班水手	高级值班水手	轮机长	大管轮	二管轮	三管轮	值班机工	高级值班机工	电子电气员	电子技工	其他	合计
44	开曼群岛	1	2	1	1	0	0	3	1	1	0	0	0	1	0	2	13
45	瑙鲁	1	2	1	1	1	0	0	2	0	2	0	1	0	0	2	13
46	瓦努阿图	0	1	1	1	0	0	0	1	0	0	1	1	0	0	4	10
47	德国	0	2	3	0	0	1	0	2	0	0	0	0	0	0	1	9
48	洪都拉斯	0	0	0	0	0	4	0	0	0	0	0	1	0	0	2	7
49	俄罗斯	0	0	0	0	0	1	0	0	0	1	0	0	0	0	3	5
50	菲律宾	2	0	0	0	0	0	0	0	0	0	0	0	0	0	1	3
51	土耳其	0	1	0	1	0	0	0	0	0	0	0	0	0	0	0	2
52	比利时	0	0	0	0	0	0	0	0	1	1	0	0	0	0	0	2
53	秘鲁	0	0	1	1	0	0	0	0	0	0	0	0	0	0	0	2
54	卢森堡	0	0	1	0	0	0	0	0	0	0	0	0	0	0	0	1
55	法国	0	0	0	0	0	0	1	0	0	0	0	0	0	0	0	1
56	缅甸	1	0	0	0	0	0	0	0	0	0	0	0	0	0	0	1
57	其他	20	19	18	19	36	45	17	21	18	16	17	25	3	0	117	391
合计		3 796	3 764	3 990	4 218	6 642	7 226	3 825	3 581	3 961	3 891	4 121	4 307	893	7	24 023	78 245

备注:统计以 2018 年 12 月 31 日实时在船担任的职务为准,持证职务可能高于实际担任的职务。

（二）国际航行海船船员供需状况

表 4-18　国际航行海船船员供需状况（单位：人）

<table>
<tr><th>类别</th><th>等级</th><th>职务</th><th>持有效适任证书人数</th><th>2014—2018 年具有海上资历人数</th><th>2016—2018 年具有海上资历人数</th><th>2017—2018 年具有海上资历人数</th><th>2018 年具有海上资历人数</th><th>2018 年外派海员人数</th><th>中国籍国际航行海船最低安全配员数量</th></tr>
<tr><td rowspan="20">国际航行海船（无限航区）</td><td rowspan="4">3 000 总吨及以上</td><td>船长</td><td>16 754</td><td>15 056</td><td>14 226</td><td>13 627</td><td>12 757</td><td>7 848</td><td>861</td></tr>
<tr><td>大副</td><td>11 134</td><td>10 875</td><td>10 562</td><td>10 242</td><td>9 696</td><td>5 861</td><td>860</td></tr>
<tr><td>二副</td><td>14 775</td><td>14 307</td><td>13 503</td><td>12 756</td><td>11 848</td><td>6 470</td><td>860</td></tr>
<tr><td>三副</td><td>19 064</td><td>18 734</td><td>17 118</td><td>15 387</td><td>13 546</td><td>7 601</td><td>854</td></tr>
<tr><td rowspan="4">3 000 千瓦及以上</td><td>轮机长</td><td>15 957</td><td>14 459</td><td>13 665</td><td>13 007</td><td>12 154</td><td>7 420</td><td>865</td></tr>
<tr><td>大管轮</td><td>9 457</td><td>9 280</td><td>9 096</td><td>8 912</td><td>8 503</td><td>5 451</td><td>863</td></tr>
<tr><td>二管轮</td><td>13 550</td><td>13 122</td><td>12 440</td><td>11 760</td><td>10 895</td><td>6 370</td><td>276</td></tr>
<tr><td>三管轮</td><td>14 947</td><td>14 636</td><td>13 230</td><td>11 796</td><td>10 349</td><td>6 389</td><td>268</td></tr>
<tr><td rowspan="4">500～3 000 总吨</td><td>船长</td><td>294</td><td>290</td><td>282</td><td>263</td><td>241</td><td>131</td><td>160</td></tr>
<tr><td>大副</td><td>294</td><td>288</td><td>277</td><td>265</td><td>247</td><td>135</td><td>153</td></tr>
<tr><td>二副</td><td>202</td><td>200</td><td>193</td><td>190</td><td>174</td><td>82</td><td>62</td></tr>
<tr><td>三副</td><td>18</td><td>18</td><td>18</td><td>17</td><td>15</td><td>3</td><td>159</td></tr>
<tr><td rowspan="4">750～3 000 千瓦</td><td>轮机长</td><td>516</td><td>497</td><td>470</td><td>450</td><td>412</td><td>225</td><td>170</td></tr>
<tr><td>大管轮</td><td>372</td><td>367</td><td>358</td><td>342</td><td>326</td><td>128</td><td>169</td></tr>
<tr><td>二管轮</td><td>349</td><td>345</td><td>340</td><td>326</td><td>308</td><td>176</td><td>2</td></tr>
<tr><td>三管轮</td><td>30</td><td>30</td><td>29</td><td>28</td><td>25</td><td>16</td><td>118</td></tr>
<tr><td rowspan="2">500 总吨及以上</td><td>值班水手</td><td>52 887</td><td>48 721</td><td>42 132</td><td>38 564</td><td>34 366</td><td>9 414</td><td>1 505</td></tr>
<tr><td>高级值班水手</td><td>26 166</td><td>25 558</td><td>24 377</td><td>23 060</td><td>21 177</td><td>11 182</td><td>1 284</td></tr>
<tr><td rowspan="2">750 千瓦及以上</td><td>值班机工</td><td>35 933</td><td>33 094</td><td>28 517</td><td>26 083</td><td>23 627</td><td>6 213</td><td>932</td></tr>
<tr><td>高级值班机工</td><td>17 367</td><td>16 996</td><td>16 299</td><td>15 489</td><td>14 301</td><td>7 286</td><td>697</td></tr>
</table>

备注：1. 统计以船员持有适任证书为标准，实际外派职务可能低于所持适任证书职务。

2. 持有适任证书人数是指截至 2018 年 12 月 31 日证书在有效期内的无限航区船员的数量。

3. 海上服务资历包括国际航行海船服务资历和沿海航行海船服务资历。

4. 具有海上资历人数是指持有效适任证书的船员中在相应时间段内具有海船服务资历的船员数量，其中包括 2018 年外派海员人数。

第二节　船舶

船舶是指用于交通、运输、捕捞水生物、开发海底矿藏、港湾服务、运动游览、科学调查及测量、工程作业、救险、国防军事等水上、水面及水下各种运载工具的统称。

船舶按材料可以分为:木船、钢船、水泥船、玻璃钢船;按动力装置可分为:蒸汽机船、内燃机船、汽轮机船、电动船、核动力船;按推进方式可分为:明轮船、螺旋桨船、平旋推进器船、风帆助航船;按航行区域可分为:远洋船、近海船、沿海船、内河船;按航行方式可分为:自航船、非自航船;按航行状态可分为:排水型船、非排水型船;按用途可分为:海洋运输船、工作船、工程船及其他专用船舶。

目前全球超过90%的国际贸易是靠海上运输来完成的。随着国际贸易的不断发展和扩大,作为海上运输工具的船舶在数量、尺度、功能等方面都在进行着快速的发展和变革。海上运输船舶按照功能又可分为:客船、杂货船、集装箱船、滚装船、散货船、液货船、木材船、冷藏船、活鱼运输船、牲畜运输船、载驳船、渡船、多用途船等。

航海类院校的毕业生将主要在海上运输船舶上工作,所以本节主要介绍现代海上运输中各类船舶的功能和特点。

一、客船(Passenger Ship)

客船(图4-7)是用于运送旅客及其携带行李和邮件的船舶。根据SOLAS公约规定,凡载客超过12人的船舶应视为客船。对兼运少量货物的客船也称为客货船。由于客船多为定班定线航行,通常又称为客班船。

客船一般都具有如下特点:有良好的航海性能(操纵性、抗沉性好);安全设备与生活设施齐全(消防、救生设备);上层建筑高大(载客特点);航速较高(多数在20节左右)。

远洋客船为航行于大洋之间载运旅客的大型客船。其满载排水量一般大于1万吨,航速在20~30节。商业航空的发展使远洋旅客运输业趋于没落,目前远洋客船主要用于海上旅游观光。在航空业发展之前,国际邮政业务主要由快速远洋客船承担,所以这种客船又有邮船之称。沿海客船为航行于沿海各港口之间的客船,一般排水量小于远洋客船,航速亦低。内河客船一般更小些。客船要为旅客提供舒适的居住条件,因此,旅客居住舱室应有良好的采光、照明、空气调节、卫生等设备。同时,应有旅客所需的宽敞的甲板和文娱、休闲场所。

二、干货船(Cargo Ship)

干货船是以载运干货为主的专用船舶,其大部分舱位是用于堆贮货物的货舱。干货船的船型很多,杂货船、散货船、集装箱船、木材船、滚装船等都属于干货船。干货船大小悬殊,排水量为数百吨至数十万吨。

1. 杂货船(General Cargo Ship)

杂货船(图4-8)亦称为普通货船、通用干货船或统货船,主要用于装载一般包装、袋装、箱装和桶装的件杂货物。

图 4-7　客船

杂货船一般的特点是：货舱为上下两层或多层［防止底部货物被压损；舱口附近通常设有起货设备(SWL 为 3~5 吨，个别舱口还设有大型起货设备)］；对货物种类与码头条件的适应性较强；装卸效率不高。

杂货船应用广泛，曾经在过去很长一段时间内是海上货物运输的主流船型。由于件杂货物的批量较小，杂货船的吨位亦较散货船和油船为小。典型的载货量为 1 万~2 万吨。在内陆水域中航行的杂货船吨位有数百吨、上千吨，而在远洋运输中的杂货船可达 2 万吨以上。杂货船要有良好的经济性和安全性，而不必追求高速。杂货船通常据货源具体情况及货运需要航行于各港口，设有固定的船期和航线。杂货船有较强的纵向结构，船体的底多为双层结构，船首和船尾设有前、后尖舱，平时可用于储存淡水或装载压舱水以调节船舶纵倾，受碰撞时可防止海水进入大舱，起到安全作用。船体以上设有 2~3 层甲板，并设置几个货舱，舱口以水密舱盖封盖以免进水。机舱或布置在中部或布置在尾部，各有利弊，布置在中部可调整船体纵倾，在后部则有利于载货空间的布置。在舱口两侧设有吊货扒杆。为装卸重大件，通常还装备有重型吊杆。为提高杂货船对各种货物运输的良好适应性，能载运大件货、集装箱、件杂货，以及某些散货，现代新建杂货船常设计成多用途船，既能运载普通件杂货，也能运载散货、大件货、冷藏货和集装箱。

2. 散货船(Bulk Carrier)

散货船(图 4-9)是指专门用来载运谷物、煤炭、矿砂等粉状、粒状、块状大宗散体货物的运输船舶。按载运的货物不同，其又可分为矿砂船、运煤船、散粮船、散装水泥船等。

散货船的特点是：不怕挤压，通常只设单甲板；船体结构强，适应集中荷载要求；为适应舱内作业和提高装卸效率，采用大舱口；通常采用艉机型；散装船常常是单程运输，因此设有较大容积的压载水舱，以保证稳性；船上一般不设起重设备。

散货船通常分为如下几个级别 ：

(1)巴拿马型散货船(Panamax Bulk Carrier)

顾名思义，巴拿马型散货船是指在满载情况下可以通过巴拿马运河的最大型散货船，即主

图 4-8　杂货船

图 4-9　散货船

要满足船舶总长不超过 274.32 米、型宽不超过 32.30 米的运河通航有关规定。根据需要,可调整船舶的尺度、船型及结构来改变载重量,该型船载重量一般在 6.0 万~7.5 万吨。

(2)好望角型散货船(Capesize Bulk Carrier)

好望角型散货船是指载重量在 15 万吨左右的散货船。该船型以运输铁矿石为主,由于尺度限制,不可能通过巴拿马运河和苏伊士运河,需绕行好望角和合恩角。由于近年来苏伊士运河当局已放宽通过运河船舶的吃水限制,该型船多可满载通过该运河。

(3)灵便型散货船(Handysize Bulk Carrier)

灵便型散货船是指载重量在 2 万~5 万吨的散货船,其中超过 4 万吨的船舶又被称为大灵便型散货船(Handymax Bulk Carrier)。众所周知,干散货是海运的大宗货物,这些吨位相对较小的船舶对航道、运河及港口具有较强的适应性,载重吨量适中,且多配有起卸货设备,营运方便灵活,因而被称为"灵便型"。

(4)大湖型散货船(Lake Bulk Carrier)

大湖型散货船是指经由圣劳伦斯水道航行于美国、加拿大交界处五大湖区的散货船,以承运煤炭、铁矿石和粮食为主。该型船尺度上要满足圣劳伦斯水道通航要求,船舶总长不超过222.50米,型宽不超过23.16米,且桥楼任何部分不得伸出船体外,吃水不得超过各大水域最大允许吃水,桅杆顶端距水面高度不得超过35.66米,该型船一般在3万吨左右,大多配有起卸货设备。

3.集装箱船(Container Ship)

集装箱船(图4-10)又称为箱装船、货柜船或货箱船,是一种专门载运集装箱的船舶。

由于件杂货种类繁多,形状、大小、重量差异很大,装卸效率缓慢,并且极易产生货差货损,20世纪60年代后期集装箱船迅速发展起来。它以专门的集装箱作为货物运送单元,通常以载运集装箱TEU(Twenty-foot Equivalent Unit)的数目表示其装载能力,目前国际上广泛应用的标准箱有1A、1AA、1C、1CC四种。国际运输中多采用ISO系列的1AA和1CC两种类型,即长度为40英尺(40×8×8)和20英尺(20×8×8)两种规格。

从1960年第一艘真正意义上的集装箱船"SUPANYA"(610 TEU)出现至今,集装箱船发展迅猛,目前世界上最大的集装箱船是"埃玛·马士基"轮,全长约397.71米、宽56.40米,设计吃水16米,能够装载至少14 800 TEU。

集装箱船的特点有:货舱和甲板均能装载集装箱,货舱盖强度大;大多为单层甲板,舱口宽且长,舱口总宽度可达0.7~0.8倍船宽,舱口总长度为船长的0.75~0.80倍;为保证船体强度和提高抗扭强度,船体设计为双层船壳;同时为了防止货箱移动和固定货箱,货舱内设有格栅式货架(箱隔导轨系统,Cell Guide System);甲板上设有固定集装箱用的专用设施;主机功率大、航速高,远洋高速集装箱船的方形系数C_b小于0.6;通常不设起货设备,而利用码头上的专用设备装卸;半集装箱船因货源不稳定而在部分货舱装运集装箱,其他货舱装运杂货或散货,船上通常设有起货设备。

集装箱船的货舱口宽而长,货舱的尺寸按载箱的要求规格化。装卸效率高,大大缩短了停港时间。为获得更好的经济性,其航速一般高于其他载货船舶,最高可达30节以上。

集装箱船还可分为部分集装箱船、全集装箱船和多用途集装箱船三种:

(1)部分集装箱船

部分集装箱船 仅以船的中央部位作为集装箱的专用舱位,其他舱位仍装普通杂货。

(2)全集装箱船

全集装箱船 是指专门用以装运集袋箱的船舶。它与一般杂货船不同,其货舱内有格栅式货架,装有垂直导轨,便于集装箱沿导轨放下,四角有格栅制约,可防倾倒。集装箱船的舱内可堆放3~9层集装箱,甲板上还可堆放3~4层。

(3)多用途集装箱船

其货舱内装载集装箱的结构为可拆装式的。因此,它既可装运集装箱,必要时也可装运普通杂货。

图 4-10　集装箱船

4. 滚装船(Roll on/roll off Ship,Ro/Ro Ship)

滚装船(图 4-11)是主要装运车辆和集装箱的船舶(开上开下船或滚上滚下船)。装卸方法是在船尾、舷侧或船首部设有跳板并放到码头上,利用汽车或拖车通过跳板进行货物装卸,由拖车把货箱拖入船舱。

滚装船的结构较特殊,上层建筑高大,上甲板平整,无舷弧和梁拱,露天甲板上无起货设备;甲板层数多(一般为 2~4 层),货舱内支柱极少,一般为纵通甲板,主甲板以下设有双层船壳,两层船壳之间可作为压载水舱;为便于拖车开进开出,货舱区域内不设横舱壁,采用强横梁和强肋骨保证横强度;在各层甲板上设有升降平台或内跳板供车辆行驶。滚装船多数在艉部开口,即艉门;艉门跳板靠机械或电动液压机构开闭,并保证水密;艉门跳板分艉直跳板和艉斜跳板,为保证装卸作业的安全,艉直跳板的工作坡度应小于 8°(跳板与水平面的夹角),通常为 4°~5°,艉斜跳板可向船的一个舷侧方向偏斜 30°~40°;另还有艉旋转跳板、舷侧跳板和艏门跳板,其结构不同,工况也有差异;装卸作业时,因为跳板与码头的坡度不能太大,所以要求船舶吃水在装卸过程中变化不能太大,因此,必须用压载水来调节吃水、纵横倾和稳性等;滚装船大多数装有艏侧推装置,以改善靠离码头的操纵性;滚装船的方形系数 C_b 不大于 0.6;滚装船空船重量大、压载量大、舱容利用率低、造价高,航速为 16~18 节。另外,滚装船的甲板为纵通甲板,抗沉性较差,航行安全问题突出。

5. 木材船(Timber Carrier)

木材船指的是专门运输木材的船舶。现在的一些多用途船也可以用于运输木材。

木材船一般具有以下特点:货舱内无支柱等障碍物,以利木材积载;甲板起重机平台位置较高,以便甲板上装载木材;甲板两舷侧处设有可移动的立柱,在甲板上装木材时,将其竖立起来起拦护作用,而不装木材时,拆卸放倒;甲板装载木材必须用索具绑扎固定;木材船其他特征与杂货船类似。

6. 载驳船(Barge Carrier)

载驳船是专门载运货驳的船舶,又称为母子船。其运输方式与集装箱运输方式相仿,因为货驳亦可视为能够浮于水面的集装箱。其运输过程是:将货物先装载于统一规格的方形货驳(子船)上,再将货驳装到载驳船(母船)上;载驳船将货驳运抵目的港后,将货驳卸至水面,再由拖船分送各自目的地。载驳船的特点是不需码头和堆场,装卸效率高,便于海—河联运。但由于造价高,货驳的集散组织复杂,其发展也受到了限制。

图 4-11　滚装船

7. 多用途船(Multi-purpose Cargo Ship)

多用途船是能满足多种类型货物运输要求的一种干货船,是由杂货船为适应航运市场需要而演变出来的船型。多用途船通常设计为 2~3 种货物的多用途船。

重吊船既是一种多用途船,又是一种特殊的杂货船。其特点是甲板上配备了起重负荷非常大的起重机,以便吊装重大件货物。

三、液货船(Liquid Cargo Vessel)

液货船是专门载运液体货物的船舶。液体货物主要有油、液化气、淡水和化学药液等,其中运量最大的是石油及其制品。按载运的货物不同,其又可分为原油船、成品油船、液体化学品船、液化气船等。

1. 油船(Oil Tanker)

专门用于载运原油的船舶,简称为原油船。由于原油运量巨大,原油船载重量亦可达 50 多万吨,是船舶中的最大者。结构上一般为单底,随着环保要求的提高,结构正向双壳、双底的形式演变。上层建筑设于船尾。甲板上无大的舱口,用泵和管道装卸原油。设有加热设施,在低温时对原油加热,防止其凝固而影响装卸。超大型原油船的吃水可达 25 米,往往无法靠岸装卸,而必须借助于水底管道来装卸原油。

另外一种专门载运柴油、汽油等石油制品的船舶叫作成品油油船。它的结构与原油船相似,但吨位较小,有很高的防火、防爆要求。

油船(图 4-12)很容易与其他船舶区别开来,油船的甲板非常平,除驾驶台外几乎没有其他耸立在甲板上的东西。油船不需要甲板上的吊车来装卸货物,只在船中部有一个小吊车,这个吊车的用途在于将码头上的管道吊到船上来与管道系统接到一起。油船上的管道系统从远处就可以看到。

油船卸货时所使用的泵直接放在船上。今天的油船几乎与其他所有海船一样配有货物计算机,这部计算机可以监视货物的装卸以及计算装卸过程中船所受的所有的力。

图 4-12　油船

除油箱和管道外油船上还配有锅炉、螺旋桨、发电机、泵(大型油船上的装卸泵可以每小时泵上万吨液体)和灭火装置。今天装载易燃液体的油船都使用将不燃气体充入船内的空油箱的方法来防止燃烧或爆炸的危险。这些不燃气体排挤掉含氧的空气,使得油船内空油箱里几乎完全没有氧气。有些油船使用船本身的动力机构排出的废气来提炼上述的不燃气体,有些油船则在卸货时从码头上充入不燃气体。

油船的航速一般在 15 节左右,属于比较慢的船。

2. 液化气船(Liquefied Gas Carrier)

液化气船是专门运输液化气体的船舶(图 4-13)。所运输的液化气体有液化石油气、液化天然气、氨水、乙烯、液氯等。这些液货的沸点低,多为易燃、易爆的危险品,有的还有剧毒和强腐蚀性。因此液化气运输船货舱结构复杂,造价高昂。液化气运输船按液化气的贮存方式分为压力式、冷压式和冷却式三类。在压力式液化气船中,货物在常温下装载于球形或圆筒形的耐压液罐内。冷压式和冷却式液化气船对货物的温度和压力都进行控制,需要液罐的隔热装置和货物的冷却装置。

现在海上运输使用最多的是液化天然气船(Liquefied Natural Gas, 缩写 LNG)和液化石油气船(Liquefied Petroleum Gas, 缩写 LPG)。

3. 液体化学品船(Liquid Chemical Tanker)

液体化学品船是专门用于运输有毒、易挥发、属于危险品的液体化学品(如甲醇、硫酸、苯

图 4-13　液化天然气船

等)的船舶。

液体化学品船外形与内部结构同油船相似,其装运的液体化学品多为有毒、易燃和强腐蚀性物质,且品种多。因此,船舶多为双层底,液舱分得较多而小且水密,具有多个泵舱,采用蒸汽带动的泵装卸货;货舱区域均为双层壳结构,以减小船舶受损时货品溢出的危险;货舱与船员起居处所、饮水和机舱等处用空舱隔离;货舱容积按其装运的货物的危险程度受到一定的限制;有的船部分或全部的液舱采用不锈钢材料,以增强抗腐蚀能力。

四、其他船型

1. 冷藏船(Refrigerated Cargo Ship)

冷藏船是专门运输鱼、肉、蛋、水果等需要冷冻(冷藏)保鲜之货物的一种船舶。

冷藏船外形与杂货船相似,货舱分隔比较多,甲板层数亦多,以利隔热及货物积载;货舱舱盖及船体部位均有良好的隔热保温设施;设有专门的制冷机供应货舱;冷藏船舶吨位不大,多在万吨以内;船速较快。

2. 工程船

通常将从事航道保证、救助打捞、海上施工、水利建设、港口作业和船舶修理的船舶称为工程船舶,包括挖泥船、起重船、敷缆船、航标船等。

3. 工作船舶

为船舶航行安全提供服务或从事与航行直接相关的专业工作的船舶称为工作船舶,包括拖船(图 4-14)、供应船、海难救助船、破冰船、消防船等。

拖(顶)船的强度大,功率大,稳性和浮性较好,但船体较小。

海难救助船体积小、功率大、船速快、具有良好适航性能,并备有各种救助设备的船舶。

破冰船设有大的压载舱,用于为他船开辟航路,其结构坚固、功率大。

图 4-14　拖船

中国十大名船

2006 年，由国防科工委、交通运输部、中国造船工程学会、中国国防科技工业新闻工作者协会等 14 个单位共同组织，首次评出我国十大名船，四艘军舰和六艘民用船舶荣膺“中国十大名船”称号。这十大名船如下。

1. 我国第一艘自行设计建造的万吨级远洋船——“东风号”（图 4-15）

“东风号”远洋货船是中华人民共和国成立后，第一艘自行设计建造的万吨级远洋船。“东风号”远洋货船由江南造船厂制造，1965 年交付使用。其总长 161.4 米，船宽 20.2 米，船深 12.4 米，载重量 1.348 8 万吨，排水量 1.718 2 万吨。它集中反映了当时我国船舶设计、制造水平以及船舶配套生产能力，为我国大批量建造万吨以上大型船舶奠定了基础。

图 4-15　“东风号”

2. 我国第一代导弹驱逐舰——“济南”舰(图 4-16)

我国第一代导弹驱逐舰——“济南”舰,它实现了我国驱逐舰从仿制到自行研制的跨越,它的诞生在我国驱逐舰发展史上具有重要的里程碑意义。

图 4-16 “济南”舰

3. 我国第一艘多功能大型远洋综合调查船——“向阳红 10 号”(图 4-17)

“向阳红 10 号”是我国自行设计制造的第一艘万吨级远洋科学考察船。1979 年 11 月由上海江南造船厂建成并交付国家海洋局东海分局使用。曾参加我国首次发射运载火箭、同步通信卫星等重大科研试验任务,1984 年 11 月参加我国首次南极考察队,开赴南极洲执行科学考察任务,1988 年获国家科技进步特等奖。

图 4-17 “向阳红 10 号”

4. 我国第一艘按国际标准建造的出口船舶——“长城号”(图 4-18)

“长城号”是我国改革开放后按照国际标准建造的第一艘大型出口船舶,该船建于 20 世纪 80 年代初,开创了我国船舶出口的新纪元。它的设计和建造促进了我国出口船舶设计工作的发展,载重量从万吨级进入三万吨级,为设计建造优质出口船打响了第一炮。由此开始,我国真正闯入了国际造船市场。

5. 我国第一代弹道导弹核潜艇(图 4-19)

弹道导弹核潜艇(又称为战略核潜艇)以中远程弹道导弹为主要武器。它的研制成功,是我国海军装备建设的一次战略性突破。

图 4-18　“长城号”

图 4-19　核潜艇

6. 我国第一艘自行设计建造的浮式生产储油船——“渤海友谊号”(图 4-20)

1989 年 5 月,由我国自行设计、建造的第一艘 FPSO(Floating Production Storage and Offloading)集海上油气处理、商用原油储存与外输、发电、供热、油田监控、人员居住等多种功能于一体的“渤海友谊号”正式建成投产。它的诞生,不仅实现了我国 FPSO 设计与建造“零”的突破,而且也是世界上第一艘用于浅水、冰海海域的 FPSO,显示了我国海洋工程研制水平上了一个新的台阶,是我国船舶工业在海洋工程领域标志性的产品。

图 4-20　“渤海友谊号”

7. 我国新型常规潜艇(图 4-21)

新型常规潜艇集中了我国舰艇武器装备科研的最新成果,标志着我国常规潜艇设计和建造水平有了新的突破。

图 4-21　新型常规潜艇

8. "中华第一舰"——"哈尔滨"舰(图 4-22)

"哈尔滨"舰是我国海军科研人员在吸收、消化从国外引进的先进技术的基础上,于 1986 年由江南造船厂开始建造,经过八年的建造、试验,1992 年年底试航,于 1994 年列编海军,成为我国第二代导弹驱逐舰,代表了我国水面舰船武器装备 20 世纪 90 年代初的最高水准,实现了我国海军首访大洋彼岸。

图 4-22　"哈尔滨"舰

9. "海上科学城"——"远望 3 号"(图 4-23)

被誉为"海上科学城"的航天测控船——"远望 3 号",是我国自行设计和建造的新型航天测控船,具有对卫星、飞船、潜地导弹等进行指挥、控制、测量的功能,它的建成使我国成为世界上第四个航天测控技术大国,为我国航天事业的发展做出了突出贡献。

"远望 3 号"船长 180 米,最大高度 37.8 米,满载排水量 1.7 万吨,吃水深度 8 米,巡航速度 18 节,最大航速 20 节,续航能力 1.8 万海里。

图 4-23 “远望 3 号”

10. 我国第一艘 30 万吨级原油船——“伊朗德尔瓦号”(图 4-24)

由大连新船重工有限责任公司为伊朗国家油船公司建造的超大型油船(VLCC)“伊朗德尔瓦号”,达到了当今国际先进水平,实现了我国超大型油船建造“零”的突破。

图 4-24 “伊朗德尔瓦号”

五、智能船舶

(一)智能船舶概述

第四次工业革命已悄然来临,以人工智能为核心基础的新一轮科技革命和产业革命正在积聚,大量新产业、新业态、新模式已经应运而生,航运无法置身事外,随着人工智能、大数据、云计算、机器学习等技术的兴起与突破,航运业正在逐渐由自动化、信息化时代向智能化时代过渡,智能船舶具有巨大的潜力以驱动航运业中的经济、环境和社会可持续性,成为未来船舶发展的趋势已经势不可挡,正如罗尔斯 · 罗伊斯公司副总裁莱万德先生断言的那样“这一切即将发生,不是是否会发生,而是何时发生”。

1. 智能船舶的概念

智能船舶(“Intelligent Ship”“Robotic Ship”“Connected Ship”“Smart Ship”)又称为无人自

主船舶、无人驾驶船舶。智能船舶是利用传感器、通信、物联网、互联网等技术手段,自动感知和获得船舶自身、海洋环境、物流、港口等方面的信息和数据,并基于计算机技术、自动控制技术和大数据处理及分析技术,在船舶航行、管理、维护保养、货物运输等方面实现智能化运行的船舶,如图4-25所示。

图4-25 智能船舶

目前,对于智能船舶概念设计和技术的研究正在如火如荼地进行,导致智能船舶存在多种定义和描述:

(1)智能船舶是指实时信息传输、计算、建模、控制和传感器应用能力的集合。——2014年,丹麦船级社定义。

(2)使用电子信息手段,在船、岸收集、融合和显示港航信息,实现船、岸相互之间信息沟通,达到航行安全、经济和防污染的目标。——2006年,IMO定义(e-Navigation)。

(3)利用物联网、传感器、通信等技术手段,自动感知船舶、环境、货物和港口等方面的信息,并基于计算机、自动控制和大数据分析技术,在船舶航行、管理、维护、货运等方面实现智能化的船舶,确保航行更安全、环保、经济和可靠。——2016年3月《智能船舶规范》定义。

虽然智能船舶定义存在一定差异,但智能船舶定义具备以下特征:通过融合船舶相关信息以提高船舶自主决策能力,从而使得船舶运营更加安全、环保、经济、可靠;通过感知自身和环境信息,自主分析和学习,实现辅助决策或不同程度的自主决策和自主控制,比传统船舶更加安全、环保、经济和高效。

2. 智能船舶的发展

世界国际机构和各国在智能船舶研究与发展方面的侧重点不同,IMO重视技术,CCS重视自主研发,劳氏船级社重视分析人与船舶的关系。其对智能船舶发展经历阶段也有不同主张,从不同角度提出智能船舶发展的如下设想:从航行安全和智能船舶研发经验积累的角度,罗尔斯-罗伊斯公司认为智能船舶实现需要经历减少船员岸基控制船舶、近海无人岸基船舶、远洋无人岸基控制船舶、自主航行船舶4个阶段。而从智能船舶智能实现的物理范围、数据融合范围、智能程度考虑,有的学者认为需要经历船舶远程监控和分析;利用大数据分析等技术,提供航行建议,进行半自动化航行;船岸信息互通,实时进行航行和港口作业优化;实现船舶自主航行、靠泊和装卸4个阶段。还有的学者认为从船舶人为控制的程度来讲有自助船舶、海员远程控制船舶、无人遥控船舶以及无人船舶4个发展阶段。但是不管是哪一种观点,在船舶智能化

不断提升、人员介入不断减少方面的看法是一致的。图 4-26 所示为智能船舶发展时间轴(主要针对无人自主商用船舶):

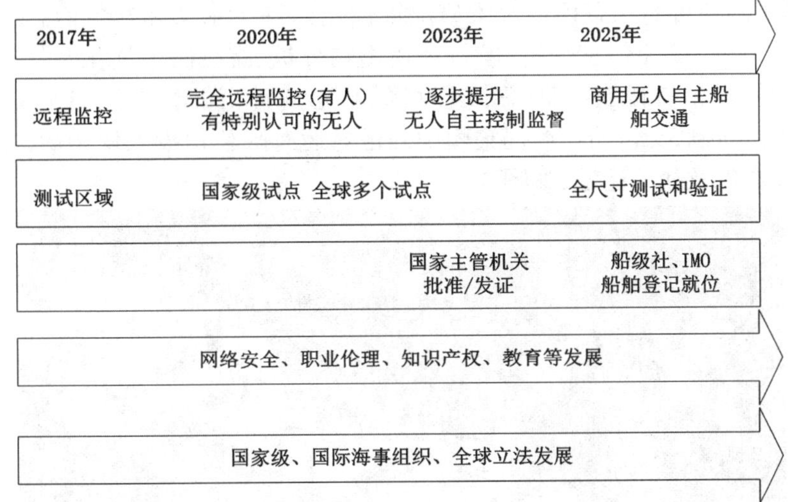

图 4-26 智能船舶发展时间轴

船舶智能化是未来船舶发展的重要方向,从目前国内外相关企业和机构针对智能船舶开展的研究来看,主要集中在智能航行、智能机舱、智能能效管理和智能集成平台中的相关产品和技术上。但未来的智能船舶肯定不止于此,除了自主航行、远程遥控等主要关键技术,其他部分同样可以智能化,譬如自动靠泊/离岸、自主维修、自动清洗、自动更换设备部件、自我防护(针对海盗等)、自动补给等。预计至 2030 年,随着传感器技术、数据驱动的智能系统、计算机科学和数据分析方法等方面的技术进步,船舶将更加智能化,能够完全实现网络的无线连接,可在全球范围内进行数据实时传输,这也将促使其设计、建造、运营及供应链管理模式随之发生根本性改变。

2015 年 12 月,中国船级社(CCS)发布了全球首部《智能船舶规范》。该规范是基于中国船级社近年来的科技研究成果,并充分考虑了国内外有关智能船舶的应用经验和未来船舶智能化的发展方向编制而成的。其主要内容包括:智能船舶的目的、应用范围;智能船舶的定义、目标和功能要求;新技术的应用原则;计算机系统和软件开发要求;智能船舶附加标志及功能标志;智能船舶各智能功能的一般要求、功能要求、技术要求、检验要求及人员要求等。

2016 年 10 月,世界首个自主航行船舶试验区开放。挪威海事局以及挪威海岸管理局签署一份协议,允准在特隆赫姆峡湾(Trondheim fjord)进行自主航行船舶试验,是世界上首个自主(无人)船试验区。

2017 年 03 月,罗-罗公司与瑞典渡船公司 Stena Line AB 签署一项协议,旨在研发其首个智能意识系统,该系统将使得船舶操作起来更加安全、更加高效。2017 年 6 月,罗-罗公司和全球拖船运营商 Svitzer 联合展示了在丹麦哥本哈根港口的世界上第一艘远程控制商用船,并签署协议进行后续的远程和自主运营测试。

2017 年 12 月,全球首艘通过中国船级社认证的智能船舶"大智号"交付,该船由中船工业集团旗下上海船舶研究设计院牵头,中国船舶工业系统工程研究院、中船黄埔文冲船舶有限公司、中船动力研究院有限公司、沪东重机有限公司等单位参与研发建造,实现的主要智能功能包括船舶总体性能及状态监测，船舶状态安全评估，船舶能效监测、分析、评估及优化，机舱重要设备及系统的运行状态监测，机舱重要设备运行安全及性能分析，机舱重要设备智能维护（包括健康衰退预测与可靠状态评估及维修决策优化），基于水文和气象信息的航线规划，船舶航行安全评估、航行操控信息分析、航行环境影响分析、航行决策优化及航行操控优化等。这艘名为“大智号”的散货智能船舶，总长179米、船宽32米、深15米，载重量是3.88万吨，由中国船舶工业集团研制，交付给招商局集团中外运航运有限公司投入使用后，主要用于中澳、东南亚航线的煤炭以及盐的运输，如图4-27所示。

图4-27　我国研制的全球第一艘智能船舶“大智号”

（二）智能船舶特点

智能船舶在适应枯燥、恶劣工作环境方面，机器更具灵敏性、耐久性和稳定性，比有人驾驶船舶更具优势，在应付放射性侵害和危险方面，无人驾驶船舶的政治和人员风险更低，完成任务的概率更高；智能船舶的另一个优势在于没有船员，船舶的某些特征可以被消除——例如，舱面室、船员居住舱、通风、供暖设备和污水系统，使得船舶更轻质、造型更优美，减少燃油消耗，降低运营和建造成本，便于设计，货舱容量增加。当船舶变得愈来愈智能，将逐渐让航运业朝向新的业务模式转变。

1. 提升安全

人为错误占到所有海上事故的70%至80%。用可靠的技术替代人为控制具有显著提升安全的潜力。

2. 降低运营成本

无人或部分无人船舶带来了降低成本的一个巨大的潜能。配员成本通常占船舶运营总成本的30%以上，占平均航次成本的10%。

3. 降低建造成本

船舶甲板舱室、起居系统、救生设备、消防设备等以满足船员需要的设施将消失，船舶自重减轻、大量节约船舶内部空间，消除和减少船上船员的需求将简化船舶设计，从而降低船舶建造和维护成本。

4. 增加环境可持续性

通过减少船舶的燃油消耗，其排放也随之减少，减少人员对海洋环境产生的污染，使海上运输环境可持续发展。

5. 增加社会可持续性

当前船舶港口挂靠时间非常短，船员没有时间上岸消遣，长期远离家人和朋友，面临着与社会环境脱节的苦恼，航海职业愈来愈失去了吸引力。对于未来的智能船舶，海员将在岸上的操控室中控制和监测无人船的航行，计划船舶的维护安排，使得船员能够住在离家人很近的地方，按照平常的工作时间上班。

6. 更强的能力基础

因为操作、任务和工作逐渐从海上转移至岸上，能力要求也将随之出现，吸引具有新的互补能力的人才，他们的才能能够增强航运业。

7. 增强竞争力

载货量增加（因为无上层机构和舱面船室）、运营成本降低的智能船舶将使得航运业比其他运输方式更具竞争力。例如以海上运输替代陆路运输，具有增加贸易量的潜力，并能降低公路上造成污染的货车密度。

8. 降低海盗风险

将再也没有海盗劫持海员的情况出现，岸上人员可以“关闭”一艘船，使得海盗很难控制该船。

智能船舶将给航运业带来四个方面的变化：海员需求量将逐步减少，最终走向船舶货运无人化；船舶结构格局将改变，SOLAS、MARPOL、LOADLINE 等公约标准将随之出现重大调整；船舶安全管理体系和船舶管理公司将发生重大变化；海事机构对自主航行船舶的监管模式、方法和手段将做出相应改变。

（三）智能船舶相关技术

智能船舶通过将现代信息技术、人工智能技术等新技术与传统船舶技术进行融合，从而达到安全可靠、节能环保、经济高效的目的。《智能船舶规范》将智能船舶的功能分为智能航行、智能船体、智能机舱、智能能效管理、智能货物管理和智能集成平台，基本囊括了智能船舶所应具备的所有功能。为实现和完善上述功能，信息感知技术、通信导航技术、能效控制技术、航线规划技术、状态监测与故障诊断技术、遇险预警救助技术、自主航行技术七大技术在六大模块中发挥着重要的作用，为智能船舶的正常运行提供有力保障。

1. 信息感知技术

船舶信息感知技术是指船舶能够基于各种传感设备、传感网络和信息处理设备，获取船舶自身和周围环境的各种信息，包括船舶航速、航向、时空位置等的变化等，使船舶能够更安全、可靠航行的一种技术手段。目前，常用的船舶状态感知技术手段有雷达、船舶自动识别系统（AIS）、全球定位系统、闭路电视系统（CCTV）等。信息感知技术是智能技术的基础，在智能模块中负责信息收集，为智能分析提供数据基础。例如，在智能航行模块中，信息感知技术利用传感器、通信、物联网、互联网等技术手段，自动感知和获得船舶自身、海洋环境、物流、港口等方面的信息和数据，供航行中心进行大数据处理、计算机分析和自动控制；在智能船体模块中，信息感知技术实现了对船体结构安全参数的监测以及海洋环境参数的监测，从而对智能船体起到支持的作用;在智能能效管理模块,信息感知技术负责船舶能效在线智能监控并进行数据反馈。

2. 通信导航技术

通信导航技术是运用各种技术手段来实现船舶上各系统和设备之间,以及船舶与岸站、船舶与航标之间的信息交互,从而通过航位推算、无线电信号、惯性解算、地图匹配、卫星定位及多方式组合以达到确定运载体的动态状态和位置等参数的综合技术。通信导航技术可细分为船舶通信技术和船舶导航技术两个部分。通信导航技术对智能船舶的线路规划和航行起到重要的作用。在智能航行模块中,通信导航技术可实现船与和岸、船与船之间的联系,协助船舶能在开阔水域、狭窄水道、复杂环境条件下自动避碰。而在非航行模块中,通信导航技术也能够提供信息传递的功能,例如在智能能效管理模块中,通信导航技术能够将能耗、航速、纵倾角等多维度多渠道信息汇总传递至控制决策中心。

3. 能效控制技术

能效控制技术也称为船舶能效管理控制计划,是通过对能效指标进行分析和汇总整理,改善船舶能效因素(航线设计、航速、船舶浮态、动力设备)和人员培训等技术措施,最终实现减少排放、提高能效目的的技术手段。能效控制技术服务于智能能效管理模块。通过信息感知技术采集和通信导航技术传递的船舶航行状态、耗能状况信息,结合航线特点、燃料消耗、经济效益等评估结果,提供基于不同目标的航速优化方案,为船舶能效管理提供辅助决策建议。

4. 航线规划技术

航线规划技术是指船舶根据航行水域交通流控制信息、前方航道船舶密度情况、公司船期信息、航道水流分布信息、航道航行难易信息,智能实时选择船舶在航道内的位置和航道,以优化航线,达到安全高效、绿色环保的方法。目前常用的航线规划方法包括:线性规划方法、混合整数规划模型、遗传算法、模拟退火、粒子群优化算法等。航线规划技术主要体现在智能航行模块中的航路设计和优化,通过航线计划、航线监控、自动避碰等功能,让船舶的海上运输更加安全高效,从而缩短运输航程,降低燃料消耗。

5. 状态监测与故障诊断技术

状态监测与故障诊断技术由两部分组成,状态监测技术是以监测设备振动发展趋势等技术为手段,判断设备是处于稳定状态或正在恶化。故障诊断技术就是在船舶机械设备运行中或基本不拆卸设备的情况下,判断被诊断对象的状态是否处于异常状态或故障状态,以及劣化状态发生的部位或零部件,并判定产生故障的原因,以及预测状态劣化的发展趋势等。状态监测与故障诊断技术的应用领域是智能船体和智能机舱两大模块。该技术基于采集数据结果,能够实现全生命周期对船体、主机等关键配套的监控,定量评估使用情况,并结合辅助决策系统提高船体和设备的安全性,减少维修费用。

6. 遇险预警及救助技术

船舶遇险预警及求救系统是指船舶在遭遇恶劣海况、天气或其他特殊情况下能够对船舶航行姿态进行实时监测和预警,并能在船舶发生倾覆等突发情况下自动向监控中心或周围船舶发出求救信号,指引搜救人员和船舶前往遇难遇险船舶开展救助的方法手段。遇险预警救助技术是智能集成平台以及智能货物管理模块所搭载的关键技术。该项技术减轻了海上环境监测对人员的依赖性,并提高了风险预警率,及时控制事故的蔓延,提升工作效率和船上人员财务的安全性。

7. 自主航行技术

智能航行系指利用计算机技术、控制技术等对感知和获得的信息进行分析和处理，对船舶航路和航速进行设计和优化；可行时，借助岸基支持中心，船舶能在开阔水域、狭窄水道、复杂环境条件下自动避碰，实现自主航行。自主航行技术是智能船舶实现无人驾驶的关键所在。但由于自主航行的可靠性和稳定性需要经过长时间的真实环境下的反复测试，并且还需要与之配套的国际和国内水上交通法律、法规的修改和完善，所以，距离无人驾驶船舶大规模的投入生产和营运还有较长的一段时间。因此，自主航行属于尚未实现的高级功能。

随着电气技术、数字技术和网络技术的不断成熟，人工智能技术介入船舶行业并产生了深远的影响，尤其是在航行、操纵、机器运转、风险监控等多个领域表现出传统技术所不具备的巨大优势，使智能船舶成为船舶行业提升竞争力的新契机。

智能船舶能够更好地服务船舶运营，实现船舶、港口、船东、船厂之间的信息共享，建立一体化的船舶运营服务模式。智能船舶是未来船舶发展的必然方向，也将是未来世界船舶工业领域竞争的焦点。但目前，智能船舶的发展尚处于初级阶段，欧洲、韩国、日本以及我国等全球主要船舶建造中心都在积极开展研发工作，推进人工智能技术应用将成为智能船舶发展的关键。

第五章　航海技术专业教学内容

航海技术专业属于交通运输工程和载运工具运用工程学科，其主要培养适应社会需求，德、智、体、美全面发展，具备船舶驾驶、船舶运输管理等方面的知识和技能，符合国家教育方针和国际国内相关法规要求，综合素质好且环保意识和可持续发展意识强，具有国际竞争能力的高级航海技术应用型人才。

学生毕业后适合在海洋运输各企事业单位、政府主管机关、研究单位和教育培训机构从事船舶驾驶、航运管理、港口引航、海事管理、科研或教学等工作。

第一节　航海技术专业人才基本要求

为系统培养航海技术专业人才，大多航海高等院校开设船舶原理、航运业务与海商法、GMDSS综合业务、通信英语、船舶结构与设备、航海气象与海洋学、航海仪器、航海学、海上货物运输、船舶管理、船舶操纵、船舶值班与避碰等课程，并且提出人才培养的素质结构和能力要求。

一、素质结构

素质结构包括：

（1）热爱祖国，拥护中国共产党的领导，政治立场正确，思想稳定。

（2）有良好的道德品质，具备社会责任感，遵守社会公德和法律。

（3）理论联系实际，勤奋好学，掌握基础的科学知识和基本专业技能，得到创新意识、适应能力的初步培养和训练，具有到一线工作的吃苦精神。

（4）具有健康的身体、健全的人格、良好的心理素质和行为习惯，具有合作精神。

二、知识结构

知识结构包括：

（1）掌握船舶驾驶及运输管理所必需的较为系统的基础科学理论、扎实的学科基础理论和必要的专业知识，了解相关的科技发展动向。

（2）掌握组织船舶安全航行、货物运输、航运管理等方面的实践知识和技能，具有海洋环境保护观念。

（3）熟悉国际、国家关于船舶驾驶、海洋运输、港口贸易等方面的政策和法律、规章。

（4）了解基本的军事和国防知识。

三、能力结构

能力结构包括：

(1)具有较强的分析、解决航海技术和工程实际问题的能力，初步的科技研究和开发能力，组织管理能力、生产经营能力和自学能力。

(2)具有正确运用本国语言、文字的表达能力，基本掌握一门外语，具有较强的外语与计算机应用能力。

(3)掌握文献检索、资料查询的基本方法，具有较强的自学能力和一定的独立工作能力。

(4)了解体育运动的基本知识，掌握科学锻炼和养护身体的知识与方法，身心健康，达到大学生体育合格标准。

第二节 专业教学的基本要求与核心课程介绍

高等航海教育兼具学历教育与高等职业教育的双重性质，与产业经济的联系十分紧密。因此，高等航海教育核心课程设置受到 STCW 公约影响，学校必须按照公约要求设置核心课程。

一、课程介绍

1. 航海气象学与海洋学

航海气象学与海洋学是航海技术专业开设的一门专业课，是本专业毕业生参加全国海船船员适任证书统考必考内容之一。本课程研究大气、海洋运动变化规律以及海—气相互作用对航海活动的影响，其目的就是“趋利避害”，充分利用有利的天气海洋条件，尽可能避离恶劣的天气和海况，使船舶安全、经济地到达目的地。

航海气象学与海洋学研究的主要内容：气象学基础知识；海洋学基本知识；天气系统及其天气特征；天气图基础知识；船舶气象信息的获取和应用；船舶气象导航；世界海洋气候。

航海气象学与海洋学课程的特点是：

(1)与地理相关联；

(2)云变化莫测，较难掌握；

(3)气象学与海洋学不断发展，新的天气和海况实践不断揭示，新的大气和海洋运动规律不断发现；

(4)天气分析和预报方法不断更新，船舶获取的天气信息和预报产品越来越多。

2. 航海学

航海学是航海技术专业的主要专业课程，是学生进入航海专业生涯的第一课，起到承上启下的作用。它是一门研究如何使船舶从一个港口安全经济地航行至另一个港口的综合实用性学科，理论覆盖面广，实践性强。该课程在培养航海高级人才方面起着基础性和主要性的作用，是 STCW 公约所要求的海船船员必修知识，也是国家海事局海船船员适任证书考试的必考内容之一。

航海学课程的目的在于教授学生有关航海的基本知识、航海技能，培养学生在各种航行条件下综合运用航海技术的能力，灌输学生以安全理念，以保障海上航行的安全，保护海洋环境。本课程实践性非常强，突出加强学生的实践技能培养和训练，培养目标侧重于学生能真正理解知识并能运用于实践中；在教学中强调理论联系实际、案例教学的教学方法和教学理念，对师资的要求非常高，根据国际公约的要求，航海类师资必须具有“双师型”资质，老师必须定期到船上实践以获取最新的航海信息，更新理念以培养适应最新的航海需求的航海人才。

航海学课程为航海人员提供有关海上航行的航线选择和设计、船位的测定和各种条件下的航行方法等重要问题，给船舶的安全、经济航行提供了必要的保障。根据新形势下航运事业发展需求，结合现代航海科技的新成就，STCW 公约和国家海事局对高级船员的评估考试和理论考试，明确了航海学的重要性。该课程研究的主要内容是：

（1）拟定一条既安全又经济的航线，制订一个切实可行的航行计划。

（2）研究船舶定位的理论与实践。即研究航迹推算、观测定位及其误差分析与控制，引导船舶航行在计划航线上；定位方法分为三类：陆标定位、天文定位和电子定位。

（3）各种条件下的航行方法及其安全研究。

根据以上内容，航海学课程在教学上从理论与实践两个方面进行教学，改变过去偏重理论教学的现象，融“教、学、做”为一体，强调学生航海实践能力的培养。

理论教学主要从以下三个模块进行，强调以实用性为主，在理论中贯穿实践知识内容：

模块一：以地文航海为主的理论教学模块，强调学生必须掌握地球坐标知识、海图知识、航迹推算知识、陆标定位知识、电子定位知识、潮汐知识和船位误差理论知识等。

模块二：以天文航海和测罗经差为主的理论教学模块，强调学生掌握天球坐标知识、时间系统知识、天文定位方法和罗经差的测定等内容。

模块三：以制订航行计划为主的理论教学模块，强调学生必须掌握航标知识、航海图书资料知识、航线和航行方法知识等。

现代科学技术的发展成就了航海技术的长足进步。信息科学、计算机技术、电子技术、空间技术及空间卫星技术在航海上的成功应用，使航海技术发生了极为深刻的变革，使航海学课程的内容得到了极大的充实和发展。航海技术的进步对航海人员的素质提出了更高的要求。现代航海要求航海人员必须具有较扎实的现代科学技术的基础知识，通过实践不断积累和丰富航海实践，对各种复杂的航海环境具有独立分析、判断与处理的理论基础知识和实践技能，在不断更新的技术条件下有较好的自适应能力。

3. 航海仪器

航海仪器的发展和进步往往是标志着航海技术现代化进程的里程碑。随着计算机网络技术、信息处理技术、通信导航技术和卫星定位技术等新技术的不断涌现和发展，船舶操控正在向自动化、信息化和智能化方向发展。传统单一独立的航海仪器设备或系统，如无线电导航系统、船舶导航雷达、卫星导航系统、电子海图和信息显示系统、自动识别系统等，已经成为综合驾驶台智能管理控制系统中的必要组成部分。现代航海仪器在实现船舶自动驾驶、提高船舶营运效益、保障海上人命安全、保护海洋环境等方面发挥着日益重要的作用。航海仪器课程是航海技术专业的主要专业课之一，综合了电航仪器、无线电导航仪器两门课程的教学内容，叙述罗经、水声仪器、无线电导航仪器的基本理论基础、结构和电路原理以及它们的使用与维修保养要求等，在航海技术专业教育中占有重要地位。该课程在培养航海高级人才方面起着基础性和主要性的作用，是STCW公约所要求的海船船员必修知识，也是国家海事局海船船员适任证书考试的必考内容之一。

航海仪器课程的主要内容有：陀螺罗经的原理与应用；磁罗经的原理与应用；水声仪器的原理与应用（包括测深仪与计程仪）；电子导航仪器的原理与应用（含罗兰C系统、卫星导航系统、自动识别系统、航行数据记录仪）；综合导航系统的原理与应用。

航海仪器课程的特点是：

（1）一门应用性和实践性很强的学科，学生学习后即可掌握相关仪器的使用、保养知识，如果为获得高级船员资质，还应通过国家海事局组织的航海仪器评估考试；

（2）仪器原理涉及微积分、几何、力学、电路等方面知识，基础理论内容较多，对于学生来说，有一定学习难度；

（3）对于航海技术专业，本课程是必修课；对于航海教育类高校的其他专业，如电子信息工程专业、通信工程专业等，本课程可列为选修课程；

（4）课程的各部分内容没有直接密切的联系。

4. 船舶导航雷达

船舶导航雷达以及建立在对雷达目标自动标绘基础上计算避碰关键参数的自动雷达标绘仪（ARPA）的出现，是航海技术发展史上的重大里程碑。雷达/ARPA为航海人员在复杂的航行环境中，及时有效地探知船舶周围的航行环境、获取目标船舶的航行动态，提供了有效的观测手段，是现代船舶航行中不可或缺的定位、导航和避碰的助航设备。

船舶导航雷达是船舶装备的众多电子助航仪器之一，也是最重要的航海仪器。由于其工作原理、设备构造以及操作使用等方面内容众多，学习难度大，所以为船舶导航雷达专门设立一项课程，内容主要涵盖雷达基本原理、船用雷达主要设备构成、船用雷达的性能及影响因素、雷达自动标绘原理与设备、船用雷达操作等。

本课程的特点是：

（1）强调应用性和实践性；

（2）涉及基础理论内容较多，对于学生来说，有一定学习难度；

（3）对于航海技术专业，本课程是必修课；对于航海教育类高校的其他专业，如电子信息工程专业、通信工程专业等，本课程可列为选修课程。

5. 海上货物运输

海上货物运输是航海技术专业学生必修的一门主干专业课程，是研究船舶配积载、货物装卸、船舶运输全过程中货物管理的一门学科。该课程一直是从事船舶驾驶工作人员的主要业务课程，它承载了航海技术专业的核心能力培养任务，是航海技术专业的核心课程之一，也是海船驾驶员职业证书主要的考试内容之一。

海上运输以其运量大、成本低的优势，在当今贸易中的地位越来越重要，全球对海运业在世界经济中的地位已达成共识。海运作为连接国与国之间最大的一条经济纽带，在促进全球经济融合的过程中发挥着巨大的作用。现代海上运输的原则是安全、优质、快速、经济，而船舶的安全则是重中之重。本课程在专业基础课船舶原理的基础上，通过讲授船舶货物运输技术的基本知识和基本技能，为学生适应船舶货物运输管理、保证航行安全、提高货物运输质量和经济效益打下良好基础。同时引导学生树立正确的思想意识，养成良好的职业道德。

本课程内容对航海技术专业关键知识点的学习和核心技能的训练起到重要的支撑作用。

通过本课程的学习，学生能掌握船舶货物运输中关于货物管理、货物装卸、航海性能计算等基本知识，熟悉船舶配积载方法及配积载软件的使用，可初步掌握船舶配积载业务。

海上货物运输的主要特点是：

(1)海上货物运输是实用性很强的一门学科；

(2)理论知识较为抽象，涉及多门基础学科，计算复杂，学习难度较大，易造成教师难教和学生厌学的情况；

(3)必须满足 STCW 公约和《中华人民共和国海船船员适任考试大纲》的相关要求，课程内容不断更新(部分内容每两年更新一次)；

(4)强调理论与实践相结合，知识、经验与法规相结合；

(5)随着数字技术的发展，货物积载软件在船上的应用日趋广泛，本课程同时讲述一些货物积载软件的编制原则和使用方法。

通过本课程的教学，学生有能力参加交通运输部海事局组织的“全国海船船员适任评估与考试”，并能够通过海事局组织的评估与全国海船船员考试，取得相应的海船船员职业资格证书，最终将“教学与考证”“课程与就业”有效地融合在一起，实现“一教多证”的教学目标。

6. 航运业务与海商法

航运业务与海商法是航海技术专业的一门专业性、技术性和法律性紧密结合的特殊学科，因此在欧美国家，航运业务与海商法的教学和研究已有数百年的历史。我国开设航运业务与海商法课程的历史较晚，仅有 40 多年的历史。我国是一个贸易大国，也是航运大国。随着国际贸易和海上运输的迅猛发展，航运市场需要高素质的海运人才。航海技术专业以培养具有国际竞争能力的航海类人才及国内新型航运人才为目标，航运业务与海商法课程作为航海技术专业本科学生的专业基础课之一，将航运业务知识与海商法知识相结合，极大地拓展了航海类学生的专业知识面，帮助学生了解航运管理、航运技术、航运法律等多方面的知识，为学生成为综合性高素质人才奠定基础。

航运业务与海商法研究的主要内容有：航运业务基础、国际航运合同业务、海商法三个相关的知识模块。各知识模块所包含的内容、顺序如下：

(1)航运业务基础知识模块

①国际贸易；②远洋运输营运方式；③远洋运输单证业务。

(2)国际航运合同业务知识模块

①提单业务与国际公约；②航次租船合同业务；③定期租船合同业务。

(3)海商法知识模块

①海商法基础知识；②船舶法；③船舶担保物权；④船员法；⑤船舶碰撞法；⑥海难救助法；⑦共同海损法。

航运业务与海商法课程的特点是：

(1)航运业务与海商法是实践性很强的学科；

(2)涉及的法规等方面知识理论性较强，操作内容较少，易造成教师照本宣科和部分学生缺乏兴趣的情况；

(3)国内外各航海类院校的航海技术专业，纷纷将航运业务与海商法列为必修课程；

(4)课程的内容有联系密切的系统性。因此要求学生首先掌握基本知识，然后通过具体案例将理论知识应用到具体实践中。本课程是学习后续专业课的基础课程，在整个航海技术专业课程体系中有为其他课程服务的作用，通过对本课程的学习，为后续专业课程的学习打下基础。

本课程具有实践性强的特征。近年来，各种海事案件频繁发生，学生通过对本课程的学习，可以将书本上的理论知识应用到具体的案例中，对航海类学生以后的工作大有裨益。

7. 船舶操纵

船舶操纵是航海专业的重要专业课，是航海人员掌握船舶驾驶技术的基础学科，是 STCW 公约要求海船船员必修的专业知识，是海上搜救、海事案例分析等评估项目的重点内容，也是海船船员适任证书考试、港口引航员证书考试以及大型船舶操纵等培训的主要内容。

船舶操纵涉及工程力学、高等数学、船舶原理以及船舶结构与设备等学科的众多基础知识。本课程理论适度、实践性强，内容主要包括船舶操纵性能、船舶设备在操船中的应用、外界因素对操船的影响、特殊情况下操纵船舶方法、应急情况下船舶操纵技术等知识。本课程的重点是使学生领悟船舶操纵性能和外力对船舶操纵的影响等理论，初步掌握多种情况下船舶操纵程序和要领，为具备驾驶台值班能力打下基础。

通过本课程的学习，学生可获得从事与船舶驾驶岗位工作所必须具有的操船理论、基础知识和实践技能。学生毕业时，在船舶操纵知识和能力方面为履行远洋船舶管理级驾驶员职责打下良好的基础。

8. 船舶值班与避碰

船舶值班与避碰是航海技术专业的必修课。STCW 公约对海员的适任性提出了具体的法定要求。我国作为该公约的缔约国，结合我国实际情况为履约而制定了海员的适任标准。按此标准，全国高等航海类院校教学指导委员会制订了海洋船舶驾驶本、专科专业指导性教学计划。根据计划中有关培养目标和培养规格的要求，船舶值班与避碰课程的教学任务首先是使学生达到 STCW 公约规定的强制性适任标准。课程目的在于培养学生树立正确的学习目标，培养扎实、认真的科学态度，掌握基本的船舶的操纵理论、国际避碰规则以及航行值班原则和驾驶台工作程序的有关内容及规定，初步掌握各种条件下的船舶操纵与避碰技术和方法以及海难中应急操船的能力，增强学生的实践经验，培养学生分析判断能力、理论联系实际能力和创新精神，为从事本专业及相关的工程技术工作打下基础。

根据 STCW 公约马尼拉修正案要求，本课程内容主要分为驾驶台资源管理、船舶定线制和报告制、船舶操纵、船舶避碰、船舶值班五部分。其中驾驶台资源管理部分主要涉及关于有效地组织驾驶台协同工作程序的全面知识；船舶定线制和报告制主要涉及根据船舶定线制的一般规定使用定线制及报告制的内容；船舶操纵部分主要涉及船舶操纵基础理论、操纵设备在操船中的运用、外界因素对操船的影响、港内操船、特殊水域中的船舶操纵和特殊情况下的操船等几个方面的内容；船舶避碰部分包括《国际海上避碰规则》的全部内容以及我国特殊的避碰规定，为便于学习，此部分还包括雷达标绘涉及船舶避碰几何的基本原理、雷达协助避让的要点与常用估算方法等方面内容；船舶值班部分主要为航行值班原则的有关内容。

船舶值班与避碰课程的特点是：

(1)船舶值班与避碰是应用性很强的学科；

(2)涉及船舶原理、船舶结构与设备、航海仪器等专业课程的多方面知识，先修学科较多，重在理论结合实践，对于国内部分院校在校期间无法上船实习的学生来说，学习难度较大；

(3)本课程是航海技术专业本、专科教学的重要组成部分，也是必修课程，在强调学生综合素质与创新能力培养的同时，引入“行业准入”机制，在知识结构上满足国际公约和国内法规的相关要求。学生完成课程学分的同时，参加海员适任证书考试，达到80分及以上及格，课程考核标准较高。

9. 船舶结构与设备

船舶结构与设备是航海技术专业一门重要的主干专业课程，也是中国国家海事局规定的海船船员适任证书考试内容之一。该课程是航海专业学生学习其他专业课程的基础，是航海专业课的一门基础学科，与船舶原理、船舶操纵、海上货物运输、船舶值班与避碰等课程之间形成前后呼应的关系，是后续专业课开授的基础课。所以在大多数航海院校里该课程都先于其他专业课程开设，具有很强的应用性和专业性。

船舶结构与设备理论教学内容主要包括船舶常识、船体结构和船舶管系、锚设备、舵设备、起货设备、系泊设备、系固设备、船舶抗沉设备和堵漏、船舶修理以及船舶入级与检验等。

船舶结构与设备课程要求学生掌握船舶结构、甲板设备、船舶堵漏设备、船舶修理与入级等内容，并能够熟练掌握和使用船舶设备和运用良好船艺，确保船舶航行、靠离码头及锚泊作业和货物装卸安全的综合实用性知识。

通过本课程的学习，学生能获得从事船舶驾驶岗位工作所必须具有的船舶结构与设备理论、基础知识和实践技能，具备操作级船舶驾驶员管理船舶的资格和能力，为履行远洋船舶管理级驾驶员职责打下良好的基础。

船舶结构与设备课程的特点是：

（1）船舶结构与设备是驾驶专业的一门专业课程；

（2）该课程涉及船艺与船体结构设备两大航海基础学科，内容繁多，涉及范围广，实践性较强，而航海院校学生又缺乏相关的船上实践经验，对船艺和船体无感性认识，因此给该门课程的教与学都带来了很大的难度；

（3）航海专业教师如何利用有限的教学资源以及适当的教学方法的改革，在理论与实践两个层面上让学生充分掌握船舶结构与设备这门课程的相关知识，是当前每一位航海教育者所应当追求的目标。

10. 船舶管理

船舶管理是航海技术专业学生的专业必修课之一，也是中国国家海事局规定的海船船员适任证书考试的科目。它涉及船舶驾驶人员应知、应会的岗位职责和必须遵守的安全生产规章、规则以及国际国内相关法律等知识，对保证人员、船舶和海洋环境的安全是极为重要的一环。本课程的目的是通过学习，使学生不但了解一定的安全管理方面的理论基础知识，还要使他们树立较强安全意识、环保意识和敬业精神。

本课程理论教学主要涉及以下内容：船舶营运安全、现代安全管理理论及应用、人为因素控制和国际安全管理规则、船员管理、船舶安全与出入境管理、海洋船舶防污染管理、海上船舶安全应急和医疗急救、海事和海事预防。

二、船员适任证书理论考试科目

国家海事局是我国的海事主管机关，其主要职责之一就是负责我国的船员适任资格培训、考试、发证管理。船舶驾驶员必须经过系统的航海教育，并参加国家海事局主持的船员适任证书考试，考试合格后方能取得任职资格。目前，船员适任证书理论考试科目有船舶操纵与避碰、船舶管理、船舶结构与货运、航海学、航海英语。

船舶操纵与避碰科目考试内容涵盖了高等航海教育中船舶操纵、船舶值班与避碰、船舶信号三门课程的内容，考试大纲中规定的考核项目有：船舶操纵基础、各种环境下的船舶操纵、应急操船、搜寻和救助行动、轮机概论、避碰规则内容的全面知识、航行值班中应遵守的原则、驾驶台资源管理、用视觉信号发出和接收信息。

船舶管理科目考试内容涵盖了高等航海教育中船舶管理、航运业务与海商法两门课程的内容，考试大纲涉及的内容有：船员职务职责、船舶安全生产规章制度、国际海事公约、国内海事行政法规、船舶检验、海洋与海洋环境保护、船舶应急、船舶资源管理、远洋运输相关知识、班轮运输、集装箱运输与多式联运、不定期船运输、海上旅客运输与海上拖航、船舶碰撞、海难救助、共同海损法律与实务、海事赔偿责任限制与油污损害赔偿、海上保险、保赔与海事争议、沿海运输有关法规、规范与实务、船舶修理。

船舶结构与货运科目考试内容涵盖了高等航海教育中船舶结构与设备、海上货物运输两门课程的内容，考试大纲涉及的内容有：船舶常识、船体结构基础知识、干货船主要管系、起重设备、货舱、舱盖及压载舱、船舶货运基础、船舶载货能力、船舶稳性、船舶吃水差、船舶抗沉性、船舶强度、包装危险货物运输、普通杂货运输、特殊货物运输、集装箱货物运输、散装谷物运输、散装固体货物运输、散装液体货物运输。

航海学科目考试内容涵盖了高等航海教育中的航海学、航海仪器、船舶导航雷达、航海气象与海洋学四门课程的内容，考试大纲涉及的内容有：航海基础知识、海图、船舶定位、天球坐标系与时间系统、天文船位误差、罗经差、潮汐与潮流、航标、航线与航行方法、船舶交通管理、电子海图显示与信息系统（ECDIS）、电子定位和导航系统、回声测深仪、磁罗经和陀螺罗经、使用来自导航设备的信息保持安全航行值班、使用雷达和自动雷达标绘仪保持航行安全、气象学基础知识、海洋学基础知识、天气系统及其天气特征、天气图、船舶气象信息的获取和应用、船舶气象导航。

航海英语科目考试内容主要是与航海技术有关的文献文章及英版航海图书资料、法规文件及其常用术语、词汇词组等。作为船员适任证书理论考试科目，航海英语考试大纲所列考察内容主要是与航海相关的，例如：航海图书资料、航海仪器、航海气象、船舶操纵、船舶避碰、船舶结构与设备、船舶货运技术、国际海事公约、航运法规与业务、船舶安全管理等方面的英语阅读与写作能力。

第三节　专业的实训、实习主要内容与评估考证要求

高等航海教育属于高等工程教育的一部分，是以培养具有一定的科学文化基础并受到航海职业训练的高级技术人员或从业人员为目标的教育。但高等航海教育有别于一般高等工程教育，其所服务的行业决定了该专业具有岗位适任性、国际通用性、法律法规性和国防军事性的特性，这些特性决定了这类人才必须具有较强的实际动手能力、较宽的知识面、较高的外语水平、较强的为人处事能力和一定的经营组织管理能力。因此，航海技术专业人才除了掌握必需的航海理论知识以外，还必须具有较强的实践技能。

随着国际海运事业的发展,船舶也正在向着大型化、多样化、智能化的方向发展,尽管现代化的船舶上都安装了先进的通信、导航、助航设备,但是各种各样的事故仍然层出不穷,不仅造成了重大经济损失,而且导致了人员伤亡和(或)环境污染。通过对大量事故的科学分析发现,导致事故的原因都与航海人员的人为因素和设备局限性有关。因此,制定完善的培训体系,加强对航海人员的培训,从而培养出具有较高理论素养和操作技能的航海人员,是最大限度地减少人为失误、减少甚至避免事故发生的重要环节。

一、航海技术专业评估科目

我国是 STCW 公约的缔约国。在 2010 年,公约的马尼拉修正案通过后,为完成缔约要求,中国国家海事局制定了一系列的船员培训、考试和发证办法,以加强对我国航海从业人员的教育培训,提高理论素养和实践技能。其中《中华人民共和国海船船员适任评估大纲和规范》列出了航海技术专业(船舶驾驶)各层次不同科目的实践技能要求。

航海技术专业评估规范制定的评估科目总计有 10 项,具体为:

1. 船舶操纵、避碰与驾驶台资源管理

船舶操纵,实训项目主要有船舶的锚泊操纵,港内掉头操纵,靠、离泊操纵,系、离浮筒的操纵要领等,面向船长层级;

船舶避碰,实训项目主要有船舶互见中的避碰应用、能见度不良时的避碰应用、特殊水域(狭水域、分道通航水域)的避碰应用;

驾驶台资源管理,实训项目主要涵盖驾驶台物力、人力资源的管理和综合运用,包括船舶在特殊水域航行的计划制订与实际操作,偶发事件的预测、判断、应对措施等。

2. 电子海图显示与信息系统(ECDIS)

电子海图是以数字形式表示的、描写海域地理信息和航海信息的地图。电子海图的出现是计算机与网络技术的发展所催生的,是海道测量领域和航海领域的一场新技术革命。目前越来越多的船舶陆续在驾驶台安装了电子海图显示与信息系统(ECDIS)。国际海事组织(IMO)在 SOLAS 公约第五章对船舶配备电子海图显示与信息系统(ECDIS)做出了具体的规定。作为船舶驾驶员,必须能够熟练地使用 ECDIS。

本实训项目的适用对象是船舶各级驾驶员,包括二/三副、大副、船长。内容包括系统的组成与检查、数据与显示、安全参数的设置、利用 ECDIS 进行航线设计与航次计划、航行监控、记录航海日志、认识过分依赖电子海图的风险、系统测试与备用配置等。

3. 航次计划

本实训项目面向船长层级,内容涉及预定航次图书资料的配备要求及信息获取、审核计划航线、对预定航次风险的识别和评估及控制。

4. 航海仪器使用

本实训项目面向二/三副层级,内容是学习船舶安装的磁罗经和陀螺罗经、计程仪、回声测深仪、船载 GPS/DGPS 卫星导航仪、船载 AIS 设备的正确操作。

5. 航线设计

本实训项目面向二/三副(技术)层级,训练内容有:海图及图书资料改正,海图及图书资料的抽选,查阅航海图书资料,绘制航线、编制航线表,航迹推算。

6. 货物积载与系固(大副)

本实训项目面向大副层级,训练内容有:杂货积载、固体散货积载、散装谷物积载、集装箱积载。

7. 货物积载与系固(二/三副)

本实训项目面向二/三副层级,训练内容有:船舶主要配载标志辨识及应用、货物包装和标志辨识及应用、货物积载与系固方法辨识、货物配载图辨识及应用、船舶相关性能核算。

8. 雷达操作与应用

本实训项目面向二/三副层级,目的是使用雷达和自动雷达标绘仪以保持航行安全,训练内容有:雷达基本操作与设置、雷达观测、雷达导航、雷达人工标绘、雷达自动标绘、AIS 报告目标、试操船。

9. 气象传真图分析

本实训项目面向船长层级,内容涉及气象传真图的识别、气象传真图的综合分析运用两个主要方面。

二、专业实验室介绍

"工欲善其事,必先利其器。"为完成上述实训项目,航运院校必须建设相应的专业实验室。这些实验室包括航海模拟器实验室、海图室、GMDSS 实验室、船舶导航实验室等。海上设备更新换代很快,以雷达为例,自 20 世纪 70 年代以来,从国产 751、752 雷达到今天兼容 AIS 信号、具有 ARPA 功能的雷达,已经经历了四代,航海技术专业实验室资金投入很高。

航海技术专业部分专业实验室介绍

大型船舶操纵模拟器实验室

目前国内院校常见航海模拟器有英国 Transas Marine Limited 生产的 NT-PRO 系列产品、挪威 KONGSBERG MARTIME AS 生产的 Polaris 系列产品及我国大连海事大学生产的 V. Dragon 系列产品。以 V. Dragon 为例,其设计理念及功能有:

大型船舶操纵模拟器采用先进的分布交互仿真(Distributed Interactive Simulation,DIS)和高层体系结构(High Level Architecture,HLA)的设计思想,可以与互联网方便相连的先进网络技术,将各分系统的计算机相互连接构成综合仿真模拟系统。该系统包括教练员控制台、主体船及视景系统、副本船及视景系统,具有导航仪器、带三维视景的船舶操纵、雷达/ARPA、ECDIS 与 GMDSS 等模拟功能,同时提供包括车、舵、锚、缆、拖船、船首侧推器在内的操船手段和本船航行灯、甲板灯的控制,实船模型 90 余种,训练海区覆盖中国沿海、马六甲海峡、新加坡水域、英吉利海峡,各本船之间通过三维视景和雷达图像互见。

该模拟器性能指标应完全满足挪威船级社(DNV)有关大型船舶操纵模拟器的性能标准,符合中国海事局和 STCW 公约对用于培训和适任评估的模拟器的性能要求。模拟器中的各本船功能完备,可完整地模拟船舶驾驶台操作环境,既可用于受限水域的高级操纵和引航训练,如不同类型船舶、不同气象条件、不同航道条件下的船舶操纵训练、航行值班避碰、驾驶台资源管理、协调搜救作业,也可用于雷达/ARPA、ECDIS、GMDSS 模拟训练,满足 STCW 公约规定的目标和训练任务的需要,还能承担港航工程论证、航行安全评估、海事分析等科研性模拟任务,真正成为航海教学和科研的重要实验基地。

船桥实验室

贵重仪器设备主要有:VHF 电台、组合电台、INMARSAT-C 站、INMARSAT-B 站、INMARSAT-F 站、雷达、电子海图等。实验室除了担负航海技术本科相关课程的实验教学和培训教学等任务外,还担负了学院通信导航相关研究方向的科研任务。在"GMDSS 通信,电子导航,驾通合一"等研究方向上逐步显示了自己的特色与优势,面向学科学术前沿,着力建设综合船桥,逐步实现数字化航海领域高水平的科学研究、人才培养和学术交流,围绕理论联系实际、科研教学并重的学术思路,开展应用型、创新型研究,致力于解决航海学科发展应用中的通信导航相关应用技术问题,构建数字化航海交叉学科研究的平台。

GMDSS 模拟实验室

航海模拟器在航海教育和培训中发挥了重大作用,GMDSS 模拟器也是航海模拟器的重要组成部分之一。全球海上遇险与安全系统 GMDSS(Global Maritime Distress and Safety System)于 1999 年 2 月 1 日完全实施,根据 SOLAS 公约的要求,各缔约国必须对从事航海事业的相关人员进行 GMDSS 培训。STCW 公约修正案,特别强调了模拟器在培训中的应用。INMARSAT-B 主要实现的功能包括遇险报警、常规的电传和电话通信、文件的编辑管理、卫星的选择。INMARSAT-C 主要实现的功能包括遇险报警、常规的电传、遇险电传通信、文件的编辑管理、电文的接收及查阅、洋区登记以及人工的入网和脱网、EGC 接收的设置、定时发送。INMARSAT-F 主要实现的功能包括遇险报警、常规电话通信、卫星选择、遇险报警测试、ISDN 以及 MPDS 拨号的设置。单边带(SSB)主要实现的功能包括通信种类的设置、通信频率的设置、信道扫描以及点扫描、接收机的调整、发射机的调谐及自检。MF/HF DSC 主要实现的功能包括遇险报警、单呼、群呼、全呼、自动/半自动业务、海区呼叫、遇险转发、对接收到的信息进行查看。VHF DSC 主要实现的功能包括遇险报警、DSC 电文的编辑与发射、频道的存储与扫描、对接收到的信息进行查看、地址簿的编辑以及误报警的消除。无线电传 NBDP 主要实现的功能包括遇险报警、电文的处理、自动无线电传通信程序、手动无线电传通信程序以及与岸台进行电传测试。

综合导航实验室

综合驾驶台系统是一个集成船舶信息探测和信息操作并能进行集中控制的船舶自动航行系统。近几十年来,随着科学技术的发展,在船舶组合导航系统(INS)的基础上,结合了现代雷达、电子海图、自动识别系统(AIS)、自动舵等各种导航和船舶操纵设备,形成了具有综合导航、船舶控制、自动避碰、综合信息显示、通信和航行管理控制等多种功能完善的综合驾驶台系统。在提高船舶航行自动化程度、保障船舶航行安全、提高船舶营运效益等方面,综合驾驶台系统发挥了重要作用。

本实验室安装的船舶综合驾驶台系统,由 X 波段(3 厘米)和 S 波段(10 厘米)双雷达系统、电子海图综合信息显示系统(ECDIS)、GPS 卫星导航仪、自动识别系统(AIS)、测深仪、计程仪、模拟自动舵等设备构成,具有导航信息综合显示、航路计划、危险监测、航向或航迹控制等功能。

罗经实验室

罗经实验室分为磁罗经实验室及电罗经实验室。

磁罗经实验室安装有立式标准磁罗经一台,罗盘直径 165 毫米,并配备有折光投影装置;台式磁罗经三台,罗盘直径 165 毫米;艇用磁罗经一台,罗盘直径 130 毫米。磁罗经是一种传统的航海指向仪器,其原理是利用地磁场对磁针等敏感元件的吸引作用,而使罗盘磁针能始终指向地磁北方。磁罗经结构简单,工作性能可靠,除地磁场外,可不依赖其他外界条件而独立工作,因此至今仍是船舶必备的航海仪器之一。

电罗经实验室(一)安装的是斯伯利 MK37 陀螺罗经,具体有主罗经一台,分罗经两台,控制箱、发送箱、补偿器箱各一个。斯伯利 MK37 陀螺罗经属于上重式电罗经,控制力矩由液体连通器产生,采用"西端配重"垂直阻尼法,罗经误差采用内补偿法消除。启动罗经时,可通过相关电路及控钮进行加速启动,缩短罗经稳定时间。

电罗经实验室(二)安装的是安许茨标准 4 型陀螺罗经,配备主罗经一台,分罗经一台,开关控制箱一台,变流机一台。安许茨标准 4 型陀螺罗经属于下重式电罗经,其主罗经双转子陀螺球重心下移以产生控制力矩,阻尼力矩施加于陀螺仪水平轴。

电罗经实验室(三)安装的是阿玛-勃朗 MK10 型陀螺罗经,配主罗经一台,分罗经一台,电源控制箱一台,分罗经接线箱一台。阿玛-勃朗 MK10 型陀螺罗经属于电磁控制式陀螺罗经,借助于一套电磁装置给陀螺仪施加控制力矩和阻尼力矩,罗经误差采用内补偿法消除。在使用上,可进行快速启动,缩短罗经稳定时间。

航海图书资料室

航海图书资料室包括图书室及海图室。图书资料室用于存放教学及实训用的中英版航海图书资料和航用海图。

图书主要包括:中版的航海图书目录、航标表、潮汐表、航路指南、港口指南、航海天文历、天体高度方位表、里程表、海图图式和航海通告等;英版的航海图书目录、灯标雾号表、潮汐表、航路指南、无线电信号表、世界大洋航路、进港指南、航海员手册、海图图式和航海通告等;图书资料室中现存海图及图书资料一览表。

海图主要包括:中版的中国沿岸各主要港口及所属主要水域的海图;英版的欧洲水域、地中海、马六甲海峡、南中国海、北美西海岸、日本海、澳洲水域以及连接以上水域的总图及主要的航行图。

图书资料室主要承担:航海学课程讲授中图书及海图的使用方法、改正及管理;船长航次计划及三副航线设计培训和评估考试中对图书及海图的使用;三副测罗经差培训及评估考试中对图书的使用。

雷达模拟器实验室

实验设备主要由模拟雷达模块、综合信息显示模块和电子海图系统模块组成。

雷达模拟器实验室适用于航海技术专业本、专科的船舶值班与避碰,船舶操纵和航海学等课程的日常实验教学,也适用于"雷达观测和标绘与雷达模拟器"和"自动雷达标绘仪(ARPA)操作"等专业的培训教学,还可以提供良好的航海科研环境,同时支持交通信息工程及控制和载运工具运用工程两个学科的学科建设,为学士、硕士及各类成人培训等各层次学员的培养提供便利的条件,并且也是科研面向社会服务的重要基地。

航海气象实验室

航海气象实验室是应航海技术专业主干课程航海气象与海洋学要求而建立的专业实验室。船舶航行于海上,受海上天气影响很大,要求船舶驾驶员应具备良好的航海气象知识,航海气象实验室是航海技术专业学生实践教学的重点实验室之一。它的建立,使船站具备接收纸制或电子气象数值预报产品的能力。接收的预报产品有:地面传真天气图(日本东京 JMH 台的地面分析图和地面预报图,美国国家海洋大气管理局海洋预报中心的地面分析图和预报图)、高空传真天气图(主要有850百帕、700百帕和500百帕高空天气图)、波浪分析图(AW)(波浪分析图主要侧重于西北太平洋区域,尤其是日本的北海道、本州、九州、四国等4个大岛周围海域的波浪分析和波浪预报精确度较高)、波浪预报图(FW)、低纬度的热带流线图、热带气旋预(警)报图、海流分析图、海流预报图以及其他一些辅助用图。关注天气变化、获取气象信息、掌握天气演变规律、充分利用天气为航海服务是航海气象实验室工作人员不懈的追求。

桌面模拟器实验室

培训系统由电子海图显示与控制模块、航行计算模块和网络交互与测验模块等组成。该实验室主要用于ECDIS培训。ECDIS是指符合有关国际标准的船用电子海图显示与信息系统,它以计算机为核心,能与GPS、自动舵、ARPA/雷达、电罗经、测深仪、计程仪等航海仪器接口,快速查询各种信息(如水文、港口、潮汐、海流等),提供海图的自动改正,连续精确地给出船位,进行航行监控和记录,有效地提高航行的安全和效率。

桌面模拟器实验室包括1个教练员工作站和20个学员工作站。桌面ECDIS培训系统模拟实际的ECDIS的操作界面,功能齐全,可以进行电子海图使用、海图改正、定位及导航、航线设计与航次计划、航行监控与记录等操作培训,满足STCW公约马尼拉修正案和国家海事局关于ECDIS培训的相关要求。

货物积载实验室

货物积载实验室包括散货船配积载系统、杂货船配积载系统和集装箱船配积载系统,由1台教练机和54台学员机组成。船舶货物积载是航海专业学生必须具备的知识和技能,也是海船船员适任评估项目之一。该实验室一直承担航海技术专业本、专科学生的货物积载实验教学任务,其货物积载模拟软件具有操作界面易学、易用,系统运行稳定、高效等特点。该实验室满足STCW公约马尼拉修正案和国家海事局“11规则”关于货物积载培训的相关要求,满足海船船员二/三副配积载培训和评估要求,同时能够满足海船船长、大副的货物积载培训、评估要求。

第四节　英语对专业的重要性与航海技术英语课程介绍

在船员必须具备的综合素质和业务能力中,英语的综合运用能力显得尤为突出和重要。因为,在国际航运界,船员的业务能力和专业水平是通过航运界的通用语言——英语,表现出来的。随着航运市场的国际化,越来越多的中国船员将进入国际航运人才市场。船员,特别是高级船员使用英语的能力及其熟练程度在保障船舶安全、货物安全和人身安全方面起着举足轻重的作用。在迄今为止所发生的海难事故中,很多情况是由于英语使用不当或使用不熟练而造成的。另外,当我国船舶与别国船舶发生海事纠纷时,英语能力还起着维护国家利益和集体利益、维护祖国尊严和个人尊严的作用。

近年来,国际航运市场的格局已经发生了相当大的变化,我国正在逐步发展成航运大国。航运市场已经国际化,航运界国际交流、国际合作不断加强,船员班子呈多国化的趋势,不同国籍船员之间同船工作的机会日益增多。我国船员的英语水平不仅关系船员能否进入国际航运人才市场,而且关系他们能否在国际航运界立足、能否在国际航运界占有一席之地、能否被外籍船主雇用的问题。在一个由不同国籍船员组成的船员班子中，船员在生活、工作中只能使用英语进行交际，我国船员的英语听说能力如果很差，不仅难以发挥其业务水平，顺利地与别国船员进行合作，完成工作任务，而且工作之余也难以与别国船员交流思想、沟通感情，就会产生孤独感，甚至会要求提前解除劳务合同，结果使个人和国内公司蒙受经济上、信誉上的损失，如果缺乏良好的心理素质，还会导致某些心理问题。目前，一些境外船务公司已经注意到船员英语水平低下带来的这些问题，在我国招聘船员时，在对船员的诸多考核项目中，把船员的英语能力作为首先考核的内容，这就说明了英语能力的重要性。而我们航海技术专业的很多高级船员，甚至包括船长，在面试中不是因为业务能力，而是因为英语水平，特别是在交际中占非常重要地位的英语听说水平达不到外方船主的要求而遭到淘汰的情况已经屡见不鲜。由于科技的不断进步，课堂知识的更新落后于船舶设备的发展，因此实船工作中的学习日渐重要，而最新的设备一般用英语说明，这更增加了航海英语学习的重要性，对航海英语的教学提出了更高的要求。

综上所述，提高航海技术专业毕业生的英语水平，特别是英语听说水平已经成为当务之急。

航海英语课程是实践性很强的特殊用途英语（ESP），是远洋航运业全球通用的海事英语的一个分支，是远洋船舶驾驶员及岸上相关工作人员使用的工作语言。随着我国经济尤其是国际贸易的发展，它的重要性已日渐突显出来。作为一种职业用途英语（EPP），航海英语有一定的专业特色。

航海技术具有国际化的工作特点，因此对船员的英语水平尤其是专业英语水平要求高。伴随着社会的不断发展、全球航运市场的扩大，外派船员的数量增多。为保证学校所培养的驾驶员具有较高素质和国际竞争力，必须不断提高航海英语教学的质量，确保学生储备充足的知识，在工作中尽快进入角色。

一、课程定位

航海英语课程是航海技术专业的一门主干专业课程，它也是专门用途英语（ESP）中的一种，属于语言类课程。专门用途英语有独特的词汇、句法和结构模式，与基础英语有很大区别。专门用途英语也是一门语言，其教学不仅包含英语语言技能的训练，而且有明显的专业内涵，是语言技能训练与专业知识学习的结合。培养航海英语应用能力是本课程的目标，而航海英语应用能力是航海技术人才所必备的素质。设置本课程的重要性可见于以下几个方面。

1. 航海英语在公约中的重要地位

2010 年，STCW 公约马尼拉修正案对航海英语提出了新的要求，其中一项是“多国（民族）混合船员之间的交流（即外语能力）”。STCW 公约之所以规定海员外语能力的要求，是因为 80%以上的海难事故是由人为因素造成的，而其中至少 80%以上是由不畅交流引起的。现在世界通行的航海语言是英语，航海图书、国际海运法规及日常业务操作均以英语为工作语言，英语已成为航海的必备工具。

2. 航海英语在我国海船船员考试中的重要地位

航海英语课程一直是海船船员适任证书统考的重要科目，无论是海事主管机关，还是航海院校都十分重视。根据《中华人民共和国海船船员适任考试和发证规则》，考生要符合船舶驾驶员适任标准，则必须通过航海英语理论考试及航海英语听力与会话评估，从听说读写各方面达到适任要求。

3. 提高航海英语教学质量是加大海员劳务外派,建设海员强国的要求

国际海员研究中心预测,到2015年,全球航运业高级船员的缺口将达到2.7万人,而在国际海员劳务市场占有的份额上,人口总数位居前列的中国仅占4%,与世界第一大海员输出国菲律宾的28.5%相去甚远。与菲律宾和印度等英语国家的外派海员相比,英语语言水平不高,特别是专业英语的听说读写能力比较薄弱是我国外派海员身上最为突出的问题。因此,加强航海英语课程建设、提高航海英语教学效果是航海教育界乃至整个中国航运界极其关注的课题。

4. 提高航海英语教学质量是国家专业教学指导法规的要求

教育部、交通运输部《关于进一步提高航海教育质量的若干意见》特别提出,"加强航海类专业英语教学",要求交通运输类教学指导专家组织要组织编写航海院校制定航海类专业英语教学大纲,建立航海类专业英语水平测试体系,推动航海类专业课程实行英语教学,以提高学生的英语运用能力。

二、课程设计的理念与思路

1. 课程性质和作用

航海英语课程是航海技术专业的一门专业核心课程。本课程旨在培养学生在船舶驾驶员岗位中使用英语听、说、读、写的能力,使学生达到STCW马尼拉修正案和我国海事局对船舶三副岗位适任能力的要求。本课程应在实用英语课后开设,并兼顾与相关课程之间的联系。在课程结束后,学生参加无限航区或沿海航区的海船船员适任证书考试(航海英语理论考试部分)以及英语听力与会话评估考试。

2. 课程的基本理念和设计思路

航海英语课程标准应以职业能力培养为重点,进行基于船舶航行过程的课程开发与设计,将船舶三副岗位中典型的工作任务转化为学习情境,充分体现航海的实践性、开放性和职业性的要求,同时突出综合素质的培养。航海英语课程的设计思路可分为三方面:

(1)在教学内容上,整合航海英语听力与会话、航海英语阅读与写作的教学内容于一体,紧紧围绕完成工作任务的需要来选择课程内容;

(2)打破传统的知识传授方式,以实际航行为主线,创设交际情境,着重培养学生在实际工作过程中的英语交际能力;

(3)利用现有的实验实训场地,进行现场教学,改变单一的教学模式。

3. 课程目标

在设置课程的目标时,充分考虑STCW公约马尼拉修正案的要求以及修改后的航海英语适任考试大纲中针对船舶驾驶员在阅读能力、写作能力、听力能力和会话能力方面的要求。例如掌握航海英语词汇3 000个以上;能读懂STCW公约对船舶三副要求读懂的文献,例如航海仪器的说明书,特别是新增的ECDIS;能完成STCW公约对船舶三副要求的英语写作任务,例如填写航海日志;能够听懂并理解STCW公约对船舶三副要求听懂的英语交流内容,例如通过VHF所进行的口语交流内容;能够进行STCW公约对船舶三副要求进行的口语沟通,例如与VTS之间的交流。

此外,为了提高学生在工作岗位中的综合素质,在设置课程目标时还要注重培养其良好的

交际习惯，并了解涉外交际礼仪，具备爱岗敬业的精神。

4. 课程内容标准

在教学内容的编排上，以船舶实际航行为主线，创设学习情境。建立教学要求，设计合理的教学活动，从而达到课程的目标。

5. 评价标准

（1）注重过程评价与终期评价相结合。关注评价的多元性，结合课堂提问、学生作业、平时测验及考试情况，综合评价学生成绩。

（2）学生成绩的组成：学生的课程总评成绩满分为 100 分，其中平时考核、期末阅读写作能力考核、期末听说能力的评估成绩分别占学生课程总成绩的 40%、30%、30%，突出过程评价的重要性。

（3）平时考核是指对学生学习过程的测评，主要根据学生平时的出勤情况、课堂纪律、课堂任务完成情况、作业完成情况及平时测验成绩等来综合评定。尤其是某一项目结束后的阶段性评价，要参照教学要求，采取多样化的考核方式进行。

（4）期末阅读写作能力考核采取闭卷笔试或计算机题库无纸化考试的方式进行，题型参考海事局适任考试，单选题 50%，关联题 30%，翻译写作题 20%。

（5）期末听说能力的评估以听力理解考试和会话考试相结合的方式检查教学效果，其中听力理解占 50%，会话占 50%。听力和会话考试的题型与海事局的评估测试保持一致。其中听力考试分听单句、听对话和听短文，会话则包括短文朗读、口述题和回答问题。

（6）除了过程评价与终期评价外，校内外专家同行的评价、学生评价以及社会认可度（职业资格证书与技能竞赛等）也是课程评价的重要组成部分。

三、课程主要教学内容

1. 航海科普知识

能读懂有关航海基础知识的材料；能读懂有关海运地理知识的材料；能读懂有关海运科技业务知识的材料；能读懂有关货运常识的材料；能读懂有关海事组织机构及公约、法规知识的材料。

2. 航海日志

掌握航海日志常规用语；能够用英语填写航行、锚泊、系泊、靠离码头、恶劣天气及意外事故状况下的航海日志。

3. 航海气象报告

掌握常用报文和天气图的缩略语及常用气象术语。

4. 航海图书资料

能看懂英文版《航路指南》、《世界大洋航路》、《航海图书总目录》、海图说明和《航海通告周版》及《航海通告年度摘要》的内容。

5. 危险货物和特殊货物运输业务

了解国际危险货物运输规定；了解大件货、超重货、超长货、贵重物品等的规定；能写出常用危险货物名称。

6. 船舶业务函电

能阅读并理解常用英文申请书、业务通知书、海事声明及事故报告；掌握业务信件、电报电传的书写格式;能起草相关业务函电。

7. 船舶结构与设备

掌握甲板设备、甲板结构、消防救生设备名称并能正确书写;能正确填写应急部署表。

8. 导航仪器说明书

能看懂雷达、ARPA、GPS 等航海仪器的英文操作说明书;能根据说明书进行相关操作。

9.《国际海上避碰规则》

能正确翻译《国际海上避碰规则》的 1~19 条;掌握《国际海上避碰规则》的常用术语。

10. 船舶修理业务

了解修理单的句型结构;能借助资料起草与本职务相关的修理项目表。

11. 货运业务与单证

了解常用装货单证和卸货单证的内容;了解租船合同常见用语。

四、基本要求及重点、难点说明

本课程教学要求是:使学生掌握必需的专业英语知识,顺利阅读、正确理解相关的英语专业资料并填写常用的英语表格和起草基本的英语信函,达到 STCW 公约马尼拉修正案和中华人民共和国海事局所规定的船舶操作级驾驶员适任标准。

1. 知识教学要求

(1)掌握航海英语专业词汇 1 500~2 000 个;

(2)掌握航海英语常用语法,如定语从句、状语从句、被动语态、动词非谓语形式等;

(3)掌握航海科普知识的常用词汇 2 000 个左右;

(4)掌握相关的航海英语阅读、写作技巧。

2. 能力培养要求

(1)能够读懂航海科普知识;

(2)能阅读常用警报和天气预报;

(3)能阅读英文版《航路指南》、《航海图书总目录》、《世界大洋航路》、海图说明和《航海通告周版》及《航海通告年度摘要》;

(4)能正确理解雷达、ARPA、GPS、陀螺罗经等航海仪器的英文版操作说明书;

(5)能够熟练用英语填写航行、锚泊、系泊、靠离码头及意外事故等状况下的航海日志;

(6)能阅读《国际海上避碰规则》。

3. 思想教育要求

(1)具有认真负责的工作态度和高度的责任心;

(2)了解涉外交际礼仪;

(3)增强爱国主义意识;

(4)具有良好的职业道德。

第六章　轮机工程专业教学内容

轮机工程专业是历史悠久、知识丰富且有很强实践性和国际竞争力的综合应用型本科专业。本专业按照学校确定的“培养高素质、强能力，具有创新精神和发展潜力的交通行业一线应用型人才”的办学定位，以船舶与海洋工程、电气工程等理论为基础，以信息化、数字化、智能化轮机为专业发展方向，培养适应海洋运输企事业单位生产和管理第一线需要的高素质应用型人才。目前，本专业已形成特色鲜明、办学思路清晰、教学队伍成熟、教学方法较先进、具备完善的实训实习基地的特色专业。

本专业培养适应社会需求，德、智、体、美全面发展，符合国际公约和国家法规相关要求，具备轮机工程系统知识及技能，综合素质好，能在海洋运输各企事业单位、政府主管机关、教育培训机构从事现代化轮机管理、机电设备管理、船机修造管理或教学等方面工作，能胜任现代化船舶机电管理技术工作，在相关领域具备一定国际竞争能力的应用型高级工程技术人才。

第一节　轮机工程专业人才基本要求

本专业学生主要学习轮机工程和船舶电子电气设备管理等的基本理论和基本知识，受到船舶管理、轮机维修、船舶电气、船机修造等方面的基本训练，具有实际操作、管理现代化船舶机电设备、轮机科技创新的基本能力。

毕业生应获得以下几个方面的素质、知识和能力。

1. *素质要求*

(1)热爱祖国，拥护中国共产党的领导，政治立场正确，思想稳定，具有为国家富强、民族振兴而奋斗的理想。

(2)具有良好的思想品德品质、社会公德和海员职业道德，敬业爱岗、艰苦奋斗、遵纪守法、团结合作，有奉献航运事业和航运事业发展的意识和精神。

(3)理论联系实际，勤奋好学，掌握基础的科学知识和基本专业技能，得到创新意识、适应能力的初步培养和训练，具有到一线工作的吃苦精神。

(4)积极参加体育锻炼，达到大学生体育锻炼标准和国家海事局要求的身体素质；受到必要的军事训练和半军事管理，具有健康的身体、健全的人格、良好的心理素质和行为习惯。

2. *知识要求*

(1)掌握船舶机电管理领域所必需的较为系统的基础科学理论、扎实的学科基础理论和必要的专业知识，了解相关的科技发展动向。

(2)掌握船舶管理、轮机维修、电子电气与控制工程、船机修造的实践知识和技能，具有海洋环境保护观念。

(3)熟悉国际、国家关于航海、水运方面的公约、方针、政策和法规。

(4)了解基本的军事和国防知识。

3. 能力要求

(1)具有较强的分析解决轮机工程和船机修造工程实际问题的能力、初步的科技研究和开发能力、一定的组织管理能力。

(2)具有较强的英语和计算机应用能力,能比较熟练地阅读本专业英文图书资料,书写业务函件及单据等,并具备一定的听说能力。

(3)有独立获取本专业知识、更新知识和应用知识的能力,掌握文献检索、资料查询的基本方法,具有较强的自学能力。

(4)系统地掌握船舶机电设备管理所需的各种知识,能胜任船舶机舱值班工作,具有较强的动手能力和独立工作能力。

(5)能熟练掌握车、钳、焊等基本工艺,具有对船舶机电设备的运行工况及其性能参数进行测量分析和调整的能力。

(6)了解体育运动和心理学的基本知识,掌握科学锻炼身体的基本技能,达到国家规定的大学生体育合格标准,具备健全的心理和健康的体魄,具有适应国际海船船员要求的身体素质和心理素质。

第二节　专业教学的基本要求与核心课程介绍

轮机工程专业根据国际海事组织 STCW 公约马尼拉修正案和我国相关海事法规的要求,以“服务航运经济发展为宗旨,行业需求为导向,航海岗位职业技能培养为主线”,培养具有较强的实践技能和创新能力的高级应用型人才,将海船船员适任标准融入日常教学中,实施学位教育与职业资格教育相融合的“双证书”培养模式,实现毕业生与工作岗位的“无缝对接”,确保培养出符合国际要求的航运人才。

学生在校期间,一方面,需要通过学历教育,毕业时获取本科学历证书;另一方面,需要参加国家海事局组织的适任考试,获取“三管轮”适任证书考试合格证明,具备一毕业就能上岗的资格和能力。

一、课程设置

根据专业教学的基本要求,轮机工程专业按照一年级夯实基础、二/三年级进行专业理论+基本技能+职业技能教育、四年级参加海上航行适岗实习和毕业设计的流程,开展学历教育+职业教育的教育形式,构建基于国际海事组织 IMO 的 STCW 公约、满足教育法规要求的“应用型人才国际化培养”模式。

其主要的教学内容分为理论教学、实践教学和船员专业技能适任培训三大部分。其中,理论教学和实践教学具有双重功能,既满足学历教育,又满足船员适应拟任岗位所需的专业技术知识和能力;船员专业技能适任培训是专门为满足职业证书而设置的。

二、核心理论课程介绍

根据《中华人民共和国海船船员适任考试大纲》的规定，无限航区一等三管轮证书适任考试的科目为：主推进动力装置、船舶辅机、船舶电气与自动化、船舶管理、轮机英语等五门。根据以上五门适任考试的科目的考试大纲，结合学历教育的要求，本专业开设的核心理论课程有：船舶柴油机、船舶辅机、船舶电气设备、船舶管理、轮机维护与修理、轮机自动化、轮机英语等。各门核心课程的主要介绍如下。

（一）船舶柴油机

船舶柴油机是轮机工程专业的重要专业课之一，是STCW公约所要求的海船船员必修知识，也是国家海事局海船船员适任证书考试的必考内容之一。柴油机是船舶推进装置的主动力，也是船舶发电装置的原动力，还是救生艇的推进装置和应急消防泵的动力来源。因此，轮机工程专业的学生必须系统地学习本课程的理论知识，并进行必要的实验和实践技能的训练，掌握船舶柴油机的使用、维护、保养所必需的知识技能。通过对本课程的学习，学生可掌握柴油机的基本工作原理、性能、各附属系统等方面的基本理论知识，掌握柴油机的基本结构形式、零部件的构造、维护保养、运转管理等方面的基本知识，以满足现代船舶对轮机管理人员主推进动力装置理论与实践技能的要求。

本课程的主要内容有：柴油机基本知识，柴油机的总体结构及主要部件，燃油的喷射和燃烧，换气、换气机构和增压，柴油机系统，柴油机及推进轴系的振动，柴油机特性及选型，调速装置，柴油机启动、换向和操纵系统，示功图测录与分析，柴油机运行管理和应急处理。

船舶柴油机课程的特点：

（1）本课程是一门应用性和实践性很强的学科，学生学习后即可掌握船舶柴油机的工作原理、使用、维护、保养等方面的知识，如果要获得高级船员资质，还应通过国家海事局组织的评估考试；

（2）对于轮机工程专业，本课程是必修课；

（3）本课程强调理论与实践相结合，注重知识与经验相结合；

（4）本课程内容系统性较强，各章节联系比较密切，部分内容比较抽象，对于学生来说，有一定学习难度。

（二）船舶辅机

船舶辅机是一门多科性的综合专业课程，其内容庞杂，涉及范围广，学科覆盖能力强。在教学中既要重视理论知识的讲授，又要重视学生实践技能的培养。船舶辅机是轮机工程专业的一门重要的主干专业课程，也是国家海事局规定的海船船员适任证书统一考试科目。

本课程研究的主要内容有：船用泵和空气压缩机、甲板机械、船舶制冷装置和空气调节装置、船舶辅锅炉装置和海水淡化装置。

船舶辅机课程特点是：

（1）船舶辅机是实用性很强的一门学科；

（2）其理论知识较为抽象，涉及多门基础学科，计算复杂，学习难度较大，易造成教师难教和学生厌学的情况；

（3）课程必须满足STCW公约和《中华人民共和国海船船员适任考试大纲》的相关要求，

内容不断更新；

(4)本课程强调理论与实践相结合；

(5)课程的各部分内容没有直接密切的联系。

船舶辅机课程的目的在于使学生较为全面地理解各种船舶辅机的工作原理、性能特点、典型结构，并掌握管理要点；培养学生科学地管理、使用、维修及评估设备系统的技术能力，分析处理常见故障的独立工作能力和及时了解与正确管理船舶辅机先进技术设备的能力，满足STCW公约和《中华人民共和国海船船员适任考试大纲》对本课程的要求，并具有一定的设计能力。

(三)轮机维护与修理

轮机维护与修理是航海类轮机工程专业的主要专业类课程，也是主干课，具有很强的实践性，是STCW公约规定的专业必修课程。它主要阐述船舶维护与修理以及现代维修理论，介绍有关船机修造的工艺基础知识与实用技术，使学生比较全面地了解我国的修船制度以及现代船机修造新工艺、新技术的应用概况，掌握相关领域的理论知识的能力，为将来从事高级轮机管理的船机设备自修、监修和监造工作打下初步基础。本课程为学生从事轮机维护与修理工作奠定基础，包括基本理论、基本方法和基本工艺，培养学生在轮机零件失效，轮机故障诊断，主推进动力装置检修，船舶监造、监修和验收等方面的分析问题、解决问题的综合能力。通过对本课程的学习，学生可进一步掌握船舶维修保养工作的组织管理方法以及分析解决问题的能力，这不论是在轮机管理还是船机修造方面，都起着重要的作用。

根据STCW公约马尼拉修正案要求，本课程内容主要包括以下知识点：船机零件的摩擦、磨损与润滑，船机零件的化学腐蚀、电化学腐蚀与穴蚀，船机零件的疲劳破坏，柴油机主要零部件的检修，船机故障及船舶维修保养体系，船机拆验、清洗与装配，船机零件的机械加工、电镀、热喷涂、焊补、金属扣合、塑性变形、有机及无机粘接和研磨等修复工艺的技术特点与应用，船机零件的缺陷检验，轮机故障诊断技术，修船的种类与原则、修船的组织、坞修工程以及交船试验。

轮机维护与修理课程的特点是：

(1)轮机维护与修理是伴随着船舶维修技术的发展而不断发展的轮机学科课程，因此教学过程中需不断更新理念，紧跟快速发展的轮机维护与修理的科技发展步伐；

(2)本课程实践性强，要充分利用多媒体课件以及学生认知实习的机会，使学生学会理论联系实际；

(3)本课程部分知识点关联船舶管理与船舶柴油机等课程相关知识，要使学生多联系，学会比较记忆；

(4)本课程的任课教师应具备系统全面的轮机维护与修理的知识和实践经验，并符合国家海事局的任职要求；

(5)本课程应注重基础理论的掌握与应用，做到课堂讲授与实验密切配合。

(四)船舶管理

船舶管理是轮机工程技术专业的主要专业必修课之一，是依据STCW公约中船舶作业管理和人员管理功能而设置的一门课程。该课程是建立在轮机工程专业的各项基础课程和专业课程之上的一门跨学科综合应用型课程，同时又是高级船员职务晋升考试的必考课程，其涉及知识面广、实践性强。它需在专业基础和其他专业课程学习完成的基础上进行学习，可使过去学过的各门专业课的理论和管理方面的知识得到进一步的系统化。

随着船舶模式的不断创新及管理认识的提高，海船船员综合素质方面的要求也越来越高，因此，从适岗的要求出发，需要加强知识能力教育和资源管理能力的应用。本课程的学习确保学生达到海船船员操作级的基本理论要求，同时为管理级打下坚实的理论基础。

1. 船舶管理的主要内容

船舶管理的主要内容包括：船舶原理、船舶及船员相关国际法规、船舶经济性及安全管理、船舶资源管理等四个相关的知识模块。各知识模块所包含的内容如下：

(1)船舶原理知识模块

①船舶发展与分类；②船舶结构；③船舶适航性能。

(2)船舶及船员相关国际法规知识模块

①船舶防污染管理；②船舶营运安全管理；③船舶人员管理。

(3)船舶经济性及安全管理知识模块

①船舶营运经济性管理；②船舶安全操作及应急处理。

(4)船舶资源管理知识模块

①船舶物料、备件、油料管理；②机舱资源管理。

2. 船舶管理的主要特点

(1)船舶管理是实践性很强的学科；

(2)本课程涉及的法规等方面知识理论性较强，操作内容较少，易造成教师照本宣科和部分学生缺乏兴趣的情况；

(3)本课程是原动力装置管理(轮机管理)、造船大意、船舶安全与管理、资源管理等课程的综合，需先修较多学科，重在理论结合实践，对于国内部分院校在校期间无法上船实习的学生来说，学习难度较大；

(4)本课程的内容有联系密切的系统性，因此，要求学生首先掌握基本知识，然后通过具体案例，将理论知识应用到具体实践中。

(五)船舶电气设备

船舶电气设备是为轮机工程专业学生开设的专业课程。该课程涉及的内容较多，具有较强的理论性和实践性，是电工技术和控制技术在船舶上应用的一门综合性课程。通过对本课程的学习，学生从中获得船舶电气设备的工作原理和运行管理方面的基本知识、基本理论和基本技能，培养独立操作和管理船舶电气设备的综合能力，掌握分析实际问题和应对问题的方法，为日后适任岗位、进一步深入学习和研究打下坚实的基础。

该课程研究的主要内容有：

船舶电气设备与系统共二十章，介绍了电与磁、变压器、直流电机、交流异步电动机、同步电机、控制电机、电力拖动基础、船舶交流及直流电动机控制电路、船舶甲板机械电力拖动控制系统、船舶舵机的电力拖动控制系统、船舶辅助机械的电力拖动控制系统、船舶电力系统的组成、同步发电机的并联运行、同步发电机电压及无功功率自动调整、电力系统频率及有功功率自动调整、船舶电站自动化系统、船舶照明系统管理、船舶安全用电知识、油船及特种船舶电气系统的安全管理和船舶电气管理人员的安全职责。

本课程根据当代船舶电气工程技术的发展和航运管理的实际需要，结合多年理论教学和实践教学的体会,注重理论原理与应用技术相结合,突出应用型和针对性,取材新颖,深浅适度,为日后适任岗位及进一步深入学习和研究打下扎实的基础。

(六)轮机自动化

现代化船舶设备正朝着智能化、网络化、数字化的方向发展,包括信息技术在内的新技术的应用越来越广泛与深入。所以,STCW 公约马尼拉修正案对轮机管理人员的船舶自动化设备及控制系统的维护管理技能要求越来越高。

轮机自动化是轮机工程专业的一门主干专业课,是 STCW 公约要求的海船船员适任证书考试及评估考试内容之一。课程的教学内容包括轮机自动化基础理论教学、轮机自动化系统理论教学、课程试验以及教学实践四个环节。轮机自动化基础为学生掌握自动控制技术打下理论基础,并建立系统的概念;轮机自动化系统强调其在工程及船舶上的应用与管理;课程试验围绕课程内容,加深课程教学内容的理解和培养动手能力;教学实践着重实际应用能力和创新能力训练。

轮机自动化课程的特点是:

(1)本课程是一门理论性较强的课程;

(2)本课程涉及范围广,涉及概念抽象,其中的反馈理论贯穿于整个课程中;

(3)本课程涉及船舶柴油机、船舶辅机、电工学等相关知识,各学科之间关联性较强;

(4)理论与实践相结合,在实践中熟练掌握相关理论知识。

本课程应达到的相关要求:熟练掌握自动化仪表的调试和维修技能;熟练掌握无人机舱辅助设备及其自动控制系统操作方案和管理技能;掌握主机常见机型遥控设备的维护管理及故障排除;掌握无人机舱监视与报警系统的工作原理及操作方法。

三、船员适任证书理论考试科目

国家海事局是我国的海事主管机关,其主要职责之一就是负责我国的船员适任资格培训、考试、发证管理。船舶轮机员必须经过系统的专业教育,并参加国家海事局主持的船员适任证书考试,考试合格后,方能取得任职资格。目前,船员适任证书理论考试科目有主推进动力装置、船舶管理、船舶电气与自动化、船舶辅机、轮机英语。

主推进动力装置科目考试内容涵盖了高等航海教育中轮机工程基础、船舶柴油机、轮机维护与修理三门课程的内容,包含基础理论知识、船舶柴油机、船舶推进动力装置三部分内容。考试大纲中规定的考核项目有:理论力学,材料力学,机构与机械传动,金属材料及其工艺,船机零件的摩擦与磨损,船机零件的腐蚀及其防护,船机零件的疲劳破坏,柴油机的基本知识,柴油机主要部件及检修,燃油的喷射与燃烧,柴油机的排放控制,柴油机的换气与增压,船舶动力系统,柴油机的调速装置,柴油机的启动、换向和操纵,柴油机电子控制技术,示功图的测录与分析,柴油机的运行管理与应急处理,动力装置概述,轴系、螺旋桨、柴油机及推进轴系的振动和平衡,船舶推进装置的工况配合特性。

船舶管理科目考试内容涵盖了高等航海教育中船舶管理、轮机维护与修理两门课程的内容,考试大纲涉及的内容有:船舶结构与适航性控制,船舶防污染管理,船舶营运安全管理,船舶营运经济性管理,船舶安全操作及应急处理,船舶人员管理,船舶维修管理,船舶油类、物料及备件管理,机舱资源管理。

船舶电气与自动化考试内容涵盖了高等航海教育中船舶电气设备、轮机自动化两门课程的内容，考试大纲涉及的内容有：船舶电子、电气基础，船舶电机与电力拖动系统，船舶发电机和配电系统，船舶电气、电子设备的维护与修理、故障诊断与功能测试，船舶反馈控制系统基础，船舶计算机及船舶网络基础，船舶机舱辅助控制系统，船舶蒸汽锅炉的自动控制，船舶主机遥控系统，船舶机舱监测与报警系统，船舶火灾自动报警系统。

船舶辅机科目考试内容涵盖了高等航海教育中的轮机工程基础、船舶辅机两门课程的内容，考试大纲涉及的内容有：基础理论知识、船用泵、船舶辅助管系、活塞式空气压缩机、船舶制冷装置、船舶空气调节装置、船舶液压设备、造水机、船用锅炉。

轮机英语科目考试内容主要是与轮机工程有关的文献和文章及英版图书资料、法规文件及其常用术语、词汇和词组等。作为船员适任证书理论考试科目，轮机英语考试大纲所列考察内容主要是与专业相关的，如船舶主推进装置、船舶辅助机械、船舶电气和自动化、船舶轮机管理业务、国际公约、值班规则、轮机业务书写等方面的英语阅读与写作能力。

第三节　专业的实训、实习主要内容与评估考证要求

实践教学在应用型轮机工程专业人才培养中有着理论教学不可替代的作用，学生的动手能力、综合能力和创新能力都需要实践教学环节来支撑。一句话，轮机工程专业以实践技能培养为核心，以企业需求为导向，以校企共建为途径，构建实践教学体系，实现产学无缝对接，形成“实验、实训与创新实践多维一体、有机结合”的实践教学体系。

实践教学体系努力实现“三通过、三提升”（即通过实验，提升学生动手能力；通过实训，提升学生综合应用能力；通过专业学科竞赛、创新科技项目和进企业项目组顶岗实习，提升学生创新素质），有效地培养学生学习、分析与解决问题的能力，强化学生的团队合作、规范竞争、开拓创新等海船轮机员应具备的基本意识和素质。

一、轮机工程专业评估科目

轮机工程专业评估大纲制定的评估科目总计有7项，具体为：金工工艺、船舶电工工艺和电气设备、船舶电站操作、动力设备拆装、动力设备操作、机舱资源管理、轮机英语听力与会话。

（一）金工工艺

1. 教学目的

本课程是轮机管理专业教学计划中的重要实践环节；通过本课程达到了解车、钳、焊工艺基础知识；掌握初步的车、钳、焊操作技能，从而达到STCW公约对轮机员车、钳、焊操作技能的要求；为学生顺利通过海事局海船船员适任评估中的金工工艺评估奠定基础。

2. 质量标准及要求

通过本实训项目的训练，在满足轮机工程专业学历要求的同时，使学生达到中华人民共和国海事局《中华人民共和国海船船员适任评估大纲和规范》对船员所规定的金工工艺项目的相关知识和技能，以及操作和应用能力，满足国家海事局签发船员适任证书的必备条件。

3. 基本内容

车工工艺：工件的安装与找正；刀具安装、使用、刃磨；各种量具使用方法；外圆、内孔、端

面、螺纹、锥面等车削加工方法；掌握车床安全操作与保养。

钳工工艺：锉刀、刮刀、手锯、台钻、管钳、丝锥、板牙等手动和电动工具的使用方法和操作技能；行铲、锉、锯割、钻孔、攻丝、套丝、刮研、管加工等加工方法和钳工装配。

电焊工艺：手工电弧焊及气焊设备的特点、工艺使用范围；手工电弧焊进行板平焊、对接焊、角焊、管对接焊。

气焊工艺：气焊(割)火焰调整、回火处理；气焊板切割、管对接焊，电焊、气焊安全操作规程。

(二)船舶电工工艺和电气设备

1. 教学目的

通过本实训项目的训练，使学生达到中华人民共和国海事局《中华人民共和国海船船员适任评估大纲和规范》对船员所规定的船舶电工工艺和电气测试项目的实际操作要求，满足国家海事局签发船员适任证书的必备条件。

2. 质量标准及要求

通过本实训项目的训练，在满足轮机工程专业学历要求的同时，使学生达到中华人民共和国海事局《中华人民共和国海船船员适任评估大纲和规范》对船员所规定的船舶电工工艺和电气设备项目的相关知识和技能，以及操作和应用能力，满足国家海事局签发船员适任证书的必备条件。

3. 基本内容

其内容有：万用表的使用；钳形电流表的使用；交流电压表和电流表的使用；便携式兆欧表的使用；继电器、接触器的维护和参数调整；电磁制动器间隙的测量和调整；线路、电路板及电气元件焊接；电气控制箱的维护与保养及故障的查找与排除；船用电机的维护保养；电缆的使用；照明设备的维护与检修。

(三)船舶电站操作

1. 教学的目

本课程的任务是使学生掌握主配电板的组成、功用与日常维护的基本要求；掌握船舶电站的操作、管理和一般故障的处理；掌握船舶电力系统的继电保护装置组成并具有判断与排除故障的能力；掌握岸电箱的正确使用方法；了解船舶自动电站的安全运行管理规程和管理技术，能正确判断和处理船舶自动化电站的运行工况和主要故障；掌握船用蓄电池的使用和维护、保养。

2. 质量标准及要求

通过本实训项目的训练，在满足轮机工程专业学历要求的同时，使学生达到中华人民共和国海事局《中华人民共和国海船船员适任评估大纲和规范》对船员所规定的电气与自动控制项目的相关知识和技能，以及操作和应用能力，满足国家海事局签发船员适任证书的必备条件。

3. 基本内容

其内容有：船用配电板认识；船舶电站操作；船舶电力系统的继电保护；发电机电压调整器的认识和调整；船舶电站的维护与管理；船舶自动化电站；船用蓄电池。

(四)动力设备拆装

1. 教学目的

使学生熟练掌握典型船舶机械、设备的拆装步骤和基本要领、专用工具使用、所要求的间隙测量方法、重要零部件的修复方法及修复后的检验,以及船舶各主要辅助设备的操作要领及运行中的维护管理,使学生能够顺利通过国家海事局的实操评估考试。

2. 质量标准及要求

通过本实训项目的训练,在满足轮机工程专业学历要求的同时,使学生达到中华人民共和国海事局《中华人民共和国海船船员适任评估大纲和规范》对船员所规定的动力设备拆装项目的相关知识和技能,以及操作和应用能力,满足国家海事局签发船员适任证书的必备条件。

3. 基本内容

其内容有:气缸盖的拆装与检查;气阀机构的拆装与检验、气阀的研磨与密封面检查、气阀间隙的测量与调整;气缸套的拆装与测量;活塞组件的拆装;活塞环的拆装和测量;连杆与连杆螺栓拆装与检修;主轴承的拆装与测量;喷油泵的拆装与检修;喷油器的拆装与检修;曲轴臂距差的测量与计算、曲轴轴线状态分析;空气分配器、示功阀、气缸启动阀和安全阀的拆装与检修;分油机的解体、检修与装复;离心泵的拆装;往复泵的拆装;齿轮泵的拆装;活塞式空压机的解体、检修与装复;锅炉排污阀和给水止回阀的解体、研磨、组装;锅炉水位计解体,更换床垫后组装;锅炉喷油嘴的解体、检查,雾化片的研磨、组装。

(五)动力设备操作

1. 教学目的

通过专门的训练,使学生能熟练掌握船舶动力设备的正确操作规范、动力装置测量仪器的测试方法;其主要目的是培养学生的动手能力、分析和解决的问题,加深对专业课的进一步理解。

2. 教学质量标准及要求

通过本实训项目的训练,在满足轮机工程专业学历要求的同时,使学生达到中华人民共和国海事局《中华人民共和国海船船员适任评估大纲和规范》对船员所规定的动力设备操作项目的相关知识和技能,以及操作和应用能力,满足国家海事局签发船员适任证书的必备条件。

3. 基本内容

其内容有:船舶主柴油机操作管理;船舶辅锅炉操作与管理;发电柴油机的操作与管理;活塞式空气压缩机操作与管理;分油机的操作和运行管理;油水分离器的操作和运行管理;造水机的操作和运行管理;液压甲板机械操作管理;泵系操作。

(六)机舱资源管理

1. 教学目的

通过培训,使学员达到补差大纲中所涉及的知识、能力与素质要求。学员通过补差培训,能够掌握船舶轮机新技术方面的知识;掌握机舱资源管理的基本内容、管理技能和应急处理能力;掌握公约与法规的一些新内容。

2. 教学质量标准及要求

通过本实训项目的训练,在满足轮机工程专业学历要求的同时,使学生达到中华人民共和国海事局《中华人民共和国海船船员适任评估大纲和规范》对船员所规定的机舱资源管理项目的相关知识和技能，以及操作和应用能力，满足国家海事局签发船员适任证书的必备条件。

3. 培训手段

课堂教学与模拟器训练。

4. 培训内容

培训内容包括：

船舶轮机新技术：电控柴油机、计算机控制的船舶电站、船舶机舱网络化监控系统。机舱资源管理：概述、组织、轮机部团队、人为失误与预防、通信与沟通、案例分析。公约与法规：STCW 公约马尼拉修正案主要内容、《2006 年海事劳工公约》、MARPOL 公约新生效内容、船舶压载水公约主要内容、《中华人民共和国海船船员适任考试和发证规则》及相关规范性文件、《中华人民共和国海船船员值班规则》、《中华人民共和国船员服务管理规定》、《中华人民共和国海员外派管理规定》、防治船舶污染海洋环境管理条例、船舶及其有关作业活动污染海洋环境防治管理规定。

二、专业实验室介绍

“工欲善其事，必先利其器”。为完成上述实训项目，航运院校必须建设相应的专业实验室。这些实验室包括大型轮机模拟器实验室、动力设备拆装实验室、动力设备操作实验室等。

轮机工程专业部分专业实验室介绍

大型轮机模拟器实验室

轮机模拟器作为航海院校轮机工程专业学生和轮机员的重要教学训练设备，已经在现代轮机教学和培训工作中得到广泛应用，并在海运人才培养方面发挥着重要的作用。它是通过仿真硬件及软件相结合的方法，把现代船舶机舱的工作情况较为真实地再现在学员眼前，并可进行操作、值班和故障排除等训练的系统。

可完成的主要功能有：本科学生系统操作，主机遥控系统参数调整，故障分析排查，自动电站系统等的学习；轮机长模拟器项目实训、评估；大管轮自动化机舱项目实训、评估。

动力设备拆装实验室

动力设备拆装实验室主要用于学生进行柴油机吊缸拆装、零部件检验与测量的实习训练。通过实习训练，使学生掌握柴油机拆装技术的基本知识和安全操作规则，提高学生的实际动手能力，更好地服务于社会。同时按照中华人民共和国海事局《中华人民共和国海船船员适任评估大纲和规范》对船员所规定的实操、实作技能要求，满足国家海事局签发船员适任证书的必备条件，作为进行大管轮、二/三管轮、值班机工培训的场所。

动力设备操作实验室

动力设备操作实验室主要用于学生进行船舶主柴油机操作与管理的实习训练。通过实习训练，使学生较好地掌握船舶主柴油机操作与管理的基本知识和安全操作规程，提高学生的实际动手能力，更好地服务于社会。同时按照中华人民共和国海事局《中华人民共和国海船船员适任评估大纲和规范》对船员所规定的实操、实作技能要求，满足国家海事局签发船员适任证书的必备条件，作为进行大管轮、二/三管轮、值班机工培训的场所。

动力设备(辅机)拆装实验室

动力设备(辅机)拆装实验室由分油机拆装实验室、空压机拆装实验室、泵拆装实验室、液压泵拆装实验室、冰机拆装实验室五个子实验室组成。本实验室满足 STCW 公约马尼拉修正案和国家海事局“11 规则”的相关要求，保证在校生三管轮、社会班大管轮、职务晋升等进行并完成实验实训评估项目。

各子实验室的主要功能：

分油机拆装实验室：1. 分油机的用途、工作原理及结构的介绍，不同类型分油机的区别；2. 分油机的拆装，分离筒及其附件的拆装与检修，分离盘片及管路的拆装与清洗，滑动圈与分流圈的拆装与检修，配水盘、导水座的拆装与检修，比重环的选择与更换；3. 分油温度及分油量的调节与控制，常见故障的分析及处理等。

空压机拆装实验室：1. 活塞式空压机的用途、工作原理及结构的介绍；2. 空压机的拆装，气缸盖的拆装，活塞连杆的拆装，高、低压吸排阀组的拆装与检查及研磨修理，曲轴、轴承和轴端汽封的测量、检查；3. 一、二级的冷却及润滑方法介绍，常见故障分析及处理等。

泵拆装实验室：1. 船用泵的作用、种类、结构及工作原理介绍；2. 离心泵叶轮、联轴器及滚动轴承的拆装、检查；3. 齿轮泵的拆装，轴承、轴端汽封及安全阀的拆装检查，安全阀的启阀压力调整，各种间隙的测量及泵盖的研磨和检验等；4. 往复泵活塞的拆装，各种部件的检查、测量，活塞环的装配，阀盘的研磨及检验等；5. 各种船用泵常见故障的分析及处理等。

液压泵拆装实验室：1. 液压泵的作用、种类、结构及工作原理介绍；各种液压控制阀的结构、作用及工作原理介绍；2. 液压泵的拆装、检修、测量、分析及处理等。

冰机拆装实验室：1. 冰机的作用、种类、结构、系统组成及工作原理介绍；2. 冰机的拆装步骤及主要零部件的检测与修理；3. 常见故障的分析及处理等。

动力设备(辅机)操作实验室

动力设备(辅机)拆装实验室由辅锅炉实验室、造水机实验室、制冷与空调实验室、防污染实验室、舵机实验室五个子实验室组成。本实验室满足 STCW 公约马尼拉修正案和国家海事局“11 规则”的相关要求，保证在校生三管轮、社会班大管轮、职务晋升等进行并完成实验实训评估项目。

各子实验室的主要功能如下：

辅锅炉实验室：1. 辅锅炉在船舶动力装置中的用途、主要性能指标、基本结构及船用蒸汽系统的构成等基础知识介绍；2. 系统操作方面，点火前的准备，人工或者自动点火，运行管理，停炉操作；3. 炉水化验，水位计的冲洗，上、下排污，锅炉的预热及暖管操作，停炉后的保养，烟灰及水垢的清除，常见故障分析及处理等。

造水机实验室：1. 船用海水淡化装置的种类及其各自工作原理与区别的介绍；2. 阿尔法-拉伐造水机的结构、原理及系统组成介绍；3. 工作分析与系统操作方面，装置的准备、启动、运行管理及停机操作，加热水、冷却水、凝水、盐水水位及真空度的控制与调整，淡水产量、含盐量及装置水垢的控制等。

制冷与空调实验室：1. 船用制冷装置及空调装置的系统组成、功能及各系统的性能指标要求的介绍；2. 制冷压缩机的结构、工作原理及制冷装置的组成介绍；3. 制冷装置的操作方面，装置的验收，制冷剂的添加与抽出、检漏，干燥剂的更换，滑油的添加及更换，不凝性气体的抽出及常见故障的分析与处理；4. 空调装置的操作方面，制冷与取暖工况的启动、运行管理及停用，空气温度、湿度及送风量的自动控制与调节，常见故障的分析处理等。

防污染实验室：1. 船舶对海洋的污染和方式的介绍，国际性防污法规及规定的介绍，船舶防污染设备及生活污水处理设备的结构、工作原理及性能指标的介绍；2. ZYF 油水分离器的操作方面,装置的准备、启动、运行管理及停机操作,反冲洗操作,油分浓度报警器的工作原理及报警、实验方法的操作等。

舵机实验室:1. 电动液压舵机的系统组成介绍;2. 电动液压舵机的启动、运行管理及停机操作;3. 试舵操作、停机后的管理等。

第四节 英语对专业的重要性与轮机英语课程介绍

一、英语对轮机工程专业的重要性

航运市场早已经国际化,越来越多的中国船员进入国际航运人才市场。第一,中国船舶运力已经位居全球第一,我国航运企业航线遍及世界各地,更多的中国船员走向世界各地。第二,随着航运市场的东移,海员外派必将成为我国对外劳务合作的新增长点,我国每年外派海员数量近 10 万人次,已成为世界重要的海员劳务输出国。第三,航运界国际交流、国际间合作不断增多,船员班子呈多国化的趋势,不同国籍船员之间同船工作的机会日益增多。

在国际航运界船员必须具备的综合素质和业务能力中,使用英语的能力尤为突出和重要,船员的业务能力和专业水平是通过航运界的通用语言——英语表现出来的,特别是高级船员使用英语的能力及其熟练程度在保障船舶安全、货物安全和人身安全方面起着举足轻重的作用。

目前,一些境外船务公司已经注意船员英语水平低下带来的问题,因此,在我国招聘船员时,把船员的英语能力作为诸多考核项目的首要考核内容,这就说明了英语能力的重要性。另外,轮机工程专业的很多高级船员,甚至包括轮机长,在面试中不是因为业务能力,而是因为英语水平,特别是交际中非常重要的英语听说水平达不到外方船主的要求而遭到淘汰的情况已经屡见不鲜。由于科技的不断进步,课堂知识的更新落后于船舶设备的发展,因此,实船工作中的学习日渐重要,而最新的设备一般用英语介绍,这更说明了轮机英语学习的重要性,这同时也对轮机英语的教学提出了更高的要求。

综上所述,我国船员的英语水平不仅关系船员能否进入国际航运人才市场,关系他们能否在国际航运界立足、能否在国际航运界占有一席之地、能否被外籍船主雇用的问题,还关系他们能否在一个由不同国籍船员组成的船员班子中,与他国船员在生活、工作中进行思想交流、感情沟通、克服孤独感的问题,甚至还会影响劳务合同是否被提前解除,是否会使个人和国内公司蒙受经济上、信誉上的损失,以及导致某些心理问题。

航海类院校必须要重点强化英语教育,突破语言障碍,培养能融入国际航海业的高级航海人员。因此,提高我校轮机工程专业毕业生的英语水平,特别是英语听说水平已经成为当务之急。

二、轮机英语课程介绍

1. 课程的设置

根据国际海事组织(IMO)2010 年在马尼拉修订的《1978 年国际海员培训、发证和值班标准国际公约》的规定，中国海事主管机关设置了轮机英语适任考试科目和轮机英语听力与会话适任评估项目。轮机工程专业也相应地设置了轮机英语和轮机英语听力与会话两门课程。

2. 轮机英语课程简介

(1)课程性质

轮机英语教学紧密围绕专业培养符合国际海事组织(IMO)2010年修订的《1978年国际海员培训、发证和值班标准国际公约》和能胜任现代船舶机电管理技术要求、具有国际竞争力的高级工程技术人才的目标，结合轮机工程专业毕业生远洋工作的鲜明特点，在模拟真实工作的环境中传授给学生切实需要的理论和实际工作知识。

(2)课程任务

在公共英语和轮机基础英语教学的基础上，巩固、扩大学生的英语基础，培养学生阅读和翻译简明轮机英语出版物和有关技术资料的能力以及书写与本专业有关的简短文书的能力，使学生能以英语为工具，进行业务交流，在理论上达到STCW 95公约规定的管理级船员应具备的英语水平，在实践技能上达到操作级船员应具备的英语水平。

(3)课程主要教学内容

本课程的主要教学内容包括：船舶主推进动力装置、辅助机械装置、电气电子设备、国际公约和规范、值班规则、轮机书写信函报告等，具体内容如下：

①主推进装置

教学目的和要求：使学生能熟练阅读并理解船舶柴油机结构、工作原理、柴油机各工作系统、船舶轴系及主机新技术等方面的英文出版物和技术资料。

②船舶辅助机械

教学目的和要求：使学生能熟练阅读并理解船用泵、船用锅炉、液压甲板机械、船舶制冷和空调装置、船舶防污设备及船舶消防设备的结构、原理、使用及维修保养等英文内容及技术资料。

③船舶电气及电子设备

教学目的和要求：使学生能熟练阅读并理解船舶电气及自动化设备工作原理及管理的英文资料。

④船舶轮机的管理

教学目的和要求：使学生熟练阅读并理解船舶动力设备管理的相关英文资料。

⑤国际公约和规则

教学目的和要求：使学生能熟练阅读并理解国际海上安全运行法规及有关国际公约的英文资料。

⑥轮机英语书写

教学目的和要求：使学生能熟练运用英语书写轮机日志，编制物料单、修理单；掌握如何书写油类记录簿和事故报告；掌握电函、信函的书写格式。

(4)基本要求及重点、难点说明

本课程教学应达到的基本要求如下：

①专业英语词汇：掌握3 500个单词。

②阅读能力：能熟练阅读各种轮机英语书籍、资料，阅读速度达每小时2 500个(约每分钟40个)单词，阅读并理解IMO、MARPOL、STCW公约等国际、国内和当地的有关船舶安全管理

法规。

③翻译能力:借助词典能较熟练翻译各种轮机英语书籍、资料,理解正确,译文达意,笔译速度每小时 500 个英语单词。

④书写能力:用词得当,书写格式标准,语法规范;掌握轮机英语常用缩写语;熟练书写船舶航行动态、设备运行及检修情况等轮机日志;熟练编写修理单和物料单;掌握电函、信函、油类记录簿和事故报告等的书写格式。

3. 轮机英语听力与会话课程简介

(1)课程性质

轮机英语听力与会话课程是专门用途英语(ESP)中的一种,属语言类课程。专门用途英语有独特的词汇、句法和结构模式,与基础英语有很大区别。专门用途英语也是一门语言,其教学不仅包含英语语言技能的训练,而且有明显的专业内涵,是语言技能训练与专业知识学习的结合。培养轮机英语应用能力是本课程的目标,而轮机英语应用能力是专业人才所必备的素质。

(2)课程任务

本课程的教学任务是让学生学习与机舱人员的会话、与驾驶员之间的业务会话、交接船时的业务会话、装油时的业务会话。进行业务会话、听力训练的目的是使学生能更好地胜任以后的专业工作。

(3)教学质量标准及要求

通过本实训项目的训练,在满足轮机工程专业学历要求的同时,使学生达到中华人民共和国海事局《中华人民共和国海船船员适任评估大纲和规范》对船员所规定的轮机英语听力与会话评估项目的相关知识和技能以及操作和应用能力等要求,满足国家海事局签发船员适任证书的必备条件。

(4)基本内容

①公共英语

日常对话用语;日常值班交接班用语;采购物料备件用语。

②机舱日常业务

主机运行工况用语;辅机运行工况用语;机舱值班操作应急指挥用语。

③驾机联系

机舱值班情况通报用语;压载水调驳用语;甲板机械操作联系用语;机器处所污水排放联系用语。

④应急用语

紧急通信联系用语;求生与急救用语;溢油与油污染应急处理用语。

⑤对外业务联系

与验船部门联系用语;设备交验用语;文件和资料交接用语;备件和物件交接用语;船舶进厂和离厂时与厂方联系用语;监修时用语。

⑥PSC/ISM 检查

与 PSCO 交流设备安全用语;与 PSCO 交流防污设备用语;与 PSCO 交流应急求生设备用语。

(5)基本要求及重点、难点说明

①熟悉主辅机运行工况、机舱值班操作应急指挥(机舱失火、船舶搁浅和碰撞等)时的用语;

②掌握与驾驶员之间的业务会话和修船时与船厂的业务会话;

③初步具备交接船时的业务会话、与港口检查人员业务会话的能力;

④熟悉申请接收船或设备时,与港方及船舶联系用语;

⑤具有船舶一般业务标准英语听力的理解能力。

第七章　船舶电子电气工程专业教学内容

船舶电子电气工程专业是集船舶电子、电气、自动化、信息技术与通信导航及船舶管理于一体，以国际海事公约和国家海事法规为标准，以行业需求为导向，具有鲜明的水上交通行业特色的本科专业。本专业按照学校确定的“培养有成长力的交通行业一线工程师和管理者”的办学定位，以电气工程、轮机工程和航海技术为基础，以船舶远洋运输为专业发展方向，培养适应船舶海洋运输、船舶电气设备设计与维护所需要的高素质应用型人才。

本专业培养适应经济与社会发展需要，德、智、体、美全面发展，掌握船舶电子电气技术专业知识和技能，具有良好的职业能力、学习能力、实践能力和创新能力，满足国际海事组织STCW国际公约中规定的“电气、电子和控制工程”、“维护和修理”和“船舶操作控制和船上人员管理”等职能要求，能在航运类、船舶修造类企业生产、管理第一线从事船舶电气设备与系统安装、调试、管理与维护等工作，具有职业生涯发展基础的应用型高级工程技术人才。

第一节　船舶电子电气工程专业人才基本要求

本专业学生主要学习船舶电子电工技术、自动控制原理、船舶电力拖动、船舶电站、船舶导航系统等方面的基本理论和基本知识，进行船舶电站实操、船舶电子电工技术、船舶自动化、船舶电子电气员英语等方面的基本训练，具备船舶电气设备的操作与维护、技术管理等方面的工作能力。

毕业生应获得以下几方面的素质结构、知识结构和能力结构：

1. *素质结构*

(1)热爱祖国，拥护中国共产党的领导，政治立场正确，思想稳定。

(2)具有良好的道德品质，具备社会责任感，遵守社会公德和法律。

(3)理论联系实际，勤奋好学，掌握基础的科学知识和基本专业技能，具有创新意识，适应能力的初步培养和训练，具有到一线工作的吃苦精神。

(4)具有健康的身体、健全的人格、良好的心理素质和行为习惯，具有合作精神。

2. *知识结构*

(1)掌握船舶电子电气领域所必需的较为系统的基础科学理论、扎实的学科基础理论和必要的专业知识，了解相关的科技发展动向。

(2)掌握船舶电子电气设备和控制系统的实践知识和技能。

(3)熟悉国家关于海洋开发和保护、船舶航运等方面的方针、政策和法规。

(4)了解基本的军事和国防知识。

3. 能力结构

（1）具有较强的分析解决理论和工程实际问题的能力，初步的科技研究和开发能力，组织管理能力、生产经营能力和自学能力。

（2）具有正确运用本国语言、文字的表达能力，掌握一门外语，具有较强的外语与计算机应用能力。

（3）掌握文献检索、资料查询的基本方法，具有较强的自学能力和一定的独立工作能力。

（4）了解体育运动的基本知识，掌握科学锻炼和养护身体的知识与方法，身心健康，达到大学生体育合格标准。

第二节　专业教学的基本要求与核心课程介绍

船舶电子电气工程专业根据国际海事组织 STCW 公约马尼拉修正案和我国相关海事法规的要求，以“服务航运经济发展为宗旨，行业需求为导向，航海岗位职业技能培养为主线”，培养具有较强的实践技能和创新能力的高级应用型人才，将海船船员适任标准融入日常教学中，实施学位教育与职业资格教育相融合的“双证书”培养模式，实现毕业生与工作岗位的“无缝对接”，确保培养出符合国际要求的航运人才。

学生在校期间，一方面，需要通过学历教育，毕业时获取本科学历证书；另一方面，需要参加国家海事局组织的适任考试，获取电子电气员适任证书考试合格证明，具备一毕业就能上岗的资格和能力。

一、课程设置

本课程主要的教学内容分为理论教学、实践教学和船员专业技能适任培训三大部分。其中，理论教学和实践教学具有双重功能，既满足学历教育，又满足船员适应拟任岗位所需的专业技术知识和能力；船员专业技能适任培训是专门为满足职业证书而设置的。

二、核心理论课程介绍

船舶电子电气工程专业是集船舶电子、电气、自动化、信息技术与通信导航及船舶管理于一体，以国际海事公约和国家海事法规为标准，以行业需求为导向，具有鲜明的水上交通行业特色的本科专业。本专业按照学校确定的“培养有成长力的交通行业一线工程师和管理者”的办学定位，以电气工程、轮机工程和航海技术为基础，以船舶远洋运输为专业发展方向，培养适应船舶海洋运输、船舶电气设备设计与维护所需要的高素质应用型人才。本专业学生主要学习电控与 PLC、船舶机舱自动化、船舶电站、船舶管理、船舶导航系统等方面的基本理论和基本知识，进行船舶电站实操、船舶电子电工技术、船舶自动化、船舶电子电气员英语等方面的基本训练，核心课程如下。

（一）主机监测与控制系统

主机监测与控制系统是讲授船舶柴油机工况监测与控制技术、微机监测系统的控制和监测元器件的工作原理、操作、使用、管理、故障监测等方面技术的学科，是船舶电气专业的必修课,也是电子电气员适任证书考试内容之一。

船舶主机遥控是离开机旁而在驾驶台或集中控制室对主机进行远距离操纵的一种方式。在这种操纵方式中,操作人员不可能直接利用主机操纵机构本身的手柄或手轮来操纵主机,而必须在操纵部位(驾驶台或集中控制室)发出的操车信号与主机的执行机构之间设置一套综合的逻辑与控制回路。该回路包括组合逻辑回路、时序逻辑回路、反馈控制回路以及各种安全保护回路。主机遥控系统是机舱自动化的重要组成部分,是实现无人机舱的必备条件之一。主机遥控不仅能改善轮机管理人员的工作条件,改善船舶的操纵性能,而且还能提高船舶航行的安全性以及主机工作的可靠性和经济性。

本课程主要教学内容有:主机遥控系统基本概念、主机遥控系统的主要气动元部件、车钟系统及操作部位的转换、主机遥控系统中的逻辑与控制回路、主机遥控系统实例、监视与报警系统等。

主机监测与控制系统课程的特点是:

(1)本课程是一门应用型和实践性很强的学科,学生学完该课程应能对主机遥控系统进行操作与管理,它也是船员适任证书考试船舶机舱自动化内容之一;

(2)该课程内容涉及船舶柴油机以及电工学相关知识,对船舶电子电气专业学生有一定难度;

(3)强调理论与实践相结合,知识、经验与法规相结合。

本课程应达到的基本要求:通过讲解主机遥控系统,使学生掌握主机遥控的基本理论知识,主机气动操纵系统和典型遥控系统的结构、组成和工作原理;熟悉和掌握常用主机监测和控制设备性能特点;了解和熟悉微机工作原理基本知识;掌握微机监测和故障诊断系统的基本工作原理及其在主机监测系统的应用,能运用监测设备进行主机故障分析。

(二)船舶管理

随着船舶操纵和控制模式的不断发展,对海船船员电气方面素质的要求越来越高,因此,从适岗的要求出发,在船舶电气管理和资源管理能力的应用上有了更高的要求。通过本课程,确保学生掌握船舶管理基本理论和要求,同时为以后的船舶实践工作打下坚实的理论基础。

船舶管理课程的依据为STCW公约马尼拉修正案,本课程是船舶电子电气工程技术专业的主要专业必修课程之一。本课程是建立在轮机工程专业的各项基础课程和专业课程之上的一门跨学科综合应用型课程,同时又是电子电气员职务晋升考试的必考课程,涉及的知识面广,实践性强。学生必须在掌握专业基础知识和完成其他专业课程的基础上进行学习,能够使过去学过的各门专业课的理论和管理方面的知识得到进一步的系统化。

1.船舶管理学习的主要内容

本课程由国际公约和国内法规、专业基础知识及船舶机械工程系统、船舶电气方面管理、船舶资源管理四个相关的知识模块组成。各知识模块所包含的内容如下。

(1)国际公约和国内法规

①MARPOL 73/78、SOLAS 74、STCW 78/95、2006海事劳工公约的相关知识;②国内船员相关法规。

(2)专业基础知识及船舶机械工程系统

①传热学、力学基础、流体力学知识;②船舶主机及辅助机械;③船舶防污染程序与设备。

(3)船舶电气方面管理

①船舶安全用电;②电子电气管理。

(4)船舶资源管理

①船舶电气物料、备件管理;②机舱资源管理。

2. 船舶管理的主要特点

(1)本课程是实践性很强的学科;

(2)本课程涉及国际及国内法规方面知识,理论性较强,操作内容较少,易造成教师照本宣科和部分学生缺乏兴趣的情况;

(3)本课程是原船舶管理(轮机管理)、船舶辅机、船舶电气、船舶安全与管理等课程的综合,课程内容涵盖广,重在理论结合实践,对于国内部分院校在校期间无法上船实习的学生来说,学习难度较大;

(4)课程的内容有联系密切的系统性,因此要求学生首先掌握基本知识,然后通过具体案例,将理论知识应用到具体实践中。

(三)船舶辅助控制装置

随着科学技术的发展,新型船舶辅机设备在船舶上的应用越来越多。船舶柴油机在运行时,气缸套和气缸盖都需要用淡水来冷却,把冷却用的淡水温度控制在给定值或给定值附近,对柴油机安全、可靠和经济地运转都是十分重要的。燃油供油单元及净油单元可提供给柴油机运行所需要的合适的黏度、温度、压力的净化燃油,保证柴油机在安全运转情况下利用控制系统对锅炉的水位、蒸汽压力进行双位或定值控制,同时利用火焰感受器可监测炉膛内燃烧情况。通过对伙食冷库温度以及舱室内温度和湿度进行控制,可保证船员的日常生活。

船舶辅助控制装置主要讲授船舶辅机的自动控制,包括冷却水温度控制、分油机和燃油供油单元的自动控制、船舶制冷和空调调节装置、船舶辅锅炉控制装置。船舶辅助控制装置是船舶电气专业的一门专业必修课,也是电子电气员适任证书考试内容之一。学生通过对本课程的学习,应该系统掌握船舶辅机控制的基本原理、主要性能,掌握一定的使用管理知识与操作技能,并通过国家海事局的全国船员统一考试。

本课程主要教学内容主要有:燃油供油单元自动控制系统、分油机自动控制系统、辅锅炉控制系统、伙食冷库控制系统、船舶中央空调装置控制等。

船舶辅助控制装置课程的特点是:

(1)本课程是一门实践性很强的学科,是适任证书考试船舶机舱自动化内容之一;

(2)该课程涉及传感器等相关知识,需要学生应能熟悉掌握各类型传感器的基本原理;

(3)本课程须理论与实践相结合。

本课程应达到的基本要求:通过讲解船舶辅助装置控制系统,使学生掌握船舶辅助装置各控制系统的结构、组成和工作原理,并为船舶辅助装置控制系统的管理和故障分析奠定基础。

(四)船舶电力推进系统

船舶电力推进系统是船舶电子电气工程专业的一门专业任选课。近年来,随着电力电子器件、变流技术、传动控制系统以及新能源和新材料等高新技术的飞速发展,船舶电力推进系统正在经历着巨大变革。船舶电力推进是一项综合性很强的推进系统,它的发展与许多技术的发展密切相关,涉及电动机制造、电力电子器件、变换器电路、经典和现代控制理论、计算机辅助设计等众多学科领域。

船舶电力推进新技术的研发及应用,将大大减轻船舶污染和海洋环境污染,充分体现了绿色航运和绿色船舶的环保节能理念,这将是今后船舶动力领域的一个发展方向。

船舶电力推进系统的主要内容有:

(1)船舶电力推进系统的螺旋桨基本理论、工作特性及螺旋桨对推进电动机的机械特性要求;

(2)船舶电力推进系统所采用的推进电动机,包括直流推进电动机、多相异步推进电动机、多相同步推进电动机和多相永磁推进电动机;

(3)船舶直流电力推进系统,包括直流推进系统的主电路连接方式、简单的 G-M 系统、带蓄电池组的 G-M 系统、恒功率系统、恒电流系统以及带整流输出的交流发电机-直流电动机推进系统;

(4)交流电力推进系统所采用的大功率电力电子器件及其构成的交-交变频器、多电平变频器、H 桥型变频器和电流源型变频器;

(5)交流推进变频器所采用的 PWM 技术,包括正弦 PWM、空间矢量 PWM、特定谐波消除 PWM 及电流滞环 PWM;

(6)交流电力推进系统所采用的调速控制技术,包括标量控制技术、矢量控制技术及直接转矩控制技术以及特种推进电动机的控制技术;交流电力推进系统的构成及技术特点;

(7)船舶侧推装置的组成、原理、典型控制系统及其应用。

本课程理论性很强,为学生今后船上、船厂实践工作提供了理论基础,学生学习本课程,对今后的相关研究和工作大有裨益。

(五)电机与拖动

电机与拖动是船舶电子电气工程专业的一门学科基础课程。通过本课程,使学生掌握各种电机的基本结构与工作原理,能独立分析电力拖动系统各种运行状态,合理地选择和使用电动机,为后续船上电力系统及相关设备的维护和管理打下坚实基础。

该课程的主要特点及内容:

(1)本课程相对于其他学科来说,理论性与实践性都较强,因此在理论上将本课程分为四部分,分别为变压器、异步电动机及电力拖动、同步电机、直流电机及拖动。

(2)本课程理论与实践结合,充分利用学校的教学资源、实验设施,全面提高电机与拖动实验课程教学水平,培养出满足社会、企业需求的,真正能力强、素质高的电气类学生。

通过对本课程的学习,学生应掌握交直流电机及变压器的基本理论、工作原理、特性及用途;了解电动机机械特性及各种运动状态的基本理论;熟悉电动机的调速方法和技术经济指标;掌握选择电机的原则与方法;掌握电机与电力拖动的基本实验方法与技能。本课程可为学生今后船上、船厂实践工作打下坚实理论基础。

(六)航海仪器

现代航海仪器在实现船舶自动驾驶、提高船舶营运效益、保障海上人命安全、保护海洋环境等方面发挥着日益重要的作用。随着计算机网络技术、信息处理技术、通信导航技术等新技术的不断涌现和发展,船舶操控正在向自动化、信息化和智能化方向发展。现代航海仪器越来越多地利用了电子技术、计算机技术和自动控制技术。传统上分立设置的航海仪器设备或系统(如陀螺罗经、船舶导航雷达、卫星导航系统、测深仪、计程仪、船载自动识别系统等)逐渐走向组合,成为船舶综合驾驶台智能管理控制系统的必要组成部分,并且不断地更新换代。航海仪器的发展为船舶提供了更加可靠的安全保障,促进了航海事业的发展,与此同时,也要求船舶驾驶人员和相关技术人员应具备与之相适应的技术知识。

航海仪器课程是船舶电子电气工程专业的主要专业课之一,在培养航海高级人才方面起着基础性和主导性的作用,在航海教育中占有重要地位。本课程综合了电航仪器、无线电导航仪器、船舶导航雷达等三门课程的教学内容,讲解陀螺罗经、水声仪器、无线电导航仪器、船舶导航雷达的基本理论、结构和电路原理以及它们的使用与维修保养要求等内容。进入21世纪以后,随着航海科技的进步,船舶驾驶台又陆续安装了一些新型的电子仪器设备,如船载自动识别系统(AIS)、船载航行数据记录仪(VDR)、船舶远程识别系统(LRIT),这些知识内容也随之纳入本课程的教学要求之中。以上课程内容是STCW公约所要求的海船船员必修知识,也是国家海事局海船船员适任证书考试的必考内容。

航海仪器课程的主要内容有:陀螺罗经原理与应用、水声仪器原理与应用(包括测深仪与计程仪)、电子导航仪器的原理与应用(含卫星导航系统、船载自动识别系统、航行数据记录仪)、船舶导航雷达原理与应用、综合导航系统原理与应用。

航海仪器课程的主要特点有:

(1)本课程是一门跨专业的课程(航海技术专业、船舶电子电气工程专业),在对不同专业的学生授课时应注意授课内容的取舍,知识的侧重点亦有不同;

(2)本课程是一门应用型和实践性学科;

(3)本课程涉及微积分、几何、力学、电路等方面知识,基础理论内容较多,对于学生来说,有一定学习难度;

(4)对于船舶电子电气工程专业,本课程是必修课,而对于航海教育类高校的其他专业,如电子信息工程专业、通信工程专业等,可列为选修课程。

(七)船舶综合驾驶台系统

船舶综合驾驶台系统是船舶电子电气工程专业的一门专业选修课,是一个集成船舶信息探测和信息操作并能进行集中控制的综合系统,包括船舶通信系统、船舶导航系统、综合驾驶台系统三大模块,每部分的主要内容如下。

(1)模块一——船舶通信系统:船舶通信概况、INMARSAT卫星通信系统与设备、MF/HF组合电台、船用VHF通信设备、NAVTEX与气象传真机设备、紧急无线电示位标EPIRB、搜救雷达应答器SART。

(2)模块二——船舶导航系统:船用陀螺罗经、船用回声测深仪、船用计程仪、船舶卫星导航系统、船载自动识别系统AIS、船载航行数据记录仪VDR、船舶远程识别与跟踪系统LRIT、船舶导航雷达系统。

(3)模块三——综合驾驶台系统:综合驾驶台系统与综合导航系统概述、综合导航系统的配置和功能、综合导航系统的航行管理系统、综合导航系统的接口技术。

学生对本课程的学习应达到的基本要求:了解和掌握船舶通信、导航系统的基本组成,不同类型的通信设备、导航设备的工作原理、工作过程和操作方法;掌握船舶综合驾驶台系统的配置、功能和维护方法;重点掌握船舶综合驾驶台系统的配置、功能。

船舶综合驾驶台系统的主要特点:

(1)船舶综合驾驶台系统是一门应用性和实用性很强的学科;
(2)课程内容涉及航海仪器、GMDSS综合业务等多门学科,学习难度较大;
(3)必须满足STCW公约的相关要求,课程内容不断更新;
(4)强调理论与实践相结合,知识、经验与法规相结合。

三、船员适任证书理论考试科目

国家海事局是我国的海事主管机关,其主要职责之一就是负责我国的船员适任资格培训、考试、发证管理。电子电气员必须经过系统的专业教育,并参加国家海事局主持的船员适任证书考试,考试合格后,方能取得任职资格。目前,船员适任证书理论考试科目有船舶机舱自动化、船舶管理、船舶电气、信息技术与通信导航系统、船舶电子电气英语。

船舶机舱自动化科目考试大纲中规定的考核项目有:自动控制理论基础、微型计算机控制技术基础、传感器与监测报警、船舶主推进装置的自动控制、船舶辅机自动控制系统。

船舶管理科目考试大纲涉及的内容有:国际公约相关知识,国内相关法规知识,有关传热学、力学和流体力学的基本知识,船舶机械工程系统运行的基础知识,船舶防污染程序与设备,船舶安全用电、电子电气管理,领导力和团队工作技能的运用。

船舶电气科目包含船舶电气基础知识、电力拖动、船舶电站三部分内容,考试内容涵盖了高等航海教育中船舶电站、船舶电力拖动、电机与拖动、电路原理四门课程的内容,考试大纲涉及的内容有:电机与拖动基础、电力电子学基础、交流电动机的继电接触器控制、交流变频调速及变频器、甲板机械及船用电梯的电力拖动、舵机电力拖动与控制、船舶电力推进系统、船舶电力系统一般知识、船舶同步发电机并联运行、船舶同步发电机电压及无功功率自动调节、船舶电力系统频率及有功功率自动调节、船舶电力系统继电保护、船舶电站自动化、船舶高压电力系统、船舶高压电力系统的安全操作和管理。

信息技术与通信导航系统科目包含电子及无线电技术基础、计算机及局域网、通信与导航系统三部分内容,考试大纲涉及的内容有:模拟电子技术、数字电子技术、无线电基础知识、计算机应用基础、船舶计算机网络、综合驾驶台系统(IBS)、船舶导航雷达、船载GPS/DGPS定位原理与接口、船载自动识别系统(AIS)基本原理与接口、船用测深仪、船用计程仪、船舶航行数据记录仪(VDR)功能及接口、船舶通信系统。

船舶电子电气员英语科目考试内容主要是与船舶电子电气工程有关的文献文章及英版专业图书资料、法规文件及其常用术语、词汇词组等。作为船员适任证书理论考试科目,船舶电子电气英语考试大纲所列考查内容主要是与电子电气相关的,如船舶概论、船舶电气、轮机自动控制技术、船舶计算机网络、通信与导航设备、船舶管理、船舶电子电气函电书写等方面的英语阅读与写作能力。

第三节　专业的实训、实习主要内容与评估考证要求

根据《中华人民共和国海船船员适任评估大纲和规范》的规定,船员适任评估的项目为:船舶电站操作和维护、船舶电子电气管理与工艺、通信与导航设备维护、计算机与自动化、船舶

电子员英语听力与会话等5个项目。

一、船员适任评估项目介绍

(一)船舶电站操作与维护

1. 教学的目

船舶电站操作与维护的任务是使学生掌握主配电板的组成、功用与日常维护的基本要求；掌握船舶电站的操作、管理和一般故障的处理；掌握船舶电力系统的继电保护装置组成并具有判断与排除故障的能力；掌握岸电箱的正确使用方法；了解船舶自动电站的安全运行管理规程和管理技术，能正确判断和处理船舶自动化电站的运行工况和主要故障；掌握船用蓄电池的使用和维护、保养。

2. 质量标准及要求

通过船舶电站操作与维护的训练，在满足船舶电子电气工程专业学历要求的同时，使学生达到中华人民共和国海事局《中华人民共和国海船船员适任评估大纲和规范》对船员所规定的船舶电站操作与维护项目的相关知识和技能，以及操作和应用能力，满足国家海事局签发船员适任证书的必备条件。

3. 基本内容

基本内容包括：

船用配电板认识；船舶发电机手动并车操作；发电机主开关操作与维护；船舶发电机继电保护；船舶电网故障；船舶应急配电板与岸电箱；发电机并车及保护控制器GPC(或PPU)的参数查询和操作；船舶高压供电系统的操作和维护。

(二)船舶电子电气管理与工艺

1. 教学目的

通过船舶电子电气管理与工艺训练，使学生较全面地了解船舶电气设备的管理规范，较熟练地掌握船舶电气设备的使用和维护方法，以及船舶电器的正确拆卸和安装的工艺，为培养适应船舶电气自动化技术发展的、机电合一的、符合SCTW公约规定的船舶电子电气工程专业人才打下坚实的理论和实践的基础；使学生达到中华人民共和国海事局《中华人民共和国海船船员适任评估大纲和规范》对船员所规定的船舶电子电气管理与工艺项目的实际操作要求，满足国家海事局签发船员适任证书的必备条件。

2. 质量标准及要求

通过本实训项目的训练，在满足轮机工程专业学历要求的同时，使学生达到中华人民共和国海事局《中华人民共和国海船船员适任评估大纲和规范》对船员所规定的船舶电工工艺和电气设备项目的相关知识和技能，以及操作和应用能力，满足国家海事局签发船员适任证书的必备条件。

3. 基本内容

万用表的使用；钳形电流表的使用；便携式兆欧表的使用；继电器、接触器的维护和参数调整；电磁制动器间隙的测量和调整；线路、电路板及电气元件焊接；电气控制箱的维护与保养及故障的查找与排除；船用电机的维护保养；电缆的使用；照明设备的维护与检修。

(三)通信与导航设备维护

1. 教学目的

通过通信与导航设备维护训练,使学生能熟练掌握通信与导航设备维护的相关知识和技能,并具有正确进行操作和应用的能力;培养学生的动手、分析和解决问题的能力,并使其进一步加深对专业课的理解。

2. 教学质量标准及要求

通过通信与导航设备维护训练,在满足船舶电子电气工程专业学历要求的同时,使学生达到中华人民共和国海事局《中华人民共和国海船船员适任评估大纲和规范》对船员所规定的通信与导航设备维护项目的相关知识和技能,以及操作和应用能力,满足国家海事局签发船员适任证书的必备条件。

3. 基本内容

基本内容包括:

雷达维护保养;GPS 导航仪信号连接;AIS 船载设备的维护与保养;典型罗经的维护保养;INMARSAT-C 船站的维护和检测;INMARSAT-F 船站的维护和检测;MF/HF 无线电设备的维护与检测;VHF 设备的维护和检测;NAVTEX 接收机及船用气象传真接收机的日常维护和检测;SART 的日常维护和检测;EPIRB 设备的日常维护和检测。

(四)计算机与自动化

1. 教学目的

通过计算机与自动化培训,使学生掌握计算机与自动化的相关知识和技能,并能正确进行操作和应用,为培养适应船舶电气自动化技术发展的、机电合一的、符合 SCTW 公约规定的船舶电子电气工程专业人才打下坚实的理论和实践的基础。

2. 教学质量标准及要求

通过计算机与自动化实训,在满足船舶电子电气工程专业学历要求的同时,使学生达到中华人民共和国海事局《中华人民共和国海船船员适任评估大纲和规范》对船员所规定的计算机与自动化项目的相关知识和技能,以及操作和应用能力,满足国家海事局签发船员适任证书的必备条件。

3. 培训内容

基本内容包括:

计算机的使用;局域网维护;PLC 的使用;常见传感器检查;主机遥控系统;机舱检测报警系统的使用和维护;油分浓度检测装置的维护和实验;火警探测装置的功能实验。

二、专业实验室介绍

“工欲善其事,必先利其器”。为完成上述实训项目,航运院校必须建设相应的专业实验室。这些实验室包括电工工艺实验室、模拟电站实验室、自动化仪表实验室、自动控制实验室、PLC 实验室等。

船舶电子电气工程专业部分实验室介绍

电工工艺实验室

电工工艺实验室涵盖强电与弱电的基本实验与实训,承担在校生与社会班三管轮及轮机长/大管轮、职务晋升的训练与评估项目，以及模拟电子技术实验课程教学与考核。

重点实训实验项目包括三相异步电动机的拆装、检修、零部件检查与维护保养（约8个重点训练项目）；交流接触器、时间继电器、热继电器等继电保护装置的安装与整定；电气控制箱检测；电压表、电流表、万用表、钳形电流表、功率表等基本测量仪表的使用；二极管、三极管、晶闸管、热敏电阻、光敏电阻以及多种电阻、电容器等电子元器件的使用与类型判别；基本放大电路、整流电路连接与测试等实验项目。

模拟电站实验室

模拟电站模拟实船集控室主配电板、应急配电板是船舶配电系统的核心环节，承担在校生三管轮、电子电气员、社会班轮机长/大管轮、职务晋升等的实验、实训及评估项目。

实验室可模拟并完成船舶发电机的并车、负载转移、解列等操作；自动分级卸载系统功能；常规与自动化电站功能实验；电力系统单相接地故障判断与查找；应急发电机功能实验；无功功率分配不均判断与调节；常规电站船舶发电机过载、欠压、逆功率、短路等故障的判断、排除与恢复供电等项目。

自动化仪表实验室

实验室配备各种气动、电动仪表、变送器、自动化仪表实验台等，保证在校生三管轮、电子电气员、社会班轮机长/大管轮、职务晋升等进行并完成实验实训评估项目。

重点实验实训项目有气动、电动差压变送器使用与调节；气动PID调节仪使用与整定；压力控制器测试与整定等。

自动控制系统实验室

自动控制实验室配备船舶主机缸套冷却水温度控制系统、燃油黏度控制系统、辅锅炉燃烧时序控制系统、曲轴箱油雾浓度检测系统等，满足STCW公约马尼拉修正案和国家海事局“11规则”的相关要求。它保证在校生三管轮、电子电气员、社会班轮机长/大管轮、职务晋升等进行并完成实验实训评估项目。

PLC 实验室

PLC实验室是船舶电子电气工程专业重点实验室，主要为船舶电子电气工程专业实验课开设，可完成三相异步电动机启/停、正反转控制；音乐喷泉控制；变频器控制；交通灯控制等20多个实验。

第四节　英语对专业的重要性与船舶电子电气英语课程介绍

一、英语对电子电气员的重要性

电子电气员，作为船舶配员的新的职位，被写入经过全面修订的STCW公约。该公约于2010年6月在马尼拉召开的外交大会上通过，并于2012年1月1日开始实施，该公约也被称为STCW 78/10修正案。STCW 78/10修正案规定了每一艘主推进装置在750千瓦及以上的船舶，必须有一名持有适任证书的电子电气员（Electro-technical Officer，ETO）的强制性最低配员要求。电子电气员的业务范围包括船舶电气部分，同时也包括报务员及驾驶台上的电气设备。

英语对电子电气员的重要性,体现在以下方面:

第一,实际工作方面的要求。船舶仪器、机器、设备等是国际化的,相应说明书绝大部分为英文版的。船舶电子电气员在船上的工作大多为操作或修理,只有看懂了英文版说明书,才能使工作顺利进行。对仪器设备的维修和对设备及其备件的采购,都避免不了和说英语的外国代理商或生产商的服务部门进行交流。所以离不开英语的听、说、函电书写及阅读。

第二,船上生活方面的要求。船舶配员是国际化的,不同母语国家的船员在同一艘船上工作、生活大部分采用英语作为交流语言。而且工作、生活中的有效顺畅的交流也是船舶安全的保证。

第三,STCW 公约的要求。STCW 公约明确规定海船电子电气员的英语沟通和交流能力:海船电子电气员需具备在不同工作中能用英语进行良好地、有效地沟通和交流的能力。STCW 公约之所以规定海员外语能力的要求,是因为 80%以上的海难事故是由人为因素造成的,而其中至少 80%以上是由不良交流引起的。现在世界通行的航海语言是英语,航海图书、国际海运法规及日常业务操作均以英语为工作语言,英语已成为航海的必备工具。

第四,国家海事局对船舶电子电气员英语评估和适任证书考试要求。自 STCW 公约马尼拉修正案颁布和实施以来,国家海事局修订了《中华人民共和国海船船员适任证书评估大纲和规范》,具体规定了船舶电子电气员适任证书考试的笔试和实操内容,命题内容以测试船舶电子电气员的专业知识为主,同时兼顾国际海事组织提出的一些最新法规和最新要求。中国海事主管机关设置了电子电气员英语适任考试科目和电子电气员英语听力与会话适任评估项目。英语科目考试更加重视海上航行安全、海上救生、海上消防和医护,更加强调海上防污,强调对应急情况的处理,还对大型船舶操作提出了更加严格的要求,即要求更好地掌握船上机电知识和近年来更加严格的港口国检查等内容。

二、电子电气员英语课程介绍

1. 课程的设置

根据国际海事组织(IMO)2010 年在马尼拉修订的《1978 年国际海员培训、发证和值班标准国际公约》的规定,中国海事主管机关设置了电子电气员英语适任考试科目和电子电气员英语听力与会话适任评估项目。

2. 电子电气员英语课程简介

(1)课程性质

电子电气员英语教学紧密围绕船舶电气专业培养符合国际海事组织(IMO)2010 年修订的《1978 年国际海员培训、发证和值班标准国际公约》和能胜任现代船舶电子电气管理技术要求、具有国际竞争力的高级工程技术人才的目标,结合电子电气专业毕业生远洋工作的鲜明特点,在模拟真实工作的环境中传授给学生切实需要的理论和实际工作知识。

(2)课程任务

在大学英语教学的基础上,巩固、扩大学生的英语基础,培养学生阅读和翻译简明船舶电气专业相关专业英语出版物和有关技术资料的能力以及书写与本专业有关的简短文书的能力,使学生能以英语为工具进行业务交流,在理论上达到马尼拉公约规定的电子电气员应具备的英语水平,在实践技能上达到电子电气员应具备的英语水平。

(3)课程主要教学内容

本课程主要教学内容包括:船舶概论、船舶电气、轮机自动化控制技术、船舶计算机网络、通信与导航设备、船舶管理等,具体内容如下:

①船舶概论

教学目的和要求:使学生能熟练阅读并理解船舶的分类、船舶结构和主要参数、驾驶台设备配置、主推进动力装置、船舶辅机等相关的英文出版物及技术资料。

②船舶电气

教学目的和要求:使学生能熟练阅读并理解交流电路基础、电子仪表和工具、电力电子元器件、三相异步电动机、船舶机械的电力拖动及控制、船舶同步发电机的并联运行及管理、船舶配电板的分类及组成、蓄电池的维护、船舶高压电力系统等相关知识的英文出版物及技术资料。

③轮机自动化控制技术

教学目的和要求:使学生能熟练阅读并理解反馈控制系统、调节器的作用规律、可编程控制器、燃油黏度自动控制、辅助锅炉自动控制、分油机自动控制、AC-Ⅳ主机遥控系统、电子调速器工作原理、网络型主机遥控系统、常用传感器、机舱监视报警系统的功能与分类、网络型监视与报警系统的组成及原理、火灾探测及报警系统的基本原理、总线型火灾监控系统的基本原理等相关知识的英文出版物及技术资料。

④船舶计算机网络

教学目的和要求:使学生能熟练阅读并理解商务计算机组成及应用基础、Windows 操作系统基础知识、常用网络应用软件操作、办公软件的基本应用、计算机网络及通信协议的基础知识、船舶局域网的网络体系结构和硬件设备、船舶局域网的维护和管理、船舶计算机网络安全的基本知识等相关的英文出版物及技术资料。

⑤通信与导航设备

教学目的和要求:使学生能熟练阅读并理解综合驾驶台系统,雷达、全球定位系统,船载自动识别系统,船载航次数据记录仪,船用陀螺罗经,船用测深仪,船用计程仪,电子海图显示与信息系统,GMDSS,INMARSAT 系统,MF/HF 组合电台的组成、功能及维护,船用 VHF 和 VHF DSC 系统,NAVTEX 系统,气象传真接收机的组成及应用,紧急无线电示位标,9 GHz 搜救雷达应答器,船用电话交换机、声力电话、船令广播系统等英文出版物及技术资料。

⑥船舶管理

教学目的和要求:使学生能熟练阅读并理解相关的国际组织及其相关规范、《国际海上人命安全公约》、STCW 公约、《国际防止船舶污染公约》、《2006 年海事劳工公约》、港口国监督程序等相关英文出版物及技术资料。

3. 电子电气员英语听力与会话课程简介

(1)课程性质

电子电气员英语听力与会话课程是船舶电气专业重要的一门专业课程。其教学不仅包括英语语言技能的训练,而且有明显的专业内涵,是语言技能训练与专业知识学习的结合。培养电子电气员英语的实际听说能力是本课程的目标,而电子电气员英语实用的听说能力是专业人才所必备的素质。

(2)课程任务

本课程的教学任务是使学生学习在船上与相关人员进行日常交流、船上电子与电气设备常规维护的交流,与外界沟通及进行法律、法规及国际公约方面的交流,使学生能更好地胜任实际的工作岗位。

(3)基本内容

①电子电气员在船上作业的日常用语

熟悉船舶种类;熟悉船舶部位;熟悉船舶应急种类和应急中电子员的位置;熟悉船舶配电设施和电气设备。

②船舶电子和电气设备常规维护

电子电气设备的维护保养;修理过程的交流;故障的诊断探讨;故障诊断。

③与外界通信

与船上相关部门的业务交流;与验船师的交流;与制造商的交流;申请技术支持。

④法律、法规及国际公约方面标准英语

STCW 公约马尼拉修正案中有关电子员的条款;船级社规范;港口国监督。

第八章　专业证书培训与考试

专业证书培训是航海类专业教育的高等职业教育属性的重要体现。自 2014 年 4 月 1 日起施行的《中华人民共和国船员培训管理规则》将海船船员培训按照培训内容分为船员基本安全培训、船员适任培训和特殊培训三类。其中,海船船员适任培训又分为岗位适任培训和专业技能适任培训,本章将重点介绍专业技能适任培训和特殊培训。

第一节　船员基本安全培训与适任培训

船员基本安全培训系指在上船前接受的海上安全、救生、求生、应急、急救等基本知识和技能方面的专业培训,它适用于所有在船上工作的人员,包括一些临时随船工作的人员(如随船调研人员、科学考察人员、船东代表等)。基本安全培训共有“个人求生技能”“防火和灭火”“基本急救”“个人安全和社会责任”等四个科目的培训,考试分为理论考试和评估考试两部分。

船员适任培训系指船员在取得适任证书前接受的使船员适应拟任岗位所需的专业技术知识和专业技能的培训。其中岗位适任培训包含船长、轮机长、大副、大管轮、三副、三管轮、电子电气员、高级值班水手、高级值班机工、普通值班机工、普通值班水手、电子技工、全球海上遇险和安全系统(GMDSS)操作员、引航员、非自航船舶船员、水上飞机驾驶员、地效翼船船员、游艇操作人员、摩托艇驾驶员等项目;船员专业技能适任培训包含精通救生艇筏和救助艇、精通快速救助艇、高级消防、精通急救、船上医护、保安意识、负有指定保安职责的船员、船舶保安员等项目。

岗位适任培训是学生职业教育的主要内容,贯穿了在校学习全过程;船员专业技能适任培训则是为了船员人身和财产安全而开展的某项安全技能培训。

一、精通救生艇筏、救助艇培训合格证

精通救生艇筏、救助艇培训(代码:Z02),意在通过培训课程使学员掌握救生艇筏、救助艇的专业技能,并且检验在课程学习后,其是否具有指挥和进行荡桨操艇的能力及掌握了相关的最低知识,是否满足 STCW 公约马尼拉修正案的相关要求,是否满足中华人民共和国海事局签发海船船员专业技能适任证书的必备条件。培训主要适用对象:在 500 总吨或 750 千瓦及以上船舶上服务的船长、高级船员(GMDSS 限用操作员除外)、值班水手、值班机工、高级值班水手、高级值班机工、电子技工;在未满 500 总吨或未满 750 千瓦的油船、化学品船、液化气船、客船、高速船上服务的船长、高级船员、值班水手、值班机工。另外,需要符合下列条件:

(1)年龄不小于18周岁;
(2)具有不少于12个月的海上服务资历;
(3)完成了船员熟悉和基本安全专业培训,并持有“船员熟悉和基本安全培训合格证”;
(4)身体健康,尤其是听力和视力应符合主管机关的规定。
培训学时不少于24小时,考试分为理论考试和评估考试两部分。

二、精通快速救助艇培训合格证

精通快速救助艇培训(代码:Z03)系指船员在各种紧急情况下释放并操纵快速救助艇和提高救助能力的专业技能训练。凡在配备快速救助艇船舶上任职的船长、驾驶员、轮机长、轮机员及其他指定操纵快速救助艇人员必须完成精通快速救助艇培训,并取得“精通快速救助艇培训合格证”。

考试分为理论考试和评估考试。

三、高级消防培训合格证

高级消防培训(代码:Z04)系指完成以船舶组织战术及指挥方面为重点的高级消防专业技能训练。该项培训是一种着重于消防组织战术和指挥方面的消防技术的高级培训,而不是简单重复消防的基础知识,船舶基本灭火设备、器材的性能和使用方法等。我国主管机关规定,凡在500总吨或750千瓦及以上船舶服务的船长、驾驶员、轮机长、轮机员,必须完成高级消防培训并取得“高级消防培训合格证”。对500总吨(或750千瓦)以下船舶的相应船员则要视船舶的类型而定,如果是普通的货船,则不必完成高级消防培训,也不必取得“高级消防培训合格证”。如果是液货船、客船、滚装客船,则在船舶上任职的船长、驾驶员、轮机长、轮机员,仍需完成高级消防培训,以及取得“高级消防培训合格证”。培训学时不少于24小时。

考试分为理论考试与评估考试。

四、精通急救培训合格证

精通急救培训(代码:Z05)系指船员完成以船上人员伤亡时的组织急救、采取的应急措施和指挥抢救运送伤员为重点的船上急救专业技能训练。该项培训也属于STCW公约1995年修正案新增加的培训。根据STCW公约,船员精通急救培训属强制性要求。凡是申请参加船员精通急救专业培训的船员应完成船员熟悉和基本安全专业培训,并取得“熟悉和基本安全培训合格证”。考试主要针对在500总吨或750千瓦及以上船舶上服务的船长、高级船员(GMDSS限用操作员除外)及其他指定在船上提供急救的船员以及在未满500总吨或未满750千瓦的油船、化学品船、液化气船、客船、高速船上服务的船长和高级船员。培训学时不少于24小时。

培训考试分为理论考试和评估考试。

五、船上医护培训合格证

船上医护培训(代码:Z06)系指船员完成以船上伤病人员的医护、采取的应急措施和请求岸上援助及运送病员为重点的船上医护专业技能训练。该项培训也属于STCW公约的强制性要求。凡在500总吨或以上船舶任职的船长、大副和指定为负责船上医护的其他船员,必须完成船上医护培训并取得“船上医护培训合格证”。

培训考试分为理论考试和评估考试。

六、保安意识培训合格证

保安意识培训(代码:Z07)系指为提高船员基本素质和专业技能,明确船舶保安组织机构及职责,识别船舶保安风险与威胁,确保船舶保安计划的有效实施,根据国际海事组织(IMO)2012年1月1日正式实施的STCW公约马尼拉修正案和中华人民共和国海事局制定的中华人民共和国海船船员《保安意识培训合格证考试大纲》及《负有指定保安职责船员培训合格证考试大纲》,而制订的教学培训计划。培训适用于全体船员。通过相应的理论和实操学习,学生应掌握船舶保安措施的有效途径及各种保安设备的操作、测试和校准,通过海事局考试并获得“保安意识培训合格证”。

培训考试分为理论考试和评估考试。

七、负有指定保安职责船员培训合格证

负有指定保安职责船员培训(代码:Z08)是为提高船员基本素质和专业技能,明确船舶保安组织机构及职责,识别船舶保安风险与威胁,确保船舶保安计划的有效实施,根据国际海事组织(IMO)2012年1月1日正式实施的STCW公约马尼拉修正案和中华人民共和国海事局制定的中华人民共和国海船船员《保安意识培训合格证考试大纲》及《负有指定保安职责船员培训合格证考试大纲》的规定,而制订的教学培训计划。培训适用于全体船员。通过相应的理论和实操学习,学生应掌握船舶保安措施的有效途径及各种保安设备的操作、测试和校准,通过海事局考试并获得“负有指定保安职责船员培训合格证”。

培训考试分为理论考试和评估考试。

八、船舶保安员培训合格证

船舶保安员培训(代码:Z09),意在应对世界安全形势受到恐怖主义新挑战这一现状,通过培训检验被培训者采取安保措施的能力,检测与评估其是否满足STCW公约马尼拉修正案的有关要求,培训对象适用于在船舶上担任船舶保安员的船员。

培训考试分为理论考试和评估考试。

第二节　特殊专项培训与考试

特殊培训是指针对在危险品船、客船、大型船舶等特殊船舶上工作的船员所进行的培训。其包含油船和化学品船货物操作基本培训、油船货物操作高级培训、化学品船货物操作高级培训、液化气船货物操作基本培训、液化气船货物操作高级培训、客船船员特殊培训、大型船舶操纵特殊培训、高速船船员特殊培训、船舶装载散装固体危险和有害物质作业特殊培训、船舶装载包装危险和有害物质作业特殊培训。

一、油船和化学品船货物操作基本培训

油船和化学品船货物操作基本培训（代码:T01），简称“油化基”，即原来的“油安”和“化安”的合并，培训分为理论培训和评估培训。其中理论培训内容包含油船部分和化学品船部分。理论考试中油船部分包括油船的基本知识，油船的物理性质、有关油船作业导致危害的基本知识，危害控制的基本知识，应急反应、安全操作、货物操作的基本知识；化学品船部分包括化学品船的基本知识，化学品船货物操作的基本知识，化学品船操作危害和危害控制的基本知识，化学品船的防护和安全措施、化学品船消防、化学品船应急程序以及油船和化学品船安全文化和安全管理的基本知识。评估培训内容包含安全设备和防护装置的使用、逃生器具的使用、氧气复苏器的操作、便携式气体检测仪器的操作、便携式灭火器的操作、大型灭火系统的操作、便携式液位测量仪的操作。培训共计 14 天。培训适用于在油船和化学品船上服务的所有船员。

培训考试分为理论考试和评估考试。

二、油船货物操作高级培训

油船货物操作高级培训（代码:T02），简称“油高”，即原来的“油操”和“原油洗舱”的合并，培训分为理论培训和评估培训。其中理论培训内容包含国际公约和国家规定、油船设计系统和设备的知识、惰性气体系统、洗舱以及气体置换、货物操作与管理、压载水操作与管理、职业健康和安全预防、防污染、应急反应、油船安全管理；评估培训内容包含装卸货油操作、油船惰气系统操作、油船洗舱操作、排油监控设备操作。培训对象适用于在油船上服务的船长、轮机长、驾驶员、轮机员、值班水手、值班机工、高级值班水手、高级值班机工及其他对油船货物相关操作承担直接责任的船员。培训共计 12 天。

培训考试分为理论考试和评估考试。

三、化学品船货物操作高级培训

化学品船货物操作高级培训（代码:T03），简称“化高”，即原来的“化操”，培训分为理论培训和评估培训。其中理论培训内容包括化学品船相关的规则和章程，化学品货物的种类和特性，化学品船的作业危害及危害控制措施，化学品船的设计、系统和设备，化学品船的货物装卸作业、货舱清洗作业，其他关键操作，职业健康和安全防护，化学品船的应急反应，化学品船安全文化和安全管理知识；评估培训内容包含装卸货物操作、洗舱、排污及舱壁测试操作，氮气充注及维护操作，货舱温度、压力测量及报警操作。培训对象适用于在化学品船上服务的船长、驾驶员、轮机长、轮机员、值班水手、值班机工、高级值班水手、高级值班机工及其他对化学品船货物相关操作承担直接责任的船员。培训共计 12 天。

培训考试分为理论考试和评估考试。

四、液化气船货物操作基本培训

液化气船货物操作基本培训（代码:T04），即原来的液化气船安全知识，培训分为理论培训和评估培训。其中理论培训内容包含液化气品的基本知识、液化气船的设计与构造、液化气船的货物操作系统、液化气货品的危害与防护、液化气船对货物危害的控制、人员的安全防护

措施、液化气船的消防、液化气船舶防污染、液化气船的安全管理、液化气船的应急程序;评估培训内容包含防护服的穿着使用、防毒面具的使用、空气呼吸器的使用、氧气复苏器的使用、便携式灭火器的使用、干粉灭火装置的操作、气体检测仪器的使用。所有在液化气船上服务的船员必须参加 T04 培训。培训共计 14 天。

培训考试分为理论考试和评估考试。

五、液化气船货物操作高级培训

液化气船货物操作高级培训(代码:T05),即原来的液化气船安全操作,培训分为理论培训和评估培训。其中理论培训内容包含液化气船相关的国际公约和规范、液化气货品的特性与安全载运要求、液化气船的货物操作系统和设备、货物检测仪表及监控报警系统、大型 LNG 船的特殊设备和操作系统、液化气船的货物操作、液化气船的货物测量与计算、液化气货品运输中的危害控制和安全管理、液化气船舶防污染、船舶应急预案的制定与实施、液化气船的船舶检查;评估培训内容包括液化气船消防与溢货演习、气体检测仪器的校正、全压式液化气船的装卸货操作、LNG 船模拟器装卸货操作。培训适用于在液化气船上服务的船长、驾驶员、轮机长、轮机员、值班水手、值班机工、高级值班水手、高级值班机工及其他对液化气船货物相关操作承担直接责任的船员。培训共计 12 天。

培训考试分为理论考试和评估考试。

六、客船船员特殊培训

客船船员特殊培训(代码:T06)分为理论培训和评估培训。其中理论培训内容包括拥挤人群管理,基础培训,通信交流,旅客、货物和船体安全,危机管理和人的行为培训,实操训练;评估培训内容包含拥挤人群管理、危机管理、旅客和货物安全、综合演习。培训对象适用于在客船上服务的所有船员。

培训考试分为理论考试和评估考试。

七、大型船舶操纵特殊培训

大型船舶操纵特殊培训(代码:T07)系指基于航海操纵模拟器进行的使船员掌握大型船舶操纵技能的培训。我国主管机关定义的“大型船舶”是指 80 000 载重吨或总长 250 米及以上的船舶。培训分为理论培训与评估培训。其中理论培训内容包含大型船舶构造特点及其对操纵的影响、大型船舶特性对操纵与避碰的影响、大型船舶靠离泊作业、大型船舶抛锚作业、大型船舶应急操纵;评估培训内容包含大型船舶在不同载重情况下的操纵性能参数的测定、大型船舶综合航行训练、大型船舶靠离泊作业、大型船舶抛锚作业、人员落水的搜索与救助应急操纵。培训适用于在中国籍大型船舶上服务的船长和大副。

培训考试分为理论考试和评估考试。

八、高速船船员特殊培训

高速船系指设计静水时速在沿海水域为 25 海里/小时及以上、在内河通航水域为 35 千米/小时及以上的动力支撑船舶和排水型船舶,但不包括常规客船、货船、滚装客船和集装箱船舶。高速船船员特殊培训(代码:T08)分为理论培训和评估培训。其中理论培训内容包括高速船特性、驾驶台监控系统的仪表种类和功能、操纵系统、消防和救生、高速(客)船破损控制、高速(客)船安全生产和管理规定、实操训练;评估培训内容包含高速船特性、驾驶台监控系统仪表的名称及功用、船舶操纵、航行及风险控制。凡在高速船上任职的船长、驾驶员、轮机长、轮机员等高级船员,需完成规定的高速船船员特殊培训,并取得“中华人民共和国高速船船员特殊培训合格证”。

培训考试分为理论考试和评估考试。

九、船舶装载散装固体危险和有害物质作业船员特殊培训

船舶装载散装固体危险和有害物质作业的船员特殊培训系指使船员掌握《国际海运危险货物规则》(IMDG CODE)、《固体装载货物安全操作规则》(BC CODE)具体说明可以散装以固体或包装形式运输的危险、有害货物和仅在散装运输时会产生危险的物质(MHB),以及《73/78 国际防止船舶造成污染公约》(MARPOL 73/78)附则Ⅲ具体说明的物质或物品的运输、管理和应急组织知识的培训。船舶装载散装固体危险和有害物质作业船员特殊培训和船舶装载包装危险和有害物质作业船员特殊培训的培训代码为 T09。培训分为理论培训和评估培训,其中理论培训内容包含公约、规则和建议,特性和性质,船上应用;评估培训内容包含测定仪器的使用、人员防护设备的使用。培训对象适用于在装载散装固体危险和有害物质船上负责货物作业的船长、高级船员和普通船员。

培训考试分为理论考试和评估考试。

十、船舶装载包装危险和有害物质作业船员特殊培训

船舶装载包装危险和有害物质作业船员特殊培训(代码:T10)分为理论培训和评估培训,其中理论培训内容包含公约、规则和建议,危险和有害物质以及具有化学危害物质的分类、健康危害,船上操作应用;评估培训内容包含测定仪器的使用、人员防护设备的使用。培训对象适用于在装载固体危险和有害物质船上负责货物作业的船长、高级船员和普通船员。

培训考试分为理论考试和评估考试。

第九章 航海类专业综合素质培养

第一节 航海类专业综合素质要求

综合素质是个人在先天遗传品质的基础上,通过接受教育或参加社会实践活动所形成的主体性品质,它是个体的生理、心理、文化、能力和道德品质等方面的综合表现。不少人存在这样的认识误区:航海类专业学生在半军事化管理下,生活模式较为单一,职业选择较为固定,只要个人能力能够满足职业的基本要求即可,不需要在综合素质的培养上有过多的思考。殊不知,海员是一种特殊的、具有挑战性的职业,工作具有国际性、国防性、技术性、独立性、即时性等,对从业人员具有相当高的职业素养要求,每个海员发挥的作用不可替代。海员不仅要有强健的体魄、娴熟的专业技能,还要具备良好的心理素质、较强的环境适应能力和突发事件的应变能力。这些能力的展现就是综合素质的具体体现,并非一朝一夕能够获得,需要航海类专业学生有意识地持续养成。

一、航海类专业学生综合素质的内涵

大学生正处于知识和能力的储备阶段,较高的综合素质对于个人未来的职业生涯发展起着重要的作用。职业虽然没有高低贵贱之分,但是社会职位有高低级之分。从社会职位的分布来说,低级职业在社会上的分布最多,职位层次越高,职位也就越少。职位层次越高的职业要求从业者具备的素质也越高。

航海类专业学生的综合素质的主要内容包括高尚的道德情操、丰富的科学文化知识、良好的航海职业能力、健全的身心健康。

1. 高尚的道德情操

美好的道德品质和高尚的道德情操一直是人类不懈的憧憬和追求。对于大学来说,培养大学生高尚的道德情操,按照德才兼备、以德为先的要求来培养人才,对全社会有着重要的示范和导向作用。对将来要在“浮动的国土”上从事航海职业的学生来说,培养高尚的职业道德情操尤为重要,它是航海类专业学生综合素质培养的重要内容。

所谓职业道德,就是和人们的职业活动紧密联系的符合职业特点所要求的道德准则、道德情操与道德品质的总和,它既是对本职人员在职业活动中行为的要求,同时是职业对社会所负的道德责任与义务。职业道德的基本规范包括爱岗敬业、诚实守信、办事公道、服务群众和奉献社会。

航海类专业大学生要积极培育社会主义核心价值观,一方面要培养自己的一般社会职业

道德,另一方面还要培养海上运输所要求的特殊职业道德,主要包括以下五大方面。

(1)热爱祖国,牢固树立责任意识

这是远洋船员职业道德的基本要求。远洋船员经常远离祖国,航行于世界各个国家和地区的各个港口,每艘船舶都代表着我国"浮动的国土"。远洋船员的工作性质涉及经济、政治、军事、技术等方面,因此远洋船员必须坚持以祖国的利益为重,把祖国的利益、尊严和荣誉放在第一位,为祖国的崛起、腾飞以及航海事业的发展,做好本职工作,明确自己的责任,热爱自己的职业,做一名名副其实的航海人。

(2)安全第一,牢固树立安全意识

这是从事船舶航运工作的生命线。为了保证安全航行,海员首先要牢固树立安全第一的观念,规范自己的职业行为,认识到"有效地履行职责对海上人命和财产安全以及防止海上环境污染的必要性",不能有丝毫的麻痹和松懈,谨慎驾驶,细心瞭望,悉心保养,为安全航行创造条件。比如,STCW 公约规定,"航行值班人员在任何时候均需要做好准备,以便充分有效地对环境改变做出反应";瞭望人员应"针对操作环境中发生的重大变化,利用视觉和听觉以及所有其他可用的手段保持连续戒备状态"。

谨慎航行,一方面是指所有船员在工作中严格按照操作程序以及各项规章制度工作,比如驾驶员、轮机员、水手、机工的交接班程序;另一方面是指船舶之间、船港之间相互联系的文明行为,不能只顾自己而置他船、港方于不顾。

(3)坚守岗位,牢固树立服从意识

坚守岗位是指船员在任何时候、任何情况下都要严格坚守在自己的工作岗位上。擅自离岗,可能会导致危险。据统计资料及对交通安全事故的原因分析,海上事故(人命、污染等)中75%~80%是由人为因素造成的,因此,STCW 公约有诸多有关坚守岗位、提高责任意识等方面的规定和要求。比如,负责航行值班的高级船员应"在驾驶台保持值班","在正式交班之前,任何情况下均不得离开驾驶台",瞭望人员"必须全神贯注地保持正规瞭望,不得从事或被分派给会影响瞭望的其他任务"等。

服从命令就是船员在工作中要绝对服从部门/船舶领导的调遣和指挥,保质保量地完成任务。当船舶遇到紧急情况时,如台风、火灾、碰撞等,都应无条件地服从上级指挥,迅速无误地到达指定地点。我国航海院校对航海类专业学生实施严格规范的半军事化管理,其目的之一就是培养大学生的服从意识。

(4)团结协作,牢固树立合作意识

这是远洋船员的传统美德,是由航海这一职业的特点所自然形成的。远洋航行和其他行业一样,具备一定危险性。远洋船员为了祖国的航海事业这个共同的理想,从祖国各地走到同一艘船上工作、学习、生活,全体船员需要一起经风浪、历险情,不仅要战胜大自然的突然袭击,而且要挑战各种各样的意外事件。因此,远洋船员必须团结协作,同舟共济,视船为家,视其他船员为兄弟姐妹,齐心协力,才能克服各种困难,战胜各种险情,顺利完成运输任务。

(5)防止污染,牢固树立生态意识

防止污染、保护海洋环境既是道德责任,也是法律要求。目前,国际国内颁布了一系列防污染法规和公约,如《中华人民共和国海洋环境保护法》《中华人民共和国防止船舶污染海域管理条例》《中华人民共和国船舶污染排放标准》《中华人民共和国海洋倾废管理条例》《国际防止船舶造成污染公约》等对防止污染、保护环境进行了明确的规定和要求。

为了保护海洋环境，对船员也做出了相应的规定。比如，“关于值班的标准”指出“船长、高级船员应了解操作性或事故性的海洋环境污染的严重后果，并应采取一切可能的预防措施防止这类污染，特别是有关国际规则和港口规章规定范围内的污染”；船在锚泊时应“采取措施防止船舶污染环境，并遵守适用的防止污染规则”等。

2. 丰富的科学文化知识

知识结构是指一个人的知识构成状况，也就是外在的知识体系经过学习者的输入、储存、加工，而在头脑中形成的多要素、多系列、多层次的知识组合情况。各种知识互相间结构具有不同的功能，能够完成不同性质的工作。

在不同时代背景下，社会生产力发展的水平不同，所要求的知识结构也不一样。农业经济时代，要求人才具备“杂家型”的知识结构；工业经济时代，要求人才具备“专家型”的知识结构；而到了知识经济时代，则要求人才具备“T”形的知识结构。“T”形知识结构是一种在精深专业知识的基础上，经横向扩展而形成的多学科或跨学科的多元化知识结构。多元化知识结构在功能上总是要优化于单元化知识结构的总和。大学阶段是人生获取知识的黄金阶段，同学们应该充分利用这段时间，结合航运事业发展的需要构建多元化的知识结构。

(1)英语、计算机知识

语言是人们从事交流的工具，也是远洋船员参与国际合作交流的基本技能。英语是海运的“官方”语言，是各国海员交流的通用工具，对于一名合格的远洋船员，具备娴熟的英语水平的重要性是不言而喻的。中国的远洋船员特别是外派的远洋船员要参与国际竞争，首先必须解决语言交流问题。任何国家的船东考核外籍船员时，不仅考核专业水平，更要考核英语水平。如果远洋船员的语言交流有障碍，容易引起工作的不协调甚至误解，严重时酿成重大的海难事故。因此，远洋船员必须具备良好的英语交流水平，才能避免或减少船舶安全事故的发生，才能避免或减少船舶被滞留的可能，从而更好地为船东争创更大的经济效益。

信息时代已经到来，大学生在信息科学与信息技术方面的素养也成为他们进入社会的必备基础之一。虽然不是每个大学生都需要懂得计算机原理和编程知识，但都应能熟练地使用计算机、互联网、办公软件和搜索引擎，都应能熟练地在网上浏览信息和查找工作、学习、生活所需要的知识。随着计算机和信息技术的快速发展，计算机在船舶上的应用已经越来越普遍。学会使用计算机，有利于正确操作、使用船上的先进设备。

(2)航海专业知识

现代社会分工越来越精细，专业性也越来越强。因此，一个人要想在当前人才竞争日趋激烈的社会有所建树，必须在某一领域里掌握比较精深的专业知识。所谓精深的专业知识就是指个人对自己所要从事专业的知识和技术具有一定的深度，对其基本概念、理论体系、研究方法、国内外最新信息等都有所了解和把握。如果在某一特定领域里没有一定造诣，而是面面俱到、杂而不精、博而不深，说起来似乎无所不晓，做起来却一事无成，这根本无法在激烈竞争中取胜，更无法适应社会。因此，大学生在学习航海专业知识时，一定要使自己的专业知识达到一定深度，不能浅尝辄止。航海工作是一项专业性非常强的工作，具备精深的航海专业知识是胜任航海工作的必备条件。

专业知识可分为专业理论和专业技术知识。两者相辅相成，不可偏废，既不能重实践轻理论，也不能重理论轻实践。专业理论知识使大学生不仅能知其然而且知其所以然，解决了为什么的问题；专业技术知识则教会了大学生工作的具体方法，解决了如何做、怎样做的问题。在科技发展日新月异的今天,航海运输应用领域里很多看似先进技术在几年后就会被新的技术取代,只有对航海专业基础理论知识和专业技术知识全面掌握,才可以更好地理解新的航海应用技术,从而受用终身。

(3)人文社科知识

航海工作并不是简单地跟船舶、海洋打交道。除此之外,船员还会经常跟不同国家、不同民族、不同文化、不同风俗的人群交往。因此,具备一定的人文知识,比如哲学、史学、艺术、法学等是必需的。较高的人文素养可以使人开阔视野、活跃思维,激发各种非逻辑思维的产生,陶冶人的情操以及使人的胸襟宽阔。首先,应学习哲学。从柏拉图到笛卡尔,从牛顿到爱因斯坦,他们都是集科学与哲学于一身。学习哲学不仅可以帮助大学生形成科学的思维方式,而且对于哲学问题的正确回答还可以让其人生变得更加精彩、快乐和有意义。其次,应学习史学。读史可以明鉴。今天的一切都与历史有着千丝万缕的联系,了解过去可以使大学生更好地理解现在,并预测未来。可以说,学习历史可以使人变得聪明。"究天人之际,通古今之变"是史学素养的根本目的。毛泽东博古通今,有着丰富的历史知识,因而他在中国革命的进程中能够运筹帷幄,大谋大略地带领中国革命走向成功。航海类专业学生不仅要了解航海史,而且还要了解中国和世界历史。了解中国历史,可以增强大学生的民族自豪感;了解世界历史,可以开阔大学生的视野加深对别国文化的理解和尊重。对于航海类专业的学生,与船舶、船员、货运等海上交通运输有关的法律、法规、公约等是必须要了解的。这些法律、法规是保障海上交通运输安全的法律保障。

3. 良好的航海职业能力

职业能力是人们从事某种职业的多种能力的综合。具备良好的航海职业能力是胜任航海职业的必备条件,主要包括以下几个方面。

(1)环境适应能力

适应性是指个体主动调整自己的机体和心理状态,使自己的行为符合环境条件的要求,以及努力改变环境条件以使自己能够获得更好发展的能力倾向。从适应性的定义可以看出,适应性包括两个方面的内容,即适应环境的能力以及在此基础上改变环境条件的能力。因此,适应性不是消极、被动的适应,而是一种积极、主动的适应。

航海职业对从业人员的适应能力要求是很高的。它不仅要求船员在身体上能适应自然环境的变化,而且还要在心理上能适应海上工作、生活环境,以及异地民族生活习惯等。为了增强自己的适应能力,首先应该要有强健的体魄,掌握一定的运动保健知识;同时,还要利用各种手段进行科学的身体锻炼,养成良好的生活习惯,建立良好的自我调节能力,丰富自己的生活,以增强自己的适应能力。

(2)专业实操能力

专业技能是从事任何一项专门工作必需的一种能力。航海是一种实践性非常强的职业,船员要想能顺利地完成某项工作,就应具备相应的专业实操技能。船员的专业实操技能是保证船、货、人员安全的重要条件。技能与知识是密切相关的,技能是以知识为基础并对所学知识的灵活运用。因此,首先要具备扎实的实用理论基础知识,然后加强专业实践,比如实习、模拟实验等,在实际运用中将航海理论知识转变为航海本领。

(3)语言表达能力

语言表达能力是指运用语言或文字等工具阐明自己的观点、意见或思想的能力,主要包括口头表达能力和书面表达能力。对于航海类专业学生来说，语言表达能力的重要性是不言而喻的。因为，船舶上的工作大多是集体工作，需要人与人之间的配合，要使人与人之间能够相互配合、协调开展工作，就需要用语言表达来传递各种指令。因此，对于船员，语言表达准确是尤其重要的。如果船员语言表达不准确、发出的指令不明晰，就很容易造成对方听不清或理解错误，从而酿成事故。

(4)组织协调能力

组织协调能力是指在工作活动中进行计划布置、组织分工、人际沟通协调等活动的能力。如今，现代科学技术日益朝着综合化趋势发展，在工作领域中的反映就是一项工作的完成往往需要各个人、各个部门的配合，共同努力。航海更是一项团队工作，要使船舶安全运营，就需要船上各部门、每个船员的密切配合。因此，船员特别是高级船员应该具有一定的组织协调能力。

(5)随机应变能力

随机应变能力是指处理意想不到的、突然发生的、对人们不利的事情或问题的能力。在日常生活中，突发事件无处不在。有的突发事件影响不大，对当事人不会造成太大的压力；而有的突发事件则影响重大，对当事人会造成非常大的压力。应对突发事件是对一个人综合素质的检验。有的人在突发事件面前惊慌失措，不知道该怎么办；而有的人则能够保持冷静，想各种办法解决问题。

航海中，由于环境复杂多变，船员处理突发事件的能力关系到能否阻止突发事件造成危害或减少损失。每个人都想从容、镇定自如地面对突发事件，但是，处理突发事件的能力不是一朝一夕就能获得，它需要多方面的学习和有意识的磨炼。由于航海类专业学生的训练、经验、性格、责任心、工作作风等不尽相同，而上述几项是影响人应变能力的直接因素，为此，航海类专业学生要加强业务知识的学习，加强各种技能的培训教育和演练，做到先预防后应变，自觉培养锻炼应变能力，提高自身的综合素质，以适应航海工作的特殊需要。

4. 健全的身心健康

要想取得事业的成功，必须具备良好的身体素质和心理素质，增强自己的抗挫折能力。对于从事特殊行业的船员来说，具备健全的身心健康更是非常重要。

(1)身体素质

身体素质的好坏表现了一个人的健康状况。健康的体魄也是德和智的物质载体，在人才成长与成功过程中起着基础与关键的作用。如果没有健康的身体，一个人的生活、事业和幸福也就都无从谈起。航海类专业学生毕业后需要长期在海上生活与工作，在漫长的航海旅程中，由工作时间、工作环境以及生活环境的特殊性所带来的体力消耗，会成为影响人体正常功能及身体健康的主要因素。因此，一个合格的海员，必须首先具备能适应海上工作环境、能经受艰苦生活条件考验的健壮体魄。

另外，船员身体对外界事物的感知能力对于船员来说也是非常重要的。在航海过程中，绝大部分信息要通过视觉和听觉来获取，没有较强的视觉、听觉能力是很难胜任航海工作的。船员身体的协调、攀爬、跨越、力量、耐力等运动能力也是航海职业必需的。因此，航海专业大学生要经常进行体育锻炼以提高自己各方面的身体素质。

(2)心理素质

心理素质反映的是个人在某一时期内达到的心理发展水平，是个人进一步发展和从事活动的心理条件和心理保证。人类不仅要具备良好的身体素质，而且也要有良好的心理素质。世界卫生组织给健康下的新定义是：健康是一种身体上、精神上的完全平衡状态。一个人只是身强力壮，没有器质性疾病，还不算完全健康。只有体格和心理两方面都健康的人，才算得上是真正的健康。

由于工作和生活在船上，与大海打交道，工作和生活空间相对局限，以及航海中可能出现的一些复杂情况有可能会给船员带来一些心理困扰，同时，船舶在世界各地间航行，停泊在不同的国家港口，语言的障碍、风土人情的不同等，所有这些都给海员的素质尤其是心理素质带来了极大的考验，并提出了非常高的要求。

船员的心理素质与航海安全也有着非常重要的关系。从海损、海难事故分析可以看出，船员的人为失误是造成事故的主要原因，这其中也有心理素质的原因。因此，在大学阶段要培养心胸豁达、沉着自制、果断坚毅、坚韧不拔、团结协作、善于自我调节、容忍善待他人、开朗幽默等良好的心理素质。

纵观人的一生，总是在从事两类活动：一是改造客观世界的活动，二是改造主观世界的活动。前一类活动可以统称为工作，后一类活动可以统称为学习。航海职业的特殊性决定了院校在培养海上人才时，采取了不同于其他专业的培养途径。航海类专业学生要理解并适应专业的培养方式，积极主动地学习，努力提高自身综合素质。

随着航运业的快速发展，船舶逐步大型化、自动化、智能化，进而对航海人才的技术、能力、素质等要求和标准大大提高。可以预测，随着航海科学技术的飞速发展以及航运市场竞争的日趋激烈，对驾机通用、一专多能、一兼多职的高级航海人才的需求比例会有更大的增加，航运市场需求的是高水平、高质量的多功能复合型航海人才。

第二节　航海类专业综合素质培养

高尚的道德情操、丰富的科学文化知识、良好的航海职业能力、健全的身心健康，是对于航海类专业学生综合素质的概括，学生可以从日常学习、生活和活动做起，从处理小事中逐步有意识地培养自己的综合素质和职业能力。

一、坚定理想信念

苏格拉底曾说，“世界上最快乐的事，莫过于为理想而奋斗”。因此，如果说社会是大海、人生是小舟，那么理想信念就是引航的灯塔和推进的风帆。理想，是人们在实践中形成的具有实现可能性的对未来的、向往和追求，是人们的世界观、价值观和人生观在奋斗目标上的集中体现。信念，是认知、情感和意志的有机统一体，是人们在一定的认知基础上确立的对某种思想或事物坚信不疑并身体力行的心理态度和精神状态。理想信念能够指引人生的奋斗目标，提供人生的前进动力，提高人生的精神境界，所以，树立正确远大的理想信念对大学生具有重要意义。

爱国主义情感是大学生应具备的最基本的理想信念。爱国主义体现了人民群众对自己祖国的深厚情感，反映了个人对祖国的依存关系，是人们对自己故土家园、种族和文化的归属感、认同感、尊严感与荣誉感的统一。爱国主义是中华民族的光荣传统，是蕴含最为深厚的历史情感，是全国各族人民共同的精神支柱，是最激动人心和催人奋进的精神动力，是为祖国争光、民族争气的力量源泉。航海工作具有风险性、艰苦性、独立性、国际性、国防性等特点，要求在航运人才培养上，特别强调具有坚定正确的政治方向、强烈的爱国主义情感、高度的组织纪律性、良好的军人般的素质等。爱国情操是当好船员的最基本素质；爱国使船员挺胸抬头具有人格的力量，爱国使船员努力拼搏积极奉献，爱国使船员爱岗敬业、团结合作。因此，对航海类专业学生来说，加强爱国主义教育显得尤为重要。具有强烈的民族自尊心、自信心、自豪感，捍卫主权，反对霸权，发展祖国的海运事业，全力维护国家的经济权益，都是航海类专业学生爱国主义精神的体现。对外交往中，应既反对妄自尊大的民族排外主义，又反对妄自菲薄的民族虚无主义。与经济发达的国家交往时，落落大方，不卑不亢；与发展中国家交往时，态度和蔼，礼貌待人。严守外事纪律，注意仪表形象，始终做一名堂堂正正的中国人，这些也是航海类专业学生爱国主义教育的重要内容。热爱航海事业是航海类专业学生应具备的又一理想信念，是安心在海上工作，克服困难，取得成绩的内在动力。在我国从航运大国向航运强国迈进的今天，广大有志于航海事业的航海类专业学生，要树立崇高的理想和坚定的信念，明确自身所肩负的时代重任，坚定自身从事航运工作、奉献航运事业的信心和决心，为中国和世界的航海事业做出自身的贡献。

航海类专业学生可通过积极参与学校组织的理想信念教育和爱国主义教育活动，主动通过网络媒体、报纸期刊关心时政新闻，培养实事求是、客观公正的思辨能力，坚持与党和国家的方针政策保持一致，培养坚定的理想信念。

二、遵守道德规范

道德是一种社会性、全局性的规范，也是人们共同的价值取向。遵守道德规范是学会做人的过程。航海类专业学生要习得公民道德和航海职业道德。首先，海上航行的船舶就是一个小社会。船员群体是由不同年龄、不同性格、不同经历、不同文化水平、不同的兴趣和爱好的人组成的。而只有良好地配合，互为补充，才能构成一个统一、多彩而和谐的整体。

首先，面对变幻莫测的海上环境和日益精湛的航海技术，要顺利完成海上运输任务，没有团结协作、同舟共济的精神是很难做到的。因此，航海类专业大学生应注意加强团结协作、同舟共济精神的培育，培养自身理解人、尊重人、关心人和支持人的思想和习惯，养成尊重和爱护他人的生命就像尊重和爱护自己的生命一样的良好习惯。其次，随着改革开放的不断深入和社会经济的快速发展，部分航海类专业学生毕业后逐渐不选择从事航海职业，或者很快转移到陆地工作，对我国航海事业发展带来重大影响。因此，航海类专业学生应加强自身热爱航海事业、吃苦耐劳、诚实劳动、忠于职守和勇于奉献的精神，以自己的素质和崇高的职业责任感对待工作，忠实履行航海责任。

三、提高身体素质

随着人类社会的发展和进步，维护和增进健康越来越成为全球关注的重要课题。身心健康是社会、经济和个人发展的主要资源，也是生活质量的重要组成部分。身心协调发展将会成为 21 世纪成功人才的必备条件。因此，无论是从全社会人力资源开发的角度，还是从个人成长发展的角度来看，维护身心健康都是一项重要的工作。航海职业的风险和艰苦性对船员的身体、心理素质提出了更高的要求。船舶昼夜航行,为保证船员保持高度的精神集中和工作的连续性,实行四小时轮流值班制,但船体的噪声、振动、摇晃、温差和湿度等都会影响船员的工作能力、身体和心理的变化。加上长期离岸,每天面对茫茫大海,活动空间有限,使得船员获得的外界信息十分有限,以致人的心理会发生一系列的变化,情绪烦躁不安。针对这种状况,航海类专业学生应特别加强自身的心理辅导和咨询,形成自觉、果断、自制、坚强的意志品质,提高自我适应、自我控制、自我调节的能力,以及遇事冷静、从容应对的心理素质。同时,航海类专业学生也要积极主动参与实践活动,养成体育锻炼的良好习惯,进而提高自己的身体素质。

四、培养良好习惯

亚里士多德提出素质教育是"播种一种行为,收获一种习惯;播种一种习惯,收获一种品格;播种一种品格,收获一种命运"。良好的习惯决定了素质养成的成败。对于航海类专业学生而言,半军事化管理作为一种管理模式、一种手段,它规范的是学生的行为,是一种帮助学生形成自我约束的养成教育。半军事化管理工作具有政策性、规范性和强制性等特点,它涉及面广,实践性强,需要学校和学生共同努力,协调配合。高素质航海人才的培养和良好行为的养成不是一朝一夕就能办到的,需要长期的始终如一的坚持。常言说,"不积跬步,无以行千里,不积小流,无以成江河"。日常养成是半军事化管理的经常性、基础性工作,航海类专业学生要从细微处入手,从早操、上课列队、内务卫生、着装、军容风纪等日常管理做起,处处严格规范,从点滴入手,严格要求,持之以恒,潜移默化,最终形成自觉。

半军事化管理

半军事化管理是为适应社会对航海类人才培养规格的需要,从航海行业特点出发,依据《普通高等学校学生管理规定》、《高等学校学生行为准则》、中国人民解放军有关条例和交通部对航海类院校实施半军事化管理的有关要求,而采取的对航海类学生的管理方式。其目的是培养学生良好的政治素质,强化学生的组织纪律观念,养成学生良好的行为习惯,以适应航运事业发展的需要。半军事化管理的具体体现包括日常半军事化管理制度、军训、军容风纪、检阅、升旗仪式等,是学生学习、日常生活的行为准则。要求严格执行,做到令行禁止,整齐划一。在日常的管理中,坚持严格管理、严格要求与耐心说服、疏导教育相结合的原则,正确处理民主与集中、自由与纪律的关系,充分调动和依靠广大学生参与管理的积极性,提倡自我教育、自我管理、自我约束,做到分级管理、各负其责、教养一致、训管结合、赏罚分明、令行禁止。半军事化管理的核心是"一日生活制度",包括起床、早操、内务、就餐、上课、午休、晚自习、就寝、晚点名、服装、集体活动等全部生活和学习环节。

五、学习专业知识

航海类专业学生在校学习中,除完成本专业培养计划规定的相关课程,取得相应的毕业证书和学位证书外,还要完成国际海事组织、国家海事局规定的航海类专业学生从事航海职业必需的培训并获得相关的证书。这种专业能力不但要通过陆地上的理论学习、实验教学去培养,还需要通过模拟器训练和海上的实习实践及训练。在 STCW 公约马尼拉修正案实施后,我国海事局加强了对航海类专业学生适任能力的要求,因此,加强专业理论和实践教学改革,将航海理论知识转变为航海技能,是航海类专业学生胜任将来航运事业发展的必然要求。

1. 全面学习专业知识

航海教育本身具有鲜明的职业针对性和行业特色，航运业的全球化决定了航海教育必须国际化，具体体现为航海教育培养和模式国际化、毕业生就业国际化。国际化的航海教育要求教育观念国际化，即把国际的、跨文化的观念融合到航海教育中去，培养学生的全球意识。传统航海教育培养单一航海技能型人才，国际化的航海教育培养航海技能型和经营型复合人才。航海类专业学生应着眼于高素质航运人才的培养需要，根据航海院校的专业教学情况，积极、全面、深入地学习各种专业理论知识。

2. 努力提高专业技能

新时期航运业快速发展要求航海类专业学生专业学习内容不断改革创新，专业技能要不断提高。首先，随着现代航海科技的发展，计算机网络技术在船上得到了广泛应用，航海自动化程度越来越高；在信息社会的时代里，船员通过现代化手段所获取的信息量越来越多，因而要求航海类专业学生信息收集和信息处理的能力也越来越高。其次，航海教育特色鲜明，与生产实践关系十分紧密，既不同于普通教育，又不同于职业教育；既有普通教育的特点，又有职业教育的特点。因此，航海类专业学生要认真学好公共课、基础课及专业课等各种知识，真正做到“一专多能”，而不仅仅是单薄的知识和单一的技能，要使自身既能够从事航海职业也能继续学习或转岗，适应科技进步对职业演变的影响。再次，STCW 公约强调海员适任评估，要求把航海教育的重点真正从传授知识转到培养能力上来。航海类专业学生要努力培养创新能力、实践能力和创业精神，提高自身的人文素质和科学素质；不仅要成为会开船的航海人才，而且更要成为综合素质高、国际竞争能力强的高级航海人才，切实适应竞争日趋激烈的国际国内航运市场发展的需要。

3. 积极参与实践环节

对于航海类专业学生来说，应加强知识结构的全面性以及实践能力、动手能力和综合能力的培养，以适应人才市场需求，增强就业适应性。此外，海上实习是航海类专业学生实践教学的另一个重要方面，包括认识学习和毕业学习两个方面。它是体现航海类专业学生专业素质、动手能力和适应岗位能力的一个非常重要的环节。认识实习不仅为学生专业学习打下了基础，加强了实践动手能力培养，而且对于学生专业思想的建立起到良好作用；毕业实习是学生走上工作岗位前的实践过程，也是对大学学习效果的检验。积极参与海上实习是航海类专业学生实践环节的重中之重。因此，航海类专业学生应充分借助学校提供的海上实习平台，将在学校学习的专业理论知识在实习中加强理解和应用，充分抓住实习机会进一步深化对理论知识的学习，努力实现理论知识与实践能力有机结合。

4. 认真完成考核培训

航海院校建立质量保证体系、加强专业技能考核培训是确保人才素质培养质量达到预定教育和培养目标的重要手段。目前 STCW 公约及我国政府有关法规以明文做出了要求。该体系对教育目标及有关适任标准做出了明确规定，对学生应具备的综合素质水平予以确定。STCW 公约在发证办法、船员适任标准与评估、遵章和核实机制几方面提出了全新的要求。航海技术专业毕业生在上船之前必须获得海船船员专业培训合格证书。航海类专业学生必须在毕业前完成考核培训，获取证书，方可为成功就业打下良好的基础。

六、积极参与第二课堂和社会实践活动

校园文化作为教育人、培养人的一种不可缺少的有效载体，对于提高大学生的思想道德和

人文素质具有十分重要的意义。联合国教科文组织指出:“除了正规的课程外,学生置身于其中的校园环境也是一种教育要素或反教育要素。”校园物质环境是一个积淀着校园历史、传统与文化的特殊之本,学生通过对它的解读与领悟,学会与他人、社会、历史、文化的交流与对话,把物质环境中隐含的客观精神转化为自己的主题情趣和自我感受。

与其他类别院校校园文化相比,航海院校校园文化具有学校主导性、特色明显、内容类似性等特点。航海院校校园文化的学校主导性保证了航海人才培养的质量,并且使得航海院校校园文化容易在较短的时间内形成,并通过传承和发展,形成一种积淀较深的、特有的航海院校校园文化。另外,航海院校校园文化还具有类同性特点。每当提起“航海院校”,人们便联想到航海院校的严谨、勤奋、敬业、服从、半军事化管理、学生的昂扬向上。其实,严谨、勤奋、高度组织性、高度纪律性等一直都是航海教育实施过程中,对学生进行素质培养的重点目标。营造良好的校园文化氛围,要充分发挥航海文化的熏陶功能。航海文化对航海类专业学生人文素质的形成具有潜移默化的影响和无形的激励作用。航海文化的宣传和现代航海理念的渗透,能使学生在学习生活过程中,不断从中汲取人文精神的营养,激发对航海事业的热爱和憧憬,产生从事航海事业的荣誉感和自豪感。让校园的每一寸土地、每一处景点、每一面墙壁都成为育人载体,浸润航海文化特色,富有教育意义,充满艺术品位,使学生在受到美的熏陶和感染的同时,美化心灵、启迪心智,激发学生热爱集体、热爱学校、热爱航海、热爱祖国的高尚品德,真正达到润物细无声的效果。

环境塑造人,环境改变人。对可塑性极大、正处在世界观和人生观形成阶段的大学生来说,优良的校园文化环境是他们健康成长成才的沃土和摇篮。航海院校在建设校园文化的过程中,高度重视提高校园文化的品位、增强文化活动的科技含量,在变中求新意、求精品,坚持拓宽主题,选择更贴近国情、校情和学生实际的论题,提高学生的兴趣和热情。

近年来,各大航海院校在组织开展丰富多彩的校内文化活动的同时,主动联合,沟通交流,打造精品,增强成效。自 2005 年以来,先后组织开展了“全国航海院校纪念郑和下西洋 600 周年教育活动暨航海技能大比武”、“中俄航海院校夏令营”、“俄罗斯青年船长节”、搭乘大连海事大学教学实习船“育鲲”轮出访韩国、“海西行”航海院校大学生夏令营活动、“精彩世博,魅力航海”中国航海院校大学生夏令营活动等多项大型主题教育实践活动,在航海类专业学生中间产生极大的反响,收到了较强的成效。许多航海类专业学生在参与活动的过程中,增进了相互之间的学习、交流与沟通,提高了动手实践能力和专业技能水平,展现了当代航海学子的优异风采。表 9-1 列出了部分大学生科技竞赛项目。

表 9-1　各级政府、学会、协会组织开展的部分大学生科技竞赛项目

序号	竞赛名称	主办单位	举办情况	认定级别	备注
1	“挑战杯”全国大学生课外学术科技作品竞赛	团中央、中国科技、教育部、全国学联	每年一届	国家级	
2	全国大学生机械创新设计大赛	教育部	两年一届 双年号	国家级	
3	全国大学生工程训练综合技能竞赛	教育部	每年一届	国家级	
4	全国大学生广告艺术大赛	教育部	两年一届 单年号	国家级	
5	全国大学生数学建模竞赛	教育部	每年一届	国家级	
6	全国大学生电子设计竞赛	教育部	两年一届 单年号	国家级	
7	全国大学生智能汽车竞赛	教育部	每年一届	国家级	
8	中国 MEMS 传感器应用大赛	教育部	每年一届	国家级	
9	全国大学生节能减排社会实践与科技竞赛	教育部	每年一届	国家级	
10	全国高校学生 DV 作品大赛	教育部	每年一届	国家级	
11	全国大学生结构设计竞赛	教育部	每年一届	国家级	
12	全国大学生化学实验竞赛	教育部	两年一届 双年号	国家级	
13	全国大学生软件创新大赛	教育部	每年一届	国家级	
14	全国大学生工程训练综合能力竞赛	教育部	两年一届 单年号	国家级	
15	全国大学生电子商务创新创意及创业挑战赛	教育部	两年一届 双年号	国家级	
16	全国大学生交通科技大赛	教育部	每年一届	国家级	
17	全国大学生控制仿真挑战赛	教育部	每年一届	国家级	
18	全国大学生物理实验竞赛	教育部	每年一届	国家级	
19	AUTODESK REVIT 杯全国大学生可持续建筑设计竞赛	教育部	每年一届	国家级	
20	全国大学生物流设计大赛	教育部	两年一届 双年号	国家级	

续表

序号	竞赛名称	主办单位	举办情况	认定级别	备注
21	全国信息技术应用水平大赛	教育部	每年一届	国家级	
22	全国大学生船舶与海洋工程设计大赛	教育部	每年一届	国家级	
23	全国海洋航行器设计与制作大赛	中国造船工程学会	每年一届	国家级	
24	全国大中学生海洋知识竞赛	国家海洋局、教育部、团中央、海军政治部	每年一届	国家级	
25	全国海员技能大赛	中国海事局、中国海员建设工会	两年一届	国家级	
26	全国舰船及航海知识竞赛	中国航海日活动组委会、中国科技、中国造船工程学会、中国航海学会	每年一届	国家级	
27	中国机器人大赛	中国自动化学会、RoboCup 中国委员会、科技部	每年一届	省级	
28	全国大学生嵌入式物联网设计大赛	中国电子学会	每年一届	省级	
39	全国大学生 CAD 类软件团队技能大赛	北京菁华锐航科技有限公司、CAD/CAM 与制造业信息化杂志社、美国 SolidWorks 等软件	每年一届	省级	
30	全国三维数字化创新设计大赛	全国三维数字化创新设计大赛组委会、全国 3D 技术推广服务与教育培训联盟、科技部国家制造业信息化培训中心、北京光华设计发展基金会、中国图学学会	每年一届	省级	
31	全国高等院校 BIM 系列软件建筑信息模型大赛	中国建设教育协会	每年一届	省级	
32	大学生网络商务创新竞赛	中国互联网协会	每年一届	省级	
33	全国大学生沙盘模拟经营大赛	高等学校国家级实验教学示范中心联席会	每年一届	省级	
34	全国大学生 ACM 程序设计竞赛	计算机学会	每年一届	省级	
35	全国软件专业人才设计与创业大赛	计算机科学与技术指导委员会、工业和信息化部人才交流中心、中国软件行业协会、教育部高等学校高职高专计算机类专业教学指导委员会	每年一届	省级	
36	全国大学生英语竞赛	高等学校大学外语教学指导委员会、高等学校大学外语教学研究会	每年一届	省级	
37	“CCTV 杯”全国英语演讲比赛	中央电视台英语频道、外语教学与研究出版社	每年一届	省级	
38	21 世纪全国英语演讲比赛	全国英语演讲比赛组委会	每年一届	省级	
39	全国口译大赛	中国翻译译协会	每年一届	省级	
40	全国大学生环保科技大赛	教育部高等学校环境生态类教学指导委员会	每年一届	省级	

续表

序号	竞赛名称	主办单位	举办情况	认定级别	备注
41	“外研社杯”英语演讲大赛	外语教学与研究出版社、教育部高等学校大学外语教学指导委员会和教育部高等学校英语专业教学指导分委员会	每年一届	市厅级	

七、参加心理健康教育活动培育情商

现代心理学研究表明：在现代社会中，获得事业的成功，只有 20%智力因素，而另外 80%取决于非智力因素——情商（Emotional Quotient）。情商，即情绪智商，简称 EQ，也称为情绪智力 EI（Emotional Intelligence），是与“智商”（Intelligence Quotient，简称 IQ）相对的一个心理学概念，指的是评价人的情绪智力发展水平高低的一项指标，是相对于智商而言提出的与一个成才和事业成功有关的一种全新的概念，如图 9-1 所示。

当今，国际国内市场竞争日趋激烈，高素质人才的培养越来越为重要。应该说，随着高等教育的逐年普及，我国的人才素质已得到极大的提高。但是，目前仍普遍存在的现象是无论家庭还是学校，都片面地注重学生智力因素的培养，而忽视了情感智力和人格的发展与完善等非智力因素的训练，结果培养的“人才”往往个性发展畸形，情感淡漠且适应能力差，不善于处理人际关系。

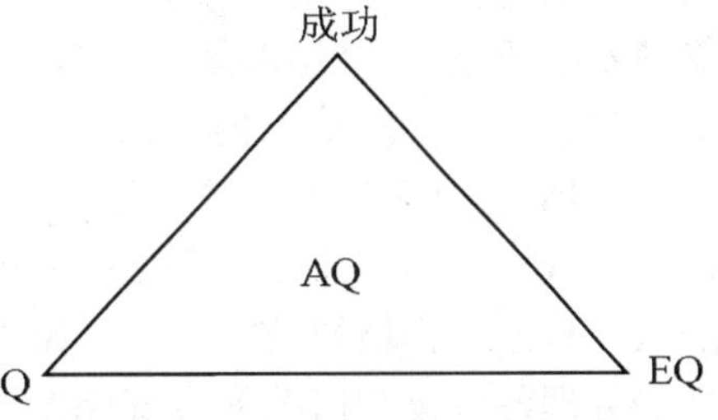

图 9-1　人的成功商数

随着航运业的迅速发展，对航运人才的素质要求越来越高，传统的航运人才已经逐渐远离市场，最终将会被市场淘汰；而那些合要求、明法律、懂技术、善管理并能适应未来激烈竞争的“新型航运人才”已经成为新时期航运市场的“宠儿”。航运的发展离不开高素质的航运人才。而高水平情商是高素质航运人才最根本的能力。基于情商的科学内涵不难发现，加强航海类专业学生情商培养是推进高素质航运人才培养的关键环节之一。

1. 航海类专业学生情商的内涵

一般来说，情商主要包括正确认知自身情绪的能力、控制自身情绪的能力、自我激励的能力、了解他人情绪的能力、人际交往的能力五个方面的要素，如图 9-2 所示。情商是一个人感受、理解、控制、运用和表达自己及他人情绪的能力。

航运业发展的需要，对航海类专业学生情商提出了特别的要求。立足航运业特点和高素质航运人才培养的实际需要，我们可以分析出航海类专业学生情商的内涵和特点。

（1）具有正确认知并妥善管理自身情绪的能力

在船舶航运这个特殊的工作环境中，航海类专业学生要时时处处能非常清楚地意识到自己的情绪状态，只有正确地了解自身情绪，才能主宰生活；否则就容易成为本能的奴隶，或陷入自欺的泥沼。要能够自我观察、自我认识，从而使自己的行为严格遵循一定的道德规范和行为准则，对新时期的新任务、新问题有与之相适应的新思考、新作风和新方法。要对自我的知识、能力、素质有清醒的认识，对自我没有厌恶感，能客观地了解自己和接纳自己，能对自己的长处和能力感到满意，能够努力改正自己的不足。另外，还要善于控制自己的情绪，能迅速摆脱焦

图 9-2　情商的内涵

虑、沮丧和破坏性冲动,从生命的低谷中走出来,在对情绪自我认知的基础上,能把情绪保持在适度、适时、适所的状态;要具有正确的劳动观念、态度,乐于从事劳动,愿意为社会创造价值,能够克服现代社会分工造成的狭隘意识,保持对劳动的兴趣,积极参加学校的各种义务劳动、义务奉献活动,积极培养从事航运业应当具备的吃苦耐劳精神。

(2)具有勇于面对挫折并善于进行自我激励的能力

身体、心理素质是保障,是航运人才充分发挥才智、推进航运业全面发展的前提条件。航运业艰苦卓绝的工作特点要求航海类专业生要学会无论遇到怎样的艰难、陷入怎样的困境,总能鼓动自己振作精神、奋发向上,始终保持高度热忱、乐观的驱动力;要具有机智果断、临危不乱的处理各种复杂情况的应变能力;具备良好的身体、心理素质,自尊、自爱、自立、自强的优良性格,以及良好的个性心理品质,形成较强的心理调适能力;具有一定的体育和军事基本知识,掌握科学锻炼身体的基本技能,具有健全的心理和健康的体魄;同时,还要能够自我察觉、自我认识,从而使自己的行为严格遵循一定的道德规范和行为准则,并能够经常进行自我调整、自我激励,以积极良好的心态投入工作。

(3)具有善于了解他人情绪并能建立和谐人际关系的能力

兵法云,“知己知彼,百战不殆”。完美的人要学会从细微处察觉识别他人的情绪,善解人意。处理人际关系,实际上就是管理他人的情绪。人际关系的好坏,不仅关系到一个人事业的成败,还在很大程度上影响其一生的幸福和成功机会。着眼于培养高素质航运人才,航海类专业学生要具备一定的组织、协调、沟通和决策能力,掌握一定的管理知识、方法和艺术,通过对人的管理,把握心理和行为,实现安全航行、生产;要具备较强的综合分析能力,能与上级、同事有效配合工作,从战略角度思考问题,要具备较强的逻辑思维能力和观察判断问题的能力;要善于克制自己,善于倾听不同意见,善于与不同国籍的人合作共事,形成安全驾驶船舶的良好风气;团结协作、同舟共济,自觉维护同事间的团结,建立和谐的团队和人际关系,做集体利益的捍卫者,共同圆满完成航运任务;要善于把国家需要、海运企业或部门的工作目标和海员的要求结合起来,统筹兼顾,正确处理。

2. 航海类专业学生情商培养的方法与途径

在充分认识航海类专业学生情商培养的重要性和当前情商培养现状的基础上,航海类专业学生应不断提高对自身情商培养的重要性和必要性的认识,依据情商培养的科学内涵和主要内容,积极参与航海类院校组织开展的情商主题实践活动,通过多途径提高自身情商。

(1)要善于学习思考,了解情商

近年来,越来越多的航海类院校和航海类专业学生认识到加强情商培养的重要性,院校采取一些措施和方法开展情商教育,加强情商培养,取得了一定的效果。随着航运业发展对航海人才情商素质水平要求的提高,对于航海类专业学生来说,更要注重情商培养。

第一,认真学习研究情商。目前关于情商的书籍种类很多,如《哈佛情商》《情商与影响力》《情商泛舟》《情商决定一切》《情商测试》《EQ 情商》等。航海类专业学生可以阅读一些情商的书籍,对情商内涵、发展历程、特征要求等具有一定的认识与了解,然后根据航海类专业学习和航运业发展的需要,结合自身的实际情况,有针对性地进行思考研究,提高自身的情商。另外,有些航海院校开设了情商培养的选修课和主题讲座,航海类专业学生应主动地聆听学习,深入体会。

第二,在日常管理活动中锤炼情商。学生日常管理是促进学生成长成才的重要方面,严格的半军事化管理对培养高素质航运人才更是发挥着不可替代的作用。航海类专业学生应该积极主动地参与半军事化管理,严格对自身的管理要求,进而锻炼自身的情商。一是通过积极参与军事训练,提高自身的军政素质。基于国防教育的客观需要的航运业的职业特点,加强航海类专业学生军政素质培养至关重要。二是通过严格遵守半军事化管理制度,提高自身的情绪控制等能力。在实施半军事化管理工作过程中,航海类专业学生要注重对自身纪律观念、自律意识、服从意识等各方面的培养,促进自身能够自觉有效地控制自己的情绪,逐渐养成良好的行为习惯。三是通过主动自我教育管理,培养自身的领导管理能力,建立较强的人际交往和团队协作的能力,以符合高素质航海人才的培养需要。

(2)要善于发现自己,了解自己

希腊帕尔纳索斯神庙的石碑上刻着一句著名的箴言:认识你自己。这是古希腊先哲给世人的忠告,也是一个人安身立命的根本。爱因斯坦小时候曾被老师认为是个低能儿,爱迪生童年也得过同样的评价。但是放眼人类历史,在智慧和创造力上超过这两位的为数不多。那个以纸上谈兵贻笑后世的赵括,谈起打仗来头头是道,被赵国人当作军事人才隆重推出,然而,后来的事实证明,他只是一个熟读兵法而没有实战经验的年轻人。众所周知,安徒生童话《皇帝的新装》里那个皇帝本来想掩饰自己的愚蠢,最终却使自己的愚蠢暴露无遗。这虽然是个童话,却也揭示了人类的一种普遍心理现象——自欺欺人。只要注意观察,就会发现身边不乏这种皇帝似的人物。自欺欺人是成功的大敌,一切导致失败的品质都能在它那里得到庇护。要想达到成功的彼岸,要做的第一件事就是搬掉这块盘踞在心中的顽石。

鉴于以上这种情况,航海类专业的学生首先要善于发现自己、了解自己,寻找自己的舞台,进而造就积极的“自我”。在加强自身培养之前,首先要通过一系列的测试,了解、掌握自身的情商水平,重点明晰自身情商存在的问题与不同。新时代航海类学生,要在发现自己、了解自己的基础上,努力做到以下几个方面。

第一,做一个诚实的人。自卑或对自己某些方面不满意的人喜欢用自己的谎言来增强信心。谎言就像毒品,虽然可以把自己置于一个虚幻的天堂之中,但每一次梦醒都会发现自己离天堂越来越远。诚实的人不否认自己的缺点,从表面上看这是对自己的否认,实际上却是对自己最大的肯定。一个人能够坦然面对自己的不足,本身就表明他有改善自己的决心和能力。诚实的人身上有一种品格的力量,这种力量虽然不如肌肉力量那么直观,却能成就一个人一生的事业。航运业发展日趋加快,船员工作岗位责任重大,航海类专业学生更应该努力做一个诚实的人。在毕业就业时与航运企业的洽谈、签约的过程中应诚实,在从事船舶运输工作时无论是航行值班还是船舶管理,都应该诚实守信,否则一个小小的谎言可能会造成严重的后果。

第二,拓宽自己的心胸。锱铢必较的人容易被蝇头小利蒙蔽心智,因小失大。心胸狭隘的人心中充满嫉妒和怨恨,既伤害别人又伤害自己。心胸宽广的人专注于远大的目标,不会计较那些琐碎的事情,也不受名利得失的羁绊,往往能取得较大的成就。而战国时期,赵国蔺相如不惧秦王,保护和氏璧,友善处理和廉颇的关系,最终和谐相处、成为佳话。我们可以看出,博大的心胸,不仅仅能使自己摆脱不利处境,还能化敌为友,把不利因素转变为有利因素。大学期间更是如此,同学之间难免会因为某种缘故,甚至是琐碎小事引起不必要的争执,这种情况下需要我们冷静对待,以宽阔的胸怀去容纳。尤其是航海类专业学生,将来要在宽阔的大海上从事海洋船舶运输工作,更应拥有“海纳百川”的胸怀。

第三,学会接受别人。接受自己,是培养积极自我意识的主要手段之一,与此同时,还需要积极地争取他人的接受。一个人为他人所接受,在一定程度上就是得到了他人的肯定。这种来自外界的肯定不仅为自我肯定提供了参照,同时也为自身价值提供了证明。通常,你用什么态度对待别人,别人就会用什么样的态度对待你。要获得他人的接受,最好的办法就是学会接受他人。航海类专业学生也可以说是来自五湖四海、天南地北,具有不同的风俗习惯、不同的兴趣爱好、不同的信仰观念,这就要求大家更要学会接受别人,接受自己的同学,理解自己的同学,团结互助、友好相处、同舟共济。

第四,别轻易说“我不行”。爱迪生说过:“如果我们能把所有我们能做的事都完成,我们会对自己的能力感到万分惊讶。”每个人身上都蕴藏着极大的创造力,无论遇到什么难题,只要冷静地分析和思考,就能产生有效的行动。在说“我不行”之前,自己应该分析到底哪些方面不行。进入大学之后,部分航海类专业学生可能会感觉自己高中的学习基础较差,就感觉自己在学习上要想获得优秀不行、想获得奖学金不行,以致想找一份好的工作岗位也不行。于是,这也不行,那也不行,最终使自己的自卑心理日益加重,更影响了自己学习生活和就业发展。事实证明,部分航海类专业学生在高中学习基础不是特别好,高考分数较低,进入大学后通过努力学习、奋力拼搏,努力提高自身综合素质,在毕业踏上航海工作岗位后,继续吃苦耐劳、爱岗敬业,很快成为优秀的高级航海人才。

(3)要善于控制情绪,做自己情绪的主人

情绪可分为正面情绪和负面情绪,正面情绪包括愉快、满足、镇静、喜悦等,负面情绪包括愤怒、暴躁、嫉妒、焦虑、恐惧、紧张、猜疑等。正面情绪就像明媚的阳光,在它的照耀下,万物生机勃勃;负面情绪犹如阴暗的泥沼,一旦陷入其中就难以自拔。每个人都难免会有负面情绪,但是,善于控制自己情绪的人能把负面情绪的危害降到最低;而自控能力差的人容易陷入负面情绪的泥沼,使自己深受其害。

自控能力差的张飞

三国时期的大将张飞甚至因为情绪失控丢了性命。当时张飞得知关羽被东吴杀害后,陷入了极度悲痛之中,丧失了起码的理智,任由负面情绪发展,向手下将士发出“限三日之内制办白旗白甲,三军挂孝伐吴”的命令,根本不考虑手下是否能在那么短的期限内完成任务。当范疆、张达为此感到犯难时,张飞不由分说将他们绑在树上鞭打五十,以致范疆、张达只好拼个鱼死网破,趁张飞醉酒,潜到帐内将其刺死。刘备曾告诫张飞不要鞭打将士,认为这是很危险的举动。但是,刘备自从听说关羽被东吴杀死之后,在张飞的哭闹之下,竟也不顾诸葛亮、赵云等苦苦相劝，执意伐吴，结果大败，使蜀汉的力量大大削弱，为蜀汉的衰落埋下了伏笔。

负面情绪不仅对人们的生活、事业造成危害，还会极大地损害身体健康。对于航海类专业学生来说，毕业后身处特殊的船舶运输工作环境，更要学会如何驾驭自身情绪，对负面情绪进行控制，把它的危害降到最低，甚至把它转化为正面情绪。驾驭情绪的方法有很多种，下面着重分析几种心理学界普通推崇的方法。

第一，释放。有的人在痛苦和悲伤时什么也不想做，只想大哭一场，这也是释放内部负面能量的一种好方法。一场痛哭往往能使失衡的身体机能恢复平衡，尤其在信任的亲友面前痛哭，则可使心情逐渐好转。当然，哭泣虽然能缓解负面情绪，但必须警惕的是，这也可能成为继续执着于悲伤的理由。哭泣虽然是一种治疗负面情绪的“良药”，却不易长期服用，如果天天以泪洗面，结果只能是更增悲伤。尤其是航海类专业的学生，作为男子汉心胸更应开阔，应该果断地遗忘那些不愉快的事，以积极的心态和热情去开始新的学习、生活。

第二，遗忘。正如坏事比好事更让人记住一样，和负面情绪有关的记忆也总是挥之不去。负面情绪产生之后，如果不及时将之消除，气郁积于心，就会像癌细胞那样不断地扩散，愈演愈烈。那些使人产生负面情绪的事情发生后，最好尽快将其遗忘。当然，不愉快的事情总能给人以深刻的记忆，要忘记它并不是一件容易的事情。有些学生终日为那些鸡毛蒜皮的纠葛和矛盾所困，对别人无心的冒犯耿耿于怀，为一点利益的得失坐卧不安，这样的胸怀是不可能忘却烦恼的。要忘记不愉快的事情，还需要拓宽自己的心胸。

第三，转移。有些不愉快的事情对人的刺激太大，要在短时间内将其遗忘是不现实的。面对这种情况，单靠消极的回避肯定收效甚微，必须采取转移注意力的方法，把自己的思维转移到别的事情上去。航海类专业的学生可以加大对学习精力的投入、参与日常管理训练、参加社会实践活动等转移注意力，冲淡负面情绪。心理学研究发现，有氧运动是摆脱负面情绪的最佳方式之一，而且对于平时不喜欢运动的尤为有效。因此，航海类专业学生可以主动参加体育锻炼活动，这样不仅转移了负面情绪而且锻炼了身体。转换负面情绪的方法还有很多，如进行社会交往、参加朋友聚会、帮助别人、读书、学习等。

(4)要善于自我激励、提高抗挫能力

一个小孩子学走路，开始的时候是妈妈领着走一段时间以后自己走。但是，正是不断地摔倒几次之后，他才找到了走路的窍门。可以说，总结经验的能力是每个人与生俱来的，但经验何尝又不是在一次次的挫折中锻炼出来的呢?

坚强的毅力是人才成长、事业成功的重要心理品质，是一种百折不挠的精神，它具有自觉性和坚韧性。一个人要成才，应“苦其心志，劳其筋骨，饿其体肤，空乏其身”。人们常说“水急石则鸣，人激志则宏”，强者之所以为强者，不在于他们遇到挫折时有没有消沉软弱过，恰恰在于他们善于克服自己的消沉与软弱，通过斗争最终坚定地走向成功。

一位社会学家说过，压力是现代人提得最多却了解最少的东西，人们常说“压力很大”，但如果你问他压力到底是什么，压力产生的原因是什么，压力对人的影响有哪些，他可能无法说出来。一般来说，压力主要来自以下方面:生活规律的改变、身体疾病、学习困难、矛盾、就业工作、期望值过高、竞争、人际关系等。高素质航海人才必须具备坚毅果敢的意志品质，必须具备用于抗拒挫折的能力。当然，航海类学生更要学会如何面对挫折，化解压力。

第一，学会培养自信。对失败的恐惧会产生很大的心理压力，克服这种压力的最佳武器就是自信。这个世界上有很多郁郁不得志的人，他们总以为别人拥有的那些幸福是不属于他们的，以为自己的失败是因为不具备那些成功者的运气和资历，却不知道导致他们失败的原因是内心深处的自我否定。若在内心里认为“天生我材必有用”，心中有着对善与美的强烈向往，身上隐藏巨大的能量，则一定会成为一个自信的人，并由此激发出巨大的潜能。可以说，自信不仅是成功的基石，也是克服心理压力的利器。对于航海专业学生来说，首先应培养自己的自信心，在遇到突发紧急事件时，不慌乱，沉着冷静，自信处理，只有这样，才能妥善处理危机事件，才能保障船舶安全航行，才能促进自己不断成长。

第二，学会自我调节。客观地说，航海专业学生会面临一个比较单调的工作环境，看到的天很大，活动的天地却很小；从事船舶专业钱赚得不少，但是要远离家庭、亲人和朋友，缺乏亲情温暖；船舶现代化程度越来越高，但工作压力随之增大，且生活环境相对单调，等等。航海类专业学生既然选择了航海专业，对这一切就要有心理准备，真正做到“面朝大海，春暖花开”。如果不及时调节平衡心理，将来上船难免导致心理障碍，影响工作、影响船舶安全，破坏工作的和谐氛围。可以从以下方面调节：要明白自己的焦虑情绪是自寻烦恼；要有坚强的意志克服焦虑的产生，并不断给自己“有梦最美，希望相随，过度焦虑于事无补”的心理暗示；积极参加船上的集体活动，多与老船员交流。

第三，学会自我激励。航海类专业学生，要培养良好的心理应变能力和遭遇挫折的耐受力。某些刚毕业的学生，刚一上船，都有一个由自己编织的美丽的梦，对海员生活充满着热情和兴趣，甚至说，心里酝酿着一首奋进的诗。但是，随着人生的各种难题纷至沓来，那种多维的进取心理有的趋于成熟，有的却随着环境、时间、困难、挫折一点点地被磨损，并在习惯惰性的诱惑和攻击下，迷茫、动摇、失望、冷却而舍弃初衷。人都有惰性，如果没有外力的刺激或干扰，许多人都会得过且过、无声无息地走完平庸的人生之旅。学会自我激励，化压力为动力，变被动为主动，自强不息，终成大器。所以，悟性高的人要经常自我激励，自强不息；有血性的人要经常接受外在的激励，化压力为动力，以使心智得到最大限度的发挥，使人生变得更加绚丽多彩。

(5)要善于了解他人，建立和谐人际关系

社会交往能力是指妥善处理组织内外关系的能力，包括与周围环境建立广泛联系和对外界信息的吸收、转化能力，以及正确处理上下左右关系的能力。具备良好的人际交往能力是高素质航运人才必不可少的重要因素，只有学会知识和学会做人，才能更好地创新做事。对于航运人才，其工作环境、工作群体、人际关系的特殊性，直接决定了每名船员必须具备较高的人际交往能力，能够创建和谐的人际关系。唯有如此，方可保证一条船的全部船员和谐相处，方可提高航海人才队伍的整体战斗力和竞争力。

第一，学会了解他人。航海类专业学生应认识到同学之间相处不易，情谊十分珍贵，宽容合作是一种美德，是一个人有修养的表现，是在当今和未来社会上工作必备的基本素质。应从他人的需要出发，从对方的角度考虑问题，从而学会与其他同学相处，学会关心、理解、同情、忍让他人，严于律己，宽以待人，以培养团结协作精神。航海类专业学生可以通过学习普通心理学、航海心理学、人际交往技巧等课程以及“情商”选修课，来指导自身完善健康的心理，建立正常的人际关系，掌握人际沟通的技巧，认识和分析人生重大问题，注重沟通与人际交往能力的培养。

第二，树立团队意识。船舶作为一个“浮动的国土”，所有船员无论是从代表国家形象的要求，还是从确保船舶安全航行的需要出发，树立团队意识、建立和谐团队，都至关重要。

三国的孙权有句名言，“能用众力，则无敌于天下矣；能用众智，则无畏于圣人矣”。由于船员的年龄、学历、性格等不尽相同，船员在生活或者工作中难免会产生这样那样的小摩擦、小矛盾，这是正常现象，可通过谈心交流的方法妥善解决，切不可意气用事，影响团结。因此，航海类专业学生要使自己心胸像大海一样宽阔。顾全大局、个人服从整体是当个好船员的基本准则，也是团队精神的具体体现，树立团队精神的旗帜，提高船员的综合素质，这也是船员教育的当务之急。

第三，加强沟通交流。船员来自五湖四海，工作的需要使他们走到了一起，生活、工作朝夕相处，同舟共济，船员兄弟应该珍惜这个难得的缘分。船员在船各有其职，各负其责，船员工作上的关系就像连在一起的链条，无论哪个环节都不能松动或断裂，只有环环相扣，密切配合，才能保证安全，创效营运。一条船就是一个大家庭，就是一个整体，船员之间应建立兄弟般的友谊，要相互配合、互帮学习、团结齐心，这是船员相处的基本原则。如果各行其是，互相扯皮，就可能出现各种问题。血的教训告诉我们，船员之间工作上的相互配合是保证船舶安全的重要环节，是团队精神的组成部分，也是船员必备的基本素质。

要想成长为高素质航海人才，获得工作、事业的成功发展，为祖国航运事业做出贡献，航海类专业学生加强自身综合素质培养，尤其是情商培养，势在必行，至关重要。路是人走出来的，人生不会处处有绿灯。由此也可以看出，情商对一个人的成长、成才具有极大的影响。国际国内航运市场竞争日趋激烈，对航运人才的素质提出了更高的要求，对航海类专业学生情商培养也提出了更高的要求，相信航海类专业学生只要充分认识加强情商培养的重要性和必要性，积极参与学校组织的各种各样的情商主题活动，努力在学习生活实践中加强情商知识学习，提高情商素质水平，那就一定会对自身成长为高素质航运人才起到极其重要的促进作用。

为了能满足国内外现代化航运市场的需要，广大航海类专业学生要加强专业业务学习，不断提高外语、计算机等应用水平，进一步向职业化、专业化的高素质航海人才发展，在思想道德素质、业务素质、文化素质、身心素质等方面整体优化，全面发展。只有这样，才能从根本上提高自身在国际市场中的竞争能力。

××学院学生管理制度体系

按照教育部和山东教育厅的要求，××学院以《关于进一步加强和改进大学生思想政治教育的意见》为指导，贯彻落实《普通高等学校学生管理规定》，遵循“育人为本，依法建章，规范管理，加强监督”的原则，坚持依法治校与以德治校并举，教育与管理相结合，形成了以《学生管理规定》为基本制度，以单项制度为主体内容，以具体制度为操作规范，从《学生管理基本制度》—《学生管理单项制度》—《学生管理具体制度》—《学生管理实施细则》逐级细化、逐层承接的学生管理制度框架体系。

一、学生管理制度的纵向体系

学生管理制度是学校根据国家法律和行政法规，在学校权限内按照学校章程所制定的具有一定刚性效力的系列规范性文件。××学院学生管理制度纵向制度体系为：

第一级：学生管理基本制度，即《学生管理规定》，由校长办公会批准，是学校在学生管理方面的基本准则和规范，是制定学生管理单项条例的依据。

第二级：学生管理单项条例，如《学生奖励条例》《学生违纪处分条例》等，由学校学生工作委员会制定，是为实现《学生管理规定》的总目标而分解设立的学生管理各方面的制度规范和分目标，是制定学生管理具体制度的依据。

第三级:学生管理具体办法,如《优秀学生评选办法》《学生辅修管理办法》等,由学生管理部门、教学管理部门等有关职能部门制定,是学校职能部门对其成员和学生所规定的办事程序和行为模式的具体要求。

第四级:学生管理实施细则,如《××系学生综合测评办法实施细则》,由系(院)学生工作机构制定,是系(院)结合本系(院)学生工作实际,贯彻落实学校要求所制定的更加详细的执行步骤和操作程序。

二、学生管理制度横向体系

《学生管理规定》可分解为六个平行的单项制度,即《学籍管理条例》《课外活动管理条例》《学生经济资助条例》《学生奖励条例》《学生违纪处分条例》《学生申诉处理条例》。

以上的单项学生管理制度也可分为若干个具体办法。如《学生奖励条例》又可分解为《学生综合素质培养目标及测评办法》《优秀毕业生评选办法》《优秀学生标兵评选办法》《优秀学生评选办法》《优秀学生干部评选办法》《军训标兵评选办法》《校长奖学金评定办法》《综合奖学金评定办法》等具体制度。

同样,《学生经济资助条例》也可分解为《国家助学金评定办法》《国家助学贷款实施办法》《勤工助学管理办法》《困难补助办法》《新生入学"绿色通道"管理办法》《学生交费管理办法》《学生学杂费等减、免、缓办法》等具体制度。

系(院)在执行《学生综合素质培养目标及评测办法》时,根据系(院)特点专业特色等实际情况,制定更加具体的实施细则,既保证学校学生管理制度的严格执行,又留有自主创新发展的空间,保证落实政策既不留死角,又不搞一刀切。

三、学生管理制度空间三维体系

学生管理制度体系是一个有机系统,《规定》《条例》《办法》《细则》是这个完整的系统的要素,要素之间的组合方式直接影响着制度体系的性质和作用。只有制度要素有一个合理科学的组合方式,才能使制度诸要素作为一个有机的整体发挥更大的整体功能。

根据学生管理制度内在功能对管理时间的实际效应,处于学校学生管理制度中心的六个条例从六个方面(三维空间、六个角度,即前后、左右、上下)发挥其特有的问题效用,即《××学院学生第二课堂活动管理条例》——引导作用(前)、《××学院学生学籍管理规定》——推进作用(后),这是前后关系;《××学院学生经济资助条例》——保障作用(左)、《××学院学生申诉处理条例》——救济作用(右),这是左右关系;《××学院学生奖励条例》——激励作用(上)、《××学院学生违纪处分条例》——限制作用(下),这是上下关系,共同形成了其内在的空间三维逻辑体系。

1.《××学院学生学籍管理条例》——全面推进大学生素质教育

学籍管理是高校教学管理和学生管理的重要组成部分,是保障教育教学活动顺利进行的基本依据,是保证人才培养质量的重要手段。在《普通高等学校学生管理规定》的指引、规范下,结合学校实际教育教学情况,运用现代化教育理念对现行学籍管理进行改革和完善,不仅可以约束学生在校的学习行为规范,更是提高学生综合素质、促进学风建设、推进素质教育的关键所在。

因此在学校学籍管理规定中,定位于教育对象大众化、培养目标多样化、教育质量标准多层次化、培养模式多元化,并力求通过以下几点突破,以达到促进学生全面发展的宗旨:首先,克服了只重智育而轻视德育、体育和美育,只重知识考核而忽视能力考核的倾向,例如,思想政治教育课、实践性课程不得免听，公共体育课不得免修，思想品德行为以电子档案和文书档案等形式留存等；其次，通过实行学分制和弹性学制以及灵活的学籍异动等形式，充分突出学生的主体地位，学生可以依据自身兴趣、身心基础选定专业，还可以因自主创业、自愿参军、出国留学等分阶段完成学业，这样不仅有利于学生的身心素质发展，更有利于培养创新的人才。

2.《××学院学生第二课堂活动管理条例》——科学引导大学生成长成才

全面推进素质教育，促进大学生思想道德素质、科学文化素质和健康素质的协调发展，引导大学生成为有理想、有道德、有文化、有纪律的社会主义建设者和接班人，是我国高等教育的总目标。坚持以管理营造育人环境，树立优良学风，促进学生成才，开展社会调查、志愿服务、公益活动等社会实践活动是课外活动的总目标。第二课堂活动即学生的课外活动，是对第一课堂即课堂教学的有益补充，是学生掌握知识、提高素质和锻炼能力的重要环节。学校制定《第二课堂活动管理条例》，营造健康、向上的校园文化制度环境，引导学生紧紧围绕学校教育的主题参与、组织科技创新、文体艺术、社会实践、技能培养等各项活动。《第二课堂活动管理条例》就是上述活动的总规范，它不仅使课外活动和课堂教学有序地衔接起来，更重要的是为学生的素质拓展提供了舞台，引导学生全面发展。

一方面，条例着力于规范和管理学生组织和学生团体，例如“学生社团要服从学校的领导和管理……”“学生社团邀请校外人员到学校进行社会政治和学术活动，须经学校批准……”；另一方面，还大力提倡、鼓励、引导和支持学生团体开展丰富多彩、形式多样、积极向上的学术、科技、艺术、文娱、体育、心理健康教育等活动，并鼓励、支持和指导学生开展勤工助学活动，例如，学校通过设立勤工助学岗位帮助学生开展勤工助学活动，为学生的学术科技活动提供必要的经费、场地和设施，允许学生开展创业活动并可以保留入学资格或保留学籍等。

3.《××学院学生经济资助条例》——基本保障困难大学生正常生活

在扩大高等教育规模和推进高校收费改革的过程中，由于地区经济发展不平衡等原因，加之学校生源地区分布，经济困难学生数量呈上升趋势。如何有效地开展扶困助学，保障经济困难学生在校期间正常的学习和生活，不仅关系到我国高等教育事业的持续健康发展和社会稳定，也直接关系到学校稳定和人才培养质量。

学校结合贯彻落实教育部《普通高等学校学生管理规定》和上级有关经济困难学生资助和收费方面的政策规定，按照《国务院关于建立健全普通本科高校高等职业学校和中等职业学校家庭经济困难学生资助政策的意见》的有关要求，制定了《××学院经济困难学生资助条例》（简称《经济资助条例》），并相继出台了《国家助学金评审办法》《省政府助学金评审办法》《困难学生助学金评审办法》《国家助学贷款管理办法》《学校助学贷款管理暂行办法》《新生入学“绿色通道”管理办法》《学生困难补助管理办法》《学生学费缓交、减免管理办法》《学生勤工助学管理办法》十几项配套制度。《经济资助条例》要求学校各相关部门、系（院）明确分工、各司其职、落实责任，《经济资助条例》及配套操作稳健、简便易行，方便师生监督，确保了各项配套资助政策措施的顺利实施。

目前学校已建立起以“奖（国家奖学金、国家励志奖学金、省政府奖学金、校长奖学金、综合奖学金等）、贷（国家助学贷款、学校助学贷款）、勤（勤工助学）、助（国家助学金、省政府助学金、困难学生助学金等）、补（困难补助）”和困难学生学费“减、免、缓”为主体的、多元化的资助经济困难学生的政策体系。制度的建立进一步明确了学生资助的职责，规范了学生资助程序，为家庭经济困难学生提供了全方位的、动态的多元化经济资助体系。

4.《××学院学生申诉处理条例》——切实维护大学生合法权益

学校确立了一系列依法治校、维护学生合法权益的规定,在学校《学生管理规定》中增加了学生的权利和义务章节,明确了学生应享有的权利和应履行的义务,规定了违纪处理标准和权益的保障制度和渠道,增设了学生对处分或学籍处理应享有的陈述权、申辩权和申述权,为学校和学生增强法律意识、正确行使权利和依法履行义务明确了标准。高校学生申诉制度是一种特殊的权利保障制度,是依法治校制度体系中的重要组成部分,在维护学校和学生正当权益、化解学校与学生之间的矛盾纠纷、维护学校稳定等方面有着重要的作用。

学校从我国教育法制现状出发,遵循教育规律,制定了《申诉处理条例》,以制度的形式把学生的申诉落到了实处,最大限度地维护学生的合法权益。学校成立了至少由两名学生代表参加组成的申诉委员会,及时受理学生对学校在管理过程中给予的处分不服或其教育权与名誉权受到侵犯时的申诉,使学生获得了校内申诉和行政申诉的有效途径。

该“申诉处理条例”合法、可行,兼具教育学和公平性,一方面切实维护了学生的合法权益,将大学生从单纯的服从者、被管理者的身份转为“主体”地位,使其在学校建设、规章制度的制定、学生违纪事件的处理等方面,具有充分的发言权和决策权;另一方面也有助于在强化学生的法制意识、公民意识、法律意识的教育中,增强学生的法制观念,增进学校改革发展的法制化进程。

5.《××学院学生奖励条例》——有效激励大学生脱颖而出

激励就是通过一定的外在因素去诱发、活化学生个体的内在需要和动机,产生行为的推动力,使其向着一定的目标前进。结合大学生的心智特点,采取有针对性的激励方式,通过赞许、表扬、奖励等手段,对大学生的思想行为进行肯定性评价,可有效地帮助大学生设计自我成长的目标,促进其优良品行的形成和内化。《学生奖励条例》就是遵循公平、公正、公开的原则,通过设立荣誉为主的精神奖励和以奖学金为主的物质奖励,对德、智、体、美等综合素质优良或在思想品德、文艺体育、科技创新、社团活动、社会服务等方面表现突出的学生进行奖励。通过对学生优异行为的肯定、奖励和表彰,来形成正确的教育导向和学生行为的价值导向,激励更多的优秀学生涌现,从而推动我校人才培养的战略发展。

大学生行为的价值导向和国家的教育方针及教育目的能否顺利实现直接相关。学生奖励制度的建立与良好的教育教学秩序和良好校风、学风的形成直接相关。“学生奖励条例”就是“学生管理规定”在学生奖励方面的细化和延伸。“学生奖励条例”明确了学校、系(院)、班级对学生奖励的职责,明确了学生班级、学生本人、班主任、辅导员以及其他学生管理者在学生奖励时的权利与义务,规定了对德、智、体、美等综合素质优良或其他方面表现突出的学生进行奖励的条件、等级,规范了学生奖励的程序和必要的监督形式,更加明确了各项奖励的时间、条件、范围、比例、程序、监督等相关要求,提高了对过程的要求,提高了对(过程的要求和)结果的监督力度。

6.《××学院学生违纪处分条例》——有力约束大学生行为规范

现代法制社会,要求包括学生在内的所有社会成员都必须遵守国家的法律、法规,遵守所在单位依法制定的规章制度,对于在校学生而言,遵守国家的法律、法规和学校的规章制度、完成学校规定的学业,是《教育法》、《高等教育法》和《普通高等学校学生管理规定》规定学生应履行的义务。如果学生未按要求履行义务,就偏离了基本行为规范和教育目的,就要受到相应的警示或惩戒,即批评教育直至纪律处分。学校对学生实施处分是维护学校教育教学秩序和生活秩序的需要,是基于学校与学生之间的特殊权利义务关系实施的一项行政制裁,是学校教育教学中的管理行为,也是学校教育管理学生的一种形式。

学校对学生实施纪律处分是维护学校教育教学秩序和生活秩序的需要。学校给予学生纪律处分,需要以事实为依据,与学生的违法、违规、违纪行为的性质和过错的严重程度相适应。学校在处理学生违纪事件时,应公正、公开,尊重和保护学生的人格尊严,坚持教育与处分相结合的原则;应当程序规范、证据充足、依据明确、定性准确、处分恰当。《违纪处分条例》突出了以下原则:法定原则,即对违纪学生的处理严格依据《教育法》《高等教育法》《学位条例》《普通高等学校学生管理规定》等法律、法规;维权原则,即在违纪处理过程中充分保障学生的合法权益;教育原则,即处理与教育并行,重在教育。

德国教育家赫尔巴特指出:“如果不见坚强而温和地抓住管理的缰绳,任何功课的教育都是不可能的。”因此学生管理制度建设是遵守、践行、贯彻实施《普通高等学校学生管理规定》的体现,是在学生管理工作领域进行理念创新的新起点,是在“管理中进行教育,以管理促进教育,在管理中结合教育”的有力保障,将大大推动学校学生管理工作再上新台阶,并为促进学生健康成长提供更加优良的氛围和空间。

第三节　智能航海发展下对航运人才的能力要求

一、智能航海时代船员工作面临的趋势

智能航海步伐加快,关于人工智能代替人类的争论也蔓延到了航运界。船员真的会退出历史舞台吗?未来对船员技能培养将发生什么改变?这也许是我们最关心的问题。

由于现代控制系统和自主运输模块执行更多任务,并且海事工作受到越来越多的法律规定约束,未来船员将在很大程度上面临有别于当前的工作状态和环境。具体来说,未来航运业和船员面临以下三方面趋势:

(1)自动化:预计自动化将取代很多的人工任务,这要求海员具备新的掌握自动化设备的技能,海员的工作方式也会发生根本性转变。

(2)责任感:未来要求企业具备越来越强的社会责任感,包括环境保护、船员权益维护以及航运业未来发展等,这些远超出企业的财务范畴。

(3)软技能:未来航运业会存在显著的技能差距,这种差异与生产力和盈利能力直接相关。船上许多的自动化设备需要一套超出机器能力的力量来掌控,这种能力并非技术方面的,而是协调维护和管理方面的,因此称之为“软技能”。

在这种趋势及过程中,船员的任务将变得更加数字化,特别是在操作监控、系统管理和无须太多操作的工作领域。未来的船员将得益于海事技术和电子技术的结合,船员职业将呈现如下特征:

(1)海上船员的技能型职责将减少、弱化。船舶信息化、智能化水平的提升,意味着对船员驾驶能力、维修能力要求的降低。既然操作船舶变得简单、容易,相关船员资格认证的门槛应相对降低。

(2)航运精英从海洋走上陆地。未来,船舶对海上船员的依赖或许越来越小,但对“陆地航海家”的依赖只会与日俱增。智能航海时代,陆地对海上起着决定性的支撑作用:一方面,船舶操作越简单,意味着设备的复杂性越高,其维护、修理、升级换代越难;另一方面,伴随船上海员技术能力的弱化,当船舶驶入狭窄水道、复杂航区,或遇船上设备故障时,更需要岸基力量的保障。以上工作,都需要转型到陆地上的船员来完成。未来,对“陆地航海家”、岸基船员的培养,是我国航运主管机关应着重考虑的问题。

二、智能航海时代航运人才能力需求

智能航海作为现代航运新业态,其定义还不明确,国内倾向于将其理解为:航运要素与现代信息、人工智能等高新技术深度融合,又以自主航行船为核心要素。

智能航海改变了传统航运对人的要求,对从业人员的专业性、能动性、灵活性、协作性等通用技能提出更高的要求,想要推进智能航海的规划、实施与落地,需要更多拥有跨学科背景的复合型人才,即更多具备通用性、专业性、融合性技能的人才。在航海类人才需求与转型方面,新的业态将产生新的职业,随着智能航海的高速推进,传统的航海类人才培养模式问题将越来越突出,“航海+智能”的航运人才将面临严峻的紧缺形势,这对航海类院校人才培养的方向有了新的需求,也将彻底改变航海类人才培养模式。

智能航海时代下航运人才在业务能力上,要既能从事传统航运业务运作、传统船舶管理、传统船舶系统运营与维护,又能运用大数据分析、人工智能算法与创新思维从事智能航海背景下的船舶管理与系统优化等技术含量要求较高的工作。因此,航运人才的专业知识要求不再停留在掌握航海知识和技能的阶段,还包括对智能控制技术、人工智能算法、云计算理论以及大数据技术等最新知识的学习与应用;职业技能需要在原有航海及轮机实操技能的基础上,掌握岸基远程控制、人机交互协作、远程故障诊断等技能;专业能力则需要在个人能力、社会能力和方法能力的基础上提升对智能航海下航海类专业能力的掌握,包括把数据转换为信息的能力、协同决策能力以及优化管理控制能力;对综合素质的要求则更加全面,包括创新思维能力、研究思维能力、大数据思维能力等智能航海下航运人才必备素养。智能航海时代对航运人才的能力需求如图 9-3 所示:

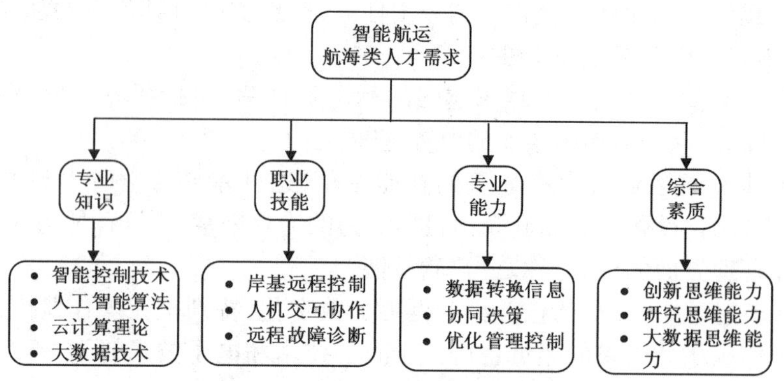

图 9-3　智能航海时代对航运人才的能力需求

三、智能航海下航运人才培养趋势及特征

随着人工智能技术的不断发展,智能航海时代航运人才的培养将呈现如下趋势和特征:

1. 复合创新

智能航海时代强调“技术技能+技术研发+技术创新”,侧重于对多学科知识的综合应用,如专业课程、人工智能技术、大数据技术、控制管理理论等,高度复合型人才成为智能航海时代人才培养的首要目标。

2. 量身定制

进入智能航海时代,一方面,教育个性化人才培养是智能时代的要求和原则;另一方面,智能航海时代新生事物层出不穷,包括新技术、新业态、新岗位等,学生的学习真正变成“我要学”,并且学生的学习不再是以现在的船员适任考试证书或船上工作为最终目标,而是以满足智能航海发展下的多样化岗位需求为目标。

3. 教学互动

人与机器的互动是人工智能时代的标志特征。同样,人机交互也将是智能航海发展过程中的关键词,人不仅可以直接和船舶交流,还可以和船舶上的各种机器分工协作,共同完成任务,人与机器互动的方式会不断创新、不断细化。这将会推动和改变现有的教学模式,在理论教学上,围绕智能技术,构建交互式学习教育体系;在实训教学上,增加学生与机器协作完成项目的课程,培养人机协作能力,真正实现“教学互动”。

4. 精准高效

智能航海发展过程中,对航运人才的需求是多样性的、层次性的,智能航海的发展不仅带来了航运业的智能、高效化,同时会促进人才培养过程中教学手段、人才培养评价、人才培养管理及学生学习方式等的转变。在信息化、智能化技术的发展和支撑下,航海类专业的教学更加精准化、评价更加科学化、培养更加层次化、管理更加高效化,学生在智能化的教学环境、生活环境中,更好地体会到智能航海的发展。

四、面向智能航海的航运人才培养理念

根据以上对智能航海下航运人才的培养趋势和特征的分析,智能航海时代航运人才的培养,关键是应围绕人工智能技术开展,树立以知识传授为中心和以学生创新为中心相结合的人才培养理念,注重学生理论与实践能力的融合、创造性和创新性思维能力的培养。同时,人文精神和综合素质的培养依然是必备要求。

在培养目标上,智能航海下航运人才的培养要以面向未来、产教融合、对接市场、立足应用、不断创新为核心要求,在培养过程中注重以学生为中心,重视学生全面发展;要深入市场调研,把握时代发展,深刻掌握智能航海对航运人才的需求,在培养过程中既要重视学生专业知识的学习与专业技能的培养,更要重视学生协调、适应、组织、创新能力全方位的培养。最终以培养出人格健全、德才兼备、理论扎实、一专多能、创新实干的智能航海应用型人才为目标。智能航海时代航运人才培养理念体系如图 9-4 所示。

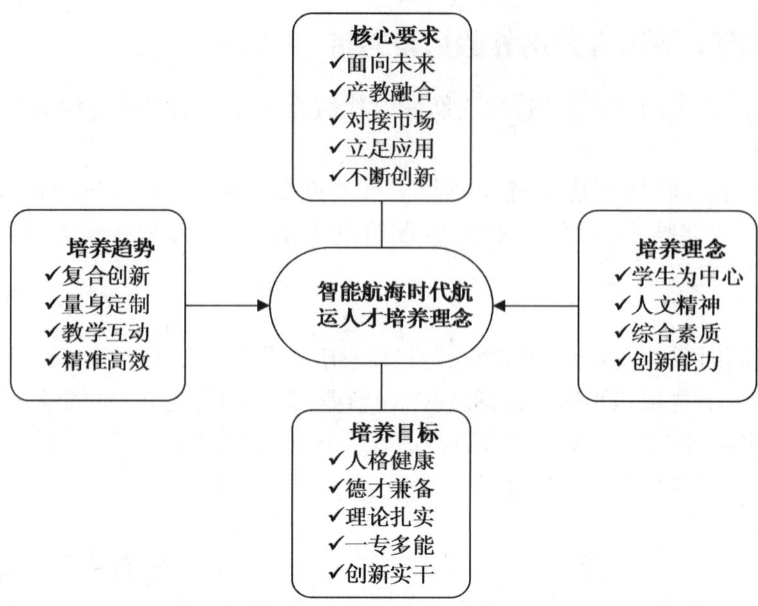

图 9-4 智能航海时代航运人才培养理念体系

第十章 航海类专业就业及发展

第一节 航海类专业学生就业

一、高校毕业生就业政策的内容和重点

现阶段,我国高校毕业生就业的总的方针是“市场导向、政府调控、学校推荐、学生和用人单位双向选择”。所谓政府调控就是政府相关管理部门制定相关政策来促进、引导、支持、规范毕业生就业。

我国航海类专业毕业生就业主要经历了“统包统分”和“双向选择”两个阶段。1997 年以前,实行“统包统分”的分配制度,学校按照国家计划分配毕业生,用人单位按照国家计划接收毕业生。1997 年起,逐步实行“在交通系统内自主择业”的办法。从 2003 年开始建立了在政府主管部门指导和协调下,用人单位与院校充分协商,毕业生与用人单位双向选择,提前半年签订就业协议的航海类专业毕业生就业工作新机制,并一直延续至今。目前,市场已经对航海类毕业生就业起到重要作用。毕业生可从以下六个方面来了解毕业生就业政策。

1. 毕业生就业流向方面

选择就业去向是毕业生择业时遇到的一个首要问题,这也是国家非常重视的一个问题。为促进航海类专业毕业生资源的合理配置,引导、鼓励航海类专业毕业生到急需航海类专业人才的港航企事业单位就业,交通部办公厅印发了《关于做好 2003 年航海类专业毕业生就业工作的通知》(厅人劳字[2002]302 号)。文件规定:航海类专业毕业生就业工作坚持学以致用的原则,采取切实有效的措施,引导航海类专业毕业生上船工作,为我国航运事业的持续快速健康发展提供人才和智力支持。

2. 毕业生就业市场方面

为了加强毕业生就业市场化建设,国家文件要求各地方在加强宏观调控力度、促进高校毕业生面向基层的同时,要进一步解放思想,转变观念,坚持“市场导向、政府调控、学校推荐、学生和用人单位双向选择”的改革方向,制定和完善各项政策,充分发挥市场机制在高校毕业生资源配置中的基础性作用。要采取具体措施为高校毕业生和用人单位服务。文件要求进一步整顿和规范高校毕业生就业市场秩序,保护毕业生就业权益,加强对各类就业招聘活动的监管(国办发[2002]19 号)。全国航海类专业毕业生就业工作由交通部人事劳动教育司协助教育部高校学生司进行宏观管理。全国航海类专业院校和航运单位要密切配合交通部人事劳动司,充分利用中国交通人才网,建立健全航海类专业毕业生就业工作协作组,协调院校根据国

家有关就业政策和规定举办航海类专业毕业生就业“双选”会。

全国航海类专业毕业生就业工作协作组

全国航海类专业毕业生就业工作协作组是由航海教育机构和航运企事业单位联合发起成立的协调全国航海类专业毕业生就业工作的自律性组织，为中国交通教育研究会团体成员。

协作组2002年10月于宁夏银川成立。协作组刚刚成立时，只有46家会员单位，目前已发展到125家，其中包括32家主要航海教育机构，93家航运企事业用人单位。航运企事业单位中，事业单位7家，国有大中型企业44家，民营企业8家，船员外派机构30家。协作组目前已建立了可以联系教育部、交通运输部，以中远海和中外运长航集团为主干的涵盖全国大部分知名航运企事业单位的用人体系。协作组的队伍日益壮大，使其在航运业和航海教育领域的影响力也不断增大。

现有理事长单位1家，副理事长单位8家，常务理事单位4家，秘书处设在大连海事大学学生就业指导中心。

协作组在工作中积极贯彻落实国家有关毕业生就业政策，加强航海教育机构与用人单位之间的沟通与合作，规范成员单位在航海类专业毕业生就业工作中的行为，探索新形势下航海类专业毕业生就业的组织形式和管理模式，促进航海类专业毕业生就业市场的建立和完善，努力实现航海人才资源的合理配置。

协作组接受教育部高校学生司、交通运输部人事劳动司、交通运输部科技司、交通运输部海事局和中国交通教育研究会的指导。

3. 毕业生失业保障方面

毕业生失业保障方面的政策是目前毕业生就业政策中继续研究和加强的部分，目前这方面的政策还有待加强。已有的是，毕业半年以上未能就业并要求就业的高校毕业生，可持学校证明到入学前户籍所在地市或县劳动保障部门办理失业登记。劳动保障部门所属的公共职业介绍机构和街道劳动保障机构应免费为其提供就业服务。对已进行失业登记的高校毕业生，有条件的城市、社区可组织其参加临时性的社会工作、社会公益活动或到用人单位见习，给予一定的报酬。对于因患病等原因短期无法工作并确无生活来源者，由民政部门参照当地城市低保标准，给予临时救助。此项费用由地方财政列支（国办发[2003]49号）。县及县以上劳动保障部门要设立专门窗口，除接待失业登记的毕业生，对以自由职业、短期职业、个体经营等方式灵活就业的高校毕业生也要登记，为其提供劳动保障代理服务，在劳动关系形式、社会保险缴纳和保险关系接续等方面提供保障。

民政部门要按照有关有关政策和规定，对符合条件的困难家庭高校毕业生给予最低生活保障或临时救助（国办发[2007]26号）。凡高校毕业生（含大学专科、大学本科、研究生）因患病等原因短期无法就业且生活困难的，由高校毕业生户籍迁入地所在民政部门参照当地低保标准，给予临时救助，享受临时救助的时间最长不得超过一年；一年后家庭生活仍有困难的，按有关规定申请享受最低生活保障或其他社会救济（民办函[2003]116号）。

4. 毕业生户口档案方面

国家规定，要为高校毕业生办理户口和人事档案手续提供便利。对毕业离校时未落实工作单位的高校毕业生，本人要求户口和人事档案保留在学校的，按规定保留两年。在此期间，档案管理机构对保管其档案免收服务费用。本人要求将户口转回入学前户籍所在地的，公安机关应当按照户籍管理规定为其办理落户手续，人事部门所属人才交流服务机构免费提供人事代理服务。本人落实工作单位后，公安机关按照有关规定办理户口迁移手续（国办发［2003］49号）。

省会及省会以下城市开放对高校毕业生落户的限制。省会以上城市也要根据需要，积极放宽高校毕业生就业落户规定，简化有关手续。公安部门对应届毕业生凭用人单位与毕业生签订的《就业协议书》和高校毕业生所持的《普通高等学校毕业证书》《全国普通高等学校毕业生就业报到证》办理其落户手续；对非应届毕业生凭用人单位录（聘）用手续、劳动合同和《普通高等学校毕业证书》办理其落户手续（国办发［2002］19号）。

5. 毕业生就业指导方面

有关文件强调，要实现就业指导服务的“机构到位、人员到位、经费到位”，运用多种手段全面加强毕业生就业指导工作；从2008年起，提倡所有普通高校开设职业发展与就业指导课程，并作为公共课纳入教学计划，贯穿学生入学到毕业的整个培养过程。

6. 毕业生就业管理方面

毕业生就业工作是一项政策性比较强、关系到千家万户切身利益的工作。在管理方面有一系列政策和规定。

二、航海类专业毕业生就业程序

1. 就业准备

应该说就业准备是大学生在校期间的全程工作，在这里特指毕业前夕的就业准备。毕业生在就业前要做的准备十分重要，基础工作也很多，其中主要应做好以下准备：

（1）要做好就业价值取向的准备，明确求职择业的目标与方向。

（2）要认真分析就业形势，了解必要的就业政策，特别是拟就业地区和本校的就业形势与相关就业政策，这直接关系到毕业生择业的成败。

（3）要积极收集就业信息。就业信息是毕业生求职择业的前提和必备条件，毕业生应当及时、全面地掌握有关就业方面的各种信息，并认真地对这些信息进行分析、筛选、整理，最终做出正确判断。

（4）要结合收集的信息理智地进行自我分析，按照自己的择业方向认真准备自荐材料。

2. 接受指导

在传播媒介、网络信息发达的当今社会，毕业生获取就业指导的途径很多，但对高校毕业生而言，受益最多的有以下几个途径：

（1）学校毕业生就业机构

开展就业指导、进行就业咨询是高校毕业生就业机构的重要职责和工作内容，高校进行就业指导的主要途径是开设就业指导课。同时，由于高校的就业机构同上级主管部门和有关用人单位保持着广泛、长期、密切的联系，所以，他们掌握的政策、信息数量大，针对性、可靠性都比较强，对毕业生的就业具有较高的参考价值。

（2）家长及亲友

毕业生家长及其亲朋好友由于熟悉毕业生个人情况，有着各种各样的社会关系，能够对毕业生就业提供有效的指导和帮助。

（3）专业报纸、杂志及网上信息

目前国内有许多专门针对大学生就业的报纸、杂志，不仅提供了大量的就业需求信息，而且对国家的就业政策、规定都有详尽的介绍、分析,并有丰富的就业案例与分析。同时,互联网络的高速发展为我们带来了大量的信息,同时也提供了快速便捷的信息查询方式,成为毕业生接受就业指导的重要途径。

3. 双向选择

每年 10 月份开始,高校将采用多种形式,组织召开毕业生就业“供需见面,双向选择”活动。全国航海类专业毕业生就业工作协作组协调各有关高校、航运企事业单位于每年 10—12 月份到各航海类院校举办航海类专业毕业生供需见面洽谈会,为毕业生和用人单位搭建双向选择的交流平台(如图 10-1 所示)。

图 10-1　山东省 2019 年秋冬季高校航海类毕业生就业市场

4. 签订协议

毕业生与用人单位双向选择达成就业意向,签订就业协议书。

5. 毕业鉴定

毕业鉴定是指毕业生在毕业前要填写教育部统一印制的“高等学校毕业生登记表”,是对毕业生在校期间的全面考核与鉴定,主要从德、智、体三个方面进行考核和鉴定。重点放在对政治觉悟、道德品质以及学习成绩、健康状况等方面的评定。该表是毕业生档案中的重要内容。2001—2014 年高校毕业人数如图 10-2 所示。

6. 报到上岗

用人单位签订好就业协议后,学校将以此作为依据编制就业方案,报上级毕业生就业主管部门审核下达执行。毕业生完成学业并领取就业报到证、毕业证等后,按照规定的期限去单位报到。

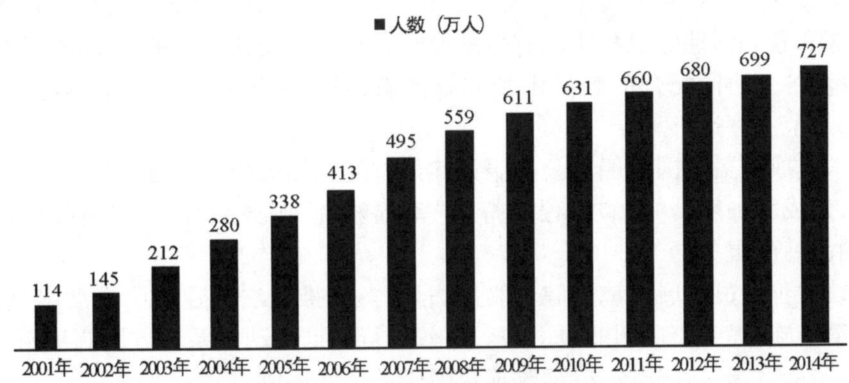

图 10-2 2001—2014 年高校毕业生人数

三、近五年航海类专业毕业生就业状况

继 2013 年 699 万后，2014 年全国大学毕业生以 727 万的高位继续显示着“就业难”的境况。但在全国高校毕业生就业形势持续严峻的情况下，航海类专业毕业生需求依然旺盛，近五年供需比均在 1∶1.5 左右，毕业生就业率一直保持在 91%以上，大部分毕业生实现了良好的专业匹配就业，毕业生总体就业状况良好。

当然，我们也应该清醒地认识到，航海类专业毕业生就业结构性矛盾依然较为突出，主要表现在：部分毕业生把工资待遇、工作条件作为择业的首要条件，部分希望能到陆地、港口和其他非涉海行业就业，就业期望不切合实际；有些培养机构人才培养质量不过关，毕业生的综合素质和职业能力不能适应市场要求，不同学历层次供需不平衡，专科毕业生的市场需求相对不足。下面以 2015 届毕业生数据说明。

四、航海类专业人才的需求状况

1. 我国船员发展的总体目标

交通运输部在《中国船员发展规划（2016—2020 年）》中提出，到 2020 年，我国船员发展的总体目标为：船员培养体系进一步完善，市场机制更加健全，船员发展的基础和环境明显改善，船员队伍更加适应国家战略和航运发展的需要，服务国际航运的能力进一步提高，基本实现由船员大国向船员强国的转变。具体目标是：

——培育一支满足国家战略和航运发展需要的船员队伍，适应船舶大型化、标准化、专业化的发展趋势和船舶运输方式转变的需要，船员队伍数量基本适应、结构相对合理、素质明显提升。

——初步形成诚信自律、规范有序的船员市场体系。船员市场信息更加公开透明，市场自身调节功能进一步增强，在船员配置中的决定性作用有效发挥。市场运行规范，船员流动有序，公平竞争和诚信机制初步形成。

——基本建成应用型船员培训考试发证体系。面向不同市场的多元化船员培养模式初步形成，远程与现场相结合的船员教育培训体系基本建立，船员实操技能稳步提高。初步建成覆盖全国的船员考试评估基地，船员理论考试实现远程化和分段化，促进船员培养与使用的协调一致。

——基本建立全方位的船员市场协同监管体系。建成智慧型海事船员监管体系，对船员适任资格形成和履职活动的过程实施有效的监督管理。推动建立企业负责、行业自律、船员诚信、政府监管和各方协同配合的船员市场监管体系，对市场运行和市场主体活动进行全面监管，促进市场规范有序运行。

——基本建成覆盖全国的船员公共服务体系。建设船员公共服务平台，融合服务资源，创新服务方式，建成服务船员"口袋工程"，打造"幸福船员"服务品牌，为船员提供全方位、多层次、一体化的高品质服务。

——持续改善船员发展环境。健全船员法规体系，推进法治建设。推动出台促进船员职业发展的政策措施，提升船员职业吸引力。有效运行海上劳动关系三方协调机制，宣传推介船员文化，扩大船员市场对外开放，持续改善我国船员发展环境。

2. 国际航海人才市场对航海人才的需求

根据 BIMCO/ISF 海员人力资源更新报告，2010 年持有依据 STCW 公约标准颁发的证书的全球高级船员大约为 62 400 人，普通船员为 74 700 人。

随着国家经济高速发展，很多沿海港口城市都在大力发展和推进航运建设，它们同样需要船舶驾驶、港口引航等方面的航海类专业人才。

3. 陆地航运人才需求持续不减

海洋运输、航运物流、政府机关及事业单位、航海类院校和培训机构等单位也需要高级海船驾驶员，优秀的航海类专业毕业生同样受到这些单位的青睐。这是因为，本专业毕业生主要表现出三种能力。

（1）专业能力

航运业务与海商法、海上货物运输、船舶管理等航海类专业的系列课程培养了学生处理国际航运业务的能力，只有对航运经营业务链上各个操作环节以及相关法律法规都有了解和掌握，才能避免闭门造车、盲目决策。另外，航运公司的航运、海务、船员、安全、体系管理等工作，也需要了解和熟悉船舶运输生产过程的人员担任，才能督导船舶做好安全运输生产工作，保障航运业务的顺利开展。

（2）管理能力

复杂的航运业务决定了航运人才必须是一名优秀管理者。无论是在船舶一线的业务和日常工作中，还是在陆地从事航运经营、行业公共管理、教学研究及船舶建造等业务，真正的航运人才都必须具备管理人、财、物、事的能力。否则，难以做到有效的管理沟通，难以运用有效的管理资源，难以实现预期的管理目标。

（3）语言能力

航运业具有较强的涉外性，从业人员必须具有一定的外语沟通能力，否则寸步难行。专业的培养背景和工作中的实践锻炼增强了从业人员的语言应用能力。

上述能力是在职业发展过程中，通过学习和实践不断积累和提高的。航运业及其相关产业，如港口码头、修造船业等的发展，拉动了事业相关单位如交通运输管理部门、船级社和航运院校等服务于航运业的行业的发展，这些单位也需要高级船员资历的优秀航运人才。近五年来，国家和地方海事局从现役高级船员及航海类专业学生中招聘了大量的公务员和事业编制人员，当前这类人才较为紧俏。

五、用人单位青睐的毕业生

从近年来人才市场和就业调查反馈的信息看，具有以下条件的毕业生备受用人单位的青睐。

1. 了解岗位和企业，知己知彼

如果对所应聘的目标岗位是什么、做什么、需要什么条件、职位发展路径等一些基本常识很了解，那么你在求职应聘的众人中就占得了先机。如果对自己求职的目标雇主一无所知或所知不多，面试官会觉得你不是很重视这个机会，或者说明你不是非常喜欢这个单位，给用人单位的第一印象会大打折扣。相反，如果你能记得企业的全名、了解企业的核心业务和运作模式、了解企业的发展战略和用人理念等信息，在同等条件下，你会更受雇主的青睐。

2. 职业规划明确，目标清晰

许多求职的大学毕业生并不清楚自己到底喜欢什么、自己适合什么职业、自己的优势和劣势所在。也就是说，这些人没有清晰的职业发展目标，职业定位和发展方向模糊不确定，这样的人会令人感觉其逻辑思维混乱。没有上进心、连自己的发展都规划不好的人，谈何能专注服务于企业，专心为公司创造价值呢？用人单位更喜欢有目标、有追求的人，不怕要求多，就怕与岗位不匹配。

3. 有实践实习经验，动手能力强

有相关实践经验或实习经历，至少可以证明两点：一是你对目标职位有感性认识，或多或少对岗位工作及其要求有了解；二是你对目标岗位有兴趣或有能力做好工作。大学毕业生在校期间，一定要做好职业探索和规划，通过各种努力寻找实践和实习机会，增加职业经验值，为求职胜出增加筹码。

4. 综合素质齐全，有核心优势

俗话说："一招鲜，吃遍天。"如果你在某个领域有专长，或者具备别人所没有的特殊技能，或者具有比其他人强的某些竞争优势，这些都有助于更快更好地找到工作。在激烈竞争的职场，具有独特优势的人才少而具有职业竞争力，有专长就有专业，就可发展为核心优势，提高职业竞争力。专注于一个方面、拥有一项特长，不失为一个职业发展的策略。求职应聘时，要善于挖掘并展示自己的核心优势，以提高自身竞争力。

5. 和企业目标一致的人

俗话说："道不同，不相为谋。"一般来说，企业是个人发展的平台，在个人目标与企业目标一致时就会有较大的发展空间和更多的发展机会。同时，为企业创造的价值也会相应增多，实现个人与团队的双赢。

6. 勤奋敬业的人

只有勤奋敬业的人，才能创造自己的事业。勤能补拙，勤奋可以帮助毕业生快速缩短个人能力与岗位要求之间的差距，可以更快更好地适应新环境。做好一份工作，光凭能力是不够的，往往需要勤奋敬业来获得更好的工作结果。调查发现，"敬业精神"在用人单位最看重的指标中列第二位，而在用人单位认为大学生最欠缺的指标中高居第一。可见，大学生的工作态度、职业操守是当前比较突出的问题，值得学校、社会、家庭和大学生本人好好思考，认真对待。

现在很多人都把工作只当作工作，仅仅是谋生的手段。在此心态下，应付工作、得过且过就顺理成章了。敬业是把工作当作事业，是对工作高度负责的态度，是严谨认真的表现。敬业者凡事追求完美、全力以赴、精益求精，所负责的工作都能高质量、高效率地完成。敬业者在为企业做出突出贡献的同时，自身职业价值也得到迅速提升，具有更强的职场竞争力，可获得更好的发展。

7. 有激情的人

激情是创造力的源泉。有激情的人，可以创造条件并创造性地完成工作，拥有更持久的工作动力。团队的工作激情，是企业发展的原动力。激情，源于喜欢，源于自信，源于热诚。有人说，一个有激情的员工要胜于两个普通的员工。有激情的人，才会有感染力和影响力。

职场容易被炒鱿鱼的几种人

1. 不够稳重、不成熟。刚工作的职场新人，对突发事件往往措手不及，容易过分急躁，处理事情不够稳重。不能准确理解工作性质，分不清工作重点，给老板一种稀里糊涂、很难调教的感觉。

2. 只说不练，眼高手低。喜欢夸夸其谈，一旦真正操作时，往往发生许多困难，却又找不出原因所在。

3. 斤斤计较，分不清主次。只看重眼前区区小事，无法透过现象去把握实质，没有主次之分，往往贻误很多机会。

4. 考虑问题不够严谨、全面。对工作匆忙做出决定，朝令夕改，顾前不顾后，工作中纰漏百出，造成不良影响或公司损失。

5. 与周围环境不能相融。总是自行其是，无法沟通，不能与同事、领导融洽相处、协作分工。

6. 办事拖沓，无时间观念。需要定时完成的任务，总是找借口拖后，不能按时完成，工作效率极低，不思改进。

7. 恃才傲物。自认为在某一方面有别人无法比拟的特长，便对其他人视而不见，甚至盛气凌人，自觉高人一等，一副“除我之外谁也不行”的态度。

8. 缺乏创造力，因循守旧。工作中总是重复同一种方式，缺乏自我独立创造力。不能适应企业的发展，自主学习意愿不强，学习能力差。

9. 刚愎自用，固执己见。不能听取别人的建议，自以为是，对别人提出的善意批评也不能接受。

10. 缺乏团结协作精神。有好的建议不与别人分享，缺乏团结互助、相互协作的团队精神。

面对欣欣向荣的航运就业市场，航海类专业毕业生需要树立正确的择业观念。本着对自身职业发展负责的原则，重点处理好以下选择：一是价值观。什么是有价值，什么是没价值，什么样的职业发展方向是你所需要的？对这些问题需要从自身的价值取向出发认真思考，不考虑收入是不现实的，但唯金钱论也是不可取的，在人生的一些重要选择的关口时，一定要端正自己的价值观。二是职业成长期。凡事不能短视，在个人的职业发展上急功近利的心态要不得，须知没有耕耘就没有收获，想不付出一番努力和奋斗就拥有一定成就的想法是不可取的。三是一次到位还是二次发展。一般来说，航海类的学生最好给自己留一点空间，把规划分成两或三步来实施可能更有可操作性。总之，只有优点没有缺点的选择几乎没有，只有缺点没有优点的选择也寥寥无几，就业时需要在具体分析自身情况的前提下，从国家、社会、行业的大趋势出发，选择对自己和家人相对有利的方向来稳步实施。

第二节　航海类专业个人发展

2011 年颁布的《中华人民共和国海船船员适任考试和发证规则》与之前的规则对照如表 10-1 所示，航海类专业职业成长路径如表 10-2 所示。

表 10-1　新旧规则关键点对照表

<table>
<tr><th>关键词</th><th colspan="2">项目</th><th>“04 规则”要求</th><th>“11 规则”要求</th></tr>
<tr><td rowspan="8">简化</td><td rowspan="5">适任证书</td><td>航区</td><td>无限、近洋、沿海、近岸</td><td>无限、沿海</td></tr>
<tr><td>等级</td><td>无限 1 个、近洋 2 个、沿海 2 个、近岸 1 个</td><td>无限 2 个、沿海 3 个</td></tr>
<tr><td>职务</td><td>船长、驾驶员、轮机员、水手、机工</td><td>新增电子电气员、高级值班水手、高级值班机工、电子技工</td></tr>
<tr><td>限制项目</td><td>客船、滚装客船、液货船、高速船等</td><td>取消了对液货船的限制</td></tr>
<tr><td>形式</td><td>独立成小本</td><td>单 A5 版面大小</td></tr>
<tr><td rowspan="2">培训合格证</td><td>种类</td><td>专业培训、特殊培训合格证</td><td>统称培训合格证</td></tr>
<tr><td>形式</td><td>母本附活页贴</td><td>单张 A5 版面列出所有培训项目</td></tr>
<tr><td colspan="2">船员体格检查表</td><td>船员体格检查表（1 年有效）</td><td>船员健康证书（2 年有效）</td></tr>
<tr><td rowspan="3">学历</td><td colspan="2">入门</td><td>中专及以上(2 年航海类教育)</td><td>无学历要求，经认可的本科院校生可直接考二副、二管轮</td></tr>
<tr><td colspan="2">晋升管理级</td><td>大专及以上(3 年航海类教育)</td><td>无学历要求</td></tr>
<tr><td colspan="2">取消限制</td><td>管理级需大专及以上学历</td><td>无学历要求</td></tr>
<tr><td rowspan="3">资历</td><td colspan="2">见习资历</td><td>在相应等级船舶上实习</td><td>不同职务实习船舶的航区、等级梯度设置</td></tr>
<tr><td colspan="2">晋升资历</td><td>与适任证书相适应的资历</td><td>申请无限航区适任证书职务晋升要求至少有 6 个月是在无限航区的船舶上任职，其余时间可以在沿海航区的船舶上任职</td></tr>
<tr><td colspan="2">再有效资历</td><td>5 年内 12 个月与适任证书相适应的资历</td><td>5 年内 12 个月与适任证书相适应的资历或申请日前 6 个月内具有与其适任证书所记载范围内相应的累计不少于 3 个月的海上服务资历</td></tr>
<tr><td rowspan="2">实践</td><td colspan="2">学校培训</td><td>未做具体要求</td><td>强调院校和培训机构须完成全部的理论和实践教学内容后才可以申请参加理论考试</td></tr>
<tr><td colspan="2">船上培训</td><td>大副、大管轮未要求船上培训</td><td>明确了船上实习的具体职务要求</td></tr>
<tr><td rowspan="2">责任</td><td colspan="2">公司、机构责任</td><td>有相应要求</td><td>细化了公司、机构的责任</td></tr>
<tr><td colspan="2">船长、船员责任</td><td>未做具体要求</td><td>强化船长和船员的责任</td></tr>
</table>

表 10-2　中国海员成长路径表(500 GT/750 kW 及以上)

毕业类别 晋升路径	初、高中毕业	航海类中专(含2年职业教育)	航海类高职高专	非航海类大专及以上	航海类本科	
入门培训	4个月			18个月培训		经认可，教培质量良好的全日制航海类本科
实习资历	6个月					
职务	水手/机工					
任职资历	18个月(也可培训2个月申考高级值班水手/机工)	12个月海上服务资历(申请沿海免)				
三副/三管轮培训	12个月			18个月		
考试	全国统考	全国统考	全国统考	全国统考	全国统考	全国统考
实习资历	6个月	12个月	12个月	12个月	12个月	12个月
职务	三副/三管轮					
晋升为三副/三管培训时间小计	16个月(高级水手/机工18个月)	0个月	0个月	18个月	0个月	
晋升为三副/三管资历(含实习)小计	30个月	无限24个月 沿海12个月	12个月	12个月	12个月	
任职资历	18个月	18个月	18个月	18个月	18个月	
职务	二副/二管轮					
资历	12个月	12个月	12个月	12个月	12个月	12个月
大副/大管轮培训	3个月	3个月	3个月	3个月	3个月	3个月
考试	全国统考	全国统考	全国统考	全国统考	全国统考	全国统考
实习资历	3个月	3个月	3个月	3个月	3个月	3个月
职务	大副/大管轮					
任职资历	18个月	18个月	18个月	18个月	18个月	18个月
船长/轮机长培训	3个月	3个月	3个月	3个月	3个月	3个月
考试	全国统考	全国统考	全国统考	全国统考	全国统考	全国统考
实习资历	3个月	3个月	3个月	3个月	3个月	3个月
职务	船长/轮机长					
培训时间累计	22个月	6个月	6个月	24个月	6个月	6个月
资历(含实习)累计	84个月	无限78个月 沿海66个月	66个月	66个月	66个月	48个月
合计(包括培训和资历)	108个月	无限86个月 沿海74个月	74个月	92个月	74个月	56个月
航海类学习、培训及资历时间总计	106个	无限108个月(沿海96个月)	108个月	专科126个月(本科138个月)	166个月	148个月

航海类专业职业成长路径，以航海技术本科毕业生为例，如表 10-2 所示，在校学习 4 年，学生可参加海船船员二/三副证书考试，获取考试合格证，毕业经过 12 个月实习，可直接换取二副资格证书；再经 12 个月二副资历，3 个月岗位培训，可报名参加大副考试，获取考试合格证后经 3 个月实习，换取大副证书；大副岗位工作满 18 个月，参加 3 个月岗位培训，可报名参加船长考试，获取考试合格证后经 3 个月实习，换取船长证书。

航海技术专科毕业生，如表 10-2“航海类高职高专”栏所示，一般在校学习 3 年，学生可参加海船船员二/三副证书考试，获取考试合格证，毕业经过 12 个月实习，可换取三副资格证书；再经 18 个月三副资历，可直接换取二副证书，之后大副、船长段晋升过程与本科毕业生相同。

除在海上或航海专业的发展外，航海类专业的学生由于受到专业的教育和严格的培养，以及在职业过程中能力的提高，还有多种不同的发展模式。他们有的还在起步阶段，前面的路途还很长；有的已经有所成就，人生道路将更精彩。无论如何，多以航海类专业作基础，发挥专业所长，有的在专业上“做精”，成长为航海上的行家里手；有的不囿于专业，在其他方面拓展能力，成长为业务、管理等方面的能手。

正如前言所说，广阔的海洋、滔天的巨浪、蔚蓝的天空、绚丽的朝霞、迎风搏击的海鸥、劈波斩浪的航船……航海事业充分展示着大自然荡人心胸的壮美，体现着人类的勇气智慧与阳刚之美。航海技术专业高等教育作为航海技术高级人才培养的主要途径，一方面向航海专业大学生传授了专业知识，另一方面是锤炼了航海专业大学生的意志，培养了他们的责任、服从、合作、独立、自律、坚韧、安全、生态、适应、应变、理智、激情等方面的综合素质，给他们提供了起航的能量。相信经过几年的大学生活，大学生们一定能学有所成，一定能信心百倍地扬帆远航，到达理想的彼岸。

附 录

附录 1
中国船员发展规划(2016—2020 年)

交通运输部关于印发《中国船员发展规划(2016—2020 年)》的通知

各省、自治区、直辖市、新疆生产建设兵团交通运输厅(局、委),长江航务管理局,各直属海事局:

为建设一支满足国家战略需要和适应我国航运发展的船员队伍,落实《国务院关于促进海运业健康发展的若干意见》等要求,促进中国船员发展,我部编制了《中国船员发展规划(2016—2020 年)》。现印发给你们,请结合实际,认真贯彻落实。

交通运输部
2016 年 9 月 2 日

中国船员发展规划
（2016—2020年）

中华人民共和国交通运输部
2016年9月

中国是海洋大国、航运大国,也是船员大国。船员在建设海洋强国、推进“一带一路”、服务长江经济带、促进水上交通运输发展等方面发挥着重要作用,为我国国民经济和社会发展做出了突出贡献,是国家重要战略资源。为建设一支满足国家战略需要和适应我国航运发展的船员队伍,促进中国船员科学发展,根据国家建设海洋强国、海运强国战略决策和促进水运业发展的部署安排以及“十三五”现代综合交通运输发展规划等,制定本规划。

一、规划背景

(一)发展现状

“十二五”时期,中国船员快速发展,船员队伍建设、法制建设、文化建设等方面取得了显著的成绩。

1. 船员队伍规模迅速壮大。截至 2015 年底,全国注册船员 1 370 224 人,其中海船船员 638 990 人,内河船员 731 234 人,分别比 2010 年增长 25. 6%、68. 56%和 2. 72%,基本满足了我国国民经济和水运行业快速发展的需要。

2. 船员教育培训体系日趋完善。2015 年全国船员教育培训机构 310 家,满足适应了船员教育培训需求。船员培训质量稳步提高,我国履行海员培训发证和值班标准国际公约体系得到国际主要航运国家的认可,与 24 个国家(地区)签署了互认或单边承认船员适任证书协议。

3. 船员法规框架初步形成。贯彻实施《中华人民共和国船员条例》,先后修订和制定了船员注册、培训、考试、发证、值班、服务以及海员外派等十多个部门规章和配套文件,符合我国国情、适应航运发展需要的船员法规体系初步形成,为船员队伍发展提供了法治保障。

4. 船员保障机制逐步建立。建立并初步运行全国海上劳动关系三方协调机制,11 个省(市)成立了船员服务行业协会,促进了行业自律。协调处置船员境外突发事件,保障船员合法权益。2015 年 11 月 12 日,我国正式批准《2006 年海事劳工公约》,为船员权益提供进一步保障。

5. 船员文化建设初见成效。编制《中国海员史》,展现海员不同时期的突出贡献和精神风貌;组织“全国海员技能大比武”,激发了广大船员学习专业知识、提高操作技能的热情;开展“世界海员日”系列活动,宣传船员的价值和贡献,营造良好的船员文化氛围。

6. 船员管理水平不断提升。积极推进简政放权,取消和下放了 9 项船员管理事权。强化事中事后监管,推出了一系列便利船员的举措。在海上劳动关系三方协调机制框架下,中国海员建设工会与中国船东协会签署了《中国船员集体协议》。航运企业、船员培训和服务机构管理和服务船员的水平进一步提高。

我国船员发展取得了可喜的成绩,但仍然面临着诸多挑战:现代青年群体的择业观念和风险偏好发生了变化,船岸工资收入差距逐年缩小,船员职业优势明显降低,长江等内河高级船员短缺现象日益加剧,我国船员可持续发展动力不足;船员培养周期与船舶建造周期的差异化,导致船员供求关系难以保持动态平衡;船员培养与使用的紧密度还不够,面向不同市场的多元化培养体系尚未形成,内河船员实际操作能力培训明显不足,海船船员的国际竞争力还有待提升;船员市场信息的公开透明度还不高,市场机制仍需完善,市场自身功能有待进一步发挥;船员职业所获得的政策支持力度与我国所处的船员大国地位仍不相符,与世界航运发达国家相比仍有差距;船员权益保障机制和公共服务体系还不完善,船员文化建设任重道远。

(二)形势要求

“十三五”时期是我国全面建成小康社会的关键时期,是经济社会转型的攻坚期,也是航运市场转型升级的过渡期,船员队伍发展面临着新的形势。

1. 实施国家战略对中国船员发展提出了新要求。“十三五”时期我国发展的环境、条件和任务将发生新的变化,经济发展新常态必然对航运发展产生深远影响,也对我国船员发展提出了新的要求,船员在建设海洋强国和服务“一带一路”、长江经济带等国家战略中将发挥更加重要的作用。《国务院关于促进海运业健康发展的若干意见》提出,要“完善海运业人才培养体制机制,加强海员特别是高级海员队伍建设,大力培养专业化、国际化海运人才”。船员队伍发展要适应国家战略和航运发展新要求,更好地发挥保障作用。

2. 现代职业教育发展为船员培养开辟了新途径。国家高等教育分类发展政策和现代职业教育发展措施为应用型船员队伍培养指明了方向。航海人才培养要对接国家政策,坚持应用导向,实施分类管理,培养多层次的适应现代航运发展的船员人才队伍。落实《国务院关于加快发展现代职业教育的决定》《教育部交通运输部关于进一步提高航海教育质量的若干意见》以及国务院有关事件调查组关于航海职业教育发展的建议,为应用型船员人才的教育和培养开辟了新的途径。

3. 航运业转型升级为船员队伍发展带来了新动力。全球航运呈现持续低迷态势,我国航运业供给侧结构性改革将推动航运企业兼并重组,加快产业转型升级。航运产业结构整合,有利于优化企业船员配置,促进船员收入分配等核心制度建设。《2006 年海事劳工公约》正式履约,为改善船上工作环境、保障船员薪酬福利等奠定了法律基础,有利于维护海员权益、改善海员职业发展环境、促进海员职业发展。

二、指导思想、基本原则和发展目标

(一)指导思想

认真落实党的十八大和十八届三中、四中、五中全会精神,深入学习贯彻习近平总书记系列重要讲话精神,紧紧围绕建设海洋强国、海运强国战略目标和“四个交通”要求,牢固树立“创新、协调、绿色、开放、共享”的发展理念,坚持以服务国家战略和航运发展为宗旨,以促进船员职业发展为导向,统筹推进改善船员发展的政策环境、市场环境、法治环境和社会环境,促进船员队伍科学发展,全面提升船员的职业技能和综合素质,为实现海洋强国战略目标提供坚强人才保障。

(二)基本原则

1. 坚持深化改革、创新发展。以市场为导向,改革完善船员发展的体制机制,创新船员培养和管理模式,充分发挥市场在资源配置中的决定性作用,积极营造平等参与、公平竞争的船员市场环境。

2. 坚持质量优先、持续发展。以应用为导向,强化培训质量,提高船员的实际操作能力和综合素质,优化船员队伍结构,增强发展动力,促进科学发展。

3. 坚持统筹推进、协调发展。以问题为导向,协同推进服务船员发展的政策措施,充分调动各方积极性,形成合力,推动船员队伍协调发展。

4. 坚持改善环境、服务发展。以目标为导向,持续改善船员发展环境,促进船员成长,提升船员职业吸引力，扩大船员市场开放，深化国际交流合作，提高我国船员的国际竞争力，服务国家战略和航运发展。

（三）发展目标。

1. 总体目标

到 2020 年，我国船员发展的总体目标：船员培养体系进一步完善，市场机制更加健全，船员发展的基础和环境明显改善，船员队伍更加适应国家战略和航运发展的需要，服务国际航运的能力进一步提高，基本实现由船员大国向船员强国的转变。

2. 具体目标

——培育一支满足国家战略和航运发展需要的船员队伍，适应船舶大型化、标准化、专业化的发展趋势和船舶运输方式转变的需要，船员队伍数量基本适应、结构相对合理、素质明显提升。

——初步形成诚信自律、规范有序的船员市场体系。船员市场信息更加公开透明，市场自身调节功能进一步增强，在船员配置中的决定性作用有效发挥。市场运行规范，船员流动有序，公平竞争和诚信机制初步形成。

——基本建成应用型船员培训考试发证体系。面向不同市场的多元化船员培养模式初步形成，远程与现场相结合的船员教育培训体系基本建立，船员实操技能稳步提高。初步建成覆盖全国的船员考试评估基地，船员理论考试实现远程化和分段化，促进船员培养与使用的协调一致。

——基本建立全方位的船员市场协同监管体系。建成智慧型海事船员监管体系，对船员适任资格形成和履职活动的过程实施有效的监督管理。推动建立企业负责、行业自律、船员诚信、政府监管和各方协同配合的船员市场监管体系，对市场运行和市场主体活动进行全面监管，促进市场规范有序运行。

——基本建成覆盖全国的船员公共服务体系。建设船员公共服务平台，融合服务资源，创新服务方式，建成服务船员“口袋工程”，打造“幸福船员”服务品牌，为船员提供全方位、多层次、一体化的高品质服务。

——持续改善船员发展环境。健全船员法规体系，推进法治建设。推动出台促进船员职业发展的政策措施，提升船员职业吸引力。有效运行海上劳动关系三方协调机制，宣传推介船员文化，扩大船员市场对外开放，持续改善我国船员发展环境。

三、主要任务

（一）建立应用型船员培养模式，打造高素质的船员人才队伍

1. 建立健全船员教育培训规范标准

建立船员适任标准体系，修改完善《中华人民共和国船员培训管理规则》《中华人民共和国海船船员适任考试和发证规则》，制定船上培训管理办法。按照船员不同职务资格的适任能力要求，结合各地实际，梳理船员培训的知识要点，细化培训内容、方式、时间和评价要求，形成系统的船员培训知识体系。制定船员培训大纲，修改完善客船、危险品船舶船员特殊培训大纲，提高客船、危险品船舶船员培训和适任考试标准。编制船员培训模拟器性能标准，明确可以用模拟器替代实船训练的科目、内容和具体要求。制定船员远程教育培训管理办法，编制船

员远程教育培训平台建设和培训课件制作规范。

2. 统筹规划船员教育培训能力建设

加快发展船员现代职业教育，建立多元化的船员教育培训体系，鼓励船员持续学习。交通运输部门商有关部门统筹规划航海院校和培训机构的培训教育工作，推动形成一批层次多样、分布合理、面向不同市场的船员教育培训机构。完善船员职业教育培训基础设施建设，加大实船和模拟器投入，持续保持培训资质的有效性。推行船员教育培训机构分类分级管理，完善船员教育培训机构的教学质量评价机制，探索第三方教学质量评估，建立船员教育培训机构退出机制。推动出台鼓励校企合作办学的措施，促进航运企业和教育培训机构联合办学，建设船员实训基地，支持优秀的船长、船员参与教学，建设“双师型”教师队伍。

3. 改革和创新船员教育培训方式

以应用为导向，改革船员教育培训方式，强化船员实际操作能力和综合素质教育培训。调整实际操作和理论培训权重和结构，强化实际操作能力训练，鼓励航运企业根据需要与教育培训机构合作，实行订单式和模块化分段式培训，建立船上培训师队伍，探索“师带徒”培训模式，研究案例教学等有效的船员培训和教学方式。建设船员远程教育培训平台，推行船员远程教育培训，形成远程与现场相结合的船员教育培训体系，促进船员教育培训优质资源均等化。开展船员素质教育和培训，推进综合素质教育培训进课堂，组织编写船员职业道德、法制观念、安全责任和权益保护等知识培训教材，并纳入船员培训和考试大纲，提升船员综合素质。开展爱国主义和国防教育，为国防建设提供后备人才。

推进 IMO 示范课程在我国船员教育培训中的应用，进一步提高我国船员的教育培训质量。开放国外航运企业与我国船员教育培训机构合作开展船员培训，学习和借鉴国际先进的船员培养理念和培训模式。落实《中国-东盟海事教育与培训发展战略》，加强与东盟国家在船员教育培训方面的交流与合作，在区域人才培养方面发挥更加积极的作用。探索外国籍船员在我国培养的机制和模式，进一步便利港澳台地区船员在内地参加培训。

4. 落实船员培养主体责任

以目标为导向，明确航运企业、船员培训机构和相关部门的船员培养责任，培育一支满足国家战略和航运发展需要的船员队伍，为航运发展提供管理和专业人才储备。

落实航运企业船员培养主体责任。航运企业应制定船员培养和发展规划，加强船员在职教育和培训，根据不同职务船员所服务船舶的种类、吨位、航行水域的差异化以及公司对船舶安全管理的要求，采取针对性培训，提升船员业务技能和综合素质，保持船员持续适任，促进企业安全发展和船员健康成长。

落实船员教育培训机构的船员培训责任。船员教育培训机构应持续完善教育培训质量管理体系，以应用为导向，改进培训方式，强化实操训练，加强师资能力建设，持续提升培训质量。

落实船员培训管理责任。相关部门应落实船员教育培训管理责任，统筹规划船员教育培训机构设置，规范船员教育培训行为，提高教育培训质量，改善船员教育培训政策环境。

(二)创新船员考试发证模式，实现考试发证与培训协调一致

1. 调整优化船员考试内容

改变应试型船员培训考试模式，根据船员适任标准体系修订船员考试大纲和题库，努力实现考试与培训和使用的协调一致，考试结果能够更加客观地验证船员培训效果，反映船员的适任能力。理论考试注重考核船员对应知应会知识的了解和掌握，实操考试注重对船员实操能力的评价和考核，强化对船员日常操作、应急应变等方面的技能评价。建立船员考试社会命题和题库维护机制，逐步加大情景模拟试题的应用，制定完善船员理论考试、模拟器及实船考试等规范标准。

2. 创新船员考试方式方法

创新船员考试方式和手段，探索“实船一站式”船上培训和实操考试模式。建设船员远程考试平台，实现理论考试远程化，推行船员预约考试。根据需要，在船员流动量大或偏远地区的海事站点、教育培训机构等设立船员远程考试考场。在船员远程培训和远程考试的基础上，结合船员分段培训的需要，实现船员理论考试分段化。制定船员远程考试考场建设标准和远程考试管理办法，规范船员远程考试行为。推进船员实操考试电子化，开发应用船员实操考试管理系统，根据各地实际情况，针对不同科目研究开发符合本地需要的船员实操考试智能化系统，逐步推进船员实操考试智能化。

3. 加强船员考试管理能力建设

建设适应船员考试工作需要的船员实操考试基地，加快完善上海、武汉等船员考试评估示范中心建设。建立完善考官、适任评估员、体系审核员培养和管理机制，培育一支业务精湛、素质一流、作风过硬、清正廉洁的专业人才队伍。规范船员考试行为，调整完善船员考试收费标准，加强考场监督检查，严厉打击违反考场纪律和作弊的行为，促进船员考试评估工作的规范、公平和公正。

4. 改进船员证书签发模式

完善船员考试发证机构资质条件，实行船员考试和发证分离。修订船员技术档案管理办法，规范船员电子档案管理要求，取消船员考试发证调档，实现船员异地申请办证。合并简化船员证书格式，推广应用船员证书电子印章、电子签名，实行电子格式船员证书，实现船员证书远程自助查询和打印。进一步完善海船船员和内河船员，以及运输船舶船员和军事船舶船员、渔船船员之间的任职通道，促进船员有序流动。

（三）建设高效运行的船员市场体系，促进船员市场健康发展

1. 建设公开透明的船员市场

加大船员市场信息公开力度，进一步增强船员市场透明度，更好地发挥市场自我调节功能。建立完善政府信息发布和查询机制，及时向社会发布船员发展的政策法规，编制年度《中国船员发展报告》，公布中国船员队伍发展状况。探索建立中国船员指数，综合反映船员市场供求状况。企业、研究机构和行业协会等社会组织应增强对船员市场信息的分析和趋势变化的预判能力，研究建立企业和社会组织的信息发布渠道，向社会发布行业标准和行业规则，跟踪并及时反映船员供求关系的动态信息以及船员工资薪酬状况、就业和招募安置情况等信息。

2. 建设规范有序的船员市场

按照国家深化行政体制改革的总体要求，取消制约船员市场运行的行政审批事项，释放市场活力，促进航运企业、船员服务外派机构和社会组织有效发挥市场主体作用。建设全国和地方船员服务协会等行业组织，提高船员市场自我管理能力，制定市场运行规范和从业人员道德标准，督促成员单位切实履行社会责任，提高从业人员业务能力和综合素质。建立船员市场诚信体系，督促市场主体诚信经营，提高服务质量，促进船员行业的自我管理、自我约束和自我监督。修改完善船员服务外派管理法规，理顺管理关系，规范船员劳务派遣行为，健全船员权益保障机制，加强政府对市场的监管，切实保障船员合法权益。落实船员市场各方责任，形成企业负责、行业自律、船员诚信、政府监管等各方协同配合的市场监管体系,实现船员市场的有序竞争和高效运行。

3. 建设开放共赢的船员市场

按照有利于促进我国航运经济发展和海洋强国建设,有利于促进劳动就业和对外劳务政策实施、维护国家利益,有利于提升中国海员国际竞争力、保护我国海员合法权益、提升中国海员国际地位的原则,扩大我国船员市场对外开放,规范外国籍船员在中国籍船舶上任职的管理。拓宽中国船员走出去的渠道,推进与有关航运国家的证书互认,提升我国海员的国际竞争力。试点开放外资企业在我国自贸区设立海员外派机构,逐步形成可复制、可推广的经验。积极参与相关国际组织工作,提高参与制定国际公约、规则、标准和规范的能力水平,提高我国船员的核心竞争力,树立负责任的航运大国形象。

(四)深化海事船员管理改革,推动管理转型升级

1. 构建服务型船员管理模式

深化"放改服"改革,坚持依法行政、坚持有效监管、坚持服务发展,改变以考试发证为主体内容、源头控制为主要形态的传统管理模式,将船员管理融入交通行业发展的大环境中,构建服务型船员管理模式,推动船员管理转型升级。

积极推进简政放权,全面梳理船员管理职能,明确船员培训管理、服务外派管理、船员市场管理和权益保障等职责的边界,精简行政审批事项,完善"权力清单"。理顺管理关系,优化职能结构,减少审批环节,实施分级管理,实现船员管理职能的合理配置。建立船员管理执法监督检查制度,强化执法监督,探索建立"责任清单",做到放管结合,有效履行船员管理职责。转变服务理念,提升服务层次,在信息公开、业务无纸化、打破管辖、"口袋工程"四个板块,推出便利船员的"服务清单"。

2. 推行智慧管理

切实转变船员管理职能,加强事中、事后监管,建立船员现场监管体系,推行智慧管理。运用互联网+、大数据等信息化手段,对船员适任资格形成和履职活动的过程实施有效的监督管理,基本实现船员现场监管与考试发证、船员管理与船舶管理和水运行业管理的全面协同。建立船员现场监督检查制度,编制现场检查技术指南,规范船员现场监督检查行为。实施船员现场监督检查指标管理,将船员履职行为、培训和服务活动等监督检查纳入目标考核体系。修改完善《中华人民共和国船舶最低安全配员规则》,调整配员标准,严厉打击配员不足、人证不符、资历不实等违法行为,促进船员有效履职和航运安全。按照海事系统"革命化、正规化、现代化"建设的总体要求,加强现场执法队伍和装备建设,强化执法人员的船员管理法规和知识培训,建设一支高素质的现场执法队伍。

(五)建设船员公共服务体系,提高船员公共服务水平

1. 建设船员公共服务平台

探索搭建由政府牵头,企业、工会、社会组织等各方参与的共享平台,融合服务资源和服务能力,为船员提供职业规划、就业指导、法律援助、信息咨询等公共服务产品,促进船员成长和职业发展。充分发挥上海国际航运中心的作用,推动成立中国船员公共服务中心,为船员提供公共服务,受理船员投诉,协调处置船员突发事件,宣传推介船员职业,研究促进船员发展的政策建议。推动建立船员人身伤亡诉讼案件司法联动机制,切实保障船员合法权益。

2. 创新船员服务方式

转变船员服务理念,创新船员服务方式,充分运用现代信息技术,推出适合船员职业特点的服务产品。全面推进政务公开,提供船员证书信息、机构信息、考试办证信息等各类查询和提醒服务。编制船员发展相关职业指南,为船员提供专业指导。推行以无纸化和智能化为标志的“互联网+船员”电子政务模式,构建一站式电子政务窗口,实现船员业务全流程电子化。建设服务船员“口袋工程”,开发应用船员移动服务平台、自助服务平台、远程培训平台和远程考试平台,推进远程培训和远程考试,实现船员业务网上申办、移动申办和自助申办,将电子化、智能化、便捷化的服务装进船员的口袋里。推行“互联网+船员”服务模式,打造“幸福船员”服务品牌,为船员提供全方位、多层次、一体化的高品质服务。

(六)改善船员职业发展环境,促进船员队伍可持续发展

1. 建立促进船员发展合作机制

推动建立政府有关部门、企业、工会、社会组织间促进船员发展的合作机制,充分调动社会力量服务船员发展。出台航海类院校或职业教育毕业生参加船员考试和职务晋升的优惠措施。加强基础研究,推动教育、人力资源社会保障部门在船员教育培训和社会保障等方面出台优惠政策,配合有关部门推动研究船员个人所得税优惠政策,提升船员职业吸引力。跟踪研究国际公约,深化双边、多边海运海事领域国际合作,积极开展海运会谈,参与政府间社保谈判,维护我国海员合法权益。

2. 推进船员权益保障机制建设

全面履行《2006 年海事劳工公约》,与人力资源社会保障部共同建立履约合作机制和船员投诉受理处置机制。研究完善船员境外突发事件处置机制。开展船员权益保障立法研究,改善船员发展的法治环境,保障船员合法权益。完善全国海上劳动关系三方协调机制,推动省级海上劳动关系三方协调机制的建立和运行,在海上劳动关系三方协调机制框架下,完善船员劳动合同范本,研究建立船员工资统一指导标准,加快建立企业薪酬调查和信息发布制度。健全集体协商争议和船员投诉处理机制。

3. 深化船员文化建设

政府、航运企业、航海院校、行业组织等各方应共同加强船员职业宣传,运用多种手段宣传船员的价值和贡献,提升船员职业的吸引力。借助“世界海员日”“中国航海日”“全国海员技能大比武”等活动,展示船员风采,激发船员的职业荣誉感,弘扬“爱国、进取、敬业、奉献”的船员精神。完成《中国海员史》编写,挖掘中国船员的光荣事迹,宣传船员价值,培养船员的认同感和自豪感。推广船员文化,形成尊重船员劳动、关心船员成长的良好社会氛围。

四、保障措施

为保证中国船员发展规划目标的实现,必须加强组织领导,完善法规体系建设,加强船员管理人才建设,加快信息化建设,加强规划实施的监督检查,为规划实施提供有力的支撑和保障。

(一)加强组织领导

各有关部门、航运企业、船员教育培训机构、船员服务外派机构等相关单位要统一思想、高度重视,形成精心组织、密切配合的工作格局,认真制定实施方案,稳步推进,做好宣传,总结并推广规划实施过程中的典型经验和做法，保障规划的有效实施。

（二）完善法规体系建设

开展船员立法研究，以履行《2006年海事劳工公约》等国际公约为契机，推动修订《中华人民共和国船员条例》及其配套规章，修改完善《船员健康检查要求》，建立完善海事劳工条件检查和船员遣返、船东责任财务担保等船员权益保护的相关法律制度，建成符合我国国情、适应国际航运发展需要的船员管理法律法规体系，促进中国船员健康、可持续发展。

（三）加强船员管理人才建设

加快培养、储备和造就一支政治思想素质过硬、责任心强、熟悉船员管理业务和国际海事事务运行规则的专业人才队伍。建立船员管理人才使用与激励机制，促使船员管理人才队伍覆盖全面、相对稳定和梯队发展。加强航海院校、培训机构航海教育培训人才队伍建设，加大培养和引进力度，提高高等航海教育人才队伍的综合素质和业务水平，为船员队伍发展提供人才保障和智力支持。

（四）加快信息化建设

充分应用"互联网+"、大数据等新技术，加快推进船员管理和服务相关应用系统的改造、整合、建设和推广应用，为提升船员管理效率和服务能力提供技术保障。落实信息化项目建设和维护资金，加大船员信息化科研投入，构建政府、企业、社会等多方力量共同参与的多元化、多渠道资金保障格局，促进船员发展重点课题和信息化技术的研究应用。

（五）加强规划实施的监督检查

切实加强规划实施的跟踪，对规划执行情况开展督促检查，确保规划主要任务的落实。组织开展规划实施情况评估，及时把握船员队伍发展中出现的新情况、新问题，适时调整发展规划和相关政策，进一步增强规划的指导性。

附录 2
2017 年中国船员发展报告

2017 年中国船员发展报告

中华人民共和国交通运输部新闻办公室

2018 年 6 月

前言

当今的世界，是海洋的世界。航运业的发展，缩短了世界各经济体之间的距离，使得跨国贸易、环球贸易变得更加便捷，航海成为经济全球化的载体和基础，极大地促进了生产力的发展和社会的进步。2017 年，我国经济社会发展主要目标任务全面完成，其中水路完成货运量 66.78 亿吨，比上年增长 4.6%；完成客运量 2.83 亿人，比上年增长 3.9%。全年外贸货物吞吐量 40 亿吨，比上年增长 5.7%；全年集装箱吞吐量 2.37 亿标准箱，比上年增长 8.3%。船员作为航运业的直接从业者，一直是航运持续健康发展的重要力量，在建设交通强国、海洋强国战略和“一带一路”倡议等方面发挥着极其重要的作用，为我国国民经济和社会发展做出了巨大贡献。

交通运输部始终重视我国船员队伍的建设发展，坚持新发展理念，坚持问题导向和需求导向，持续提升船员综合素质，全力维护船员权益，积极营造尊重、关心和关爱船员的良好发展环境。《2017 年中国船员发展报告》白皮书介绍了中国船员队伍现状，阐述了 2017 年船员发展政策和措施，为社会各界广泛了解船员队伍的发展提供参考。

第一章　综述

2017 年，交通运输部深入贯彻落实党的十八大、十九大精神，继续深化“放管服”改革，推出船员培训、考试和发证一系列创新举措，优化船员服务市场体系，完善船员公共服务体系，改善船员职业发展环境。

发展船员队伍。截至 2017 年底，全国注册船员总数 1 483 247 人，同比增长 6.5%，船员数量充足，位居全球第一。2017 年外派海员 13.9 万人次，同比下降 2.7%，外派规模居全球第二。2017 年，具有在船任职资历的持有适任证书海船船员人数 30 万人，在船船员队伍保持稳定。

提高船员适任能力。持续有效履行《海员培训、发证和值班标准国际公约》（以下简称《STCW 公约》），创新船员考试发证模式，初步形成适应海船船员考试培训和发证模式改革要求的法规体系；建立了可复制、可推广的校企结合办学“实船一站式”船上培训和实操考试模式；加快船员评估示范中心建设；开展典型事故案例教学进航运公司、进培训机构的“双进”活动，船员业务理论水平和实操能力得到同步提升。

推进船员管理改革。取消从事海船船员服务机构行政审批，调整海员外派机构备用金缴纳方式，依规清退海员外派备用金，降低企业制度性交易成本。深化内河船员管理改革，修订内河船舶最低安全配员标准。持续推进服务船员“口袋工程”建设工作，便利船员办理业务。

服务国家战略。响应国家“一带一路”倡议，落实“中国-东盟海事培训与教育”合作框架协议。支持自贸区内涉外资企业从事海员外派业务，形成可复制可推广的经验。促进江海联运，服务长江经济带发展，发布《海船船员内河航线行驶资格证明培训、考试和发证办法》《特定航线江海直达船舶船员培训、考试和发证办法》和《特定航线江海直达船舶最低安全配员标准》。

完善海员权益保障机制。推进《2006 年海事劳工公约》履约工作,完善相关保障海员体面劳动的配套规定和制度,推动海事劳工公约的国内化立法进程。召开全国海上劳动关系三方协调机制工作会议,继续发挥海上劳动关系三方协调机制作用,构建和谐海上劳动关系。

营造船员发展环境。推动船员管理诚信体系建设,开展诚信船长和"最美海员"评选活动。发布《2016 年中国船员发展报告》,举办第七个"6·25 世界海员日"庆祝活动和第四届中国海员技能大比武活动,交通运输部部长致信关心慰问全国海员,营造全社会关心关爱海员的良好氛围。

加强对外交流和合作。在国际海事组织(IMO)会议期间首次介绍利用事故经验教训加强海员培训的中国经验。分别与约旦、丹麦等海事主管机关签署《相互承认海员适任证书协议》,截至 2017 年底,我国已与 24 个国家(地区)签署互认或单边承认海船船员适任证书协议。

第二章　船员队伍规模与结构

截至 2017 年底,我国共有注册船员 1 483 247 人,同比增长 6.5%;其中海船船员 709 022 人,同比增长 5.4%;内河船舶船员 774 225 人,同比增长 7.6%。我国船员队伍总体保持稳定增长。

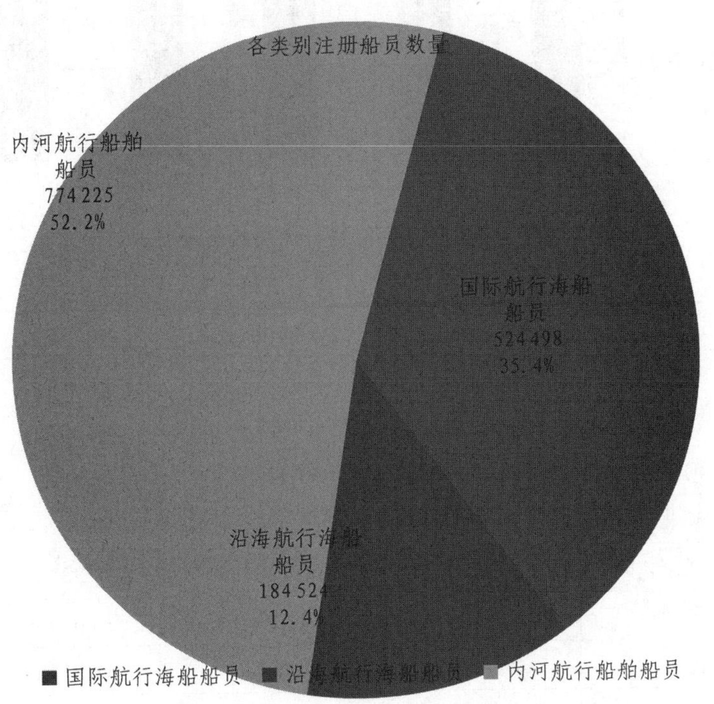

图 2-1　各类别注册船员数量示意图

一、国际航行海船船员

2017 年,我国新增注册国际航行海船船员 27 301 人。截至 2017 年底,我国共有注册国际航行海船船员 524 498 人,同比增加 5.5%。我国持有有效海员证人数 394 059 人,2017 年签发海员证 83 072 本。

表 2-1　2013—2017 年我国国际航行海船船员注册人数(单位:人)

类型	2013 年	2014 年	2015 年	2016 年	2017 年
国际航行海船船员	417 924	447 054	470 512	497 197	524 498

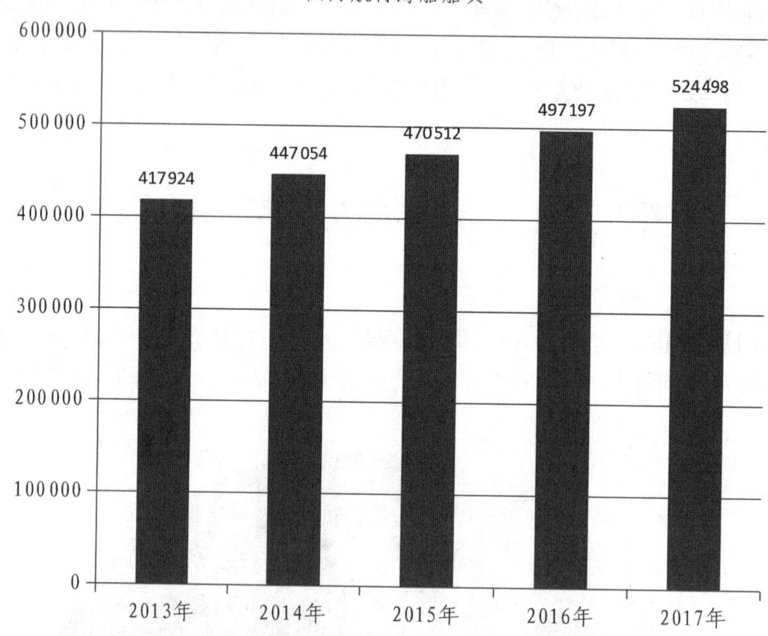

图 2-2　2013—2017 年国际航行海船船员注册人数示意图

表 2-2　国际航行海船船员出生地分布(单位:人)

序号	出生地	2015 年	2016 年	2017 年	2017 年同比增长
1	山东	83 795	89 181	94 146	5.6%
2	江苏	61 279	63 351	65 527	3.4%
3	河南	34 397	36 548	38 949	6.6%
4	湖北	34 998	36 696	38 342	4.5%
5	辽宁	33 874	36 126	38 327	6.1%
6	福建	35 415	36 109	36 696	1.6%
7	河北	29 353	31 193	33 297	6.7%
8	广东	27 631	28 449	29 203	2.7%
9	浙江	20 986	21 523	22 333	3.8%

续表

序号	出生地	2015 年	2016 年	2017 年	2017 年同比增长
10	上海	15 381	15 519	15 586	0.4%
11	天津	13 477	13 825	14 073	1.8%
12	安徽	12 192	12 989	13 888	6.9%
13	湖南	11 542	12 408	13 422	8.2%
14	黑龙江	7 882	8 905	9 782	9.8%
15	四川	6 005	7 048	8 369	18.7%
16	吉林	6 794	7 447	8 286	11.3%
17	江西	6 074	6 516	7 048	8.2%
18	广西	5 754	6 307	6 895	9.3%
19	陕西	4 353	4 827	5 326	10.3%
20	重庆	3 671	4 326	4 891	13.1%
21	山西	3 288	4 038	4 766	18.0%
22	海南	3 699	3 829	3 933	2.7%
23	内蒙古	2 364	2 574	2 786	8.20%
24	甘肃	1 403	1 742	2 138	22.7%
25	贵州	1 476	1 694	1 955	15.4%
26	云南	1 113	1 394	1 629	16.9%
27	新疆	623	850	1 008	18.6%
28	北京	706	651	675	3.7%
29	宁夏	411	443	493	11.3%
30	港澳台	352	424	431	1.7%
31	青海	212	252	285	13.1%
32	西藏	12	13	13	0.0%
总计		470 512	497 197	524 498	5.5%

山东、江苏、河南、辽宁、河北海员增长量较大,中西部地区甘肃、四川、新疆、山西、云南等省份海员数量增长率较高。

(一)持有国际航行海船适任证书船员

截至 2017 年底,我国持有国际航行海船适任证书的船长 16 509 人,持有国际航行海船适任证书的轮机长、大副、大管轮、二副、二管轮、三副、三管轮等高级船员 102 057 人,值班水手、值班机工、高级值班水手、高级值班机工 122 120 人。持有有效国际航行海船适任证书的船员共计 240 686 人,同比下降 8.6%。同时持有高级船员适任证书和值班水手、值班机工适任证书的,在统计时仅统计在高级船员数量中。

表 2-3　持有国际航行海船适任证书船员等级、职务分布(单位:人)

等级	职务	人数	等级	职务	人数
3 000 总吨及以上	船长	16 254	3 000 千瓦及以上	轮机长	15 344
	大副	10 469		大管轮	8 805
	二副	14 545		二管轮	13 488
	三副	21 139		三管轮	16 675
500~3 000 总吨	船长	255	750~3 000 千瓦	轮机长	500
	大副	251		大管轮	348
	二副	166		二管轮	290
	三副	14		三管轮	23
500 总吨及以上	值班水手	46 701	750 千瓦及以上	值班机工	32 077
	高级值班水手	26 043		高级值班机工	17 299
总计		240 686			

国际航行海船船员以持有一等适任证书为主,持有二等适任证书的船员较少。

表 2-4　持有国际航行海船适任证书船员年龄分布(单位:人)

职务	18~20 岁	20~30 岁	30~40 岁	40~50 岁	50~60 岁	>60 岁	合计
船长	0	3	3 874	9 167	2 939	526	16 509
大副	0	586	8 081	1 539	438	76	10 720
二副	0	5 402	7 861	1 043	383	22	14 711
三副	0	17 452	3 393	293	15	0	21 153
轮机长	0	3	3 317	8 986	3 039	499	15 844
大管轮	0	525	6 736	1 379	404	109	9 153
二管轮	0	4 921	7 218	1 213	395	31	13 778
三管轮	0	13 994	2 425	264	15	0	16 698
值班水手	292	26 995	11 939	4 749	2 358	368	46 701
高级值班水手	0	3 467	9 211	8 472	4 662	231	26 043
值班机工	112	17 613	8 216	4 328	1 562	246	32 077
高级值班机工	0	2 062	6 120	6 096	2 866	155	17 299
总计	404	93 023	78 391	47 529	19 076	2 263	240 686

持有适任证书的高级船员主要集中在 20 岁至 50 岁这个年龄区间段,占船员总数的 91%。2017 年,在船船员平均年龄为 38 岁。

国际航行海船船长和甲板部船员年龄分布

1. 持有客船、液货船等国际航行海船适任证书的船员

截至 2017 年底,我国具有在国际航行海船上任职资格的客船船长 565 人,轮机长、大副、大管轮、二副、二管轮、三副、三管轮等高级船员 2 654 人;油船船长 2 667 人,轮机长、大副、大

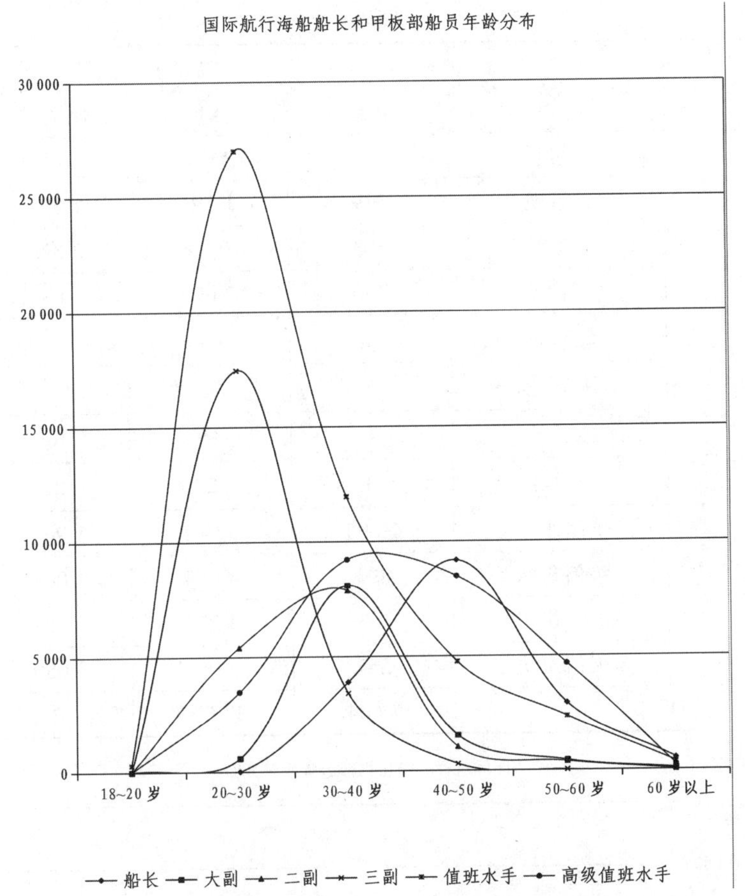

图 2-3　国际航行海船船长和甲板部船员年龄分布图

管轮、二副、二管轮、三副、三管轮等高级船员 17 072 人；化学品船船长 2 687 人，轮机长、大副、大管轮、二副、二管轮、三副、三管轮等高级船员 17 127 人；液化气船船长 748 人，轮机长、大副、大管轮、二副、二管轮、三副、三管轮等高级船员 3 293 人。

表 2-5　2017 年客船、液货船国际航行海船持证船员人数（单位：人）

等级	职务	持证船员人数			
		客船	油船	化学品	液化气
3 000 总吨及以上	船长	555	2 654	2 673	747
	大副	328	1 787	1 798	314
	二副	477	2 628	2 639	452
	三副	452	3 147	3 152	638
500 至 3 000 总吨	船长	10	13	14	1
	大副	6	12	12	0
	二副	3	15	15	4
	三副	0	1	1	0

续表

等级	职务	持证船员人数			
		客船	油船	化学品	液化气
3 000 千瓦及以上	轮机长	537	2 640	2 648	652
	大管轮	219	1 591	1 599	293
	二管轮	383	2 366	2 373	398
	三管轮	236	2 679	2 684	479
750 至 3 000 千瓦	轮机长	4	67	67	17
	大管轮	5	91	91	27
	二管轮	4	46	46	19
	三管轮	0	2	2	0
500 总吨及以上	值班水手	1 895	5 949	5 967	585
	高级值班水手	893	4 044	4 068	617
750 千瓦及以上	值班机工	1 033	4 274	4 282	439
	高级值班机工	564	3 061	3 080	445
总计		7 604	37 067	37 211	6 127

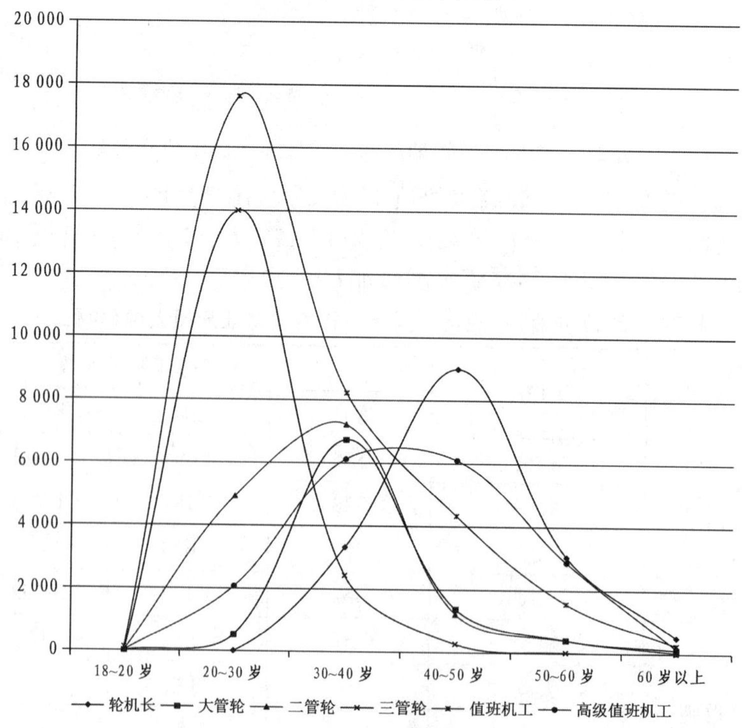

图 2-4 国际航行海船轮机部船员年龄分布图

持有客船适任证书的船员比去年减少 31 人，与去年同期基本持平。液货船船员同比去年减少 5 789,下降 6.7%。持有特殊类型船舶适任证书的高级船员比去年增加 1 934 人,同比增长 4.3%;持有特殊类型船舶适任证书的普通船员比去年减少 7 754 人,同比下降 15.8%。

2. 外派海员

2017 年,我国共有海员外派机构 224 家,外派海员共 138 854 人次,同比下降 2.7%。高级船员外派数量稳中增长,其他类别外派数量较去年有较大幅度下降。

表 2-6　2013—2017 派海员数量(单位:人次)

职务	2013 年	2014 年	2015 年	2016 年	2017 年
船长	5 748	5 767	6 016	6 497	6 678
大副	4 582	4 952	5 458	6 075	6 623
二副	4 909	5 527	6 067	6 767	7 124
三副	7 172	7 515	7 615	7 805	8 061
轮机长	6 872	7 206	5 959	6 474	6 695
大管轮	5 683	5 664	4 929	5 482	6 079
二管轮	3 955	4 362	5 982	6 640	7 103
三管轮	4 771	5 381	7 346	7 525	7 455
值班水手	20 885	19 324	21 410	23 057	11 362
高级值班水手	——	——	——	——	12 926
值班机工	14 367	12 647	14 031	14 855	7 064
高级值班机工	——	——	——	——	8 122
其他	40 372	45 933	48 513	51 561	43 562
合计	119 316	124 278	133 326	142 738	138 854

备注:1. "——"表示相应职务船员数量当年未统计。外派海员是指被派往外国籍海船或中国港澳台地区籍海船的海员。

2. 统计数据以船员实际外派担任的职务为标准。船员持有的适任证书职务可能比实际外派担任的职务高,如持有船长适任证书,实际担任大副职务,其统计在大副外派人次中。

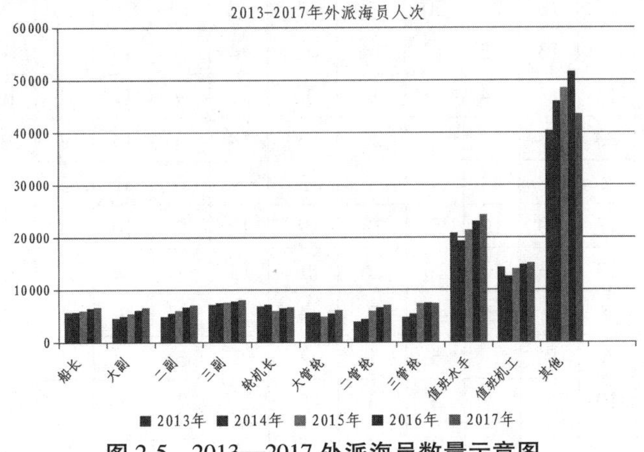

图 2-5　2013—2017 外派海员数量示意图

表 2-7　外派海员按船旗（国家和地区）分类统计表（单位：人次）

船籍	船长	大副	二副	三副	值班水手	高级值班水手	轮机长	大管轮	二管轮	三管轮	值班机工	高级值班机工	其他	合计
中国香港	2 531	2 567	2 643	3 151	4 612	6 519	2 611	2 458	2 652	2 933	2 536	4 010	15 251	54 474
巴拿马	1 799	1 664	1 750	2 000	3 658	2 718	1 765	1 597	1 750	1 895	2 651	1 732	11 670	36 649
新加坡	631	713	907	1 028	909	1 276	770	804	914	932	498	713	4 147	14 242
利比里亚	333	348	389	521	610	796	368	358	405	484	344	491	1 884	7 331
马绍尔群岛	313	301	287	339	588	525	290	296	291	306	337	352	1 772	5 997
巴哈马	48	79	96	94	64	44	55	55	86	78	51	40	4 201	4 991
伯利兹	268	234	216	144	183	212	194	40	232	155	145	205	538	2 766
塞拉利昂	82	77	69	62	50	69	68	21	71	45	49	69	170	902
意大利	4	8	6	4	8	2	2	3	3	3	6	2	977	1 028
英国	34	43	78	67	33	51	47	70	75	80	19	27	263	887
圣文森特和格林纳丁斯	34	35	31	41	72	68	40	27	31	43	58	40	273	793
基里巴斯	54	62	51	40	60	61	51	16	51	45	54	43	153	741
图瓦卢	42	28	34	32	38	63	46	33	35	36	34	47	254	722
马耳他	24	23	36	43	28	30	23	32	50	38	13	23	359	722
柬埔寨	69	52	52	31	35	67	41	4	55	23	42	42	103	616
多哥	66	41	50	26	45	34	26	6	55	33	21	49	119	571
挪威	25	24	26	41	32	46	26	27	24	13	18	14	154	470
马恩岛	33	26	23	28	27	46	25	27	21	28	10	30	141	465
帕劳群岛	29	33	44	35	30	18	18	14	33	38	23	13	80	408
韩国	8	18	28	30	42	34	8	14	24	25	22	16	152	421
马来西亚	27	35	23	26	12	14	33	28	20	28	6	5	80	337
直布罗陀	16	14	14	11	25	26	14	16	13	13	7	18	52	239
塞浦路斯	17	18	29	30	6	7	12	14	20	15	2	5	65	240
牙买加	15	13	12	17	14	13	14	5	14	12	7	8	65	209
泰国	13	13	14	14	9	12	12	9	12	13	10	4	59	194
密克罗尼西亚	23	23	16	8	20	6	14	3	14	2	9	9	30	177
多米尼加共和国	2	3	43	34	1	2	3	6	6	5	2	1	15	123
纽埃	13	10	10	5	18	9	10	2	10	8	8	9	21	133
荷兰	13	13	10	10	26	1	14	2	9	2	0	0	29	129
日本	4	5	5	3	7	4	3	2	3	4	12	2	41	95
蒙古	6	9	6	6	1	3	5	6	7	7	1	1	21	79
斐济	10	8	7	5	3	5	2	2	8	2	8	3	13	76
多米尼克	5	7	12	10	0	5	6	2	6	6	0	1	6	66

续表

船籍	船长	大副	二副	三副	值班水手	高级值班水手	轮机长	大管轮	二管轮	三管轮	值班机工	高级值班机工	其他	合计
利比亚	3	4	4	4	7	8	2	3	4	2	5	5	23	74
库克群岛	3	4	4	7	1	12	3	3	4	9	4	7	8	69
坦桑尼亚	9	9	4	4	3	2	3	1	4	4	5	2	15	65
开曼群岛	3	2	9	8	4	0	2	4	4	2	3	0	17	58
希腊	6	3	2	3	2	7	5	2	3	2	1	5	17	58
德国	2	1	11	5	4	0	1	4	6	3	7	1	15	60
印度尼西亚	4	2	6	2	2	3	4	3	4	3	1	5	15	54
丹麦	1	0	6	6	1	1	2	3	8	9	1	1	10	49
美国	3	3	3	4	2	2	2	2	6	1	2	1	13	44
比利时	2	1	3	2	2	4	2	1	3	3	0	5	6	34
土耳其	2	0	2	9	0	0	0	1	2	10	0	0	3	29
百慕大	1	0	2	8	1	1	2	0	2	6	2	0	13	38
越南	1	2	1	2	5	1	1	2	1	1	2	1	11	31
瓦努阿图	2	1	0	1	0	0	4	5	2	2	1	1	6	25
洪都拉斯	0	2	2	1	0	7	0	1	1	0	0	2	5	21
葡萄牙	2	1	1	3	0	0	2	2	3	2	0	0	6	22
科摩罗	1	1	1	1	0	1	1	1	2	1	1	0	4	15
菲律宾	0	0	1	4	0	0	2	0	3	3	0	0	0	13
俄罗斯	0	0	1	1	0	0	1	0	1	2	3	2	3	14
萨摩亚	1	1	1	3	0	0	1	1	1	3	0	0	0	12
安提瓜和巴布达	1	0	1	2	0	0	1	0	0	2	0	0	1	8
中国澳门	1	1	1	0	0	0	1	0	0	0	0	0	4	8
印度	2	0	0	1	0	0	1	0	0	0	1	0	0	5
几内亚	0	0	1	1	0	0	0	0	0	0	0	0	0	2
阿曼	0	0	0	0	0	0	0	0	0	0	0	0	2	2
秘鲁	0	0	0	1	0	0	0	0	1	0	0	0	0	2
法国	0	0	0	0	0	0	0	0	1	0	0	0	0	1
卢森堡	0	0	1	0	0	0	0	0	0	0	0	0	0	1
其他	37	38	39	42	62	91	36	41	37	35	22	60	207	747
合计	6 678	6 623	7 124	8 061	11 362	12 926	6 695	6 079	7 103	7 455	7 064	8 122	43 562	138 854

(二)国际航行海船船员供需状况

国际航行海船船员供求关系主要集中于无限航区一等船舶,无限航区一等船长、轮机长、三副、三管轮的一年活跃度较低,无限航区二等船舶船员供求数量较小。

表 2-8　国际航行海船船员供需状况(单位:人)

等级	职务	持有效适任证书人数	2015—2017 年具有海上资历人数	2017 年具有海上资历人数	2017 年外派海员人数	中国籍国际航行海船最低安全配员人数
3 000 总吨	船长	16 254	13 783	12 115	7 376	1 467
	大副	10 469	10 001	9 116	5 509	1 466
	二副	14 545	13 560	11 696	6 298	1 466
	三副	21 139	20 034	16 214	9 274	1 453
3 000 千瓦及以上	轮机长	15 344	13 162	11 489	7 000	1 497
	大管轮	8 805	8 498	7 942	4 958	1 492
	二管轮	13 488	12 635	10 947	6 349	494
	三管轮	16 675	15 702	12 525	7 519	468
500~3 000 总吨	船长	255	240	205	101	330
	大副	251	241	212	120	312
	二副	166	159	146	62	126
	三副	14	14	13	3	320
750~3 000 千瓦	轮机长	500	464	410	242	310
	大管轮	348	334	294	126	309
	二管轮	290	276	247	137	6
	三管轮	23	22	21	14	217
500 总吨及以上	值班水手	46 701	55 609	30 933	8 228	3 572
	高级值班水手	26 043	24 834	22 215	11 789	1 273
750 千瓦及以上	值班机工	32 077	26 766	21 105	5 160	2 191
	高级值班机工	17 299	16 567	14 957	7 813	687

备注:1. 持有适任证书人数是指截至 2017 年 12 月 31 日证书在有效期内的无限航区船员的数量。

2. 海上服务资历包括国际航行海船服务资历和沿海航行海船服务资历。

3. 具有海上资历人数是指持有效适任证书的船员中在相应时间段内具有海船服务资历的船员数量,其中包括 2017 年外派海员人数,统计以船员持有适任证书为标准,实际外派职务可能低于所持适任证书职务。

二、沿海航行海船船员

2017 年,我国新增注册沿海航行海船船员 8 760 人。截至 2017 年底,我国共有注册沿海航行海船船员 184 524 人,同比增长 5.0%。

表 2-9　2013—2017 年沿海航行海船船员注册人数(单位:人)

类型	2013 年	2014 年	2015 年	2016 年	2017 年
沿海航行海船船员	153 281	161 413	168 478	175 764	184 524

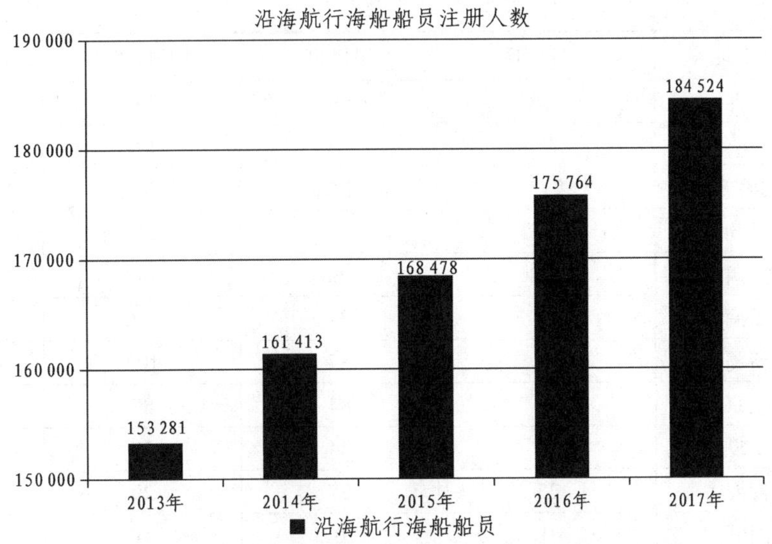

图 2-6　2013—2017 沿海航行海船船员注册人数示意图

表 2-10　沿海航行海船船员出生地分布(单位:人)

序号	出生地	2015 年	2016 年	2017 年	2017 年同比增长
1	浙江	50 858	51 391	52 447	2. 10%
2	福建	21 835	22 297	22 890	2. 70%
3	山东	18 717	19 986	21 646	8. 30%
4	广东	15 340	15 956	16 570	3. 80%
5	江苏	13 075	14 079	14 844	5. 40%
6	辽宁	7 857	8 383	9 082	8. 30%
7	河北	6 014	6 518	7 196	10. 40%
8	湖北	6 046	6 372	6 707	5. 30%
9	海南	5 281	5 593	5 821	4. 10%
10	上海	4 308	4 331	4 329	0. 00%
11	河南	2 763	3 077	3 518	14. 30%
12	安徽	2 611	2 759	2 951	7. 00%
13	天津	2 850	2890	2 935	1. 60%
14	广西	2 176	2 261	2363	4. 50%
15	湖南	1 630	1 855	2 034	9. 60%
16	黑龙江	1 200	1 408	1 610	14. 30%
17	重庆	1 262	1 393	1 557	11. 80%
18	四川	1 080	1 218	1 512	24. 10%
19	江西	838	927	999	7. 80%
20	吉林	619	679	830	22. 20%
21	陕西	704	747	822	10. 00%

续表

序号	出生地	2015 年	2016 年	2017 年	2017 年同比增长
22	山西	298	330	397	20.30%
23	港澳台	295	382	394	3.10%
24	内蒙古	213	239	264	10.50%
25	贵州	182	208	241	15.90%
26	甘肃	138	166	189	13.90%
27	云南	81	87	106	21.80%
28	新疆	81	87	102	17.20%
29	北京	70	84	87	3.60%
30	宁夏	31	34	37	8.80%
31	青海	25	27	29	7.40%
32	西藏	0	0	0	0%
总计		168 478	175 764	184 509	5.0%

浙江、福建、山东、广东、江苏是沿海船员的主要来源地，中西部地区四川、吉林、云南、山西、新疆沿海航行船舶船员的增长率较高。

（一）持有沿海航行海船适任证书船员

截至 2017 年底，我国具有沿海航行海船船员适任证书的船长 17 153 人，轮机长、大副、大管轮、二副、二管轮、三副、三管轮等高级船员 67 812 人，值班水手和值班机工 55 389 人；持有有效沿海航行海船适任证书的船员共计 140 354 人，同比增长 8.2%。

表 2-11 显示出沿海航行船舶各等级高级船员数量较平均。

表 2-11　持有沿海航行海船适任证书船员等级、职务分布（单位：人）

等级	职务	人数	等级	职务	人数
3 000 总吨及以上	船长	7 167	3 000 千瓦及以上	轮机长	4 713
	大副	5 802		大管轮	3 104
	二副	6 585		二管轮	4 797
	三副	3 917		三管轮	5 609
500~3 000 总吨	船长	3 879	750~3 000 千瓦	轮机长	5 765
	大副	2 803		大管轮	3 002
	二副	2 492		二管轮	2 727
	三副	150		三管轮	282
未满 500 总吨	船长	6 107	未满 750 千瓦	轮机长	5 018
	大副	3 714		大管轮	2 888
	二副	2 492		二管轮	1 503
	三副	298		三管轮	151
500 总吨及以上	高级值班水手	13 144	750 千瓦及以上	高级值班机工	7 993

续表

等级	职务	人数	等级	职务	人数
500 总吨及以上	值班水手	18 485	750 千瓦及以上	值班机工	11 209
未满 500 总吨		3 515	未满 750 千瓦		1 043
总计		140 354			

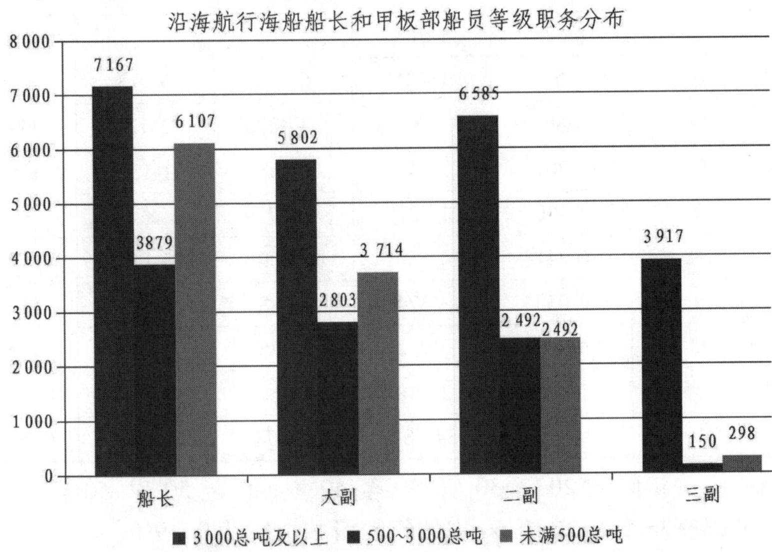

图 2-7　沿海航行海船船长和甲板部船员等级职务分布图

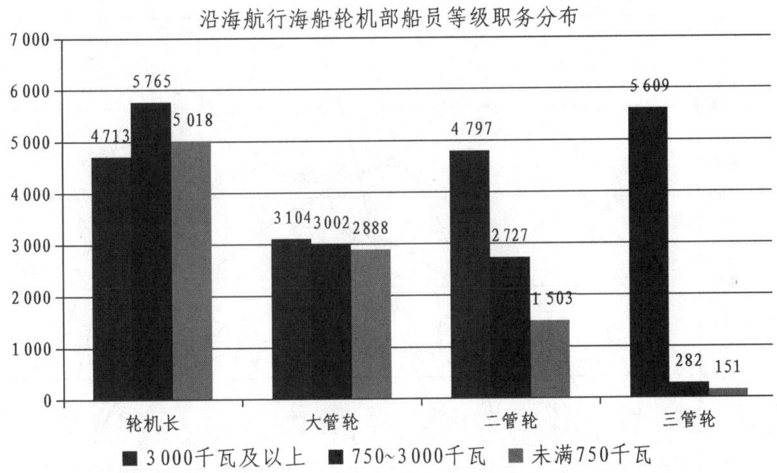

图 2-8　沿海航行海船轮机部船员等级职务分布图

表 2-12 沿海航行海船持证船员年龄分布(单位:人)

职务	18~20 岁	20~30 岁	30~40 岁	40~50 岁	50~60 岁	>60 岁	合计
船长	0	29	2 183	6 277	6 219	2 445	17 153
大副	0	666	4 266	3 862	2 780	745	12 319
二副	0	2 395	4 221	2 593	2 026	334	11 569
三副	0	2 625	1 268	370	87	15	4 365
轮机长	0	6	1 481	6 342	6 013	1 654	15 496
大管轮	0	286	2 861	3 427	2 079	341	8 994
二管轮	0	1 707	3 894	2 158	1 132	136	9 027
三管轮	0	4 100	1 437	417	82	6	6 042
值班水手	218	6 241	4 589	4 200	5 177	1 575	22 000
高级值班水手	0	2 033	3 374	3 688	3 602	447	13 144
值班机工	93	4 249	2 942	2 375	2 124	469	12 252
高级值班机工	0	1 310	2 368	2 462	1 728	125	7 993
总计	311	25 647	34 884	38 171	33 049	8 292	140 354

沿海航行船舶船员年龄在 20 至 30 岁、30 至 40 岁、40 至 50 岁、50 至 60 岁分别占比为 18.3%、24.9%、27.2%、23.5%,20 至 60 岁的年龄段共占比达 93.9%。

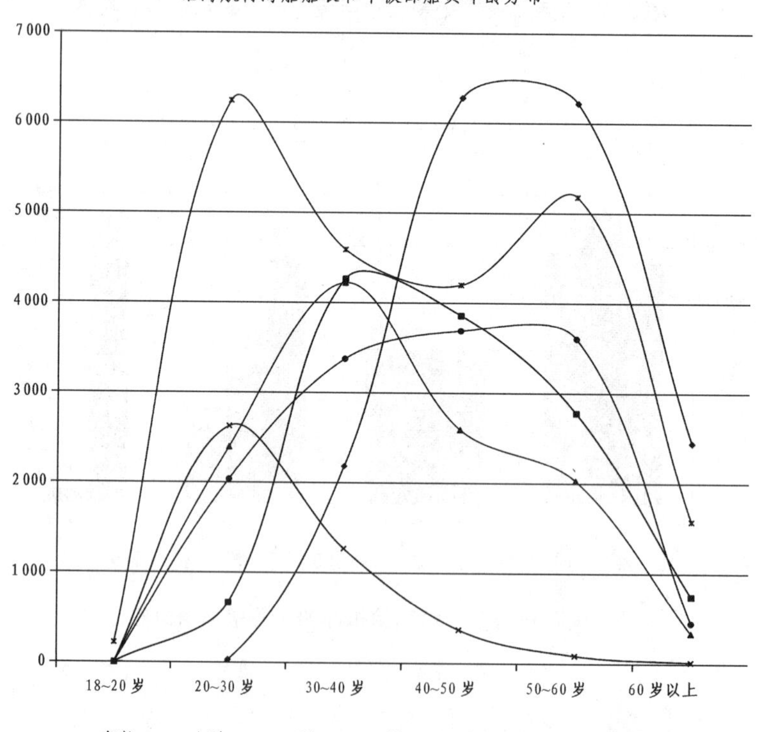

图 2-9 沿海航行海船船长和甲板部船员年龄分布图

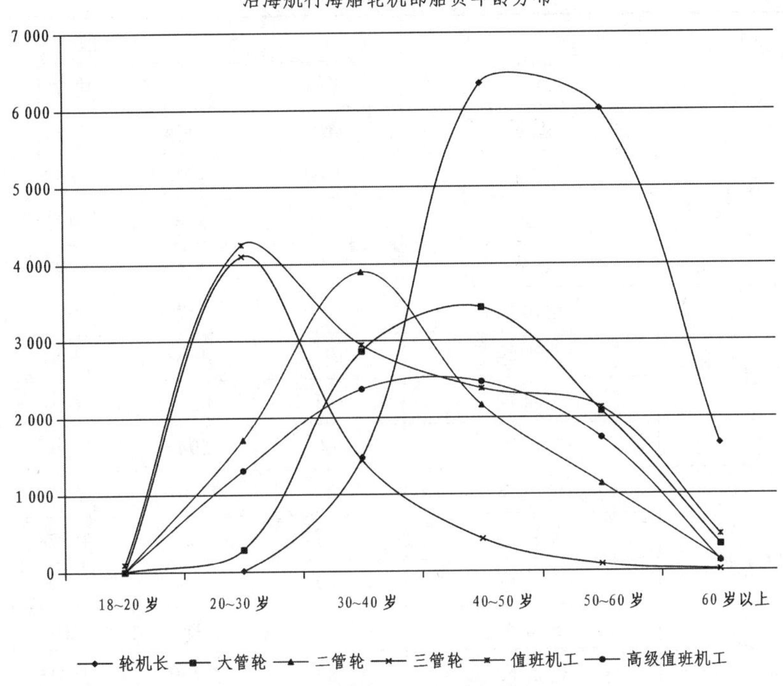

图 2-10　沿海航行海船轮机部船员年龄分布图

1. 持有客船、液货船等沿海航行海船适任证书的船员

截至 2017 年底,我国具有沿海航行船舶上任职资格的客船船长 1 763 人,轮机长、大副、大管轮、二副、二管轮、三副、三管轮等高级船员 5 179 人;油船船长 4 229 人,轮机长、大副、大管轮、二副、二管轮、三副、三管轮等高级船员 16 470 人;化学品船船长 4 258 人,轮机长、大副、大管轮、二副、二管轮、三副、三管轮等高级船员 16 524 人;液化气船船长 325 人,轮机长、大副、大管轮、二副、二管轮、三副、三管轮等高级船员 1 311 人。

表 2-13　沿海航行客船、液货船持证船员人数(单位:人)

等级	职务	持证人数			
		客船	油船	化学品	液化气
3 000 总吨及以上	船长	526	1 561	1 576	233
	大副	330	1 215	1 220	140
	二副	379	1 273	1 276	135
	三副	252	566	567	56
500~3 000 总吨	船长	376	1 234	1 238	89
	大副	166	1 093	1 094	69
	二副	200	761	764	49
	三副	23	41	41	2

续表

等级	职务	持证人数			
		客船	油船	化学品	液化气
未满 500 总吨	船长	861	1 434	1 444	3
	大副	263	881	883	8
	二副	219	478	482	6
	三副	21	55	55	2
3 000 千瓦及以上	轮机长	426	952	960	178
	大管轮	176	495	500	89
	二管轮	361	625	629	99
	三管轮	260	594	594	74
750~3 000 千瓦	轮机长	544	2 163	2 169	184
	大管轮	177	1 226	1 228	89
	二管轮	222	924	923	112
	三管轮	31	91	91	5
未满 750 千瓦	轮机长	782	1 739	1 745	8
	大管轮	187	887	892	5
	二管轮	141	380	380	1
	三管轮	19	31	31	0
500 总吨及以上	值班水手	1 541	3 045	3 048	101
	高级值班水手	1 186	3 061	3 068	179
未满 500 总吨	值班水手	353	347	349	2
750 千瓦及以上	值班机工	683	1 834	1 839	87
	高级值班机工	654	1 806	1 811	130
未满 750 千瓦	值班机工	151	180	180	1
总计		11 510	30 972	31 077	2 136

持有客船适任证书的船员比去年增长 233 人,同比增长 2.1%。液货船船员同比去年减少 4 680,下降 6.8%。持有特殊类型船舶适任证书的高级船员比去年增加 830 人,同比增长 1.7%;持有特殊类型船舶适任证书的普通船员比去年减少 5 277 人,同比下降 17.1%。

(二)沿海航行海船船员供需状况

沿海航行海船船员各等级供求较均衡。所有职务船员一年活跃度基本保持在 80%~90%。

表 2-14 沿海航行海船船员供需状况(单位:人次)

类别	等级	职务	持有效适任证书人数	2015—2017 年具有海上资历人数	2017 年具有海上资历人数	沿海航行船舶最低安全配员人数
沿海航行船舶(沿海航区)	3 000 总吨及以上	船长	7 167	6 732	6 215	3 174
		大副	5 802	5 651	5 263	3 174
		二副	6 585	6 244	5 622	3 155
		三副	3 917	3 762	3 216	2 672
	3 000 千瓦及以上	轮机长	4 713	4 313	3 861	2 142
		大管轮	3 104	3 048	2 871	2 107
		二管轮	4 797	4 465	3 926	2 047
		三管轮	5609	5 353	4 456	1 602
	500~3 000 总吨	船长	3 879	3 742	3 444	5 660
		大副	2 803	2 732	2 534	5 564
		二副	2 492	2 362	2 134	285
		三副	150	144	119	3 998
	750~3 000 千瓦	轮机长	5 765	5 510	5 089	5 297
		大管轮	3 002	2 924	2 747	5 125
		二管轮	2 727	2 569	2 303	469
		三管轮	282	272	235	2 214
	未满 500 总吨	船长	6 107	5 740	5 209	8 896
		大副	3 714	3 382	2 973	316
		二副	2 492	2 325	2 096	2 964
		三副	298	269	218	6 184
		值班水手	3 515	3 234	2 944	16 763
	未满 750 千瓦	轮机长	5 018	4 557	4 056	5 960
		大管轮	2 888	2 582	2 238	37
		二管轮	1 503	1 347	1 188	1 093
		三管轮	151	136	108	5 125
		值班机工	1 043	896	792	9 653
	500 总吨及以上	值班水手	18 485	16 254	13 949	23 608
		高级值班水手	13 144	12 555	11 644	8
	750 千瓦及以上	值班机工	11 209	9 729	8 239	17 533
		高级值班机工	7 993	7 589	7 052	5

备注:1. 持有适任证书人数是指截至 2017 年 12 月 31 日证书在有效期内的沿海航区船员的数量。

2. 海上服务资历包括国际航行海船服务资历和沿海航行海船服务资历。

3. 具有海上资历人数是指持有效适任证书的船员中在相应时间段内具有海船服务资历的船员数量，统计以船员持有适任证书为标准，实际职务可能低于所持适任证书职务。

三、内河船舶船员

2017 年，我国新增注册内河船舶船员 54 435 人。截至 2017 年底，我国共有注册内河船舶船员 774 225 人，同比增长 7.6%。

表 2-15　内河船舶船员注册机关分布(单位:人)

序号	注册机关(海事局)	数量	序号	注册机关(海事局)	数量
1	安徽省地方	137 564	20	吉林省地方	2 277
2	江苏省地方	132 709	21	河北省地方	2 200
3	长江海事局	79 954	22	陕西省地方	1 857
4	广西海事局	73 160	23	福建省地方	1 532
5	广东海事局	54 193	24	宁夏回族自治区地方	984
6	湖北省地方	41 767	25	辽宁海事局	802
7	湖南省地方	33 625	26	山西省地方	549
8	山东省地方	33 172	27	内蒙古地方	501
9	浙江省地方	31 852	28	青海省地方	454
10	四川省地方	28 761	29	北京市地方	422
11	重庆市地方	25 270	30	新疆地方海	406
12	河南省地方	21 564	31	山东海事局	201
13	江西省地方	15 392	32	天津市地方	187
14	上海市地方	12 399	33	海南海事局	160
15	江苏海事局	9 852	34	甘肃省地方	149
16	云南省地方	9 625	35	河北海事局	64
17	贵州省地方	9 535	36	新疆生产建	52
18	黑龙江海事	7 902	37	深圳海事局	41
19	浙江海事局	3 091	38		
合计		774 225			

内河船员主要集中在安徽、江苏、湖北、广西、广东等内河水系较发达省份。内河船员基本在出生地所在省份注册。

(一)持有内河航行船舶适任证书船员

截至 2017 年底，我国具有内河船舶船员适任证书的船长 165 297 人，轮机长、大副、大管轮、二副、二管轮、三副、三管轮、驾驶员、轮机员 321 346 人；内河船员中高级船员占比达到 62.9%。

表 2-16 持有内河航行船舶适任证书船员等级、职务分布(单位:人)

职务	一类适任证书	二类适任证书	三类适任证书	小计
船长	36 469	59 498	69 330	165 297
大副	13 840	—	—	13 840
二副	14 965	—	—	14 965
三副	3 891	—	—	3 891
驾驶员	—	33 139	94 319	127 458
小计	69 165	92 637	163 649	325 451
轮机长	21 077	44 582	49 360	115 019
大管轮	5 559	—	—	5 559
二管轮	9 186	—	—	9 186
三管轮	2 541	—	—	2 541
轮机员	—	24 191	4 696	28 887
小计	38 363	68 773	54 056	161 192
合计	107 528	161 410	217 705	486 643

注:“—”表示该类别未设置相应职务。

表 2-17 内河船舶持证船员年龄分布(单位:人)

职务	18~20 岁	20~30 岁	30~40 岁	40~50 岁	50~60 岁	>60 岁	合计
船长	1	6 529	26 000	54 948	58 219	19 600	165 297
大副	1	2 462	3 852	4 146	2 531	848	13 840
二副	2	4 784	4 044	3 815	2 006	314	14 965
三副	24	2 180	992	528	156	11	3 891
驾驶员	106	17 665	28 068	39 405	31 712	10 502	127 458
轮机长	0	2 210	16 811	43 069	42 100	10 829	115 019
大管轮	0	532	1 491	2 099	1 117	320	5 559
二管轮	0	1 928	2 808	2 743	1 458	249	9 186
三管轮	7	1 177	733	461	155	8	2 541
轮机员	8	5 400	7 857	8 875	5 705	1 042	28 887
合计	148	44 867	92 656	160 089	145 159	43 723	486 643

内河船舶船员年龄在 20 至 30 岁、30 至 40 岁、40 至 50 岁、50 至 60 岁分别占比为 9.2%、19%、32.9%、29.8%,20 至 60 岁的年龄段共占比为 91%。

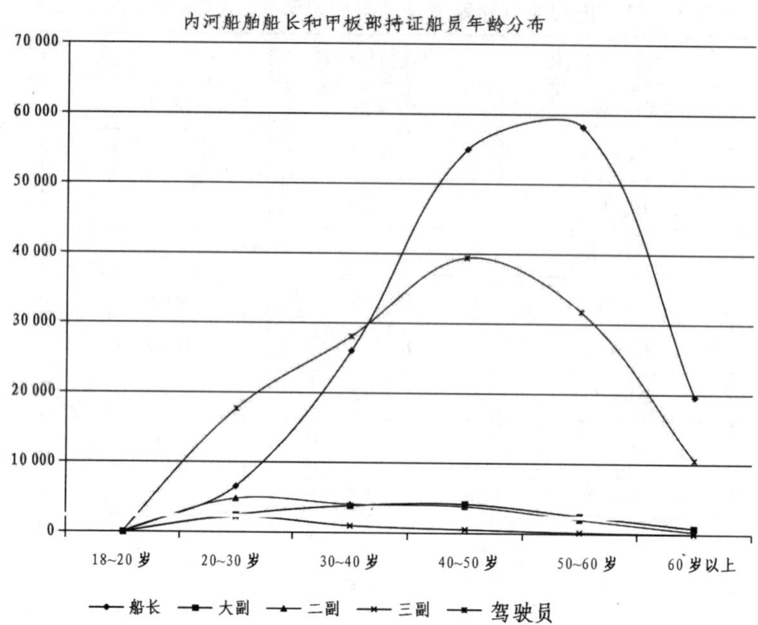

图 2-11　内河航行船舶轮机部持证船员年龄分布

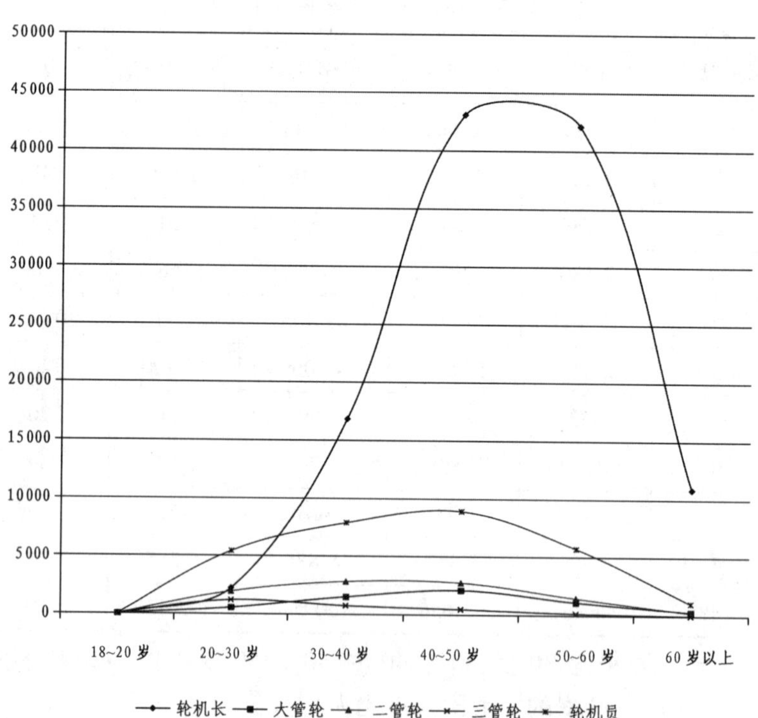

图 2-12　内河航行船舶轮机部持证船员年龄分布图

（二）内河船舶船员供需状况

表 2-18　内河航行船舶船员供需状况（单位：人）

类别	等级	职务	持有效适任证书人数	最低安全配员人数
一类	1 000 总吨及以上	船长	36 469	20 487
		大副	13 840	11 287
		二副	14 965	11 611
		三副	3 891	9 525
	500 千瓦及以上	轮机长	21 077	16 375
		大管轮	5 559	1 512
		二管轮	9 186	2 371
		三管轮	2 541	13 074
二类	300~1 000 总吨	船长	59 498	37 852
		驾驶员	33 139	39 983
	150~500 千瓦	轮机长	44 582	13 146
		轮机员	24 191	62 297
三类	300 总吨以下	船长	69 330	14 580
		驾驶员	76 044	10 6587
	150 千瓦以下	轮机长	49 360	3 885
		轮机员	4 696	19 232

表 2-19　特殊类型内河航行船舶船员供需状况（单位：人）

等级	职务	持证人数						最低配员人数			
		客船	油船		化学品船		液化气船	客船	油船	化学品船	液化气船
			1 000 总吨以下	1 000 总吨及以上	1 000 总吨以下	1 000 总吨及以上					
一类	船长	2 993	369	2 529	217	2 025	96	243	319	358	6
	大副	1 367	84	998	29	884	28	341	165	268	3
	二副	679	89	607	22	473	23	193	182	237	5
	三副	226	20	167	6	134	10	21	127	262	4
	轮机长	2 381	280	1 899	119	1 458	72	370	390	343	5
	大管轮	716	58	553	7	450	20	133	50	152	1
	二管轮	632	69	490	17	324	21	114	38	24	3
	三管轮	205	19	98	6	82	2	170	308	184	4

续表

等级	职务	持证人数						最低配员人数			
		客船	油船		化学品船		液化气船	客船	油船	化学品船	液化气船
			1 000 总吨以下	1 000 总吨及以上	1 000 总吨以下	1 00 总吨及以上					
二类	船长	2 961	2 695	591	1 588	204	22	281	1 369	525	1
	驾驶员	2 086	529	114	284	45	63	416	451	154	0
	轮机长	2 096	1 808	384	1 043	145	16	575	456	197	2
	轮机员	1 588	452	101	259	41	59	1 634	1 334	388	2
三类	船长	6 456	1 174	42	1 208	24	30	1 867	1 153	806	24
	驾驶员	24 603	163	13	18	4	3	23 427	1 088	374	5
	轮机长	1 814	726	18	1 009	21	21	123	66	72	0
	轮机员	608	31	3	24	0	0	859	420	271	1
总计		51 411	8 566	8 607	5 856	6 314	83	30 767	7 916	4 615	66

第三章　船员教育培训与考试发证

2017 年,交通运输部持续加强船员教育培训和考试发证管理工作,进一步提升船员综合素质。全国航海类专业共招生 13 218 人,同比下降 23.6%。其中海船船员教育培训机构招生 12 843 人,同比下降 16.5%;内河船舶船员教育培训机构招生 375 人,同比下降 80.8%。船员考试 140 381 人次,签发各类适任证书 181 451 本,分别同比下降 3.3%和 54.4%。

一、船员教育培训

(一)海船船员教育培训

1. 航海类专业招生

2017 年,我国 78 家海船船员教育培训机构航海类专业招生 12 803 人,其中驾驶专业 6 844 人,轮机(含电子电气)专业 5 959 人。航海类专业招生人数同比下降 16.5%。

表 3-1　2017 年海船船员教育培训机构航海类专业招生人数(单位:人)

类型	招生人数			
	驾驶	轮机	电子电气	合计
本科	2 288	2 276	538	5 102
大专(高职)	3 644	2 312	459	6 415
中专	728	307	0	1 035
两年制	150	54	0	204

续表

类型	招生人数			
	驾驶	轮机	电子电气	合计
非航海类工科	10	13	0	23
函授	24	0	0	24
合计	6 844	4 962	997	12 803

表 3-2 2013—2017 年海船船员教育培训机构航海类专业招生人数(单位:人)

专业	招生人数				
	2013 年	2014 年	2015 年	2016 年	2017 年
驾驶	11 912	9 321	8 193	8 229	6 844
轮机(含电子电气)	9 940	7 832	6 767	7 106	5 959
电子电气	—	—	—	1 041	997
合计	21 852	17 153	14 960	15 335	12 803

备注:"—"表示电子电气员未单独统计,其数据统计在轮机专业统计数据中。

招生人数包含所有学历。

航海类专业招生人数整体呈现下降趋势,招生人数 2017 年比 2016 年下降 16.5%。

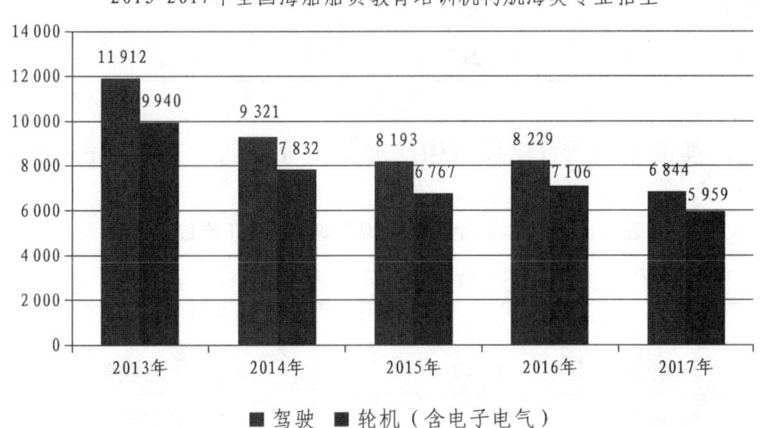

图 3-1 2013—2017 年海船船员教育培训机构航海类专业招生示意图

2. 在职培训

2017 年,除海船船员教育培训机构航海类专业在校生外,还完成船长和高级船员适任培训 8 942 人,值班水手、值班机工培训 15 799 人;完成客船、油轮、化学品船、液化气船船员等特殊培训 22 928 人。

表 3-3 2015—2017 年海船船员适任培训人数(单位:人)

职务	船长	大副	三副	轮机长	大管轮	三管轮	值班水手	值班机工	合计
2017 年	1 798	2 809	161	1 523	2 561	90	9 707	6 092	24 741
2016 年	1 858	3 269	104	1 496	2 813	74	6 121	3 187	18 922
2015 年	1 914	3 487	76	1 830	3 017	80	4 023	1 721	16 148

在职培训值班水手和值班机工数量有较大增长,其他职务在职培训人数小幅减少。

表 3-4 2017 年海船船员特殊培训人数(单位:人)

培训项目	油船和化学品船货物操作基本培训	油船货物操作高级培训	化学品船货物操作高级培训	液化气船货物操作基本培训	液化气船货物操作高级培训	客船船员特殊培训	合计
2017 年	4 297	3 793	1 668	500	448	12 222	22 928
2016 年	3 969	3 385	1 506	638	592	12 622	22 712
2015 年	3 001	2 771	1 526	542	538	9 293	17 671

特殊培训船员数量与去年同期相比总体保持平稳,油轮和化学品船船员培训数量略有增加,液化气船船员培训数量略有减少。

(二)内河船舶船员教育培训

1. 航海类专业招生

2017 年,我国内河船舶船员教育培训机构航海类专业招生 375 人,其中驾驶专业招生 215 人,轮机专业招生 160 人。

表 3-5 2017 年内河船舶船员教育培训机构航海类专业招生人数(单位:人)

省份	驾驶	轮机	合计
广东	148	100	248
黑龙江	67	60	127
合计	215	160	375

2. 在职培训

2017 年,除内河船舶船员教育培训机构航海类专业在校生外,还完成内河船长和高级船员适任培训 22 728 人。

表 3-6 2017 年内河船舶船员培训人数(单位:人)

类别	职务	人数	类别	职务	人数
一类	船长	1 710	二类	船长	2 796
	大副	13 47		驾驶员	2 765
	二副	204		轮机长	906
	三副	1 722		轮机员	1 618
	轮机长	597	三类	船长	124
	大管轮	426		驾驶员	7 438
	二管轮	13		轮机长	7
	三管轮	749		轮机员	306
合计		22 728			

二、适任考试与发证

2017 年,交通运输部推进船员考试与发证规范化建设,完善考试题库形成和更新机制,健全试题征集体系,推进船员实操评估示范中心建设,加强考官和评估员队伍建设,完善船员发证管理制度,规范发证工作,提升了船员考试发证管理能力和水平。

(一)海船船员适任考试与发证

2017年,完成海船船员适任考试90 929人次,签发各类海船船员适任证书57 765本,同比分别减少14.5%和71.7%。证书签发数量减少主要原因是STCW公约马尼拉修正案过渡期于2016年12月31日截止。

表3-7　2017年海船船员适任考试统计表

海船船员适任证书考试统计(人次)									
等级/职务		无限航区	沿海航区	小计	等级/职务		无限航区	沿海航区	小计
3 000总吨及以上	船长	2 064	1 090	3 154	3 000千瓦及以上	轮机长	2 101	460	2 561
	大副	4 081	2 169	6 250		大管轮	4 253	1 495	5 748
	二副	94	28	122		二管轮	93	21	114
	三副	13 801	2 118	15 919		三管轮	10 822	1 120	11 942
500~3000总吨	船长	98	551	649	750~3000千瓦	轮机长	76	400	476
	大副	169	633	802		大管轮	187	723	910
	二副	0	8	8		二管轮	2	6	8
	三副	4	54	58		三管轮	0	5	5
未满500总吨	船长	—	178	178	未满750千瓦	轮机长	—	108	108
	大副	—	158	158		大管轮	—	70	70
	二副	—	2	2		二管轮	—	6	6
	三副	—	62	62		三管轮	—	59	59
高级值班水手		3	0	3	高级值班机工		2	0	2
值班水手		16 361	2 494	18 855	值班机工		9 634	1 094	10 728
GMDSS操作员		8 890	108	8 998	电子电气员		2 806	86	2 892
					电子技工		82	0	82
合计		45 565	9 653	55 218	合计		30 058	5 653	35 711

备注:“—”表示该类别未设置相应职务。

表3-8　2017年海船船员适任证书发证统计表

海船船员适任证书发证统计(本)									
等级/职务		无限航区	沿海航区	小计	等级/职务		无限航区	沿海航区	小计
3 000总吨及以上	船长	1 702	737	2 439	3 000千瓦及以上	轮机长	1 548	361	1 909
	大副	1 993	965	2 958		大管轮	1 844	583	2 427
	二副	2 785	1 242	4 027		二管轮	2 429	839	3 268
	三副	3 519	927	4 446		三管轮	2 676	1 111	3 787

续表

海船船员适任证书发证统计(本)									
等级/职务		无限航区	沿海航区	小计	等级/职务		无限航区	沿海航区	小计
500~3 000总吨	船长	59	330	389	750~3 000千瓦	轮机长	69	312	381
	大副	81	368	449		大管轮	68	325	393
	二副	80	385	465		二管轮	99	525	624
	三副	13	57	70		三管轮	18	91	109
未满 500总吨	船长	—	538	538	未满 750千瓦	轮机长	—	275	275
	大副	—	368	368		大管轮	—	199	199
	二副	—	233	233		二管轮	—	83	83
	三副	—	57	57		三管轮	—	22	22
高级值班水手		1 849	1 741	3 590	高级值班机工		1 268	1 316	2 584
值班水手		8 561	3 572	12 133	值班机工		5 338	2 235	7 573
GMDSS 操作员		672	91	763	电子电气员		1 162	23	1 185
					电子技工		20	1	21
合计		21 314	11 611	32 925	合计		16 539	8 301	24 840

备注:“—”表示该类别未设置相应职务。

表 3-9　2017 年海船船员教育培训机构航海类专业学生适任考试一次性通过率

类型	驾驶			轮机			电子电气		
	报名人数	参加考试人数	一次性通过率	报名人数	参加考试人数	一次性通过率	报名人数	参加考试人数	一次性通过率
本科	3 165	3 069	36. 20%	2 195	2 097	28. 37%	46	46	30. 43%
大专(高职)	6 019	6 019	27. 58%	2 678	2 678	24. 22%	165	165	20. 61%
中专	1 040	1 040	24. 56%	406	405	29. 88%	0	0	0
两年制	491	488	16. 80%	273	271	21. 03%	0	0	0
非航海类工科	51	50	24. 00%	36	25	80. 00%	0	0	0
函授	6	6	50. 00%	2	2	0. 00%	0	0	0
合计	10 772	10 672	29. 21%	5 590	5 478	26. 27%	211	211	22. 75%

一次性通过率是指报名人数中,一次全部通过考试科目和评估项目的考生在参加考试人数中的比例。大专(高职)和中专报名人数最多,报名后参加考试人数达 100%,未出现弃考,本科报名后弃考人数较多。

表 3-10　2017 年无限航区各等级职务考证一次性通过率

类别	等级	职务	通过率	等级	职务	通过率
无限航区	3 000 总吨及以上	船长	68.6%	3 000 千瓦及以上	轮机长	68.1%
		大副	57.0%		大管轮	52.4%
		二副	70.3%		二管轮	92.7%
		三副	27.3%		三管轮	22.1%
	500~3000 总吨	船长	39.5%	750~3 000 千瓦	轮机长	57.5%
		大副	50.0%		大管轮	27.5%
		二副	—		二管轮	100.0%
		三副	—		三管轮	—
	500 总吨及以上	值班水手	53.2%	750 千瓦及以上	值班机工	52.5%
		高级值班水手	—		高级值班机工	50.0%
	GMDSS 二级无线电电子员		100.0%		电子电气员	30.6%
	GMDSS 通用操作员		37.7%		电子技工	32.8%

备注:一次性通过率是指报名人数中,一次通过全部考试科目和评估项目的考生在参加考试人数中的比例。

表 3-11　2017 年沿海航区各等级职务考证一次性通过率

类别	等级	职务	通过率	等级	职务	通过率
沿海航区	3 000 总吨及以上	船长	60.1%	3 000 千瓦及以上	轮机长	71.7%
		大副	44.3%		大管轮	30.5%
		二副	46.7%		二管轮	87.5%
		三副	6.4%		三管轮	17.4%
	500~3 000 总吨	船长	38.5%	750~3 000 千瓦	轮机长	62.9%
		大副	33.8%		大管轮	27.8%
		二副	40.0%		二管轮	100.0%
		三副	5.0%		三管轮	—
	未满 500 总吨	船长	66.2%	未满 750 千瓦	轮机长	87.9%
		大副	48.5%		大管轮	74.5%
		二副	100.0%		二管轮	100.0%
		三副	4.2%		三管轮	39.5%
	500 总吨及以上	值班水手	52.5%	750 千瓦及以上	值班机工	46.0%
	未满 500 总吨	值班水手	87.6%	未满 750 千瓦	值班机工	71.9%
	GMDSS 限用操作员		72.1%	750 千瓦及以上	电子技工	—
					电子电气员	21.6%

备注:一次性通过率是指报名人数中,一次通过全部考试科目和评估项目的考生在参加考试人数中的比例。

(二)内河船舶船员适任考试与发证

2017 年,完成内河船舶船员适任考试 51 242 人次,签发各类内河船舶船员适任证书 126 175 本,同比分别增长 32.2%和减少 35.1%。由于内河 15 规则的实施,2016 年出现换证高峰。

表 3-12　2017 年内河船舶船员适任考试情况

等级/职务	内河船舶船员适任考试人次			
	一类船舶	二类船舶	三类船舶	小计
船长	4 600	7 169	742	12 511
大副	3 627	—	—	3 627
二副	425	—	—	425
三副	4 956	—	—	4 956
驾驶员	—	7 496	10 449	17 945
小计	13 608	14 665	11 191	39 464
轮机长	1 538	2 713	326	4 577
大管轮	1 154	—	—	1 154
二管轮	64	—	—	64
三管轮	2 009	—	—	2 009
轮机员	—	3 498	476	3 974
小计	4 765	6 211	802	11 778
合计	18 373	20 876	11 993	51 242

备注:“—”表示该类别未设置相应职务。

表 3-13　2017 年内河船舶船员适任证书签发情况

等级/职务	内河船舶船员适任证书签发数量(本)			
	一类船舶	二类船舶	三类船舶	小计
船长	11 687	16 168	15 443	43 298
大副	4 121	—	—	4 121
二副	4 539	—	—	4 539
三副	1 518	—	—	1 518
驾驶员	—	7 749	27 818	35 567
小计	21 865	23 917	43 261	89 043
轮机长	6 474	10 815	8 575	25 864
大管轮	1 532	—	—	1 532
二管轮	2 632	—	—	2 632
三管轮	777	—	—	777
轮机员	—	5 534	793	6 327
小计	11 415	16 349	9 368	37 132
合计	33 280	40 266	52 629	126 175

备注:“—”表示该类别未设置相应职务。

第四章 船员管理与服务

2017年,交通运输部全面深化船员"放管服"改革,完善法规标准,转变职能和管理方式,推动船员管理转型升级,促进水上交通安全和航运经济可持续发展,增强我国船员的国际竞争力。

一、船员适任能力建设

船员作为水上交通运输的主要从业人员群体,对水上交通安全负有最直接的责任。2017年,交通运输部进一步强化船员适任能力的跟踪监管,不断促进提升船员综合素质,维护水上交通安全。

着力提升内河船员综合素质和实操能力,建立应用型和技能型培训模式,起草《内河船舶船员培训大纲》,完成了《内河船舶船员船上培训实操手册》,形成了校企结合办学可复制、推广的"实船一站式"船上培训和实操考试模式推广方案。

推进海船船员考试培训和发证模式改革方案,创新船员培训考试和发证模式,改革和创新船员教育培训方式,继续开展《海船船员培训大纲》培训课程认可,推动培训课程模块化、分段式试点工作。组织开展修订船员考试大纲和题库,实现考试与培训和使用的协调一致。逐步加大情景模拟试题的应用,制定完善船员理论考试、模拟器及实船考试等规范标准。开展"师带徒"培训,建立应用型船员培养模式,提升船员综合素质。

推进船员评估示范中心建设,国家级海船船员评估示范中心建设取得突破性进展。交通运输部与上海市政府合作共建的上海船员评估示范中心建设工程项目土建工程于2017年12月底主楼结构封顶。

开展典型事故案例进航运公司和船员教育培训机构的"双进"活动,制定实施方案,编制《水上交通事故典型案例集》和《船员综合素质教育读本》,试点开展船员综合素质教育培训,提高船员综合素质。

二、船员法规体系建设

2017年,继续推进内河船员管理改革,颁布了《中华人民共和国内河船舶船员值班规则》,修订了《中华人民共和国内河船舶船员适任考试和发证规则》《中华人民共和国船员违法记分办法》《内河船舶船员特殊培训考试和发证办法》,调整了内河船舶最低安全配员标准,内河船员法规体系不断完善。

推动建立应用型海船船员培养模式,创新海船船员考试发证模式。组织开展我国船员管理相关法规与STCW公约差异化研究,组织完成《中华人民共和国船员培训管理规则》《中华人民共和国海船船员适任考试和发证规则》两个部令修订工作,组织《中华人民共和国船员培训管理规则》实施办法、《海船船员船上培训管理办法》等修订工作,建立形成适应海船船员考试培训和发证模式改革的法规体系。

三、推进放管服改革

2017年,继续推进简政放权,取消700余家从事海船船员服务机构的行政许可,促进发挥船员劳务市场自我调节能力。调整海员外派机构备用金缴纳方式,增加等额银行保函形式,形成与现金形式并行的缴存方式,依规清退海员外派备用金,降低企业制度性交易成本。

2017年,服务船员"口袋工程"纳入交通运输更贴近民生实事,船员自助服务平台、移动服务平台、远程培训平台、远程考试平台等相关项目建设取得新进展。重点建设七个远程考场,制定发布船员远程考试考场建设标准和远程考试管理办法,提前实现服务船员总数达到120万的目标。

2017年,公布了第四批共6项便利船员服务清单,推出了提供内河船员证书信息公开查询、实现船员准考证或考试通知书电子化、调整海员外派备用金缴存方式、开设船员安全教育网上课堂、缩减船员业务办结时限、试点内河船员远程适任考试等便利措施,方便船员参加培训、考试、办证,服务船员发展。

四、服务国家战略

服务国家长江经济带建设。2017年6月,制定印发《特定航线江海直达船舶船员培训、考试和发证办法》《海船船员内河航线行驶资格证明培训、考试和发证办法》。9月,印发《交通运输部海事局关于发布特定航线江海直达船舶最低安全配员标准的通知》,为江海直达船舶航线安全和作业安全提供保障,同时明确了江海直达船员培训、考试和发证的管理办法,为长江经济带建设培养一支合格的船员队伍。

积极参与国家"一带一路"倡议。加强中国-东盟海事合作,根据中国-东盟海事培训与教育战略合作的框架及内容,开展东盟国家主管机关人员培训,推动东盟船员考试评估管理水平的提高。签署了《中华人民共和国交通运输部与缅甸联邦共和国交通通信部海员教育培训与发展合作谅解备忘录》,这是中缅两国在海事教育领域签订的首个合作文件,为今后两国继续顺利开展海员培训教育与招募安置合作提供指导性框架,为海上丝绸之路建设提供人力资源保障。

支持辽宁自贸区开展船员培训管理改革试点工作,加快发展船员现代职业教育,建立多元化的船员教育培训体系,促进航运企业和船员教育培训机构联合办学,推行订单式和模块化分段式培训,切实降低企业运营成本。

五、构建和谐海上劳动关系

编制并发布《2016年中国船员发展报告》,举办"6·25世界海员日"和"7·11中国航海日"庆祝活动,协调驻外使节在"6·25世界海员日"期间在外国港口登轮慰问我国海员。宣传海员文化,广泛宣传放管服改革释放的红利,协助推动出台海员个税减免优惠政策。

加大船员权益保障,全面推进船员养老保险、医疗保险、失业保险、工伤保险、生育保险等五个项目的社会保险缴纳。注重发挥海上劳动关系三方协调机制作用。2017年11月24日,在北京召开了全国海上劳动关系三方协调机制第三次会议,推动了《中国船员集体协议》的签署,切实保护海员的合法权益。建立海员俱乐部,确保船员使用岸上福利设施。

表 4-1　中国海员岸上福利设施清单及公开联络信息表

序号	名称	地址	联系人	电话	邮箱
1	广州国际海员俱乐部	广东省广州市海珠区滨江西路 20 号	罗燕卿	020-61259958/13503031887	11364708979@qq.com
2	汕头国际海员俱乐部	广东省汕头市金平区利安路 4 号	郭奕	18029536252	shanhaiju0@163.com
3	广州黄埔国际海员俱乐部	广东省广州市黄埔区海员路 39 号	曾玉婵	15013194897	7352699249@qq.com
4	湛江国际海员俱乐部	广东省湛江市霞山区人民大道南 6 号	张田奎	13702735968	4650413550@qq.com
5	福州国际海员俱乐部	福建省福州市马尾区罗星塔路 8 号	赵劲荟	15860829376	24655536079@qq.com
6	厦门国际海员俱乐部	福建省厦门市湖里区东渡路 124 号	李文艺	13599928673	Bunkei0@126.com
7	泉州国际海员俱乐部	福建省泉州市丰泽区远桐街 30 号海俱大厦	郑翠梅	13959778096	3076556539@qq.com
8	北海国际海员俱乐部	广西壮族自治区北海市海城区长青路 6 号领秀一方 1 栋 2701 室	周波	13788008168	10485172620@qq.com
9	防城国际海员俱乐部	广西壮族自治区防城港市港口区友谊路 15 号	黄世平	13788008188	3340493920@qq.com
10	张家港国际海员俱乐部	江苏省苏州市张家港市金港镇港区长江西路 19 号	李永相	13901567811	williamli20050@163.com
11	南通国际海员俱乐部	江苏省南通市崇川区青年西路 5 号	黄飞	13218272116	22967532200@qq.com
12	太仓国际海员俱乐部	江苏省太仓市人民南路 114 号	王静	13962410205	64512930@qq.com
13	青岛国际海员俱乐部	山东省青岛市太平角五路 2 号	李梅	18661936299	qdzggjjl0@163.com
14	烟台国际海员俱乐部	山东省烟台市莱山区观海路 75-1 号	王永军	0535-6245347/18561092612	185610926120@163.com
15	大连国际海员俱乐部	辽宁省大连市中山区人民路 92 号	孙维涌	15942658682	3933064190@qq.com
16	丹东国际海员俱乐部	辽宁省丹东市沿江开发区商贸旅游区 M 区 75 号	常德海	13050370743	ddhj2164926@126.com

举办第四届中国海员技能大比武活动，首次邀请香港、澳门、台湾地区的 5 支代表队参赛，鼓励海员提升业务技能和爱岗敬业精神。广泛宣传海员文化，培育大国航海工匠精神。编制出版《中国海员史》（古近代）部分，记录我国海员发展历史和光辉历程的珍贵史料。

第五章　国际交流与合作

2017年我国持续推进《2006年海事劳工公约》和《STCW公约》的履约和研究工作，各项履约与研究工作取得较大进展。积极参与国际交流与合作，不断扩大中国海员的影响力和海事领域的话语权。

一、履行《STCW公约》

认真履行《STCW公约》，组织开展公约要求与我国船员培训差异化研究，转化运用IMO示范课程。积极参与国际海事组织事务。2017年向国际海事组织人的因素、培训与值班(HTW)分委会第4次会议提交了10份国家提案。在会议期间，中国代表团做了“航海教育和培训中海事事故案例教学的应用实践”主题报告，结合中国海事教育与培训实践，分析了中国在应用事故经验教训开展教学的实践中发现的问题，并提出了切实可行的对策和建议，得到了会议与会代表团和国际组织的肯定，同时在国际航运标准制订方面提出了中国方案，增强了制度性话语权。

二、履行《2006年海事劳工公约》

2017年，积极推进《2006年海事劳工公约》批约和履约工作，完善相关保障海员体面劳动的配套法规和制度，推进海事劳工公约的国内化进程。实施了《海事劳工条件检查办法》，编制完成涉及《2006年海事劳工公约》履约的《海事劳工证书》《临时海事劳工证书》《海事劳工符合声明国家声明部分》等相关证书。编制国内沿海船舶履行海事劳工公约的实施方案，开展国内沿海船舶海事劳工条件检查工作。加强海事劳工履约信息管理，规范海事劳工履约管理工作。

三、交流合作

参与国际海事组织事务。积极参加国际海事组织人的因素、培训与值班分委会，国际劳工组织理事会，海事三方专家委员会等各项国际会议，派出专家对欧盟等海事部门的航海教育培训和船员管理工作开展审核。积极参加与相关国家的社保谈判，以维护我国海员权益，拓展我国海员外派劳务市场。积极参加国际劳工组织的相关培训，为推动海事劳工合作工作储备人才。

落实中国东盟海事发展战略。积极落实中国海事服务“一带一路”倡议和《中国-东盟海事教育培训发展战略》，4月24—28日成功举办中国-东盟国家海员考试评估培训暨IMO技术合作项目海员考试评估区域培训，韩国、新加坡、马来西亚、缅甸、越南、印度尼西亚及中国的35名学员参加培训；11月6—10日，主办东盟国家海事主管机关人员培训，缅甸、柬埔寨、泰国、马来西亚、菲律宾等国的10名海事主管机关人员参加培训。通过交流培训增进了我国与东盟各国的海事交流和合作。

拓展海员国际市场。积极参与并推动中国与其他缔约国船员适任证书互认工作。本着有利于维护国家利益、维护我国船员合法权益以及推动航运业及船员队伍健康发展的基本原则，以不断拓宽我国海员海外就业市场为主要目的，积极开展相关研究，跟进、掌握船员海外就业情况，了解其他国家与我国互认船员证书的意向，与相关国家主管机关定期沟通联络，及时掌握相关信息。

截至 2017 年底，我国已与 24 个国家（地区）签署互认或单边承认海船船员适任证书协议，为我国海员走向世界创造了良好的国际环境。

表 5-1 与我国签署海员适任证书互认或单边承认协议的国家（地区）名单

序号	国家/地区	互认/单边承认	序号	国家/地区	互认/单边承认
1	新加坡	互相承认	13	印尼	承认我国证书
2	马来西亚	互相承认	14	巴哈马	承认我国证书
3	韩国	互相承认	15	伯利兹	承认我国证书
4	英国	互相承认	16	希腊	承认我国证书
5	丹麦	互相承认	17	荷兰	承认我国证书
6	约旦	互相承认	18	多米尼加	承认我国证书
7	瓦努阿图	承认我国证书	19	挪威	承认我国证书
8	巴拿马	承认我国证书	20	伊朗	承认我国证书
9	马耳他	承认我国证书	21	牙买加	承认我国证书
10	利比里亚	承认我国证书	22	塞浦路斯	承认我国证书
11	安提瓜和巴布达	承认我国证书	23	圣基茨和尼维斯联邦	承认我国证书
12	圣文森特和格林纳丁	承认我国证书	24	中国香港	直接为内地持证船员签发香港证书

第六章 结束语

2017 年，全球航运业缓慢复苏，我国船员队伍发展的环境持续改善，但同时仍面临着前所未有的挑战。现代科技的发展、造船速度的不断加快、先进技术在船舶上的大量应用，对船员素质提出了更高的要求。航海文化建设任重道远，社会公众对航海和船员职业的认知仍显不足，航海文化建设基础依然十分薄弱。船员职业吸引力下降，船岸工资收入差距减小，船员的社会地位下降，船员培养周期长，流失率高，难以满足航运发展对船员数量和质量的需求。

党的十九大报告提出了建设交通强国的宏伟目标，建设海洋强国、交通强国，推进“一带一路”倡议离不开船员队伍，这将对中国船员队伍的发展带来新的机遇。船员队伍建设将紧紧抓住“自身强，综合实力世界领先；强国家，有效支撑民富国强”的交通强国建设基本内涵，深入贯彻落实党的十九大精神，以习近平新时代中国特色社会主义思想为指导，坚持稳中求进工作总基调，坚持新发展理念，紧扣我国社会主要矛盾变化，按照高质量发展的要求，围绕统筹推进"五位一体"总体布局和协调推进"四个全面"战略布局,以供给侧结构性改革为主线,以改革、创新、开放为动力,着力推动船员发展质量变革,完善船员教育培训和管理体系,提升船员综合素质,保障船员合法权益,留住和吸引高素质船员人才,全面提升中国船员核心竞争力,为有效支撑我国社会主义现代化建设当好先行者。

附录3
2017年船员管理重要文件

1. 交通运输部办公厅关于发布《海船船员培训大纲(2016版)》的通知(交办海〔2017〕33号)

2. 交通运输部海事局关于进一步加强海员外派备用金管理有关事项的通知(海船员〔2017〕256号)

3. 交通运输部海事局关于印发《特定航线江海直达船舶船员培训、考试和发证办法》的通知(海船员〔2017〕300号)

4. 中华人民共和国海事局关于公布第四批便利船员服务清单的公告(2017年第4号)

5. 交通运输部海事局关于印发《海船船员内河航线行驶资格证明培训、考试和发证办法》的通知(海船员〔2017〕301号)

6. 交通运输部海事局关于实施《海船船员培训大纲》的通知(海船员函〔2017〕412号)

7. 交通运输部海事局关于发布特定航线江海直达船舶最低安全配员标准的通知(海船员〔2017〕478号)

8. 交通运输部海事局关于进一步加强对海员外派机构监督管理的通知(海船员函〔2017〕1492号)

参考文献

[1] 全国航海类专业毕业生就业工作协作组. 大学生职业生涯规划与就业指导. 大连:大连海事大学出版社,2012.

[2]中华人民共和国海事局. STCW 公约马尼拉修正案履约指南. 大连:大连海事大学出版社,2010.

[3]任威,李景芝. 船舶与航运文化. 北京:人民交通出版社,2009.

[4]俞平,耿鹤军,陈宇里. 航海类大学生心理调适与发展. 大连:大连海事大学出版社,2008.

[5]孙明霞. 高等院校教育质量体系建立与实施指南. 北京:石油工业出版社,2003.

[6]卜仁祥. 船舶管理. 大连:大连海事大学出版社,2012.

[7]陈伟炯. 船舶安全与管理. 大连:大连海事大学出版社,2005.

[8]冯兴耿. 航海技术辩证法. 大连:大连海事大学出版社,1995.

[9]中华人民共和国交通运输部. 2011 中国航运发展报告. 北京:人民交通出版社,2012.

[10]石丽红. 航海类专业人力资源理论与实践研究. 大连:大连海事大学出版社,2011.

[11]房晓丹. 航海类专业大学生国际意识培养研究. 大连:大连海事大学,2012.

[12]汪益兵,孙峰,康捷. 金融危机对中国航海职业教育的影响及应对. 航海教育研究,2009.

[13] 中国船级社. 智能船舶规范. 2015.

[14] 苏兆前. 智能船舶研究与发展综述[EB/OL]. https://wenku. baidu. com. 2019.

[15] 严新平. 智能船舶的研究现状与发展趋势. 交通与港航,2016,3(1): 23-26.

[16]马建文,李光正,王波. 面向智能航运的应用型航海类人才培养. 航海教育研究,2019,36(03):18-22.

[17]严新平,柳晨光. 智能航运系统的发展现状与趋势. 智能系统学报,2016(6).

[18]张进峰,刘敬贤,文元桥,等. 面向"无人航海"的"航海+信息"学科交叉新工科人才培养模式[J]. 航海教育研究, 2018.

[19]孙文力,杨学斌. 人工智能与航海新工科建设. 航海教育研究,2019,36(03):12-17.

[20]马强,刘刚,赵恩蕊,苑仁民,徐海东,李光正,侯甲彬. 面向智能船舶的航海类专业人才培养模式改革[J]. 航海教育研究,2019,36(01):24-29.

[21]魏立队,魏海军,曹红奋. 面向智能船舶的高等航海教育变革路径. 航海教育研究,2018,35(04):7-11.

[22]陆梅. 信息与智能时代航海类人才培养初探. 航海教育研究,2018,35(01):5-10.

[23]吕红光,尹勇,曹玉墀. 智能船舶背景下复合型航海人才培养. 航海教育研究,2017,

34(04):10-15.
[24]邢辉.面向智能船舶的航海类新工科人才培养刍议.高等工程教育研究,2017(06):33-38.
[25]梁民仓,刘虎,艾万政,等.船舶智能化背景下的高素质船员发展对策.水运管理,2018,40(12):26-30.